Brooklyns Park-Slope-Viertel hat einfach alles: den weitläufigen, herrschaftlichen Prospect Park, begehrte öffentliche Schulen, historische Gebäude und fortschrittliche Werte. Für junge Familien gehört eine Wohnung in Park Slope zum guten Ton.
Im Park, in den Cafés und auf den Spielplätzen kreuzen sich in diesem langen heißen Sommer die Wege von vier Müttern:
Die Schauspielerin Melora Leigh ist enttäuscht von ihrer Karriere und überfordert mit ihrem Adoptivkind. Die Journalistin Rebecca Rose vermisst den regelmäßigen Sex von früher und fängt einen Flirt mit einem Filmstar aus dem Viertel an. Lizzie O'Donnell, eine ehemalige Lesbe, fühlt sich wieder zu Frauen hingezogen. Und Karen Bryan Shapiro beschäftigt sich obsessiv mit dem Wohlergehen ihres vierjährigen Sohnes und der Jagd nach der ultimativen Wohnung im richtigen Schulbezirk.
Während sich ihre Schicksale miteinander verschlingen (und manchmal aufeinander prallen), kämpfen die Frauen um ihre Beziehungen, ihren Verstand … und ihre Spielplatzverabredungen.
Smart, sexy und satirisch wirft Amy Sohn einen tiefen Blick in die Schlafzimmer und Herzen von Park Slope.

Amy Sohn war Kolumnistin des ›New York Magazine‹. Sie schreibt für ›The Nation‹, ›Harper's Bazaar‹, die ›New York Times‹ und den ›Playboy‹. Die Autorin lebt in Brooklyn.

Weitere Informationen, auch zu E-Book-Ausgaben, finden Sie bei www.fischerverlage.de

AMY SOHN

Prospect Park West

Roman

Aus dem amerikanischen Englisch
von Juliane Zaubitzer

Fischer Taschenbuch Verlag

MIX
Papier aus verantwortungsvollen Quellen
FSC® C083411

Veröffentlicht im Fischer Taschenbuch Verlag,
einem Unternehmen der S. Fischer Verlag GmbH,
Frankfurt am Main, Juni 2012

Die amerikanische Originalausgabe erschien 2010 unter dem Titel
›Prospect Park West‹ bei Simon & Schuster in New York.

Druck und Bindung: CPI – Clausen & Bosse, Leck
Printed in Germany
ISBN 978-3-596-19361-5

Ich machte dich, um mich zu finden

ANNE SEXTON

INHALT

TINY LOVE

Rebecca Rose hegte für Park Slope ähnliche Gefühle wie für ihre anderthalbjährige Tochter Abbie: bedingungslose Liebe, die oft von unkontrollierbarer Wut getrübt wurde. An diesem speziellen Montagnachmittag siegte die Wut. Es war halb drei; und Abbie machte Mittagsschlaf. Rebecca hatte schon die Reste vom Mittagessen abgeräumt, die saubere Wäsche zusammengelegt, die seit einer Woche im Trockner lag, und eine Stunde über einem Artikel mit der Überschrift »Schönheitsgeheimnisse, die Männer nichts angehen« gebrütet, den sie für die *Cosmopolitan* schrieb. Ihre letzte Amtshandlung bestand darin, sich auf das Wohnzimmersofa zu setzen, eine DVD mit Roman Polanskis *Der Mieter* einzulegen und zu der Szene, wo Polanski in einem schummrigen Pariser Kino Isabelle Adjani befummelt, zu masturbieren.

Als sie sich zurücklehnte und zu besagter Szene vorspulte, erblickte sie zu ihrem Entsetzen einen Mann vor ihrem Fenster. Kein Chippendales-mäßig durchtrainierter Voyeur, der sich an ihrem nachmittäglichen Sittenverstoß ergötzen wollte, sondern ein pakistanischer Fassadenbauer namens Rakhman, der bei der Arbeit gern Lobgesänge auf Allah anstimmte. Er arbeitete sich von oben nach unten vor. Die unteren Jalousien waren geschlossen, doch die oberen hatte Rebecca vergessen, so dass Rakhman vollen Einblick hatte.

Im Haus wohnten ausschließlich Yuppie-Pärchen mit Kindern, samt Apartment Vier, wo ein schwuler Schwarzer mit seinem Freund und seinem jugendlichen Sohn lebte. Rebecca und ihr Mann Theo hatten ihre Wohnung vor zwei Jahren gekauft, und seither hatte die Eigentümergemeinschaft einen neuen Innenanstrich, neuen Teppich, neue Heizkessel und eine Fassadenrenovierung beschlossen. Die ganze Renoviererei war gut für Rebeccas Grundstückswert, aber schlecht für ihre Libido, weil ihr ständig Arbeiter ins Fenster glotzten. Das war der Nachteil am Spießigsein: Man war so sehr damit beschäftigt, sein Leben zu vervollkommnen, dass man gar nicht mehr dazu kam, es zu leben.

Das ganze Viertel war der Beweis dafür. Allein in Rebeccas Straßenabschnitt, der Carroll Street zwischen Eighth Avenue und Prospect Park West, waren im letzten Jahr ein halbes Dutzend Gebäude renoviert worden. Wenn Rebecca Abbie die Seventh Avenue entlang zu Connecticut Muffin schob, um sich einen Kaffee zu holen, röhrte immer irgendwo ein Presslufthammer. In der Fourth Avenue, einer trostlosen Meile mit Autowerkstätten, Tankstellen und Glasereien, wurden jeden Tag neue moderne Gebäude mit Millionen-Dollar-Lofts hochgezogen.

Der Anblick Rakhmans war so abtörnend, dass Rebecca sich nicht einmal mehr mit geschlossenen Jalousien im Wohnzimmer verlustieren mochte. Wenn sie kommen wollte, ehe Abbie aufwachte, musste sie es sich auf ihrem Bett besorgen, ein Ort, an dem dieser Tage eher Kinderkacke als andere, appetitlichere Körpersäfte ausgeschieden wurde. Während Rakhman auf Arabisch lautstark seine schwarzäugigen Jungfrauen besang, floh sie eilig in ihr Schlafzimmer, das sie auf Zehenspitzen betrat, um das Kind im Zimmer nebenan nicht zu wecken.

Einen Moment lang erwog Rebecca, Rakhman als Masturbationsvorlage zu benutzen, der mit seinem durchtrainierten Körper und der blanken braunen Haut nicht unattraktiv war. Doch obwohl sie einen Nichtjuden geheiratet hatte, konnte sie sich nicht vorstellen, es mit einem Araber zu treiben. Zu unheimlich, zu *München*.

Sie schloss die Schlafzimmertür, zog die Vorhänge zu und stellte die Klimaanlage an. Es war erst Anfang Juli, doch dank globaler Erwärmung schon neununddreißig Grad draußen. Sie lag unter der luxuriösen purpurroten Calvin-Klein-Decke, beugte sich über den Bettrand und zog einen Chanel-Schuhkarton hervor. Im Wohnzimmer mit der zusätzlichen Stimulierung durch die DVD tat es ihr rechter Zeigefinger und ein Tropfen Gleitgel, doch in der sexfreien, mit Spielzeugen übersäten Zone ihres Schlafzimmers brauchte sie Hilfe.

In dem Karton lag neben einer Reihe anderer Spielzeuge Rebeccas rosa Mini-Perl-Vibrator-Ei. Sie hatte es in dem Sexshop Toys in Babeland an der Lower East Side gekauft, bevor es den Babeland in Park Slope direkt neben Haushaltswaren Pintchik gab.

Das »Ei« war kleiner als ein echtes Ei, eher so groß wie ein Sektkorken, und durch ein dünnes weißes Kabel mit dem Batteriefach verbunden. In ihren Zwanzigern hatte Rebecca es mit vielen ihrer Liebhaber benutzt, in allen Variationen. Liebhaber war wahrscheinlich das falsche Wort. Die meisten ihrer vorehelichen Beziehungen hielten nur wenige Monate oder ein halbes Dutzend Verabredungen, je nachdem, was zuerst kam, eben so lange, bis der erste Thrill nachließ und sie einem Mann begegnete, der sie mehr interessierte. Im Gegensatz zu manchen ihrer Freundinnen, die One-Night-Stands entwürdigend fanden, genoss Rebecca den Kitzel der Jagd, wenn sie meist gemeinsam mit einer Freundin in den Bars an der Lower East Side Männer aufriss – Comedians, Schlagzeuger, Schauspieler oder Drehbuchautoren.

Obwohl der Sex selbst selten einen bleibenden Eindruck hinterließ, liebte Rebecca das Vorspiel: das Geplänkel, die Blicke, das Händchenhalten, die Taxifahrt und den allerersten Kuss, den sie immer als echt empfand, egal wie betrunken beide waren. Sie fand One-Night-Stands weder geschmacklos noch billig, sondern perfekt, weil sie sich jedes Mal eine neue Biografie verpassen konnte (selbstbewusst, schlagfertig, sarkastisch, beliebt) und dann schnell verduftete, ehe der Kerl begann, sie zu durchschauen.

Rebecca war nicht unattraktiv, aber schon als Teenager war ihr bewusst, dass ihr Körper mehr hermachte als ihr Gesicht. Sie hatte Locken wie Andie MacDowell und dunkelbraune Augen, aber einen verkniffenen Gesichtsausdruck, egal wie ihre Laune war. Einmal, auf einer Party am Barnard College, hatte sie gehört, wie zwei Frauen darüber lästerten (»Toller Körper, aber das *Gesicht*!«).

Erst fühlte Rebecca sich gedemütigt, doch dann erkannte sie, dass das Mädchen nur ausgesprochen hatte, was sie längst wusste. Männer störten sich nicht an ihrem Gesicht, waren aber offensichtlich mehr an ihrem Körper interessiert. Sie sagten Dinge wie »Deine Brüste haben die perfekte Größe« oder »Du bist so verdammt heiß«, jedoch nie »Du bist schön«. Rebecca wusste, das schlagende Argument war ihre Figur, und so war sie im Bett oft entspannter als im wahren Leben.

In ihrem Schlafzimmer betrachtete Rebecca den Mini Pearl wie einen alten Freund. Sie erinnerte sich an die Zeit, als sie und Theo ihn gemeinsam benutzt hatten, um ihr Sexleben aufzupeppen. Vor Abbie hatten sie mehrmals pro Woche zusammen geschlafen. Wenn ihre verheirateten Freundinnen sich beklagt hatten, dass sie weniger Sex hätten als früher als Single, hatte sie mitleidig gelächelt, in der Gewissheit, dass ihr selbst nie so etwas passieren würde. *Wahrscheinlich macht ihr euch nichts aus Sex*, dachte sie damals. Oder: *Habt ihr vor der Hochzeit nicht gemerkt, dass euer Mann nicht drauf steht?* Nicht einmal als sie hochschwanger war, ließ ihr sexueller Appetit nach, und Theos zu ihrer Überraschung auch nicht. Sie hatten sogar Scherze über die Therapie gemacht, die ihr Kind später mit Sicherheit brauchen würde, wenn irgendwann die Erinnerung an den Penis zum Vorschein kam, der ständig gegen seinen Schädel stieß.

Doch dann kam Hurrikan Abbie und alles änderte sich. Bei der Untersuchung sechs Wochen nach der Geburt sagte die schnurrbärtige Hebamme Leeza: »Sie können wieder ganz normal Sex haben.« Sie fragte Rebecca, wie sie verhüten wolle, und Rebecca, die sich seit einem Jahr keine Gedanken mehr über Verhütung gemacht hatte, zuckte die Schultern. »Wahrscheinlich mit Kondomen.«

An jenem Abend brachte sie eine Flasche gekühlten australischen Chardonnay mit nach Hause, steckte Abbie ins Bett und präsentierte Theo eine Packung latexfreie Kondome. Die Schmerzen beim Sex überraschten sie, da Abbie nach zwei Stunden vergeblichen Pressens per Kaiserschnitt zur Welt gekommen war. Doch Rebecca ließ sich nicht entmutigen. Sie sagte sich, dass es nur etwas mehr Zeit und mehr Chardonnay brauchte.

Ein paar Wochen später, nachdem Theo ihr keinerlei Avancen gemacht hatte, berührte sie ihn abends im Bett zärtlich. Er schob ihre Hand weg und blickte sie mit einem Gesichtsausdruck an, den sie an ihm noch nie gesehen hatte: blankes Entsetzen. »Wir brauchen nichts zu überstürzen«, sagte er, und das war's. Obwohl er sie in den darauf folgenden Monaten gelegentlich küsste oder massierte, hatte er kein einziges Mal Anstalten gemacht, die Initiative zu ergreifen.

Es war sechzehn Monate her, seit sie zusammen geschlafen hatten, ein so erschütternd, so peinlich langer Zeitraum, dass Rebecca vermied, darüber nachzudenken. Irgendwann war sie zu verletzt, um selbst den ersten Schritt zu tun, und ihr Umgangston war mittlerweile so unterkühlt wie der zweier verfeindeter WG-Bewohner.

Der Gedanke an Trennung bereitete ihr Unbehagen und Angst. Obwohl sie sich selbst für eine Feministin hielt, die die eigenen Bedürfnisse nicht hinter denen ihres Ehemannes zurückstellte, war sie auch das Produkt einer jüdischen Kleinfamilie und betrachtete Scheidung als Schande, als *shanda*. Sie wusste, dass diese Einstellung altmodisch war, aber sie konnte nicht anders.

Wäre sie auf Theos Ablehnung vorbereitet gewesen, sagte sie sich oft, hätte sie vielleicht besser damit umgehen können. Doch bei all ihren Vorbehalten gegen das Kinderkriegen, anhaltende, unfreiwillige Enthaltsamkeit hatte nicht dazugehört. Dass ein Mann seine eigene Frau verschmähte, noch dazu eine attraktive Frau mit voll funktionsfähiger Anatomie, war eine Frechheit. Wusste er denn nicht, was er an ihr hatte? Glaubte er ernsthaft, dass er sie ungestraft all die Monate am ausgestreckten Arm verhungern lassen konnte?

Die anderen jungen Mütter klagten über die unermüdliche Libido ihrer Männer, während sie sich schuldbewusst über das eigene Desinteresse grämten. »Gary wollte schon wieder, bevor meine Dammnaht überhaupt verheilt war«, oder: »Ich hab David angelogen und behauptet, der Arzt hätte gesagt, wir sollen noch sechs Wochen warten«. Keine einzige Mutter hatte je auch nur angedeutet, dass ihr Mann keinen Sex mehr wollte. In *Ein Baby kommt* fehlte das

Kapitel mit der Überschrift: »Papas kleiner Freund: Ist er tot oder schläft er nur?«

Manche der Mütter waren fett oder ungepflegt, und Rebecca war schockiert, dass überhaupt ein Mann sie begehrenswert finden konnte. Sie war von Natur aus schlank und hatte ihre Schwangerschaftskilos gleich nach Abbies Geburt wieder verloren. Ihre Brüste waren von einer großen B zu einer kleinen C erblüht, und sie hatte im Gegensatz zu den Müttern aus dem Babyschwimmkurs, die sie in der Umkleide des Eastern Athletic sah, auch keine langen, violetten Schwangerschaftsstreifen auf dem Bauch. Selbst die Kaiserschnittnarbe verlief unter dem Schamhaar.

Sie hatte sich schon immer mehr aus Sex gemacht als Theo, aber nie hatte er sie verschmäht. Und es gefiel ihr, diejenige zu sein, die den ersten Schritt machte, weil sie wusste, dass er nach nur wenigen Sekunden hart wurde.

Sie und Theo hatten sich auf der Geburtstagsparty einer gemeinsamen Freundin im Dezember 2003 kennengelernt. Sie war gerade einunddreißig geworden, und obwohl sie nicht so erpicht darauf war zu heiraten wie andere Frauen in ihrem Alter, hatte sie das Gefühl, mit jedem halbwegs intelligenten, attraktiven Künstlertypen südlich der Fourteenth Street geschlafen zu haben.

Sie hatte neben dem mit Tonic, Spirituosen und Softdrinks vollgestellten Cocktailtisch in der Wohnung ihrer Freundin gestanden, als Theo neben ihr auftauchte und witzelte, dass noch niemand Mountain Dew getrunken hatte. Sein Scherz wirkte unbeholfen, und ihr war sofort klar, dass er mit ihr flirtete. Nach einer endlosen Reihe von One-Night-Stands und sogenannter Freunde fand Rebecca es charmant, dass er ihr den Hof machte, und konnte sich nicht erinnern, wann zuletzt ein Mann sie umworben hatte.

Es wurde sehr schnell ernst zwischen ihnen und schon im April nach ihrer ersten Begegnung zog er bei ihr ein. Theo war Architekt und von einer Reife und Selbstgenügsamkeit, die ihren bisherigen Männern abgegangen war. Im Gegensatz zu den verweichlichten jüdischen Jungs, die ihre schmutzige Wäsche noch zu Muttern brachten, war Theo ein unabhängiger Eigenbrötler, der bei einer allein erziehenden Mutter aufgewachsen war und früh gelernt hatte, auf eigenen Beinen zu stehen. Bei ihrem ersten offiziellen Date nach der Geburtstagsparty lud er sie in seine Wohnung an der Lower East Side ein und bereitete vier verschiedene Pizzas, Thunfischtartar und einen Erdbeer-Rhabarber-Kuchen mit Gitterkruste zu.

Irgendwie erinnerte er sie an Clark Kent. Anders als die Schlagzeuger und Stand-up-Comedians hatte Theo einen richtigen Job, auch wenn er noch Juniorpartner war, als sie sich kennenlernten. Er war weltgewandt, weitgereist und hatte nach seinem Studium in Harvard in Madrid gelebt und für Rafael Moneo gearbeitet. Seine beengte Zweizimmerwohnung war mit originalen Möbelstücken der Moderne vollgestellt, wie zum Beispiel ein Carlo-Mollino-Beistelltisch und wild durcheinander gewürfelte Eames-Stühle, die er auf dem El-Rastro-Flohmarkt gekauft hatte. Rebecca, die in einem Vorstadthäuschen in Philadelphia aufgewachsen war, dessen Einrichtung sich seit den frühen Siebzigern nicht verändert hatte, bewunderte Theos ästhetisches Gespür.

Nachdem er ihr im Lever House, seinem Lieblingsgebäude, einen Antrag gemacht und ihr den Verlobungsring seiner Großmutter an den Finger gesteckt hatte, empfand sie nichts als Vorfreude. Die wilden Jahre lagen hinter ihr, und Rebecca war bereit für die Zweisamkeit. Sie liebte den ganzen Pärchenkram, den sie mit Theo machte. Sie gingen in Museen und Galerien, lasen sich gegenseitig im Bett *Malamud* vor und besuchten ethnische Restaurants in Queens. Sie war zuversichtlich, dass selbst Kinder ihrem gegenseitigen Verlangen, seinem Bedürfnis, für sie zu sorgen, und ihrem Bedürfnis, von ihm angebetet zu werden, keinen Abbruch tun würden. Theo wäre ein guter Vater. Er konnte nicht nur besser kochen, er wusste auch, wie man mit einem Hammer umging und wie man den Boden wischte. Sicher wusste er auch, wie man Kinder handhabte. Sie würde das Stillen übernehmen und den Rest ihm überlassen. Doch sie hatte nicht vorausgesehen, dass er sich so sehr um das Kind kümmern würde, dass er aufhörte, sich um seine Frau zu kümmern.

Jetzt, nach all den Monaten der Zurückweisung, schwankte sie zwischen der Angst, er könnte sie hässlich finden, und Wut darüber, dass er sein Verhalten für akzeptabel hielt. Nachdem er wusste, wie wichtig ihr Sex vorher gewesen war, konnte er sich doch nicht einreden, dass es ihr jetzt egal war. Oder hatte er geahnt, was passieren würde, als er ihr vor drei Jahren erlaubt hatte fremdzugehen?

Sie waren bei einem Essen bei Lisa und Kevon Solmsen in Carroll Gardens gewesen, als er ihr den Freibrief fürs Vögeln gab. Sie und Theo waren seit einem Jahr verheiratet und, wie Rebecca glaubte, aufrichtig glücklich. Sie war Redakteurin bei der *Elle*, er Architekt bei Black & Marden in Tribeca. Die anderen Gäste waren hauptsächlich im Verlagswesen oder Künstler, verheiratete Pärchen, manche mit Kindern. Man kaute auf der zerkochten Ente und trank chilenischen Merlot, und irgendwie kam das Gespräch auf die Ehe der Clintons, worauf natürlich eine Debatte über die Definition von Ehebruch folgte.

Rebecca genoss den Schlagabtausch, bis der normalerweise schüchterne Theo sein Glas absetzte und sagte:

»Mir wäre es egal, wenn Rebecca mich mit einem anderen Mann betrügt, solange sie sich nicht in ihn verliebt. Ich meine, solange keine Gefühle im Spiel sind, ist es mir egal, ob sie sich in St. Louis von irgendeinem Geschäftsmann die Muschi lecken lässt.«

Die anderen Pärchen verstummten. Rebecca zog eine Augenbraue hoch, stand auf und sagte: »Entschuldigt mich, ich muss einen Flug buchen«, und alle brachen in schallendes Gelächter aus.

Trotz ihrer schlagfertigen Reaktion war sie schockiert gewesen. Warum sagte er so etwas in aller Öffentlichkeit? Wie konnte ein Mann, der seine Frau liebte, die Vorstellung, dass sie es mit einem anderen trieb, ertragen? Was war das für ein Mann, für den es kein Problem war, wenn seine Frau fremdging? Sie wusste nicht, ob er nur angeben wollte (»Ist nur ein Bluff. Meine Frau würde nie fremdgehen, weil sie mich viel zu sehr liebt.«) oder ob er es ehrlich meinte. Am Ende entschied sie sich für Ersteres und schob seine Äußerung auf zuviel Rotwein.

In letzter Zeit hatte sie jedoch viel über St. Louis als metaphorischen Ort nachgedacht. Es war, als hätte Theo gewusst, dass er eines Tages ihre Ansprüche nicht mehr befriedigen konnte, und ihr unter dem Deckmantel einer beschwipsten Bemerkung vorbeugend einen Ausweg angeboten.

Um eine Affäre zu haben, musste sie erstmal jemanden finden, und in Park Slope waren die Männer so kastriert, dass es fast unmöglich schien. Zwar fand Rebecca die meisten Park-Slope-Väter nicht einmal attraktiv, aber es waren die einzigen Männer, mit denen sie regelmäßig zu tun hatte, denn sie war selbständig und arbeitete zu Hause. Um auf dem Spielplatz aufzufallen, zog Rebecca sich sexy an. Während die anderen Mütter in Cargoshorts, P.S.-321-T-Shirts und Sneaker herumliefen, trug Rebecca

Marc-Jacobs-Miniröcke, tiefe Ausschnitte, teure Push-up-BHs für maximales Dekolleté und Vierhundert-Dollar-Fick-mich-Schuhe von Miu Miu. Erst in der vergangenen Woche, als Sonam, ihr tibetanischer Teilzeit-Babysitter, auf Abbie aufpasste, hatte Rebecca sich in Nolita einen goldenen Glitzer-Einteiler gekauft.

Doch nicht einmal ihr neuer Einteiler weckte das Interesse. An der Schaukel auf dem Lincoln-Berkeley-Spielplatz streckte sie ihren Po raus und wartete, bis der Papa mit den Koteletten neben ihr sie angaffte. Zwar ließ er sich auf ein Gespräch ein, redete jedoch gleich in einem der ersten Sätze von »meiner Frau«. Dabei war allein die Tatsache, dass er in Park Slope wohnte, dem urbanen Stepford junger weißer Familien, Indiz genug, dass er ein Pantoffelheld war. Im Sommer hatte ein hübscher blonder Papa in einem Obama-T-Shirt mit ihr geflirtet, doch nach ein paar Minuten erwähnte er seinen Partner Rick.

Selbst Opfer schmutziger Scheidungen in den Siebzigern, lebten diese monogamen Nestbauer nach den Moralvorstellungen der Fünfziger – *Neue Viktorianer* hatte ein Zeitungsartikel sie getauft. Wenn es bei ihnen zu Hause Sex gab, so merkte man es den Eltern zumindest nicht an. Am schlimmsten waren Eltern mit zwei Kindern – der Ausdruck von Resignation und Bedauern in ihren Gesichtern, die Verwahrlosung. Wenn sie die Kinder tauschten, nahmen sie einander kaum zur Kenntnis, und ihre Mienen hellten sich höchstens kurz auf, wenn eines der Kinder klatschte oder lächelte. Sie waren wie Fabrikarbeiter, die nebeneinander am selben Fließband arbeiteten und, den Blick auf die Uhr gerichtet, dachten: *Nur noch achtzehn Jahre.*

Rebecca wünschte, sie hätte im Zeitalter von Quaalude, Schlüsselpartys und Emanzipation gelebt, als Sex überall war und Ehebruch dazugehörte. Damals gab es wenigstens einen Ausweg, wenn man eine sexfreie Ehe führte. Eine neue Fernsehserie namens *Swingtown* versuchte, die Siebziger-Jahre-Welle abzureiten, doch nach ein paar Episoden wurde es Rebecca langweilig.

Wenn Rebecca an ihren zukünftigen Liebhaber dachte, stellte sie sich immer einen grauhaarigen Mann Mitte vierzig vor, der seine Scheine in einem Geldclip aufbewahrte und rauchte, ohne sich dafür zu entschuldigen. Vielleicht lag es daran, dass sie den Film *Sex, Lügen und Video* gesehen hatte, als ihr sexuelles Interesse heranreifte, dass sie immer Peter Gallagher vor sich sah.

Doch bis sie ihren Peter Gallagher fand, musste sie sich damit begnügen, sich jeden Tag während Abbies Mittagsschlaf zu Kultfilmen aus den Siebzigern selbst zu verwöhnen: der querschnittsgelähmte Jon Voight, der in *Coming Home* Jane Fonda leckt (die schärfste Szene zum Thema Impotenz im amerikanischen Kino), Donald Sutherland und Fonda in *Klute*, George Segal, der in *Heirat ausgeschlossen* Susan Anspach vergewaltigt. In diesen Filmen hatte sie den Archetypus gefunden nach dem sie suchte, einen Mann, der sich, ohne zu fragen, nahm, was er wollte.

Im Schlafzimmer schälte sie sich aus ihrer Jeans und den durchsichtigen kornblumenblauen Cosabella-Hotpants, platzierte den Mini Pearl und schaltete ihn an. Nichts passierte.

Sie schaltete ihn aus und wieder an. Immer noch nichts.

Die Batterien waren leer.

Dann fiel ihr Abbies Mobile ein.

Ein schwarzweißes Symphony-in-Motion von Tiny Love, das ihre Eltern Abbie bei ihrem ersten Besuch nach der Geburt mitgebracht hatten. Man konnte bei dem Mobile zwischen Mozart, Bach und Beethoven wählen, und als Rebeccas Vater es am Gitterbett befestigte, hatte sie gescherzt: »Warum gibt es nichts von Mahler?«

Jeden Tag legte Rebecca Abbie zum Mittagsschlaf ins Gitterbett und schaltete das Mobile an, bis es Abbie eingelullt hatte. Sobald Abbie sich rührte, setzte Rebecca das Mobile erneut in Betrieb. Hypnotisiert von Beethovens Fünfter schlief Abbie sofort wieder ein.

Abbie befand sich jetzt höchstwahrscheinlich in der REM-Phase, deshalb wagte es Rebecca, sich in ihr Zimmer zu schleichen. Sie kroch zum Mobile, entfernte die Batterien, drehte sich um und schlich wieder hinaus.

Behutsam schloss sie die Tür hinter sich. Batterien eingelegt, Bügel-BH gelöst und hochgeschoben, linke Hand auf rechtem Nippel, rechte Hand auf Ei, Höschen und Jeans in einem Feuerwehrmannhaufen auf dem Boden, legte sie los. Sie war Isabelle Adjani, und sie hatte Polanski in den Film gelockt, weil sie ihm trotz seiner Ähnlichkeit mit einer Ratte irgendwie verfallen war. In der düsteren Schwüle des Pornokinos fühlte sie sich so zu ihm hingezogen, vielleicht in Vorausahnung seiner Pädophilie, dass sie ihm in den Schritt fasste. Er wurde sofort hart, blickte sich um, schlang seinen Arm um sie und befummelte ihre Brust. Statt zurückzuweichen, küsste ihn Isa Becca, die kleine Nutte, leidenschaftlich auf den Mund, ohne sich um die schmierigen alten Männer im Saal zu kümmern.

Rebecca schaltete den Vibrator auf Stufe zwei. Sie knetete ihren Nippel und stellte sich dabei die weiche, unbefleckte Hand Roman Polanskis vor. Ihre Muskeln spannten sich an, sie begann zu schwitzen und war kurz davor zu kommen, als sie das klare Stimmchen ihrer Tochter hörte.

Rebecca wollte es nicht wahrhaben. Bestimmt war Abbie gar nicht richtig wach und würde gleich wieder einschlafen.

Ein weiterer, deutlich unzufriedener Laut. Rebecca schaltete den Vibrator auf Stufe drei und dachte krampfhaft an Roman Polanski. Sie legte sich das Kissen übers Gesicht und gab die Stimulierung ihrer Brustwarze auf. Doch durch das Kissen hörte sie ihre Tochter schreien. Es klang nach einem Windel-voll-Weinen.

Verdammt. Sie warf das Kissen beiseite und ging ins Kinderzimmer. Kaum hatte sie den Raum betreten, roch sie es auch schon. Sie nahm Abbie auf den Arm und trug sie schweigend zur Wickelkommode. Je weniger Aufhebens man machte, desto größer die Chance, dass sie wieder einschlief. Rebecca wechselte eilig die Windel. »Schhhh«, sagte sie, und legte das Baby wieder ins Bettchen. »Schlaf weiter. Schhhhh.«

Abbie starrte empört zu ihr auf und schrie aus vollem Hals. Das Mobile hing stumm über ihrem Gesicht. Rebecca stand vor Sophies Entscheidung: Orgasmus oder Mittagsschlaf. Klitzekleiner Sex oder Tiny Love.

Sie wusste, was Dr. Marc Weissbluth, Autor des Buches *Gesunder Schlaf, glückliches Kind* sagen würde: Bei Babys, die unregelmäßig oder zu kurz zu Mittag schliefen, bestand ein höheres Risiko für Aufmerksamkeitsdefizitsyndrom, Lernbehinderungen und Schlafstörungen im Erwachsenenalter.

Dennoch trottete Rebecca nur äußerst widerwillig und ziemlich angepisst zurück in ihr Schlafzimmer, entfernte die AA-Batterien aus dem Vibrator und platzierte sie in Abbies Mobile. Innerhalb weniger Minuten war Abbie wieder eingeschlafen, doch Rebecca konnte sich nicht aufraffen, erneut den *Mieter* heraufzubeschwören. Sie lag auf ihrem Bett, die Arme über der Brust verschränkt, dachte über ihr verpfuschtes Leben nach und betrachtete den nutzlosen rosa Phallus neben sich. Wenige Minuten später klingelte es an der Tür.

DIE GOLDKÜSTE

KAREN Bryan Shapiro fand sich nicht neurotisch. Sie begegnete nur der Herausforderung, mitten in der Stadt ein Kind großzuziehen. Sie fand nichts dabei, dass sie immer ein kleines Fläschchen unparfümiertes, antibakterielles Gel in der Handtasche hatte und ihrem Sohn Darby (auf dessen Namen sie übrigens gekommen war, lange bevor der Schauspieler Patrick Dempsey seinen Sohn so genannt hatte) mehrmals täglich damit die Hände abwischte.

Sie fand nichts dabei, dass sie Darby auf dem Spielplatz in der Third Street vorsichtshalber Knieschützer anzog, damit er sich nicht die Knie aufschlug, obwohl der Asphalt mit schwarzem Gummibelag überzogen war, der aufgeschlagene Knie praktisch unmöglich machte, oder dass in ihrer Badewanne eine breite Gummimatte lag, damit Darby nicht ausrutschte, oder dass sie sich bei sieben, ja, ganz recht, *sieben* Vorschulen in Brooklyn beworben hatte, als Darby fünfzehn Monate alt war, darunter auch bei der Grace Church, der Brooklyn Heights Montessori und dem Early Childhood Center des Garfield Tempels, um sicherzugehen, dass er irgendwo aufgenommen wurde. (Er bekam schließlich einen Platz im Tempel, aber nur, weil sie fast $1.800 gezahlt hatte, um der Gemeinde beizutreten. Darbys Mitschüler waren eine Mischung aus jüdischen Kindern der Mitglieder und Gois, deren Mütter euphemistisch von der Garfield-Schule sprachen.)

Karen fand es nicht einmal besonders merkwürdig, dass Darby mit vier noch darauf bestand, eine Windel anzuziehen, wenn er groß musste. Danach entfernte er die Windel selbst, wischte sich ab und zog seine Unterhose wieder an. So peinlich es Karen auch war, ihren Vierjährigen auf dem Spielplatz zu wickeln, wollte sie doch auf keinen Fall schuld an lebenslangen Verdauungsstörungen sein.

Obwohl sie nichts davon hielt, ihren Sohn unter Druck zu setzen, hielt sie viel davon, ihre Umwelt unter Druck zu setzen, wenn es um ihren Sohn ging. Jeder kämpfte gegen jeden, und Karen schreckte vor nichts zurück, um ihrem Kind einen Vorteil zu verschaffen.

Deshalb fand Karen nichts dabei, um Viertel vor drei an einem Nachmittag mitten in der Woche bei völlig fremden Menschen zu klingeln, weil eine Wohnung in dem Haus zum Verkauf stand. Karen hatte über einen Vater an der Garfield-Schule von der Wohnung gehört, der es wiederum vom Hundesitter der Hebamme seiner Frau wusste. Der Vater, Neal Harris, sagte, die Wohnung werde direkt von den Besitzern verkauft. Die Wohnungsbesichtigung war am Sonntag, und obwohl sie am Donnerstag im Immobilienteil der *New York Times* stehen würde, konnte Karen es nicht abwarten.

Laut Neal war es eine eher beengte, neunzig Quadratmeter große Vierzimmerwohnung mit dekorativen Kaminen und einer offenen Küche, doch worauf es ankam, war, dass sie im Einzugsbereich der P.S. 321 lag. Karen und ihr Mann Matty suchten seit zwei Jahren und gingen mit Darby fast jedes Wochenende zu Wohnungsbesichtigungen. Diverse Male waren sie überboten worden, und trotz der Wohnungsmarktkorrektur im Frühling fürchtete Karen allmählich, dass sie nie hoch genug bieten würden.

Sie wohnten in einer Mietwohnung in der Fourteenth Street zwischen Sixth und Seventh Avenue, im Einzugsbereich der P.S. 107. Und obwohl die 107 dank einer Reihe von Benefiz-Lesungen mit Paul Auster und Jhumpa Lahiri besser wurde, hatte die 321 immer noch die besseren Testergebnisse.

Karen hatte im *New York Magazine* gelesen, dass Wohnungen im Bezirk 321 im Durchschnitt $100.000 mehr kosteten als im Bezirk 107, doch wenn ihr Kind dafür auf eine Schule ging, wo nicht nur 43 Prozent, sondern 62 Prozent der Kinder weiß waren, war der Preis vergleichsweise gering. Zwar ging die 321 nur bis zur fünften Klasse und die Mittelstufe an der M.S. 51 in der Fifth Avenue war eine Art Ausbildungslager für Wilde, doch es gab Pläne für eine Charter-Schule im Bezirk, die sicher umgesetzt wurden, bis Darby zwölf war.

Die Verhandlungsbasis für die Wohnung in der Carroll Street war $675.000, und Karen hoffte, wenn sie und Matty noch vor dem Besichtigungstermin $700.000 boten, würden die Besitzer ihn vielleicht abblasen. Sie würden sich für die monatlichen Raten ordentlich strecken müssen, aber selbst wenn die Wohnung jetzt teuer schien, würden ihnen 700.000 in ein paar Jahren wie ein Spottpreis vorkommen. Wenn sie nur mit den Besitzern reden könnte, um sie zu überzeugen, dass sie die Richtige für die Wohnung war, die auch die Eigentümergemeinschaft akzeptieren würde, mit einem artigen Kind, ohne Haustiere, guter Kreditwürdigkeit und einem Haushaltseinkommen von $286.000 im Jahr.

Die Wohnung lag nicht nur in einer Straße mit Namen, also der nördlichen, teuersten Gegend von Park Slope, sondern fast direkt am Park und vor allem in Laufweite zur Prospect Park Lebensmittelkooperative, wo Karen bereits Mitglied war. Von South Slope brauchte man zwanzig Minuten zur Koop, was das Einkaufen ziemlich mühsam machte, ganz zu schweigen von ihren und Mattys monatlichen Arbeitsschichten. (Alle erwachsenen Haushaltsmitglieder mussten Schichten übernehmen, aber weil Matty soviel im Büro war, übernahm sie beide. Sie arbeitete im Kinderbetreuungsteam, damit sie Darby mitnehmen konnte. Die familienfreundliche Politik der Koop war einer der Gründe, warum Karen Mitglied geworden war.) North Slope war näher an der Zentrale der öffentlichen Bücherei und am Montauk Club, wo Karen schon jetzt zweimal in der Woche zu Weight-Watchers-Treffen ging, und sie war überzeugt, dass der Umzug eine Investition in ihr Wohlbefinden, in ihr Heil war.

Karen war zweiunddreißig, wirkte jedoch älter wegen der zwanzig Pfund zuviel, die sie seit der Geburt mit sich herumschleppte. Sie war einsdreiundsechzig, besaß den blassen irischen Teint ihrer Mutter und hatte ihr schwarzes Haar zu einer praktischen Kurzhaarfrisur abgeschnitten, als Darby noch ein Baby war und nicht aufhören wollte, daran zu ziehen. Sie gab sich Mühe mit ihrem Aussehen – trug eine Bowlingtasche von Brooklyn Industries und jeden Tag Make-up –, doch nach vier Jahren als Hausfrau und Mutter kleidete sie sich für den Spielplatz praktisch in weiten Tops, Jeans und schwarzweißen MTB-Schuhen, die sie in einem Pilates-Laden in der Union Street gekauft hatte.

MTB stand für Masai-Barfuß-Technologie, und die Schuhe mit den dicken, schrägen Sohlen sorgten dafür, dass man den Fuß beim Gehen abrollte wie das Nomadenvolk der Masai in Ostafrika, dem Zellulitis fremd war. Karen hatte in den sechs Monaten, seit sie die Schuhe trug, nur eine marginale Verbesserung der eigenen Zellulitis feststellen können, gab jedoch die Hoffnung nicht auf.

Eine schroffe Frauenstimme erklang durch die Gegensprechanlage: »Wer ist da?«

»Ähm, ich komme wegen der Wohnungsbesichtigung«, erwiderte Karen, bemüht, nicht allzu überkandidelt zu klingen.

»Welche Wohnungsbesichtigung?« fragte die Stimme verärgert.

»Ähm, die am Sonntag?« Kurz nach Darbys Geburt hatte Karen angefangen, jeden Satz wie eine Frage klingen zu lassen. Sie hatte es bei den anderen Müttern im Viertel aufgeschnappt, die seit dem Internat so redeten. »Eine Vierzimmerwohnung? Die zum Verkauf steht?«

»Das ist Nummer Zwei«, erklärte die Frau knapp. »Das hier ist Nummer Drei.« Im Hintergrund schrie ein Baby. »Was soll das?« Karen wusste nicht genau, ob die Frau das Baby meinte oder sie.

Nicht sicher, ob die Frau sie noch hörte, sagte Karen: »Bei Nummer zwei habe ich auch schon geklingelt? Aber es hat niemand geantwortet? Und ich habe gedacht, vielleicht könnten Sie mir stattdessen Ihre Wohnung zeigen, damit ich eine Vorstellung davon bekomme. Ich versichere Ihnen, ich bin ganz harmlos.« Sie kicherte nervös. »Ich habe meinen Sohn Darby dabei.«

Karen hörte eine Weile gar nichts, und als sie erneut bei Nummer drei klingelte, antwortete niemand. Eine Sekunde später hörte sie über sich, wo ein unheimlicher Araber an der Fassade arbeitete, ein Geräusch. Ein Kopf wurde aus einem Fenster gesteckt. Die Frau sah wütend aus.

»Oh, hallo!« rief Karen hoffnungsvoll. »Sehen Sie? Das ist Darby.« Sie deutete auf die Maclaren-Karre, die am Fuß der Treppe stand. Die meisten Kinder in Darbys Alter saßen nicht mehr in der Karre, aber der Weg von South Slope nach North Slope war so weit, dass Karen keine Lust hatte, über jeden Schritt zu verhandeln. »Ich bin Karen. Karen Bryan.« Wenn es ihr vorteilhafter schien, benutzte Karen immer ihren Mädchennamen.

»Also, Karen Bryan, ich bin froh, dass ich weiß, wie Sie aussehen«, sagte die Frau.

»Wieso?« fragte Karen verunsichert.

»Damit ich Sie bei der Wohnungsbesichtigung wiedererkenne und Tina und Steve warnen kann, denn ich werde persönlich dafür sorgen, dass die Eigentümergemeinschaft Sie ablehnt.« Das Fenster wurde zugeschlagen. Vom Baugerüst starrte der Araber verständnislos auf Karen herab.

Sie zitterte vor Demütigung, als sie die Stufen hinabstieg. Matty würde sie von dieser Wendung der Ereignisse nichts erzählen. Wie alle Anwälte war er taff, und sie wusste, er würde kaum Verständnis dafür haben, dass sie es vermasselt hatte.

Karen und Matty hatten sich in ihrem zweiten Studienjahr am Bates College kennengelernt. Er war auf dem Bowdoin College und besuchte einen Freund. Beim Mittagessen kamen sie ins Gespräch, und danach hielten sie Kontakt. Sie genoss seine Gesellschaft und fand ihn witzig, doch erst als sie ein paar Jahre nach der Uni als Sozialarbeiterin an einer Grundschule in der Bronx gearbeitet hatte und mit drei Mitbewohnern in Curry Hill wohnte, kam sie auf den Gedanken, ihn zu heiraten.

Matty hatte ein Jurastudium an der Cardozo School of Law absolviert, arbeitete in der Abteilung »Fusionen und Übernahmen« bei Simpson & Holloway, eine der führenden Anwaltskanzleien in New York, und rief oft an, um sie zum Essen einzuladen. Sie war gern mit ihm zusammen, hegte jedoch keinerlei romantische Gefühle für ihn. Er war groß, aber plump, hatte buschige Augenbrauen und die unangenehme Angewohnheit, an seiner Nagelhaut zu pulen. Sie gingen essen, plauderten angeregt und dann verabschiedete Karen sich vor ihrer Wohnung, und er nahm es hin, als würde er sich auch nicht weiter für sie interessieren.

Eines Abends, als sie in einem pakistanischen Restaurant nicht weit von Karens Wohnung saßen und er gerade eine amüsante Geschichte über einen Kollegen erzählte, wurde ihr klar, dass Matty Shapiro in sie verliebt war.

Es fiel ihr schwer zu glauben, dass überhaupt irgendein Mann in sie verliebt sein konnte. Sie war gewohnt, im Schatten hübscherer Mädchen zu verblassen. Wenn sie mit ihren College-Freundinnen ausging, war sie die Einzige, die nie angespochen wurde. Karen blieb an der Bar und verfolgte, wie die anderen Mädchen immer betrunkener wurden und mit irgendwelchen Trotteln flirteten. Ihre eigenen vorehelichen Erfahrungen beliefen sich auf einen unseligen One-Night-Stand bei einer Tanzveranstaltung an der Brooklyn Tech High School und ein paar Partyaufrisse am College – alle mit Indern oder Asiaten, die danach nicht mehr mit ihr sprachen.

Obwohl es ihr anfänglich schwerfiel, sich Sex mit Matty vorzustellen, wusste sie seit jenem schicksalhaften Essen, dass er sie anbetete und sie nie betrügen oder verlassen würde. Vor allem wusste sie, dass er bald genug verdienen würde, um eine Familie zu versorgen. Zwar hatte sie ihr Diplom erst seit zwei Jahren, doch Karen fand ihren Job deprimierend: Väter, die nie da oder tot waren, süchtige Mütter, die Gewalt und sogar die Sprache der Kinder, die selbst einer Prostituierten die Schamesröte ins Gesicht getrieben hätte. Ein Junge, ein Achtjähriger, der aussah wie vierzehn, wurde von den anderen *Der Wischer* genannt, weil er die Angewohnheit hatte, sich die Nase in die Hand zu schnäuzen und sie dann an seinen Klassenkameraden abzuwischen.

Sie war es leid, mit der Linie Sechs zu pendeln, mit drei Mitbewohnern in einer Dreizimmerwohnung zu leben. Wenn sie Matty Shapiro heiratete, würde sie eines Tages in Park Slope wohnen. Sie könnten ihre Kinder auf eine Privatschule, ins Sommerlager und auf ein gutes College schicken, damit aus ihnen glückliche, erfolgreiche Menschen wurden.

Ein Jahr nach dem Essen beim Pakistani waren sie und Matty verheiratet, und noch ein Jahr später zogen sie von seiner Wohnung in Midtown nach South Slope und sie wurde schwanger. Doch die Wohnung wurde zu klein, als Darby größer wurde, und Karen fand es an der Zeit fürs Eigenheim.

Karen löste die Bremsen an Darbys Kinderkarre. Sie hatte in der Prospect Park Lebensmittelkooperative einkaufen wollen, nachdem sie die Wohnung gesehen hatte – sie hatte sich angeboten, Chips und Dips für das Gründungstreffen einer Park-Slope-Initiative zu besorgen, die Barack Obama im Präsidentschaftswahlkampf unterstützen wollte –, doch sie beschloss, dass der Einkauf warten konnte. Zuerst wollte sie etwas ganz und gar Eigennütziges tun. Sie schob den Maclaren in Richtung Prospect Park West.

Prospect Park West war die vornehmste und herrschaftlichste Straße des Viertels, die um 1880 Goldküste genannt wurde, wie Karen von Besichtigungen der teuersten Häuser wusste, oder jedenfalls der teuersten Häuser, in die man ohne Vorauswahl hineinkam. Obwohl viele der Häuser hässliche Nachkriegsbauten waren, gab es zwischendrin immer wieder atemberaubende viktorianische Villen.

Jedesmal wenn sie die Goldküste entlangging, spähte Karen in die Häuser und stellte sich vor, wie es wäre, in einem Zimmer mit Blick auf den Prospect Park zu schlafen. Es gab Leute, die glaubten, dass man Glück nicht kaufen konnte, doch Karen hielt diese Leute für Deppen.

In Park Slope war man dezenter als an der Upper East Side. Die Frauen reicher Männer sprachen nie als Hedgefondsmanager oder Investmentbanker von ihnen. Sie sagten schlicht: »Er ist Banker.« Wer in Park Slope reich war, versuchte es zu verbergen. Doch es gab versteckte Hinweise, und die gingen Karen unter die Haut: die Mütter, die erzählten, dass ihre Kinder auf die Saint-Ann's-Schule gingen, die Zweitausend-Dollar-Mulberry-Handtaschen mancher Frauen auf dem Spielplatz, die Southampton-Beach-Aufkleber auf den Subaru Foresters.

Als sie die Kreuzung von Prospect Park West und Carroll Street erreichte, überquerte sie die Straße zur Parkseite, lief zwei Blocks nach Süden zum Garfield Place und setzte sich auf eine grüne Bank mit Blick auf eine Reihe von Villen. Es war heiß und schwül, und die Passanten strebten mit glasigen, erschöpften Mienen ihren klimatisierten Wohnungen entgegen. Babys hingen schlaff in ihren Karren, geschoben von karibischen Kindermädchen mit hochroten Köpfen. Ein schwarzer Junge mit Kopftuch ging vorbei, und Karen umklammerte instinktiv ihre Handtasche. In der Nähe des Parks musste man vorsichtig sein.

Vorige Woche hatte sie im *Brooklyn Paper* von einer Vergewaltigung bei den Baseballplätzen gelesen. Das Opfer hatte um ein Uhr dreißig nachts in der Prospect Park Southwest mit ihrem Freund im Auto gesessen, als der Vergewaltiger ans Fenster klopfte. Der Freund stieg aus, um ihn zu vertreiben, die beiden wurden getrennt, der Angreifer holte die Frau ein und vergewaltigte sie. In der Zeitung war ein Phantombild abgebildet – dunkelhäutig, einsneunzig groß, schlaksig, Mitte zwanzig. Seither hielt Karen nach dem Kerl Ausschau.

Karen parkte Darbys Karre neben sich. »Keine Auszeit!« beschwerte er sich.

»Nur ganz kurz«, beschwichtigte sie ihn. »Danach gehen wir in der Koop einkaufen und du darfst oben in der Kinderbetreuung spielen.«

»Mir ist langweilig!«

»Iss ein paar Piratenbootys«, sagte sie und reichte ihm die Tüte. Ihre »Auszeit« war eine der wenigen Ausnahmen, wo sie Darby mit Essen ruhigstellte. Eigentlich war sie strikt dagegen.

Schmollend stopfte er sich ein paar Käsebällchen in den Mund. Sie stellte ihre Bowlingtasche neben sich auf die Bank und holte eine nachgemachte Ray Ban, einen grünen iPod Shuffle und eine halbleere Packung Newman-O-Schokokekse von Paul Newman (ohne gesättigte Fettsäuren) heraus. Sie setzte die Sonnenbrille auf, steckte sich die iPod-Stöpsel in die Ohren, drückte Play und schwelgte in den ersten Takten von Sades *Stronger Than Pride*, ein Album, das sie zum ersten Mal mit vierzehn auf einer Kellerparty in Fort Greene gehört hatte, wo alle außer ihr mit jemandem knutschten.

Dann stellte sie ihre MTBs auf den Gehweg, nahm einen Keks aus der Packung und biss genussvoll hinein. Sie kaute hastig und schluckte ihn hinunter. Verzückt von Sades lieblichem Gesang nahm sie noch einen und blickte blinzelnd durch den Verkehr auf die herrschaftliche weiße Villa der zweifachen Oscargewinnerin Melora Leigh.

Melora hatte ihren ersten Oscar (als Beste Nebendarstellerin) 1977 im Alter von neun Jahren für die Darstellung von Al Pacinos Tochter in *The Main Line* gewonnen, einem düsteren, aber brillanten Drama von Paul Schrader über einen Heroinjunkie in Philadelphia. Melora war als einziges Kind einer Lehrerin und eines Fotografen im

West Village aufgewachsen. Bis die Casting-Agentin Mary Jo Slater – wie Karen aus zahllosen Interviews wusste – sie eines Tages in der Schlange bei Joe's Pizza entdeckte und zum Vorsprechen für den Pacino-Film mitnahm.

Es stellte sich heraus, dass Melora das gewisse Etwas hatte, und sie wurde rasch einer der bekanntesten Kinderstars der späten Siebziger, neben Cynthia Nixon und Kristy McNichol. Sie arbeitete unermüdlich, trat im Kinderfernsehen, anspruchsvollen Filmen, diversen Broadwaystücken und einer berühmten Werbung für Duncan-Hines-Kekse auf.

Doch Ende der Achtziger gelang es ihr nicht, das Publikum in erwachsenen Rollen zu überzeugen. Sie ging an die Columbia, brach das Studium aber nach einem Jahr wieder ab. Sie spielte in einer Reihe schwacher romantischer Komödien und kurzlebiger Fernsehserien, konnte sich aber nicht etablieren. Im Jahr 2002, als die mittlerweile vierunddreißigjährige Melora nur ein winziger Punkt auf dem Radar der Nation war, bekam sie die Hauptrolle in Paul Thomas Andersons *Posen*, einer Biografie über die Avantgarde-Regisseurin Maya Deren.

Mithilfe von Schauspielcoach Harold Guskin (dem Melora in vielen Interviews dankte) gelang Melora eine selten mutige, herzzerreißende Leistung. Der Film wurde ein Kassenschlager und spielte $100 Millionen ein. Und weil Hollywood Comebacks liebt, wurde sie mit einem zweiten Oscar belohnt.

Meloras Ehemann war seit drei Jahren der nicht ganz so berühmte, aber unglaublich attraktive, rothaarige australische Schauspieler Stuart Ashby, der in *Posen* gegen seinen Typ als Meloras erster Ehemann, ein tschechischer Jude namens Sascha, besetzt wurde. Karen und jeder, der je zufällig eine *Us Weekly* durchgeblättert hatte, kannte die Geschichte, wie sie sich am Set kennen – und lieben gelernt hatten. Melora war Single gewesen, als sie sich trafen, und hatte gerade ein vietnamesisches Baby namens Orion adoptiert, doch Stuart war so gut wie verheiratet mit der einen Meter achtzig großen australischen Schauspielerin Natalie Sullivan, die mit anspruchsvollen Historienfilmen und ihrer Pornostarfigur bekannt geworden war.

Er fühlte sich jedoch so sehr zu Melora hingezogen, dass er Natalie mir nichts, dir nichts sitzenließ. Obwohl sie bald gemeinsam auf Filmpremieren erschienen oder im Per Se gesichtet wurden, verweigerten sie der Presse gegenüber jeden Kommentar, während Paul Thomas Anderson bei Interviews sagte: »Es ist nicht mein Verdienst. Ich weiß nur, dass Melora und Stuart zwei sehr besondere Menschen sind.« Ihren ersten öffentlichen Auftritt hatten sie bei den MTV Video Music Awards 2004, und nachdem er ein paar Monate später in ihr Loft in der Spring Street gezogen war, adoptierte Stuart Orion offiziell. Sie ließen seinen Nachnamen von Leigh in Leigh-Ashby ändern, und das Paar heiratete mit einer schlichten Zeremonie in der Angel-Orensanz-Stiftung in der Norfolk Street.

Melora war schlank und blass und laut Internet Movie Database einsachtundsiebzig groß, was Karen, die ihr schon das eine oder andere Mal im Viertel begegnet war, bestätigen konnte. Melora hatte langes, stets glänzendes Haar wie einst Carolyn Bessette. Wie die anderen Park-Slope-Promis (Steve Buscemi, John Turturro und *Law & Order: Criminal Intent*-Star Kathryn Erbe) machte auch Melora keine Anstalten sich zu verkleiden, wenn sie sich im Viertel bewegte. Karen verstand: In Brooklyn durften Stars sie selbst sein. Sobald sie den East River überquerten, setzten sie die metaphorische Baseballkappe und dunkle Sonnenbrille auf. Ab und zu druckte *Us Weekly*

Schnappschüsse von Emily Mortimer oder Alessandro Nivola in Cobble Hill oder von Adrian Grenier in Clinton Hill, doch der Fotograf war immer Phil Parnell, als sei er der Einzige, der sich auf die andere Seite des Flusses wagte.

Meloras Karriere stagnierte, seit sie nach Brooklyn gezogen war. Obwohl manche ihrer Rollenauswahl die Schuld gaben, war Karen der Meinung, dass sie sich nur neu orientierte. Seit *Posen* hatte sie in einem gefloppten Horrorfilm namens *Kriecher* mitgespielt, einem Lionsgate-Drama über Jane Austens Verhältnis zu ihren Schwestern, das bei den Kritikern Beachtung fand, sonst aber niemand sehen wollte, dem Schmachtfetzen *Sag nur meinen Namen*, einem SciFi-Thriller nach den Usurpia-Comics, in dem sie als Mutantin Prinzessin Xaviera das Verbrechen bekämpft, und einem viel gelobten Neil-LaBute-Stück. Obwohl manche Kritiker Melora längst abgeschrieben hatten, war Karen überzeugt, dass es nur eine Frage der Zeit war, bis sie ein Drehbuch fand, um mit einem zweiten Comeback an ihren Erfolg in *Posen* anzuknüpfen.

Seit Melora im März 2006 die Villa am Prospect Park West 362, Ecke Garfield Place, gekauft hatte, war Karen ihr ein paarmal über den Weg gelaufen. (Von PropertyShark.com wusste Karen nicht nur, wie viel Melora bezahlt hatte – $4,7 Millionen –, sondern auch, dass sie es auf ihren Namen gekauft hatte, obwohl sie und Stuart zum Zeitpunkt des Kaufs schon verheiratet waren.) Karen hatte sie beim Schaufensterbummel in der hippen Fifth Avenue des Viertels gesehen, in einem Auto, das vor ihrer Villa geparkt hatte, mit Bergdorf-Tüten und etwas, das wie ein Herpesbläschen ausgesehen hatte, auf der Lippe, und beim Anprobieren eines Oberteils bei Loom in der Seventh Avenue, wobei sie »Lass dich nicht unterkriegen« in ihr Handy geraunt hatte.

Karens absolute Lieblingsbegegnung mit Melora Leigh, die sie den Spielplatzmüttern viele Male erzählt und unter dem Namen »bklynmama« bei Gawker Stalker einstellte, hatte sich vor anderthalb Jahren im Park Slope Yoga Center zugetragen. Es war ein Samstagmorgen und Karen hatte beschlossen, dass es höchste Zeit war, etwas gegen ihre Birnenfigur zu unternehmen. Zu Matty hatte sie gesagt: »Du nimmst Darby. Ich gehe zum Sport.« Bei der wenig attraktiven Aussicht, ins Schwitzen zu geraten, entschied sie sich für eine Basic-Vinyasa-Stunde.

Auf dem Weg nach draußen hatte sie noch schnell ihre E-Mails gecheckt und war bei einem Internetforum der Park-Slope-Eltern hängengeblieben, wo es darum ging, ob es okay war, wenn Kinder auf dem Spielplatz die Rutsche hochliefen. Dadurch kam sie zehn Minuten zu spät zu ihrem Kurs und musste vor der Tür warten, bis der Eröffnungsgesang vorbei war. Der einzige freie Platz war ganz hinten in der Ecke. Während sie ihre Leihmatte ausrollte, sah sie zu ihrer Überraschung Melora Leigh im Lotussitz neben sich.

Melora trug eine weinrote Yogahose und ein hautenges Top ohne BH. (Sie hatte immer kleine Brüste gehabt, und Karen fand es toll, dass sie im Gegensatz zu den meisten weiblichen Hollywoodstars keinen Silikonbusen hatte.) Von Nahem war sie sogar noch schöner als in der Schlussszene von *Posen*, wo sie im Badezimmer eine Überdosis Tabletten nimmt. Ihre Haut war durchscheinend, ihr Haar bis auf ein paar lose Strähnen hochgesteckt, und auf Karen wirkte sie noch größer als einsachtundsiebzig.

Karen, die angenommen hatte, ein Basic-Kurs sei leicht, war überrascht, dass sie schwitzte wie ein Schwein, während sie beim Krieger Eins zu Melora hinüberschielte und zu erkennen versuchte, ob sie sich an den Oberschenkeln Fett hatte absaugen lassen. Nach vierzig Minuten, als die Yogis in die Kobra gingen, pupste Melora. Hörbar.

Die andere Frau neben ihr drehte sich missbilligend um, in der Annahme, es sei Karen gewesen. Empört über die ungerechte Verdächtigung erwiderte Karen den Blick indigniert, und dann sagte Melora leise: »Verzeihung. Diese Kobras machen mich fertig«, und die Frauen lachten und sahen sie bewundernd an. Melora war nicht nur schön, talentiert und reich, sie konnte auch zugeben, wenn sie einen fahren ließ.

An jene Begegnung musste Karen jetzt denken, als sie selbst einen Newman-O-Pups ließ. Sie kam jede Woche für ein paar Stunden zu dieser Bank, in der Hoffnung, an irgendeinem Fenster einen Blick auf Melora zu erhaschen.

Durch Sade hindurch drang ungeduldiges Gequengel an Karens Ohr. Entnervt riss sie sich die Ohrstöpsel heraus: »Was ist denn?«

»Fertig«, sagte Darby und streckte ihr die leere Piratenbootys-Tüte entgegen, als sei sie eine menschliche Mülltonne. »Ich will nach Hause.«

»Nur noch ein bisschen.«

»Aber das sagst du immer …«

»Darby, ich sage eins …«

»Aber Mama!«

»Ich sage zwei …« Sie hatte diesen Trick aus einem Buch mit dem Titel *Die 1-2-3-Methode*, und er funktionierte überraschend gut. Man führte eine dem Alter angemessene Strafe ein (in Darbys Fall keinen Nachtisch), und sobald das Kind frech wurde, zählte man. Wenn er bei drei immer noch Theater machte, wurde er bestraft.

Darby schwieg, Karen steckte die Ohrstöpsel wieder ein und blickte zum Fenster im ersten Stock hinauf. Allmählich begann sie, am Sinn dieser ganzen Aktion zu zweifeln. Es war Sommer. Reiche Leute verbrachten den Sommer nicht in der Stadt. Es gab sogar einen Hampton Jitney, der über Prospect Park West fuhr. Karen hatte den Bus ein paarmal vorbeifahren sehen und die ganzen reichen Leute hinter den getönten Scheiben beneidet, die in ihrer Vorstellung den *New York Observer* lasen und an Iced Skim Lattes nippten.

Melora, Stuart und Orion hielten sich wahrscheinlich mit ihrem gesamten Personal in ihrem Cottage in Bridgehampton auf, besuchten Robert Wilsons Partys in Watermill und luden Jessica Seinfield zu Margaritas ein. Die einzigen Leute, die während einer Hitzewelle in der Stadt blieben, waren die, die keine Wahl hatten. Matty hatte sich im April während der Passah-Ferien an der Garfield-Schule eine Woche freigenommen, um mit Frau und Kind seine Eltern in Miami zu besuchen, und wollte seine zweite Urlaubswoche zwischen Weihnachten und Neujahr nehmen. Jetzt bereute Karen, dass sie sich die Woche nicht für den Sommer aufgespart hatten.

In dem Fenster ging Licht an. Hinter einem durchscheinenden Vorhang erspähte Karen den Umriss einer großen Frau, die einen kleinen Jungen wie ein Flugzeug durch die Luft schwang. Sie waren hier! Obwohl sie nur eine Silhouette sah, erkannte sie Melora an ihrem langen, wallenden Haar. Ihre Schatten wirkten ausgelassen und entspannt und strahlten eine Freude aus, die Karen sich nicht erinnern konnte je empfunden zu haben, nicht einmal als kleines Kind in Midwood, Brooklyn, wo sie mit ihrer Schwester in einem zweistöckigen Häuschen mit Einfahrt und Garten aufgewachsen war.

Das hieß: reich sein. Für die wichtigen Dinge war gesorgt, so dass man die kleinen Dinge des Lebens genießen konnte, wie zum Beispiel mit seinen Kindern zu spielen. Statt sich die ganze Zeit den Kopf darüber zu zerbrechen, wie man es besser machen konnte, lebte man für den Moment – etwas, wonach Karen strebte, seit sie *Mit Kindern wachsen: Die Praxis der Achtsamkeit in der Familie* von Jon und Myla Kabat-Zinn gelesen hatte.

Karen verspürte den Drang, über die Straße zu laufen und an die Tür zu hämmern, bis Melora sie einließ und ebenfalls durch die Luft schwang. Einen Moment später zogen sich die Gestalten zurück, doch Karen starrte weiter auf den Vorhang und sah noch lange die Umrisse von Mutter und Sohn.

EINFÜHRUNG

Während Orion im Kinderzimmer im ersten Stock mit seiner Nanny spielte, befand sich Melora auf dem Weg zu einer Einführung bei der Prospect Park Lebensmittelkooperative. Sie war auf Rat ihrer Presseagentin Lynn Mitglied geworden. Seit ihrem Umzug nach Slope war sie viele Male an dem ausladenden Gebäude mit dem altmodischen Schild im Stil der Siebziger Jahre und an Legionen Michael Polling lesender Biokostanhänger in der Seventh Avenue vorbeigegangen, und aus der Ferne fand sie diese skurrile Institution des Viertels, die sie nie zu betreten hoffte, ganz amüsant.

Doch im April lag die *Green Issue* der *Vanity Fair* im Briefkasten, mit Madonna auf dem Titelbild, die sich vor einem Gipsglobus räkelte, und ihr wurde klar, dass sie auf den Ökozug aufspringen musste. Sie war politisch immer engagiert gewesen: In den Neunzigern hatten Tim und Susan sie für das Innocence Projekt gewonnen, für ihr Haus in Silver Lake hatte sie, lange bevor es Mode war, einen Prius gekauft, und nicht ohne Blick auf die Wirkung in der Öffentlichkeit hatte sie die extremste und schlagzeilenträchtigste Form des Recyclings praktiziert: Adoption.

Doch trotz Kindermädchen fand sie es so lästig, Orion zu bemuttern, dass sie nicht vorhatte, es Angelina gleichzutun und eine ganze Brut bei sich aufzunehmen, weshalb sie auf andere Art demonstrieren musste, wie progressiv sie war. Vor ein paar Wochen hatte sie sich mit Lynn getroffen, um die bevorstehende Premiere von *Donnellys Duell* zu besprechen, eine romantische Komödie von Gary Winick über eine überfürsorgliche Schwester, die die Verlobte (Kate Hudson) ihres Bruders (Vince Vaughn) einer Reihe brutaler Tests unterzieht. Sie und Lynn sprachen über die Interviews auf dem roten Teppich, und Melora hatte gesagt: »Ich habe das Gefühl, ein bisschen Engagement für die Umwelt würde meinem Image gut tun.«

»Was ist mit dieser Lebensmittelkooperative in deinem Viertel?« schlug Lynn spontan vor. »Meine Schwägerin ist davon begeistert. Angeblich sind Obst und Gemüse besser als bei Fairway.« Lynn war sechzig, Jüdin und einssechzig groß. Sie machte seit den Siebzigern PR und hatte stets über den eigenen Tellerrand hinausgeschaut.

»Lebensmittelkooperative?« hatte Melora gefragt. »Äh, muss man da nicht Arbeitsschichten übernehmen?«

»Ja, vielleicht so drei Stunden im Monat. Kennst du irgendeinen anderen Star, der sich verpflichtet, jeden Monat eine Schicht zu übernehmen? Volksnähe zieht heutzutage. Ist das nicht auch der Grund, warum du Lisanne gefeuert hast?« Vor ein paar Wochen, nachdem Stuart ihr geraten hatte, ihr Leben zu entrümpeln, hatte Melora ihre persönliche Assistentin Lisanne, eine unglaublich kompetente, sechsundzwanzigjährige Brown-Absolventin, gefeuert.

»Du hättest damit automatisch eine PR-Plattform«, fuhr Lynn fort. »Der Laden hat neuntausend Mitglieder, und jedes Einzelne könnte den Klatschspalten stecken, was für eine Heilige du bist, weil du deine eigenen Schichten übernimmst. Außerdem würde es auf Adam Epstein Eindruck machen.«

Der Indie-Regisseur Adam Epstein hatte sich 2004 mit

Hochstand, einem düsteren, grüblerischen Jugenddrama, das an der Upper West Side spielte und für drei Oscars nominiert wurde, in Hollywood einen Namen gemacht. Er stammte aus einer reichen New Yorker Familie und wurde oft in einem Atemzug mit Darren Aronofsky und Noah Baumbach genannt. Adam hatte noch zwei weitere Filme gedreht: *Eva und Andie* (2006), eine Art Indie-*Beach* mit Sandra Bullock und Epsteins Frau Jessica Chafee, und *Mumbai Express*, ein Thriller mit George Clooney (2007). Nach der langen Zeit in Indien war aus Adam Epstein ein engagierter Weltverbesserer und eingefleischter Umweltschützer geworden. Jüngst hatte er unentgeltlich zwei Spots für den Bund für Umwelt- und Naturschutz gedreht, ganz in Schwarzweiß wie Truffaut-Filme, und wenn er jetzt Interviews gab, redete er über die globale Erwärmung.

Melora war scharf auf die Hauptrolle in seinem neuen Film *Die gelbe Rosie* über die valiumsüchtige, psychisch labile Frau eines texanischen Ölunternehmers, gespielt von Viggo Mortensen. Die Dreharbeiten sollten im August in Bulgarien (als Ersatz für Texas) beginnen. Eigentlich war Nicole Kidman für die Rolle vorgesehen, doch die hatte sich, angeblich wegen Überarbeitung, aus dem Projekt zurückgezogen. Adam hatte Meloras CAA-Agentin Vanessa Andreakis kontaktiert, weil er stattdessen Melora für die Rolle wollte. Er erzählte Vanessa, er sei ein großer Fan von Meloras Arbeit, und Vanessa hatte mit Produzent Scott Rudin gleich die Gage klargemacht (eine Million plus Umsatzbeteiligung). Alles war unter Dach und Fach, bis auf den Vertrag, der nach dem Treffen aufgesetzt werden sollte. Adam meinte, es sei weniger ein Vorsprechen als für beide eine Gelegenheit festzustellen, ob er und Melora dieselbe Wellenlänge hätten.

Melora waren solche Treffen ein Gräuel. Oft bekam

sie hinterher zu hören, sie wirke arrogant, dabei war sie nur schüchtern und verschlossen. Probeaufnahmen wären ihr lieber gewesen. Wer schüchtern und ein Nobody war, erntete Mitleid, doch wer berühmt und schüchtern war, erntete Verachtung. Seit frühester Kindheit war sie von Erwachsenen umgeben und hatte nie gelernt, mit Gleichaltrigen umzugehen, und so kam es, dass sie sich in Gesellschaft unwohl fühlte. Sie hatte mit ihrem Therapeuten Verhaltensstrategien entwickelt, um ihre Soziophobie in den Griff zu bekommen, aber sie war trotzdem nervös und fand, es konnte nicht schaden, wenn sie und Adam ein sicheres Gesprächsthema hatten.

Lynn meinte, wenn das Gespräch ins Stocken geriete, könne sie es jederzeit auf die Koop, Nachhaltigkeit und die vielen Vorteile von Produkten aus der Region lenken. Deshalb beschloss Melora, ebenfalls Mitglied zu werden, und sorgte dafür, dass Lynn es in einer Pressemitteilung über Meloras Auftritt als Moderatorin der Sierra-Club-Benefizgala im Herbst einfließen ließ.

Im Neonlicht des schmuddeligen Sitzungszimmers im zweiten Stock der Koop hatte sich ein hässliches Mischmasch aus Hipster-Pärchen, chassidischen Ehefrauen und Hardcore-Lesben versammelt, die allesamt auf unbequemen schwarzen Metallstühlen saßen. Melora fühlte sich an ein Treffen der Anonymen Alkoholiker erinnert (an denen sie 1993 und 1994 teilgenommen hatte, bis sie zu der Erkenntnis gelangt war, dass sie nur trank, um über Fisher Stevens hinwegzukommen).

Die Wortführerin, eine grobschlächtige Blondine in einem ausgeleierten T-Shirt, erzählte gerade irgendwas von vierzig Prozent Ersparnis gegenüber den Einzelhandelspreisen, als Melora hereinkam. Alle drehten sich um. Sie war mit abgeschnittener Jeans und Wildlife-Conservation-Society-T-Shirt extra zurückhaltend gekleidet, um bodenständig zu wirken, hatte jedoch ihre Handtasche vergessen, eine $1.495 teure Majorelle von Yves Saint Laurent aus schwarzem Lackleder.

Stuart winkte ihr. Neben ihm saß ihre lesbische Köchin Shivan, eine Absolventin des French Culinary Institute, die sie Robin Williams abgeworben hatten.

Als Melora sich setzte, sah sie zu ihrem Entsetzen Maggie Gyllenhaal mit ihrer kleinen Tochter Ramona auf dem Schoß in der ersten Reihe. Sechs Monate nachdem Melora den Vertrag für das Haus unterschrieben hatte, kauften Maggie Gyllenhaal und ihr Freund Peter Sarsgaard ein Haus am Sterling Place und bekamen dafür weit mehr Presse als Melora – einerseits weil Gyllenhaal damals schwanger gewesen war, andererseits weil sie ihr Image aufpoliert hatte, indem sie den USA die Mitschuld an den Terroranschlägen des elften September gegeben hatte. Es war nicht zum Aushalten, dass diese Kuh, die für ihr Stadthaus in North Slope nur $1,75 Millionen gezahlt hatte, jetzt auch noch der Koop beitrat.

Doch es gab noch einen anderen Grund, warum sie nicht gerade erfreut war, Maggie Gyllenhaal zu sehen. Stuart hatte sein erstes Drehbuch geschrieben, das in Brooklyn spielte, und wollte, dass Gyllenhaal die Hauptrolle, eine Polizistin in Prospect Heights, spielte. Melora wollte die Rolle selbst spielen, aber Stuart beharrte darauf, dass sie nicht »verlebt« genug aussehe, und das, obwohl sie fast zehn Jahre älter war als Gyllenhaal.

»Was will *die* denn hier?« raunte Melora Stuart zu.

»Ich habe Peter zufällig auf dem Spielplatz in der Third Street getroffen und ihm erzählt, was wir vorhaben«, erwiderte er mit australischem Näseln.

»Das ist nicht wahr«, zischte sie.

In letzter Zeit schien er überhaupt nicht mehr zu begreifen, was sie von ihm wollte. Sie hatte nicht ausdrücklich gesagt, dass sie der Koop nur wegen der öffentlichen Wirkung beitrat, doch sie hatte erwartet, dass er den Nebeneffekt zumindest erkennen würde. Bei PR ging es vor allem darum, Erster zu sein.

Die Wortführerin, die laut Namensschildchen Nicki hieß, kam nicht mit dem Overhead-Projektor zurecht und witzelte, ihr Gehirn habe gelitten, seit sie vierzehn Monate nach dem ersten Kind gleich das zweite bekommen habe. Sie war eigentlich ganz hübsch, hatte jedoch diesen resignierten Gesichtsausdruck, bei dem Melora sich immer fragte, warum manche Frauen mit dem zweiten Kind nicht ein paar Jahre warten konnten. Dies war ein Viertel, in dem moderne Frauen die chassidische Lebensweise anstrebten.

Nach der langatmigen zweieinhalbstündigen Einführung dirigierte Nicki sie nach nebenan ins Mitgliedsbüro, wo Melora sich für ein Arbeitsteam eintragen und für ein Ausweisfoto posieren musste. Die Fotografin war in einen Hidschab gehüllt und zuckte bei ihrem Anblick nicht einmal mit der Wimper. Vielleicht hatte Melora den PR-Wert der Koop-Mitglieder überschätzt. Ob Al Quaida oder Weathermen, ein Großteil hatte keine Ahnung, wer sie war.

Melora entschied sich für das Shoppingteam, was bedeutete, dass sie am Strichcodescanner saß und von möglichst vielen Leuten gesehen wurde. Ihre Hoffnung war, dass eine Schicht reichte, um für ein paar Pressemeldungen zu sorgen, und sie den Rest Shivan aufdrücken konnte. Sie war davon ausgegangen, dass Stuart sich ebenfalls für das Shoppingteam eintrug, doch er meinte: »Ich nehme Lebensmittelverpackung. Ist meditativer. Ich tüte Rosinen ein oder so.«

Nicki führte die ganze Truppe für eine Besichtigungstour nach unten, wobei sie verkündete, dass sie mit ihren vorläufigen Ausweisen kaufen konnten, was sie wollten. Die Obst- und Gemüseabteilung war rammelvoll mit gestressten, verschwitzten Kunden. Ein Mann mit Babybjörn packte verschiedene Pfirsichsorten in dieselbe Tüte, und eine alte Frau im Rollstuhl schimpfte: »Die kosten nicht dasselbe!«

»Das weiß ich!« pöbelte er zurück. Alle schienen zuviel Zeit zu haben, während Melora ihr ganzes Leben darauf ausgerichtet hatte, jemand mit zu wenig Zeit zu sein.

Stuart stürmte mit einem dicken grünen Stängel in der Hand auf sie zu. »Das ist Aloe!« rief er. »Gut im Haus zu haben, falls Orion sich mal das Knie aufschlägt oder so.« Er entdeckte Baby-Pok-Choi und griff zu. »Shivan soll uns heute Pfannengemüse machen. Dr. Bob sagt, Baby-Pok-Choi harmonisiert das Pitta Dosha.«

Im Frühjahr war er im Raj gewesen, einem ayurvedischen Spa in Iowa, und seither erzählte er diesen bekehrerischen Quatsch von Doshas und Verdauungsfeuer. Kaffee und raffinierter Zucker waren bereits vom Speiseplan gestrichen, und er entwickelte sich zusehends zum Moralapostel. Als er den Baby-Pok-Choi mit einem selbstzufriedenen Lächeln in seinen Korb legte, hätte Melora ihm das Gemüse am liebsten um die Ohren gehauen.

In letzter Zeit hatten sie keinen guten Draht zueinander, und obwohl sie das Raj dafür verantwortlich machte, ahnte sie, dass es in Wahrheit am Zoloft lag. Melora nahm die Tabletten, seit Orion sich scheinbar über Nacht vom entzückenden kleinen Engel zum trotzigen, quengeligen, hyperaktiven Kleinkind mit Rotznase gewandelt hatte.

Als Melora Orion adoptierte, wollte sie unbedingt ein Kind haben, wenn auch nicht auf natürlichem Weg. In der Boulevardpresse hieß es, sie suche einen Samenspender, aber da irrten sie sich: Der Gedanke an eine Schwangerschaft versetzte sie in Panik und noch mehr der Gedanke, ein lebendiges Wesen aus ihrem kostbarsten Stück zu quetschen. Trotzdem wollte sie ein Kind, jemanden, der sie für immer bedingungslos liebte. In ihrem Leben hatte sich eine kaputte Beziehung an die nächste gereiht – Fisher, Robert Downey Jr, Sean Penn, John Cusack und, kurz vor Stuart, Ryan Gosling – und sie sehnte sich nach jemandem, der sie nie verlassen würde.

Orion hatte sie bei einer UNICEF-Mission in Ho-Chi-Minh-Stadt entdeckt (sie war UNICEF-Botschafterin, seit sie vierzehn war), und es war Liebe auf den ersten Blick gewesen. Das erste Jahr als Mutter war das reinste Vergnügen, zum einen wegen der Kinderschwestern, die Orion rund um die Uhr betreuten, zum anderen, weil er so ein entspanntes Baby war. Doch mit zweieinhalb wurde er so schwierig, dass sie an ihrer Entscheidung, ihn zu adoptieren, zu zweifeln begann. Bei einem besonders schlimmen Streit, als er mitten in der Nacht aufwachte und unbedingt Schokoladeneis wollte, packte sie ihn an den Armen und schrie: »Du kleiner Wichser!« Am nächsten Morgen holte sie sich einen Termin bei ihrem Therapeuten, einem eulenhaften Upper-East-Side-Buddhisten namens Michael Levine.

»Ich brauche ein Rezept«, sagte Melora.

»Und an was für ein Rezept dachten Sie so?« fragte er, als ginge es um Robitussin oder Maaloxan und nicht um bewusstseinsverändernde Drogen.

»Etwas zur Beruhigung. Es darf nicht sein, dass ich mein Kind als Wichser beschimpfe. Verschreiben Sie mir etwas, das es leichter macht, ihn zu lieben.«

»Wir alle wünschen uns, es wäre leichter, unsere Kinder zu lieben«, sagte er. Er selbst hatte eine Tochter im Teenager-Alter, und manchmal beschwerte er sich in den Sitzungen über sie, was Melora extrem unpassend fand.

»Womit soll ich anfangen?« fragte sie. »Zoloft?«

Er lehnte sich in seinem Aeron-Stuhl zurück und verknotete die Beine zum Lotussitz. »Wahrscheinlich. Frauen mögen es, und die Nebenwirkungen sind minimal.«

Sie löste das Rezept noch am selben Tag ein. Zwei Jahre später nahm sie die Tabletten immer noch und hatte die tägliche Dosis nach und nach von fünfundzwanzig auf hundertfünfzig Milligramm erhöht. Sie wollte immer die Beste sein, auch als Mutter, und die Tabletten halfen ihr immerhin, eine entspanntere Mutter zu sein. Außerdem war es ja nur vorübergehend. Sobald Orion sechs oder sieben war, würde sie die Pillen absetzen.

Dank der Tabletten hatte sie Orion nie wieder als Wichser beschimpft, aber sie konnte auch keinen Orgasmus mehr bekommen. Als sie diese Nebenwirkung bemerkte, stieg sie kurzzeitig auf Elontril und dann auf Trevilor um, aber von Elontril bekam sie Kopfschmerzen und von Trevilor nahm sie zu, und deshalb landete sie irgendwann wieder bei Zoloft.

Seither täuschte sie ihre Orgasmen beim Sex mit Stuart vor. Sie war ziemlich sicher, dass er keinen Verdacht schöpfte – sie war eine Expertin im Vortäuschen, nachdem sie es bei Sean Penn sechs Jahre praktiziert hatte –, doch die Unaufrichtigkeit verunsicherte sie, und die Unsicherheit machte sie anhänglich. Sie lebte in ständiger Angst, dass er ihr kleines Geheimnis herausfinden und sie dafür verachten würde.

In letzter Zeit traute sie Stuart nicht mehr, fühlte sich bei ihm nicht mehr geborgen. Entweder zickte sie ihn wegen Kleinigkeiten an oder löcherte ihn mit der immer gleichen Frage, ob er sie noch liebte. Seit seiner Hauptrolle in Doug Limans Kassenhit *Rolfer*, einer Sciene-Fiction-Fantasysaga über interdimensionale Zeitreisen, war er für Actionfilme heiß begehrt. Er war oft fort, drehte in Baton Rouge oder Bulgarien, und sie fühlte sich dann einsam und allein.

Während sie Stuart dabei beobachtete, wie er eine Honigmelone schüttelte und beschnüffelte, fragte sie sich, warum sie nicht dieselbe Begeisterung für irgendetwas aufbringen konnte. Das war die Kehrseite von Zoloft. Durch die beruhigende Wirkung gab es keine Tiefen, aber auch keine Höhen. Selbst shoppen reizte sie weniger als früher. Am Anfang ihrer Ehe hatte sie in der Madison Avenue tütenweise bei Sonia Rykiel und Chloe eingekauft und sich an den Sachen erfreut. Wenn sie jetzt etwas kaufte, war sie der Sachen längst überdrüssig, wenn sie geliefert wurden.

Stuart sagte ihr immer wieder, sie solle für ihr Geld, ihre Karriere und ihre Familie, die sie liebte, dankbar sein. Das war der bescheidene Australier in ihm. Er war froh über seine Karriere, weil er als Punkrock-Surfer in Sydney aufgewachsen war. Aber Melora war eben anders.

Trotz seines Erfolgs war Stuart er selbst geblieben, und darauf war Melora neidisch. Er fühlte sich fast überall zu Hause, während sie dazu neigte, schmollend in der Ecke zu sitzen. Von Stuart fühlten sich die Menschen angezogen, ihr gingen sie aus dem Weg, und das machte ihr zu schaffen. Man konnte kein Powerpaar sein, wenn nur einer von beiden Power besaß.

Oft gingen sie abends getrennt aus, weil sie es nicht ertrug, mit Leuten reden zu müssen, die sie nicht kannte. Wenn sie zusammen ausgingen, stritten sie häufig, und er warf ihr vor, ihm den Abend zu ruinieren. Wenn sie Pech hatten, schoss irgendein Paparazzo ein Foto und am nächsten Tag hieß es in den Boulevardblättern, ihre Ehe sei am Ende.

Als sie sich bei *Posen* kennenlernten, war Melora selbstbewusst und ehrgeizig gewesen. Während der dreimonatigen Dreharbeiten im West Village und in Astoria spielte sie mit Stuart und dem Filmteam Poker und riss schmutzige Witze. So hatte es zwischen ihnen überhaupt erst angefangen.

Inzwischen lachte sie kaum noch. Sex und selbst seine häufigen Angebote, sie zu lecken, waren ihr lästig, weil es sie deprimierte, dass sie ihren Orgasmus vortäuschen musste. Das Einzige, was ihr in dieser Richtung noch Vergnügen bereitete, waren Analperlen. In der Unterwerfung fand sie den Thrill, den Sex ansonsten für sie verloren hatte.

Nachdem sie sich von Shivan, die noch weiter einkaufen wollte, verabschiedet hatten, standen sie jetzt an der Kasse. Plötzlich kam Maggie Gyllenhaal mit Ramona im Maclaren auf sie zu. »Stuart!« Sie umarmte ihn. »Ich bin dir so dankbar, dass du uns auf diesen Laden aufmerksam gemacht hast.« Stuart und Maggie kannten sich seit einem Sundancefilm über Krankenschwestern in der Notaufnahme eines Großstadtkrankenhauses und hatten Kontakt gehalten. Hatten die beiden während der Dreharbeiten zu *Sirenen* eine Affäre gehabt? War das Maggies Art, es Melora unter die Nase zu reiben?

»Kennst du Melora?« fragte Stuart.

Die Frauen nickten. »Wir haben uns letztes Jahr bei der Costume Institute Gala im Metropolitan Museum kennengelernt.«

»Ach ja, richtig«, sagte Maggie. »Wie schön, dass wir uns hier wiedertreffen.« Dann weitete sie die Augen, neigte den Kopf und sagte (Melora war nicht sicher, ob mit aufrichtiger oder gespielter Ehrfurcht): »Ich glaube, ich habe dir damals gar nicht gesagt, wie sehr ich deine Arbeit bewundere.«

Das Kompliment klang irgendwie zweifelhaft, wie ein Kommentar über Meloras sinkenden Stern, so als wollte

Maggie damit andeuten, dass sie Melora als eine der vielversprechenden jungen Hollywoodschauspielerinnen abgelöst hatte. Melora hätte diese dürre Wichtigtuerin, die nur berühmt war, weil sie in *Secretary* ihre Titten gezeigt hatte, am liebsten geohrfeigt und ihr die Meinung gegeigt.

»Wann schickst du mir dein Skript?« fragte Maggie. Stuart hatte ihr also schon von der Rolle erzählt.

Er warf Melora einen kurzen Seitenblick zu. »Äh, sobald ich es nochmal überarbeitet habe.«

»Ich kann es kaum erwarten. Hast du es gelesen?« fragte sie Melora.

»Oh, es wird dir gefallen«, sagte Melora.

»Und wie findet ihr den Laden?« fragte Stuart Maggie aufgeräumt.

»Fantastisch«, sagte Maggie. »Ich mache heute Abend Zackenbarsch mit Veracruzsauce für Peter, und ich habe hier alles dafür bekommen, außer dem Fisch. Wenn ihr euch noch nicht für eine Schicht eingetragen habt, nehmt die am Mittwoch um eins in Woche A. Dann arbeiten wir zusammen!«

Damit entfernte sie sich. Meloras Kehle war wie zugeschnürt, und als sie Luft holte, fühlte sie sich wie auf einem Berggipfel. Als (im Gegensatz zu Paris Hilton echte) Klaustrophobikerin hielt Melora es nicht einmal in einem Wohnwagen am Filmset länger als eine Viertelstunde aus. Jetzt musste sie mit dieser Menschenmenge klarkommen, dieser elenden Menschenmenge. Ihr war übel, und sie wusste nicht, ob es an Maggie Gyllenhaal lag oder der eigenwilligen Duftmischung aus Körperausdünstungen und Muskat.

»Der Nächste!« schrie die Kassiererin, eine niedliche Asiatin in ärmellosem Top, durch das ihre Bleistift-Radiergummi-Nippel schimmerten. Stuart beäugte sie. Das hatte Melora gerade noch gefehlt. Stuart stand auf

Asiatinnen und pflegte sie auf der Straße oder auf Partys unverhohlen zu begaffen.

»Ach, hallöchen, Stu Ashby«, flötete das Mädchen mit australischem Akzent. Sie war nicht nur Asiatin, sondern auch noch aus Australien. *Na toll. Jetzt kommen wir hier überhaupt nicht mehr weg.*

Während er und die Frau über australische Landstriche schwafelten, wandte Melora sich mit schmerzverzerrtem Gesicht ab und stieß mit einem gestressten Vater zusammen, der einen orangen Bugaboo schob. Sie wollte nur noch hier raus, weg von diesen ganzen Losern.

Der Raum fühlte sich eng an, und es herrschte trotz der mit Windkraft betriebenen Klimaanlage eine überwältigende Hitze. Sie wollte sauer auf Stuart sein, aber sie war ja selbst schuld. Weil sie unbedingt für ihr Umweltbewusstsein in die Presse wollte, verschaffte sie Stuart Zugang zu knackigen kleinen Nutten mit sichtbaren Hüftknochen. Und Maggie Gyllenhaal.

Als sie die Worte »knackige kleine Nutten« dachte, fiel ihr ein schwarzer Mann auf, der vor ihr stand. Er hatte es offenbar eilig, roch nach Urin und war unrasiert. Offenbar ein Obdachloser. Wie konnte ein Obdachloser Mitglied einer Lebensmittelkooperative sein?

Obwohl er keine Einkäufe trug, drängelte er zum Ausgang und rempelte dabei einen breit gebauten Weißen an, der an seinem iPhone herumfummelte. Melora sah, wie der Obdachlose dem Mann die Brieftasche aus der Jeans zog. Er tat es nicht einmal heimlich, sondern so offen und langsam, dass sie sicher war, iPhone würde es merken. Doch der tippte weiter auf seinem Handy herum, während der Obdachlose an der Kassiererin vorbeischlüpfte, die aussah wie Susan Sontag und ihn zwar kritisch beäugte, aber nicht aufhielt.

Melora konnte kaum glauben, wie ungeschickt der Mann

sich angestellt hatte. Er hatte es in aller Öffentlichkeit getan, und doch schien sie es als Einzige bemerkt zu haben.

Sie erinnerte sich, wie sie mit vierzehn für eine Mutprobe, zu der sie Trini Alvarez, eine Mitschülerin an der Professional Children's School, angestachelt hatte, in einem Süßwarenladen in der Amsterdam Avenue einen Marsriegel geklaut hatte. Sie dachte an den Nervenkitzel, den sie verspürt hatte, als sie ihn in der Hand hielt und in ihre Tasche gleiten ließ, als sie versuchte, aus dem Laden herauszukommen, ohne erwischt zu werden. Der Ladenbesitzer hatte nichts mitbekommen, und sobald Melora auf der Straße war, begann sie ausgelassen zu rennen, dass ihr Haar im Wind wehte. Trini kam ihr kreischend nachgelaufen. Sie setzten sich auf die Stufen des Lincoln Center und teilten den Schokoriegel. Noch nie hatte ihr etwas so gut geschmeckt. In den nächsten Monaten klaute sie immer mal wieder, bis sie eines Tages ein Ladenbesitzer erwischte, drohte, die Polizei zu rufen, und ihr so einen Schreck einjagte, dass sie es nie wieder tat.

Melora folgte Stuart zum Ausgang. Neben ihnen war eine lange Schlange an der Kasse für Barzahler, und im Vorbeigehen entdeckte sie Papa Bugaboo, der sich über den Kinderwagen beugte, um sein Baby zu trösten. Aus der vollgestopften Skip-Hop-Wickeltasche am Kinderwagengriff ragten Trinklerntassen, eine Elmo-Puppe und eine Brieftasche.

Ehe sie recht wusste, was sie tat, neigte Melora sich mit einem Husten vor, nahm die Geldbörse aus der Wickeltasche und ließ sie geschickt in ihre Majorelle gleiten.

Hastig blickte sie sich um. Stuart strich sich mit dem Aloe-Blatt übers Gesicht, und die anderen Kunden waren von den langen Warteschlangen so gestresst, dass niemand sie beachtete. Sie atmete ruhiger, und ihr Herzschlag verlangsamte sich. Sie fühlte sich ruhig und sicher, als würde sie in der Geborgenheit eines dunklen Kinos einen gruseligen Film sehen.

Als der Bugaboo-Papa an der Reihe war, griff er in die Tasche und tastete dann verwirrt seinen Körper ab. Er versuchte es erneut mit der Wickeltasche, packte alles darin aus, bevor er, eher verlegen als verärgert, den Kopf schüttelte. »Ich glaube, meine Brieftasche ist geklaut worden.«

Um ihn herum entstand Unruhe, als alle anderen Kunden nach ihren Brieftaschen zu suchen begannen. Mr. iPhone schrie: »Meine ist auch weg!« Erwartungsvoll sah Melora Susan Sontag an, in der Hoffnung, sie würde den Obdachlosen erwähnen. Doch die blickte nur schuldbewusst zum Ausgang.

»Was ist los?« knurrte Stuart.

»Keine Ahnung«, sagte Melora und dann nutzte sie ihr Können, dem sie zwei Oscars verdankte, ein Können, das sie seit frühester Kindheit verfeinert hatte, und setzte eine erschreckte Miene auf.

Es gab einen lauten Schrei, als Papa Bugaboo einen hochgewachsenen Rasta mit breiten Schultern zu Boden rang und zwei jüdisch aussehende Männer mittleren Alters versuchten, ihn zurückzuhalten.

»Was soll das, Mann?« schimpfte der Rasta. »Du Arschloch!« Baby Bugaboo weinte jetzt, und diverse andere Babys in nahen Kinderwagen stimmten solidarisch mit ein, wie Hunde, die den Mond anheulten.

»Lassen Sie mich los!« schrie Papa Bugaboo. »Der Mann hat mir meine Brieftasche geklaut«, sagte er an Susan Sontag gewandt. »Ich weiß, dass er es war! Und seine auch!« Er zeigte auf iPhone, dessen Gesicht angstverzerrt war.

»Pass lieber auf, was du sagst!« pöbelte der Rasta.

»Jemand sollte ihn durchsuchen«, sagte Papa Bugaboo schwach.

»Das dürfen Sie nicht«, sagte Sontag. »Das verstößt gegen das Gesetz.« Dann hielt sie einen Vortrag über die Freiheit des Individuums.

Melora hatte überhaupt nicht mehr das Gefühl, auf Zoloft zu sein. Sie fühlte sich gereinigt, wie neu geboren, so wie Stuart es nach seiner Ayurveda-Kur beschrieben hatte. Sie hatte das Gefühl, wenn sie in einen Spiegel sehen würde, wären ihre Augen klar.

Sie drückte Stuarts Hand, und er erwiderte den Druck. Zum ersten Mal, seit sie den Fuß in die Prospect Park Lebensmittelkooperative gesetzt hatte, war sie froh darüber. Und all das nur wegen eines obdachlosen Diebes. So etwas wäre in der Gourmet Garage in SoHo nie passiert. In SoHo gab es keine Obdachlosen.

DIE TITTENLOUNGE

Lizzie O'Donnell sah den Aufruhr in der Koop, als sie draußen vorbeiging. Eine Weiße stritt mit einem Schwarzen. Bei solchen Zankereien war sie immer froh, kein Mitglied zu sein, obwohl sie und ihr Mann Jay darüber nachgedacht hatten.

Wegen der großzügigen Elternzeitregelung (ein Jahr für jedes Kind) hatte sie beitreten wollen, als sie mit ihrem Sohn Mance schwanger war, sich dann aber doch dagegen entschieden, weil ihre Wohnung am Park Place zu weit entfernt lag. Ihre Schwiegermutter Mona war seit dreißig Jahren Mitglied, damals lebte ihr Mann noch, aber Lizzie hatte sich bei FreshDirect angemeldet. Zwar machten manche der Lieferanten sie mit ihren ausweichenden Blicken und Knasttätowierungen nervös, aber das war immer noch besser, als die Einkäufe selbst in den dritten Stock zu tragen.

Trotz des Straßennamens wohnten Lizzie und Jay in Wahrheit ziemlich weit vom Prospect Park entfernt, nämlich nördlich der Flatbush Avenue in Prospect Heights. Prospect Heights war seit den Sechzigern fast ausschließlich schwarz gewesen, bis in den Neunzigern die Luxussanierung begann. In der Vanderbuilt Avenue, der Einkaufsstraße des Viertels, gab es jetzt schicke Restaurants, Boutiquen und eine teure Bäckerei. Aber die Grundstückswerte lagen noch immer unter denen in Slope, so weit darunter, dass Jay und Lizzie das Viertel im Scherz TooPoSlo nannten, Too Poor for the Slope – zu arm für Slope.

Jay, der schwarz und in der St. Marks Avenue, ein paar Straßen weiter, aufgewachsen war, liebte Prospect Heights. Mona lebte noch immer dort, und Jay war froh, sie so nah bei sich zu haben. Ständig drängte Lizzie, sie babysitten zu lassen, doch in anderthalb Jahren hatte sie Mona nicht ein einziges Mal gebeten, auf Mance aufzupassen. Nicht, weil sie Mona, die Jay und seine Schwester Sabrina allein großgezogen hatte, nicht traute, sondern weil sie sich in ihrer Gegenwart unwohl fühlte.

Mona schien Lizzie immer missbilligend zu beobachten – weil sie Mance nach anderthalb Jahren immer noch stillte, weil sie nicht früher zufütterte, weil sie Mance manchmal in ihrem Bett schlafen ließ. Jay meinte immer, dass Mona, eine pensionierte Lehrerin, eben nicht aus ihrer Haut konnte, doch Lizzie glaubte, dass Mona sie nicht mochte, weil sie weiß war.

Lizzie und Jay wohnten in einem Backsteinhaus zwischen Vanderbuilt und Underhill Avenue, in unmittelbarer Nähe der von Bauunternehmer Bruce Ratner geplanten Nets-Arena, weshalb die Gefahr bestand, dass ihr Haus irgendwann abgerissen wurde. Lizzie und Jay, ein Funk-Musiker, hatten überlegt, eine Wohnung in Kensington zu kaufen, dann aber beschlossen, in Prospect Heights zu bleiben, weil sie nur $1.350 Miete für ihre fünfundsechzig Quadratmeter große Dreizimmerwohnung zahlten.

Es war kurz nach sechs, und Lizzie war mit ihrer Freundin Rebecca und Rebeccas Tochter Abbie in der Tea Lounge verabredet, einem großen Café in der Union Street, gleich um die Ecke der Koop. Als sie hereinkam, blieb sie kurz stehen, um die Zettel an der riesigen Pinnwand neben der Tür zu überfliegen. Lizzie lächelte über den Aushang einer Park-Slope-Initiative von Obama-Anhängern, die sich »Park Slope zeigt Mut« nannte, bis sie daneben das Phantombild eines grobschlächtigen Schwarzen mit verschlagenen, tief liegenden Augen entdeckte. Darüber stand: GESUCHT WEGEN SEXUELLER NÖTIGUNG. In der Täterbeschreibung hieß es, er sei Mitte zwanzig, einsneunzig und zuletzt in einem schwarzen Kapuzenpullover gesehen worden. Lizzie fand es abscheulich, dass die Männer auf Steckbriefen immer so übertrieben afrikanische Gesichtszüge hatten und so schwarz wirkten. Als würden die Weißen, die die Beschreibung abgaben, in ihrer Angst nachträglich übertreiben.

Sie betrat das Café und stellte sich an, um sich einen Kaffee zu holen. Die Tea Lounge war ein fünfhundert Quadratmeter großer Raum mit alten Möbeln. Sie wurde bevölkert von freischaffenden Hipstern, Studenten, stillenden Müttern und einer bunten Mischung von Kindermädchen aus aller Herren Länder, die wenig füreinander übrig hatten. Lizzie kam mit Mance jeden Mittwochvormittag in die Tea Lounge, wo ein Jeff-Tweedy-Doppelgänger mit Ziegenbärtchen namens Roy (den die anderen Mütter Roy Rattenscharf getauft hatten) Eltern-Kind-Singen anbot.

Während Lizzie auf Rebecca wartete, entdeckte sie an einem benachbarten Tisch ein halbes Dutzend Mütter mit ihren Babys. Eine kräftig gebaute Frau mit verrauchter Stimme unterhielt die anderen. Ihren Sohn hatte sie sich mit einem Ergobaby vor die Brust gebunden, mit dem Gesicht zu ihr, und er reckte vergeblich den Hals, um sich umzusehen. »Als sie endlich mit der PDA kamen«, sagte die Frau, »war ich so froh, dass ich den Anästhesisten auf den Mund geküsst habe!« Die anderen schauderten genüsslich. Lizzie erkannte immer sofort, wer in einer

Gruppe frischgebackener Mütter »die Witzige« war: Es war die Lauteste und gewöhnlich die Unattraktivste, und objektiv gesehen war sie oft überhaupt nicht witzig. Sie brauchte nur mit sarkastischer, aber niemals freudloser Stimme harmlose, unerträglich gefällige Witze über das Thema Babys zu reißen, und schon war sie Will Ferrell.

Lizzie hatte oft das Gefühl, anders als andere Mütter zu sein, teils weil ihr Baby schwarz war, teils weil sie jung war. Die durchschnittliche Park-Slope-Hausfrau-und-Mutter war mindestens zehn Jahre älter als die dreißigjährige Lizzie, und weil viele von ihnen alles Mögliche versucht hatten, um schwanger zu werden, waren sie auf geradezu gruselige Weise neurotisch und überfürsorglich.

Lizzie war einsdreiundsiebzig, von Natur aus schlank, trug Secondhandklamotten und wurde, auch wegen ihres kurzen schwarzen Ponys, oft mit Betty Page verglichen. Obwohl sie alles andere als eine Modepuppe war, achtete sie auf ihr Aussehen, besonders seit sie *Das Handbuch für die Zeit nach der Schwangerschaft* gelesen hatte, in dem es hieß, jede Mutter könne allein durch das Bemühen, gut auszusehen, ihre Stimmung heben. Seither trug sie jeden Morgen sorgfältig Lippenstift und Wimperntusche auf und hatte bei Boing Boing in der Sixth Avenue mehrere hundert Dollar in schicke deutsche Still-BHs investiert.

Lizzie war nicht richtig deprimiert, aber nach anderthalb Jahre als Mutter fand sie diese Rolle nicht so befriedigend wie erhofft. Man fühlte sich vollkommen isoliert, und trotzdem war man nie allein. Rund um die Uhr war man erschöpft, rund um die Uhr musste man funktionieren. Nie kam sie mehr dazu, Gitarre zu spielen oder ihre E-Mails zu beantworten oder auch nur auf dem Sofa vor sich hinzudösen.

Dass Mance von Anfang an ein schwieriges, quengeliges Kind war, machte es nicht leichter. Wenn sie ihn morgens anzog, fühlte sie sich immer an die finale Kampfszene zwischen Alan Arkin und Audrey Hepburn in *Warte, bis es dunkel* wird erinnert. Ehe der Tag überhaupt angefangen hatte, war sie mit den Nerven schon am Ende. Sie fragte sich, ob sie sich ihm näher fühlen würde, wenn er weiß wäre, doch ihr schlechtes Gewissen ließ sie solche Gedanken sofort wieder verdrängen.

Als sie von ihrer Schwangerschaft erfuhr, war sie zuerst ganz aus dem Häuschen. Lizzies Eltern hatten sich getrennt, als sie sieben war, und obwohl sie fand, dass ihre Mutter ihre Sache gut gemacht hatte, war sie so damit beschäftigt gewesen, den Lebensunterhalt für sich und die Kinder zu verdienen, dass sie selten Zeit für Lizzie und ihre Schwester Kate hatte. Lizzie wollte es besser machen.

Zwar wusste Sie, dass ihr Kind es als Mischling nicht immer leicht haben würde, doch wenn sie sich die Reaktion der Leute beim Anblick ihres schwarzen Babys vorstellte, rieb sie sich innerlich die Hände. Sie wollte es diesen Spießern zeigen.

In den ersten Monaten ihrer Schwangerschaft war sie überzeugt ein Mädchen zu bekommen. Jedenfalls sagten das alle, und da sie sich ein Mädchen wünschte, hatte Lizzie ihnen geglaubt. Lizzie stellte sich ein kesses, hübsches Mischlingsmädchen vor, die Locken zu kleinen Zöpfchen frisiert. Sie wollte, wenn schon nicht dieselbe Hautfarbe, wenigstens dasselbe Geschlecht haben wie ihr Kind.

Aber als der Arzt bei der Ultraschalluntersuchung in der zwanzigsten Woche (zu der sie allein gegangen war, weil Jay mit seiner Band unterwegs war) rief: »Sie bekommen einen Jungen!«, brach Lizzie in Tränen aus.

Als sie Jay am Telefon davon erzählte, bemühte sie sich, ruhig zu klingen, doch insgeheim war sie entsetzt über seine Reaktion: »Ich habe immer gewusst, dass ich der Vater eines Sohnes bin.«

Was sollte das bitteschön heißen? Wollte er damit sagen, dass Jungs irgendwie besser waren? Wollte er damit sagen, dass nur Schwächlinge Mädchen bekamen?

In den darauffolgenden Monaten hatte sie versucht, sich mit dem Gedanken anzufreunden, dass sie einen Jungen bekam, doch sie konnte sich einfach nicht daran gewöhnen. Damals, im Frühjahr 2006, war Senator Barack Obama noch nicht Präsidentschaftskandidat, und Lizzie hatte nur eine vage Vorstellung, wer er war. Da sie außer einem schwulen Studenten am Hampshire College mit taillenlangen Rastalocken keine gemischtrassigen Männer kannte, vermisste sie ein Vorbild für ihr ungeborenes Kind.

Die Geburt selbst war ein Triumph gewesen: schnell und natürlich, nach nur sechs Stunden Wehen im Brooklyner Geburtshaus, mit Hilfe von Aromatherapie und Massage. Mance war am Anfang ganz hellhäutig, doch als er zum ersten Mal andockte, starrte sie auf ihn hinab, als sei er ein Fremder – und das war er ja auch. Ein Junge an ihrer Brust. Das war ungefähr so, als würde man mit jemandem rumknutschen, den man gerade in einer Bar kennengelernt hatte. Es war irgendwie erotisch, und der Hunger, mit dem er trank, traf sie völlig unvorbereitet.

Sie nannten ihn nach Mance Lipscomb, einem alten texanischen Bluessänger, der in den Sechzigern ein Revival erlebt hatte, aber außer Roy Rattenscharf vom Eltern-Kind-Singen hatte bisher niemand die Anspielung verstanden. Mance Lipscomb war der Sohn eines ehemaligen Sklaven und »Mance« die Kurzform von »Emanzipation«. Als weiße Mutter eines schwarzen Sohnes gefiel es Lizzie, jeden, der fragte, über den Bezug zur Sklaverei aufzuklären.

Nach dem Mutterschaftsurlaub hatte Lizzie eigentlich gleich wieder in ihren Job als Presseassistentin bei Knopf zurückkehren wollen, doch nach drei Monaten stellte sie fest, dass sie noch nicht soweit war. Sie verdiente sowieso nur zweiunddreißigtausend im Jahr, und die Kinderbetreuung hätte mindestens fünfundzwanzigtausend gekostet, so dass nach Abzug der Steuer nichts davon übrig geblieben wäre.

Mance litt als Säugling an Dreimonatskoliken, und obwohl sie genervt war, mochte sie ihn nicht zu einer Tagesmutter abschieben und tröstete sich damit, dass die ersten Monate die schlimmsten waren. Das sagte jeder. Doch nach anderthalb Jahren fühlte sie sich immer noch genauso überfordert wie am Anfang. Sie wusste nicht, ob sie wieder arbeiten gehen oder noch ein Kind bekommen wollte, und beide Möglichkeiten erfüllten sie mit Angst.

Es hätte ihr geholfen, mit Jay über ihre Gefühle zu reden, aber er war selten zu Hause. Sie hatten sich in Pete's Candy Store in Williamsburg kennengelernt. Er war die Vorgruppe für die Band eines Freundes, und als sie hereinkam, stand er mit seiner Gitarre auf der Bühne und sang einen bluesigen Song mit dem Refrain: *»You feel like a promise, you look like rain«*, und sie stellte sich vor, er hätte ihn für sie geschrieben. Jay hatte fast schwarze Haut, kurz rasiertes Haar und trug ein Guayabera-Hemd und dunkle, enge Jeans. Sie fühlte sich sofort von seiner kräftigen, tiefen Stimme angezogen, die so ganz im Gegensatz zu seiner schlanken Erscheinung stand.

Nach dem Auftritt wurden sie einander vorgestellt, und als sie sich die Hand gaben, schien Jays Blick auf ihr zu verweilen. Jay war exotisch (sie wusste, dass es nicht gerade politisch korrekt war, so zu denken), doch trotz Rassenunterschied hatten sie eine Menge gemein. Sie war am Hampshire College gewesen, er am Oberlin, beide mit Stipendium. Beide waren bei alleinerziehenden Müttern und in bescheidenen Verhältnissen aufgewachsen.

An jenem Abend unterhielten sie sich über seinen Musikstil, der sich, wie er sagte, seit der Zeit, als er noch versucht hatte, mit R&B-Songs Karriere zu machen, stark geändert hatte. Damals verdiente er nicht schlecht, doch die Arbeit befriedigte ihn nicht, und dann hatte ihm eines Tages ein Freund ein Muddy-Waters-Album vorgespielt, und es war, als habe jemand einen Schalter umgelegt. Als er den Song *»Two Trains«* hörte, wurde ihm bewusst, dass er genau so singen wollte. Jetzt war seine Musik ein Mix aus Blues, Funk und Folk.

Sie war so angetan von seinem Idealismus und den drahtigen Unterarmen, dass sie sich mit Whisky betrank und noch am selben Abend in seiner Wohnung am Park Place mit ihm schlief. Ein Jahr später heirateten sie im kleinen Kreis in ihrem Elternhaus in Woodstock.

Inzwischen fiel es ihr schwer, sich an jenen perfekten ersten Abend zu erinnern. Er war so selten zu Hause, dass Lizzie eigentlich alleinerziehend war. Er tingelte mit seiner Band One Thin Dime durch Clubs in weißen Collegestädten und hatte unter den Studenten eine treue Fangemeinde, die bei den Auftritten kiffte und wild herumhüpfte. Die Konzerte waren gut besucht und die Alben verkauften sich, aber das ganze Geld floss zurück in Studioaufnahmen, Proberäume und Plattenproduktion. Obwohl die Band also einen gewissen Bekanntheitsgrad hatte, kamen sie und Jay immer nur gerade so über die Runden. Jay war nicht einmal krankenversichert, weil er es für unnötig hielt. Lizzie hatte ständig Angst, dass ihm etwas zustieß und sie plötzlich vor dem Nichts standen wie die Familien in diesen schrecklichen Zeigefinger-Kampagnen, die auf CNN liefen.

Wenn Jay zu Hause war, saß er in seinem winzigen Büro neben dem Wohnzimmer am Computer, bearbeitete seine Mailingliste, kontaktierte Clubs oder übte. Er sagte, wenn er in seinem Büro sei, dürfe er nur im Notfall gestört werden. Und so saß sie direkt vor seiner Tür und tröstete das schreiende Baby, während er sich weigerte herauszukommen. Als sie sich beschwerte, das sei nicht fair, konterte er, es sei auch nicht fair, dass er das ganze Geld verdienen müsse.

Rebecca schob Abbie in die Tea Lounge und winkte Lizzie. »Scheißwetter«, sagte Rebecca, als sie Lizzie einen regennassen Kuss auf die Wange gab.

»Ekelhaft«, meinte Lizzie. »Ich hasse es, den ganzen Sommer in der Stadt festzusitzen.«

Rebecca war so körperlich, was Lizzie sehr gefiel. Sie wirkte gelassen und war sarkastisch und witzig. Sie hatten sich im Juni auf dem Spielplatz in der Third Street kennengelernt. Lizzie hatte Mance an der Hand über eine wackelige Brücke geführt, als sie sah, wie Rebecca in einem hautengen Petit-Bateau-T-Shirt ihrer Tochter half, eine Stange herunterzurutschen. Als Rebecca Lizzies Blick auffing, sagte sie: »Ich sollte ihr lieber nicht helfen. Wenn man ein Mädchen hat, sollte man alles daran setzen, sie von diesen Dingern fernzuhalten.«

Lizzie hatte gelacht, und Rebecca hatte gestanden, dass der Gag von Chris Rock stammte. Sie plauderten ein paar Minuten, und es stellte sich heraus, dass ihre Kinder nur zwei Wochen auseinander waren.

Wenige Tage später liefen sie sich erneut über den Weg. Diesmal tauschten sie Telefonnummern aus, und inzwischen trafen sie sich zwei-, dreimal die Woche.

»Gott, sind die alt«, sagte Rebecca und deutete auf die Mütter, die im Kreis um den Tisch saßen. »Nichts ist gruseliger als eine Oma, die in der Tittenlounge stillt.« Lizzie kicherte. Rebecca nannte die Tea Lounge immer Tittenlounge, aber Lizzie lachte trotzdem jedes Mal. »Ich meine, ich verstehe ja, dass sie alt sind, aber warum müssen sie sich so gehen lassen?«

»Sie haben sich ihr ganzes Leben zusammengerissen«, meinte Lizzie, »und jetzt, wo sie Kinder haben, müssen sie das nicht mehr.«

»In Tribeca ist es nicht so«, sagte Rebecca. »Einmal war ich mit Abbie auf dem Spielplatz am Washington Market, und eine wunderschöne Frau gab ihrem Kind auf der Schaukel Anschwung. Es war Christy Turlington. Die normalen Mütter in Tribeca können einem wirklich leidtun.«

»In Park Slope sind *wir* Christy Turlington«, sagte Lizzie. Sie traf sich auch deshalb gern mit Rebecca, weil sie zusammen auffielen. Lizzie kleidete sich wie Parker Posey in *Crazy Party Girl*, ein ausgeflippter Secondhand-Schulmädchen-Schick. Während Rebecca sich wie eine Kunstgaleristin kleidete, die nebenher als Prostituierte arbeitete. Ihre Outfits und ihre auffallend hübschen Kinder zogen die Blicke der anderen Mütter auf sich. Lizzie genoss es, die langweiligen Park Sloper zu provozieren, und sie wusste, Rebecca auch.

»Ich schwöre, seit ich hier wohne, habe ich erst eine attraktive Mutter gesehen«, sagte Rebecca.

»Melora Leigh?« fragte Lizzie.

»Außer Melora Leigh. Sie ist groß und schlank, hat ganz hellblondes Haar, das sie hochgesteckt trägt, und kleidet sich im Stil der Siebziger. Sie sieht aus wie Heidi. Und sie ist mit einem braungebrannten Surfertyp mit Adonishaar verheiratet, ein Jude, glaube ich.«

»Ich glaube, ich weiß, wen du meinst!« sagte Lizzie. »Zwei Jungs?«

»Genau. Sie sind oft in der Third Street. Keine Ahnung, warum sie ausgerechnet hier wohnen. Sie sehen aus wie Vertriebene aus Santa Monica oder so. Ich nenne sie die heißen Schnitten.«

Die Frauen bezahlten ihren Kaffee und setzten sich auf ein Sofa in der Ecke. Rebecca musterte die frischgebackenen Mütter, die laut über etwas lachten. »Habe ich dir schon von der Boing-Boing-Gruppe für junge Mütter erzählt, wo ich mal war?« Lizzie schüttelte den Kopf. »Abbie war zwei Wochen alt, und ich hatte gehört, dass sie sich bei den Picknicktischen im Park treffen. Ich hatte mich extra hübsch zurechtgemacht und musste sie den ganzen Berg hochschieben. Ich sagte: ›Ich bin Rebecca und das ist Abbie‹, und ich schwöre bei Gott, diese eine Mutter starrte mich einfach nur an und sagte kein Wort.«

»NEEEEIN!«

»Sie hat sich nicht mal vorgestellt.«

»Du hättest gleich wieder gehen sollen.«

»Das habe ich nach zwanzig Minuten auch getan. Es war zu deprimierend. Dieses ganze Gelaber darüber, wie viel Milliliter Milch ein Baby braucht und ob es auf dem Bauch schlafen darf. Ich kam mir vor wie bei der Live-Übertragung eines Verbrauchermagazins.«

Lizzie hob Mance aus dem Kinderwagen und legte ihn an die Brust, sorgfältig darauf bedacht, ihn unter ihrem T-Shirt zu verstecken. Sie wurde oft angestarrt, wenn sie ihn stillte, vielleicht weil der Anblick eines schwarzen Babys an einer weißen Brust in Park Slope so selten war. »Wieso stillst du ihn immer noch?« fragte Rebecca.

»Ich genieße es, und es heißt, solange Mutter und Kind es genießen…«

Rebeccas abfälliger Blick nervte Lizzie. In vielen Ländern stillten Frauen ihre Kinder, bis sie drei oder vier waren. Hier war eine sonderbare Doppelmoral verbreitet: Als strenge Mutter durfte man andere Mütter verurteilen, weil man zahlenmäßig unterlegen, also quasi ein Underdog war. Aber wenn man auf die Bedürfnisse seines Kindes einging, durfte man Mütter, die nicht stillten oder ihr Kind darauf trainierten durchzuschlafen, nicht kritisieren, weil man dann ein wandelndes Klischee war: eine nachhaltige Park-Slope-Hippie-Mutter.

»Wie lange hast du gestillt?« fragte Lizzie.

»Nur sechs Monate. Dann bekam sie eine Erkältung und verlor das Interesse, also habe ich sie einfach abgestillt. Ich sag dir, was ich am Stillen vermisse. Stillbabys kriegen keine Verstopfung. Ich musste Abbie sogar schon Zäpfchen geben. Wer die erfunden hat, verdient den Nobelpreis.« Lizzie kicherte. »Ist Jay eigentlich zurück?«

Sie beklagten sich oft über ihre abwesenden Männer. »Er kommt Samstagabend wieder«, sagte Lizzie. »Es kommt mir vor, als sei er mehrere Monate weg gewesen.« Ihr fielen Rebeccas Shorts aus schwarzem Knittertaft auf. »Die ist echt süß.«

»Marc Jacobs«, sagte Rebecca. »Ich habe sie in diesem Laden in der Atlantic Avenue gekauft. Sie hat zweihundert Dollar gekostet. Eigentlich konnte ich sie mir gar nicht leisten, aber ich hatte einen langen Tag mit Abbie, und da sind wir einfach in den Bus gestiegen und hingefahren. Als Theo die Kreditkartenabrechnung sah, ist er ausgerastet, aber ich hab nur gesagt: ›Kümmer du dich mal drei Tage in der Woche um ein Kleinkind, dann darfst du dir auch Shorts für zweihundert Dollar kaufen.‹ «

»Genau«, sagte Lizzie. Wenn Jay so erfolgreich wäre wie Theo, hätte Lizzie sich wahrscheinlich auch ab und zu etwas gegönnt. Man musste irgendwie kompensieren, dass man den ganzen Tag mit einem Kleinkind verbrachte. Deshalb stand vor Häagen-Dasz auch immer eine lange Schlange von Müttern mit Kindern, die noch viel zu klein für Eis waren.

Lizzie fand Rebecca so erfrischend, dass sie fast Angst hatte, etwas Dummes zu sagen und damit alles zu verderben. Sie hätte sie am liebsten mit nach Hause genommen und Jay gezeigt, damit er sah, was für eine coole Freundin sie hatte.

Abbie fing an zu quengeln, und Rebecca fragte, ob Lizzie Lust hätte, mit zu ihr zu kommen, weil sie Abbie füttern wollte. Lizzie nickte verblüfft. Sie hatten sich noch nie gegenseitig besucht. Das war ganz normal in Park Slope. Man konnte eine Mutter monatelang kennen, ohne je in ihrer Wohnung gewesen zu sein. Man traf sich stattdessen auf Spielplätzen, froh darüber, dass man vorher nicht aufräumen musste. Dass Rebecca sie einlud, hieß, dass sie wirklich Freundinnen waren.

Rebeccas Haus gehörte eindeutig einer Eigentümergemeinschaft. Das erkannte Lizzie an dem gepflegten Treppenhaus und den einheitlichen Namensschildern an den Briefkästen. Das Wohnzimmer war farbneutral mit modernen, kunstvoll arrangierten Klassikern eingerichtet, und an der Wand hingen abstrakte Gemälde, eines mit neonfarbenen Streifen. Verglichen mit anderen Park-Slope-Wohnzimmern, die Lizzie gesehen hatte, war es geradezu makellos. Die meisten Familien mit kleinen Kindern hatten abgenutzte Chintz-Sofas und drum herum hässliche, kindersichere Blockaden.

Sie setzten sich an den Esstisch, und Rebecca bot an, für beide Kinder zu kochen. Sie machte Makkaroni mit Käsesauce und Broccoli. Lizzie fütterte Mance auf ihrem Schoß, Rebecca Abbie in ihrem Kindersitz. Lizzie freute sich, dass Mance mehr als sonst aß, wahrscheinlich weil ihm ein anderes Kind Gesellschaft leistete. Die Kinder sahen nebeneinander hinreißend aus, Abbie mit ihren großen Augen und blonden Haaren, Mance mit seiner braunen Haut und dem Mini-Afro.

»Ich hab langsam auch Hunger«, sagte Rebecca. »Soll ich uns Abendessen kochen?« Lizzie blickte auf die Uhr. Es war fast sieben. Sie konnte es nicht glauben. Als sie am Morgen, noch völlig verpennt, Mance gestillt hatte, war es ihr vorgekommen, als sei der Tag, der vor ihr lag, unendlich lang, und jetzt war es schon Abend. Deshalb brauchte man andere Mütter als Freundinnen – damit der Tag schneller verging.

»Oh, ich will dir keine Umstände bereiten.«

»Unsinn«, sagte Rebecca. »Theo kommt sowieso nicht vor zehn nach Hause, und ich esse nicht gern allein. Ich mache uns was Einfaches.« Sie ging in die Küche, setzte Wasser auf und kehrte mit einer Flasche Weißwein und zwei Gläsern zurück.

»Ich weiß nicht recht«, sagte Lizzie. »Normalerweise stille ich ihn noch vorm Schlafengehen und...«

»Perfekt. Wenn du vorm Stillen etwas trinkst, schläft er garantiert durch.« Rebecca füllte beide Gläser. Lizzie wusste, dass sie eigentlich nichts trinken sollte, aber sie war nervös, und die Aussicht, etwas zu tun, was sie nicht durfte, reizte sie. Jay vergnügte sich unterwegs mit seinen Freunden, und Lizzie wollte auch ihren Spaß.

Sie stießen an. »Auf die erste normale Mutter, die ich im Viertel getroffen habe«, sagte Rebecca.

»Gleichfalls.« Lizzie nippte.

»Du musst ihn abstillen«, sagte Rebecca.

»Warum?«

»Zu deinem eigenen Besten. Du versklavst dich freiwillig. In Frankreich gilt eine Frau als Hippie, wenn sie länger als drei Monate stillt. Stillen ist verpönt. Die Frauen dort wollen ihren Körper und ihre Unabhängigkeit wiederhaben.«

Obwohl Lizzie sich angegriffen fühlte, reagierte sie nicht darauf. Sie hatte keine Lust auf eine Diskussion über das Für und Wider des Stillens. Während sie nippte, wärmte der Alkohol ihre Inneres. Weil sie nur einen Joghurt zu Mittag gegessen hatte, ging ihr der Wein sofort ins Blut. Ihre Wangen röteten sich, und sie war so beschwipst, dass sie das Gefühl hatte, alles würde gut – auch wenn im Moment überhaupt nichts gut war.

»Gott, ist der lecker«, sagte sie. »Was ist das für ein Wein?«

»Terre di Tufi. Hauptsächlich Vernaccia, aber auch ein bisschen Chardonnay. Kennst du dich mit Wein aus?«

»Eigentlich nicht. Ich wollte immer ein Weinseminar machen, aber irgendwie hatte ich nie Zeit.«

»Ich habe erst angefangen, mir etwas aus Wein zu machen, seit ich Abbie habe. Kinderkriegen macht aus Frauen Alkoholiker.«

Die Kinder hatten aufgegessen, und Rebecca setzte sie vor ein *Little-Einsteins*-Video, von dem sie wie hypnotisiert waren. Lizzie ließ Mance nie fernsehen, aber sie sah die Vorteile: Es versetzte die Kinder in ein Koma.

Mance schien umgänglicher, seit er Abbie kannte. Sie waren noch zu klein, um miteinander zu spielen, aber es tat ihm gut, eine Freundin in seinem Alter zu haben und nicht den ganzen Tag nur mit seiner Mutter zusammenzuhocken. In Park Slope schienen alle zu glauben, dass die ständige Nähe zur Mutter das Beste fürs Kind war, aber Lizzie war der Meinung, dass Kinder den Kontakt mit Gleichaltrigen brauchten.

Die Frauen zogen aufs Sofa um. Lizzie nippte an ihrem Wein und stellte sich vor, wie Jay sich auf seinen Auftritt in Charlotte vorbereitete. Sie fragte sich, ob er auch schon etwas trank. Sein Lieblingsdrink war Wild Turkey, weil er irgendwo gelesen hatte, dass Mance Lipscomb dasselbe getrunken hatte. Hatte er schon einen auf Kosten des Hauses bekommen? Oder zwei? Dachte er daran, dass er Vater war, wenn er trank? Sorgte er sich, ob er zuviel trank? Vielleicht war der Unterschied zwischen einer Mutter und einem Vater, dass der Mann im Gegensatz zur Frau sein Kind einfach ausblenden konnte.

Rebecca schenkte Lizzie großzügig nach. Lizzie war bisher nie in den Sinn gekommen, dass man sich auch das Leben als Mutter schöntrinken konnte.

Sie spürte, wie sie sich mit jedem Schluck mehr öffnete. Sie erzählte Rebecca von ihrer ständigen Erschöpfung. Sie erzählte ihr, wie sauer sie auf Jay war, weil er so egoistisch war, wenn er zu Hause war, und öfter unterwegs als nötig, und wie frustrierend es war, die ganze Zeit mit Mance allein zu sein. Sie erzählte ihr von Mona, von der sie sich immer kritisiert fühlte.

»Was kritisiert sie an dir?«

»Dass ich so nachsichtig bin. Weißt du, sie hat Jay sehr streng erzogen, wahrscheinlich weil sie Witwe ist und es nicht anders ging. Das verstehe ich ja. Meine Mutter war auch streng, nachdem mein Vater sie verlassen hatte, aber Mona hat keinen Humor. Sie hat sich über mich mokiert, als ich ein Stillkissen gekauft habe, obwohl ich es für meinen Rücken brauchte.«

»Hast du mal versucht, ihr zu sagen, dass sie sich um ihren eigenen Kram kümmern soll?«

»Das kann ich nicht machen. Sie ist meine Schwiegermutter.«

»Na und?«

»Jay hält voll zu ihr. Er will, dass wir alle eine große glückliche Familie sind.«

»Nur will er nicht dabei sein müssen.«

»Genau.«

»Warum hast du Mance eigentlich schon so früh bekommen? Hast du nicht gesagt, du bist neunundzwanzig?«

»Dreißig.«

»Du siehst jünger aus. Du hättest das Fegefeuer noch aufschieben können.«

Lizzie sah eine Gelegenheit, Rebecca zu erzählen, wie sie Jay kennengelernt hatte, und ergriff sie. Sie hatte keine Angst. »Ich habe nie an die biologische Uhr geglaubt«, sagte Lizzie vorsichtig, »aber mit siebenundzwanzig verspürte ich plötzlich einen unbändigen Kinderwunsch.«

»Den hatte ich nie. Ich dachte eher: Was soll's. Irgendwann werde ich sowieso Kinder kriegen, da bringe ich es lieber gleich hinter mich.«

»Bei mir war das anders.« Lizzie holte tief Luft. »Als ich Jay kennenlernte, lebte ich mit einer Frau zusammen.«

Rebecca zog die Augenbrauen so interessiert hoch, wie Lizzie es selten bei einer jungen Mutter gesehen hatte, weil das meiste, worüber Mütter redeten, so langweilig und nichtig war. Sie wusste, dass Rebecca interessiert war, weil auch Rebecca sich bewusst war, wie selten es vorkam, dass zwei Mütter sich über so etwas Kontroverses unterhielten. Aber Lizzie wollte es ihr erzählen.

In ihrem zweiten Studienjahr am Hampshire College hatte sie sich im Geschlecht-und-Genre-Kurs in eine Frau verliebt, die sich furchtbar über die männliche Sichtweise in *Vertigo* aufregte. Sie hieß Sarah Boschen, war bildhübsch, brillant und eine lesbische Aktivistin. Obwohl Lizzie ein Hippie-Kind war, hatte sie noch nie etwas mit einer Frau gehabt, und Sarah öffnete ihr die Augen. Sarah war ein Jahr älter, und nach ihrem Abschluss bekam sie einen Job beim schwul-lesbischen Studentenbund, so dass sie weiterhin zusammen wohnen konnten.

Nachdem Lizzie ihren Abschluss gemacht hatte, zogen sie in eine Zweizimmerwohnung in Bushwick. Sarah ergatterte einen Job in den Lesbian Herstory Archives in Park Slope und Lizzie in der Presseabteilung von Knopf.

»Und dann? Hast du den lesbischen Betttod erlitten und dich mal wieder nach einem Schwanz gesehnt?« fragte Rebecca.

»Das war nicht das Problem. Wir kannten lauter lesbische Pärchen mit Kindern, und als wir eines Abends von einer Babyparty kamen, sagte Sarah genervt, dass sie selbst nie Kinder haben wollte. Mir wurde klar, ich schon. Wir hatten einen Riesenstreit. Sarah meinte, lesbische Mütter seien Werkzeuge der patriarchalischen Hegemonie. Ich sagte, das sei etwas, was jeder für sich selbst entscheiden müsse. Von da an stritten wir häufig, und als ich eines Abends auf ein Konzert in Pete's Candy Store ging, war Jay die Vorgruppe.«

»Und ?«

»Ein paar Tage später bin ich bei ihm eingezogen.«

Der Wein stieg Lizzie zu Kopf, und sie fühlte sich leicht und beschwingt. Rebecca ließ ihren Blick an Lizzie hinabgleiten. »Ich hätte dich nie für eine Lesbe gehalten.«

»Du meinst Ex-Lesbe«, korrigierte Lizzie. »Oder Lesbe a.D.«

»Lesbe adé!« Rebecca kicherte.

»Kennst du den Begriff nicht? Manche sagen auch Heche-be, nach Anne Heche. Sarah meinte immer, es wäre nicht so schlimm gewesen, wenn ich sie für eine andere Frau verlassen hätte, aber soweit ich weiß, lebt sie inzwischen auch mit einem Mann zusammen.«

»Das passt. Je militanter, desto hetero.«

»Ich war nie militant.«

»Du meinst, du hast dir nie die Haare kurz geschnitten und zwanzig Kilo zugenommen?«

»Sarah auch nicht. Sie hatte auch lange Haare. Sie wollte nur keine Kinder. Hast du schon mal was mit einer Frau gehabt?«

»Auf einer Party am Barnard College hat mich mal ein Mädchen ziemlich aggressiv angemacht. Wir haben ein bisschen rumgeknutscht, und ich fand's okay, aber sie hat danach nie wieder mit mir geredet. Obwohl sie angefangen hat.«

»Hat es dir gefallen?«

»Nein, es war irgendwie komisch. Ich habe mir keine Gedanken darüber gemacht. Ich glaube, wenn ich bi wäre, hätte ich am College herumexperimentieren können. Frauen dürfen das, Männer nicht. ›Wer tausend Brücken baut, ist ein Brückenbauer, wer einen Schwanz lutscht, ist schwul.‹ «

Lizzie konnte sich nicht erinnern, wann sie zuletzt eine Frau das Wort »Schwanz« hatte aussprechen hören. Sie konnte nicht fassen, dass sie einen so wunderbaren Abend hatte und dass sie ihn ausgerechnet ihrem Sohn verdankte. Seit sie wusste, wie schwer es war, ein Kind großzuziehen, vermisste sie Sarah manchmal und fragte sich, ob sie einen Fehler gemacht hatte. Doch als sie jetzt hier saß und mit einer Frau Wein trank, die sie ohne Kind nie kennengelernt hätte, fühlte sie sich vom Glück geküsst. Sie hatte jemanden getroffen, der intelligent und witzig und vulgär war, und das nur wegen Mance.

»Macht es Jay etwas aus, dass du lesbisch warst?« fragte Rebecca.

»Am Anfang ein bisschen. Seine Mutter ist ziemlich fromm. Aber er war am Oberlin College, und der halbe Campus war schwul.«

»Ich wette, er macht sich Sorgen, dass er nicht mithalten kann. Hab ich recht? Wie kann ein Mann im Bett besser sein als eine Frau?«

»Ach, ich glaube nicht, dass er sich Sorgen macht. Er ist ziemlich selbstbewusst.«

»Habt ihr viel Sex?« Rebeccas Gesicht war offen. Wäre Lizzie nicht so beschwipst gewesen, wäre ihr die Frage vielleicht peinlich gewesen, aber sie fühlte sich von Rebecca herausgefordert, ihr an Offenheit in nichts nachzustehen.

»Wie viel ist viel?« fragte Lizzie.

»Na ja, wie oft habt ihr denn Sex?«

»Ich schätze, so viermal die Woche. Wenn er überhaupt mal solange da ist.«

»Viermal die Woche?« Rebeccas Augen weiteten sich. »Bist du sicher, dass du bi bist?«

Lizzie hatte plötzlich das Gefühl, sich für ihr gesundes Sexleben entschuldigen zu müssen. »Ich bin nicht bi. Nicht mehr.«

Warum musste es für alles eine Schublade geben? Hätte sie ihre sexuellen Neigungen benennen sollen, wie es am Hampshire College üblich war, hätte sie sich als zur Heterosexualität bekehrte, ehemalige Lesbe mit gelegentlichen lesbischen Fantasien bezeichnet. Sie mochte Frauenkörper und -gesichter, und auch jetzt, als offizielles Mitglied der Brüter-Bourgeoisie betrachtete sie Frauen noch mit einem Interesse, das sie für Männer nie übrig gehabt hatte. Irgendwie hatte sie gedacht, dass sie sich als Mutter nicht mehr für Frauen interessieren, dass die Gründung einer Familie sie automatisch hetero machen würde, aber so war es nicht. Das Stillen erregte sie, einer der Gründe, warum sie nicht vorhatte, es aufzugeben. Die Brüste vor Fremden zu entblößen, hatte etwas Exhibitionistisches, und sie genoss es, wenn ein hübsches Mädchen ihre Brust anstarrte und dann verlegen den Blick abwandte. Auf diese Weise lebte sie den Teil ihrer Sexualität aus, der nichts mit Jay zu schaffen hatte, und so gut der Sex mit ihm auch war, hatte er doch nichts mit dem zu tun, was dabei in ihrem Kopf vorging – meist wilde Fantasien von Frauen, Männern und Wölfen.

»Findest du viermal die Woche viel?« fragte sie Rebecca. »Ich dachte, das ist normal. Wie oft habt ihr Sex?«

Draußen donnerte es, und Mance fing an zu weinen. Lizzie hatte überhaupt nicht bemerkt, dass ein Gewitter aufgezogen war. Sie nahm ihn auf den Arm und schaukelte ihn auf und ab, aber er weinte immer lauter. Er war so schreckhaft. Lizzie legte ihn an die Brust, doch selbst das beruhigte ihn nicht. Plötzlich hatte sie ein schlechtes Gewissen. Sie war so beschäftigt damit gewesen, sich zu betrinken, dass sie Mance völlig ignoriert hatte.

»Ich habe die Nudeln ganz vergessen«, sagte Rebecca und eilte in die Küche.

»Mach dir keine Umstände«, sagte Lizzie. »Wir müssen sowieso los.«

»Echt?« fragte Rebecca mit skeptischem Blick auf das Fenster. »Sieht ziemlich übel aus da draußen.«

»Das geht schon.«

»Na gut, dann lass mich dir wenigstens einen Regenschirm mitgeben«, sagte Rebecca und holte einen. Als sie Lizzie zur Tür brachte, sagte sie: »War schön mit dir.«

»Fand ich auch«, sagte Lizzie.

»Wir sollten uns jeden Abend betrinken.«

Lizzie wiegte Mance auf dem Arm und versuchte, die Tür zu öffnen. Rebecca umarmte sie und strich ihr über den Rücken. Ihre Hände fühlten sich fest und kräftig an. Lizzie musste an die Massage denken, die ihr ein Lehrer im Park Slope Yoga Center bei einem Shivasana-Kurs gegeben hatte. Es war nur ein einziges Mal vorgekommen, und seither fragte sie sich immer, warum die Yogalehrer sie nie massierten. »Kommt gut nach Hause.« Lizzie nickte. Rebecca gab Mance einen Kuss auf die Wange, dann beugte sie sich vor und küsste Lizzie auf die Lippen. Erst waren ihre Münder geschlossen, aber keine der beiden wich zurück, und bald trafen sich ihre Zungen.

Lizzie durchfuhr es heiß. Rebecca küsste gut, souverän, und ihr Mund schmeckte süß nach Wein.

Die Beziehung zwischen Mutter und Kind war zwar sinnlich, aber auch parasitär. Lizzie hatte oft das Gefühl, dass ihr Körper, ihre Hände, ihre Arme, ihre Brüste nur der Befriedigung von Mances Bedürfnissen dienten. Rebeccas Berührung galt nur ihr. Doch das Gefühl, von jemandem begehrt zu werden, den sie mochte und schätzte, machte ihr Angst. Lizzie löste sich aus der Umarmung und stürmte zur Tür hinaus.

Draußen regnete es in Strömen. Lizzie gelang es zwar, den Regenschirm zu öffnen, aber es war schwer mit nur einer Hand den Kinderwagen zu schieben, und sie lief so krumm, dass ihre linke Seite klitschnass wurde. Die Straße war wie ausgestorben und der Himmel schwarz. Sie war nicht gern allein auf der Straße, auch nicht am frühen Abend, auch nicht in Park Slope. Sie ging die Carroll Street entlang, überquerte die Eighth Avenue und ging bis zur Siebten, weil dort mehr Verkehr war, mehr Läden und sie sich dort sicherer fühlte. Sie bog rechts in die Flatbush Avenue und wechselte am Park Place die Straßenseite.

Während sie ging, dachte sie an den Kuss. Sie hatte das schale Gefühl, dass Rebecca nur ihre Wirkung testen wollte, nachdem sie erfahren hatte, dass Lizzie mit einer Frau zusammen gewesen war.

Als sie die Vanderbuilt Avenue überquerte, sah Lizzie auf halbem Wege zu ihrer Wohnung einen hochgewachsenen schwarzen Mann an einem Eisentor lehnen. Er sah jung aus und trug einen dunklen Kapuzenpullover. Er drehte sich zu ihr um.

Ihr Puls raste. Wenn sie mit Mance in Prospect Heights unterwegs war, begegnete sie vielen schwarzen Männern, auch vielen schwarzen Männern mit Kapuzenpullovern. Doch jetzt fiel ihr der Steckbrief in der Tea Lounge wieder ein. Wenn ihr sonst auf leerer Straße ein Schwarzer entgegenkam, wechselte sie nicht instinktiv die Straßenseite, sondern versuchte aus der Ferne das Risiko abzuschätzen. Schien er auf Krawall gebürstet oder auf dem Weg irgendwohin? Trug er einen Rucksack? Wie saß seine Hose? Als Mutter eines schwarzen Sohnes fand sie es wichtig, keine Vorurteile zu haben. Sie stellte sich vor, wie Mance als Erwachsener eine Straße entlang ging und weiße Frauen die Straßenseite wechselten.

Dieser Mann war Lizzie nicht geheuer. Wieso stand er bei Gewitter ohne Regenschirm mitten auf der Straße? Die Beschreibung auf dem Steckbrief passte, und Lizzie ging das furchtbare Phantombild nicht aus dem Kopf.

Der Mann starrte sie unverwandt an. Sie blieb stehen und überlegte, ob sie es schaffen konnte, an ihm vorbei zu ihrer Wohnung zu rennen, beschloss dann aber, lieber vorsichtig zu sein. Ein Vergewaltiger lief frei herum. Sie durfte jetzt keinen Fehler machen.

Sie machte auf dem Absatz kehrt und eilte zur Vanderbuilt zurück, bog um die Ecke und flüchtete in den kleinen Laden, wo sie immer Milch und Saft kaufte. An der Tür hing ein Plakat, auf dem das Wort ARENA groß durchgestrichen war. Sie überlegte, ob sie Mona anrufen sollte und sie zu sich einladen, aber sie war noch nie allein mit ihr gewesen. Und wenn Lizzie sich verplapperte und von dem Mann auf der Straße erzählte, würde Mona sie für rassistisch halten, eine paranoide weiße Frau, die nicht fähig war, einen starken schwarzen Sohn heranzuziehen.

Lizzie hätte gern Rebecca angerufen, aber sie schämte sich. Sie wollte nicht zugeben, dass sie sich in ihrem eigenen Viertel nicht sicher fühlte. Das hätte nur den finanziellen Unterschied zwischen ihnen betont.

José, der Ladenbesitzer, bemerkte ihren verängstigten Blick und fragte, was los sei. »Ein Mann in meiner Straße«, sagte sie. »Da ist ein Mann.«

José schickte seinen schwergewichtigen Schwager Norberto, aber es war niemand mehr da. Norberto bot an, Lizzie zu ihrer Wohnung zu begleiten. Sie sagte, sie wolle noch ein paar Minuten warten, und José bot ihr eine Tasse Tee an, doch sie lehnte ab. So dankbar sie für seine Hilfe war, schämte sie sich gleichzeitig, ihm überhaupt davon erzählt zu haben. In Zukunft würde er sich jedes Mal daran erinnern, wenn sie etwas kaufte.

Sie dachte an Jay und seinen Auftritt in Charlotte und war wütend auf ihn, weil er nicht da war, weil er der Grund war, warum sie die ganze Zeit mit Mance allein war. Für wen hielt er sich, sie Woche für Woche mit Mance allein zu lassen, der noch so klein war, so abhängig. Seine Musik verschaffte ihm eine Freiheit, die anderen Vätern verwehrt blieb. Rebeccas Mann Theo arbeitete viel, aber der Wohnung nach zu urteilen, verdiente er gut. Jay verdiente netto nur $60.000 im Jahr, kaum genug, um eine Familie zu ernähren, und trotzdem weigerte er sich hartnäckig, sich einen richtigen Job zu suchen.

Als sie sich mit Norberto auf den Weg machte, blickte sie sich auf der Straße nervös um, überzeugt davon, dass der Mann noch irgendwo lauerte. Doch er war verschwunden.

»Sehen Sie ihn noch?« fragte Norberto.

»Nein, er ist weg.«

Norberto wartete, bis sie an der Haustür war. Sobald sie im Haus war, verriegelte sie die Tür und lehnte sich dagegen, den Kopf in den Händen. Aus dem Augenwinkel sah sie Mance, immer noch im Kinderwaren, unter dem Regenbezug, und für einen Moment war er ihr vollkommen fremd.

FEHLENDER FORTSCHRITT

Tschüss, Süße«, verabschiedete sich Rebecca von Abbie, während sie rückwärts zum Spielplatztor ging. Es war ein sengend heißer Donnerstag im Juli, drei Tage nach Rebeccas missglückter Masturbation, und sie freute sich auf eine Pause von ihrer Tochter. Sonam, Rebeccas zierliche, ehrerbietige Babysitterin mit ewiger Leidensmiene, passte dienstags und donnerstags auf Abbie auf, während Rebecca irgendwelche Artikel schrieb, bummelte oder wie heute Schicht in der Prospect Park Lebensmittelkooperative hatte. Abbie liebte Sonam abgöttisch, hatte jedoch gerade eine von Trennungsangst geprägte Phase und schrie wie am Spieß: »Mama!« Tränen liefen ihr über die geröteten Wangen.

Die Müttermafia warf Rebecca vernichtende Blicke zu. Wahrscheinlich passte ihnen Rebeccas goldener Glitzer-Einteiler nicht, der auf einem Park-Slope-Spielplatz ebenso unangebracht war wie die Jimmy-Choo-Stilettos. »Herrgott nochmal«, hätte Rebecca am liebsten zu ihnen gesagt. »Alle Kinder weinen, wenn die Mutter weggeht. Das ist nur ein Machtspiel. Das hat nichts zu bedeuten.«

»Mama ist gleich wieder da«, sagte Sonam.

»Ich würde auch weinen, wenn meine Mama weggeht«, sagte Cathleen Meth, eine ausgelaugte VOZMU (wie Rebecca Vollzeit-Mütter gern nannte) mit roten Locken und

Sommersprossen, die Rebecca beim Yoga für Schwangere kennengelernt hatte.

Cathleen, die einsfünfundfünfzig klein und dick war und unabhängig vom Wetter Tag für Tag ein weites T-Shirt und unvorteilhafte Jeans trug, gab ihrem strohblonden Sohn Jones beim Klettergerüst Hilfestellung. Neben ihr stand Jane Simpson, eine hochgewachsene, schnippische Mutter von drei Kindern, die Rebecca schon häufiger getroffen hatte. Jane stillte Emily, ihre Jüngste, auf der Schaukel, während sie August (zwei) im Auge behielt, der auf dem Bauch die kleine Rutsche runter rutschte.

Cathleen und Jane gaben ein seltsames Paar ab: Cathleen war nachlässig und kriecherisch, Jane Pilates-fit und gepflegt. Rebecca verstand, was die beiden aneinander fanden: Cathleen fühlte sich durch Jane aufgewertet, und Jane genoss es, einen Fan zu haben. Wie im Kindergarten.

»Ich hab Schicht in der Koop«, erklärte Rebecca, als sei dieser Grund moralisch einwandfrei (im Gegensatz zum Beispiel zu Geldverdienen).

»Warum arbeitest du nicht in der Kinderbetreuung«, sagte Cathleen, »dann kannst du Abbie mitnehmen. So mache ich es. Jones findet es da toll.« Rebecca hätte am liebsten gesagt, dass jede Frau, die freiwillig mehr Zeit mit ihrem Kind verbrachte als nötig, verrückt sein musste oder masochistisch veranlagt. Aber wie immer biss sie sich auf die Zunge.

Rebecca konnte sich nicht vorstellen, ihr Kind rund um die Uhr zu betreuen. Sie brauchte den Vollzeitmüttern nur ins Gesicht zu sehen, um sich bestätigt zu fühlen. Eigentlich hätten sie doch zufrieden sein müssen, schließlich hatten sie extra ihre Jobs aufgegeben, um sich ganz ihren Kindern zu widmen, aber sie wirkten immer gestresst und frustriert. Sie beaufsichtigten ihre Kinder mit freudloser, konzentrierter Miene, als operierten sie am offenen Herzen oder entschärften Bomben. Berufstätige Mütter, die um halb sechs oder sechs auf den Spielplatz gehetzt kamen, schienen die Einzigen zu sein, die Freude an ihren Kindern hatten – vielleicht weil sie zwischendurch mal Pause hatten.

Sonam dirigierte Abbie zur Sandkiste, eine schmutzige, feuchte, mit Bakterien verseuchte Matschgrube, die die Mütter naserümpfend »Sand«-Kiste nannten, wobei sie mit den Fingern Anführungszeichen in die Luft malten. »Da würde ich sie nicht reinsetzen«, sagte Cathleen mehr zu Rebecca als zu Sonam. »Nachts gehen da streunende Katzen rein.«

»August hat sich im Sand eine Ringelflechte eingefangen.«

Wer waren diese Leute? Erst seit sie Mutter war, fühlte sie sich anderen Frauen fremd. Bei der *Elle* gab es definitiv einige Stepford-Exemplare, aber die waren intelligent oder ehrgeizig oder so schick, dass Rebecca nicht umhin konnte, sie zu bewundern. Ihre Freundinnen außerhalb der Arbeit waren aus der Literaturszene, freigeistige, manisch-depressive Raucherinnen, die auf Indierock und Proust standen. Sie trugen Jutetaschen, fuhren mit dem F-Train und ihre Stimmen trieften vor Ironie und Weltschmerz.

In Park Slope gab es solche Frauen nicht. Die Vollzeitmütter waren mit Bankern und Hedgefondstypen verheiratet. Sie veranstalteten Babypartys, trugen Diamantringe und den Nachnamen ihres Mannes. Und die berufstätigen Mütter bekam man selten zu Gesicht.

Gelegentlich traf Rebecca eine Mutter, die anders zu sein schien – intelligent, selbständig, süffisant –, doch irgendwann entpuppte sich diese Frau immer als verrückt. Einmal hatte eine gut gelaunte Kindergärtnerin namens Jeannie Rebecca und Abbie an einem Sonntagnachmittag in ihre Wohnung am Garfield Place eingeladen, und sie und Rebecca hatten sich angeregt unterhalten, bis Jeannies Tochter Ella in die Windel kackte. Als Jeannie Ellas Windel wechseln wollte, fing das Mädchen auf dem Wickeltisch wie wild an zu schreien und zu treten. Jeannie setzte sie schulterzuckend auf den Boden und sagte: »Manchmal wird sie nicht gern gewickelt.« Die nächste halbe Stunde lief Ella fröhlich in ihrer eigenen Scheiße herum, bis der Gestank so unerträglich wurde, dass Rebecca sich unter irgendeinem Vorwand verabschiedete.

Dann war da noch Joanna, eine Literaturdozentin und Mutter, die Rebecca in der Tittenlounge kennengelernt hatte, als Abbie noch ein Baby war. Joanna war hübsch und adrett und hatte einen kräftigen, lebhaften Sohn namens Colin. Sie kamen ins Gespräch, und schon bald erzählte Joanna Rebecca die verrücktesten Geschichten: Sie war manisch-depressiv und nahm Paroxetin, hatte es in der Schwangerschaft zunächst abgesetzt, nach einem Nervenzusammenbruch in der siebenunddreißigsten Woche aber wieder damit angefangen. Sie wollte kein zweites Kind, weil sie es nicht ohne Tabletten aushalten konnte. Sie hatte ihren Mann seiner ersten Frau ausgespannt. Rebecca fand ihre negative Einstellung und dramatischen Erfahrungen so erfrischend, dass sie Joanna empfahl *A Life's Work* zu lesen, ein düsteres, britisches Buch übers Kinderkriegen, das Rebecca verschlungen hatte.

Eine Woche verging und dann noch eine, ohne dass Joanna sich meldete, und schließlich rief Rebecca sie an. »Ich kann nicht glauben, dass du mir dieses Buch empfohlen hast«, sagte Joanna.

»Ich dachte, es würde dir gefallen.«

»Diese Frau hasst ihr Kind. Ich hasse Colin nicht.«

»Das habe ich doch gar nicht behauptet.«

»Sie tut geradezu so, als sei sie die erste Frau auf der Welt, die ein Kind kriegt.«

Das wurmte Rebecca. »Weißt du, immer wenn eine Frau ein Buch schreibt, heißt es: ›Sie glaubt wohl, sie ist die Erste, die…‹ was auch immer, aber bei Männern hört man diesen Vorwurf nie. Als hätten Frau nicht das Recht, universelle Erfahrungen zu beschreiben, obwohl Männer genau das seit Jahrtausenden tun: Krieg, Herzschmerz, Selbstmord. Und ich bin zufällig der Meinung, dass Rachel Cusk ein paar Dinge ausspricht, die noch nie eine Frau auszusprechen gewagt hat.«

Rebecca merkte an der langen Pause, die folgte, dass sie zu weit gegangen war. Sie hatte am Barnard College je einen Abschluss in Englisch und in Frauenforschung gemacht, und manchmal neigte sie dazu, militant zu werden.

»Ich habe nur das Gefühl, dass wir vollkommen verschieden sind, du und ich«, sagte Joanna. »Wir haben einfach nicht dieselben Wertvorstellungen.« Rebecca war davon ausgegangen, dass sich Joanna als Literaturdozentin für Bücher und Ideen interessierte, aber offenbar brauchte Joanna nur jemanden zum Kaffeetrinken. Danach redeten sie nie wieder miteinander, sondern tauschten nur verlegene Blicke, wenn sie ihre Kinderwagen in der Seventh Avenue aneinander vorbeischoben.

Es war ein Ding der Unmöglichkeit, sich mit Park-Slope-Müttern anzufreunden. Man hatte die Wahl zwischen asexuellen fetten Kühen oder Vollweibern, die bis sieben stillten. Sobald man sich einer öffnete, saugte sie einen in ihre kranke Psyche.

Bisher war Rebeccas einzige offizielle Freundin mit Kind Lizzie O'Donnell. Lizzie war süß und konnte gut zuhören, und im Gegensatz zu den anderen Vollzeitmüttern, war sie hübsch. Wer hätte gedacht, dass sie mal ein Büchsenschleck war. Es faszinierte Rebecca, vor allem, weil es Lizzie von den anderen Müttern abhob. Obwohl sich die meisten Park-Slope-Mütter wie Lesben kleideten, war Rebecca nie in den Sinn gekommen, dass manche vielleicht lesbisch *waren*.

Rebecca hoffte, dass sie mit ihrem Kuss nicht alles verdorben hatte. Sie war beschwipst gewesen, und als Lizzie ihr erzählt hatte, dass sie früher auf Frauen stand, was offensichtlich eine Anmache war, wollte Rebecca sich eben mal ein bisschen amüsieren. Ohne groß darüber nachzudenken, was sie tat.

Es hatte ihr gefallen. Es war so lange her, dass sie und Theo sich auch nur geküsst hatten. Wenn sie sich im Vorbeigehen berührten, zuckten sie jedes Mal zusammen.

Aber Lizzie hatte so seltsam reagiert, war Hals über Kopf davongelaufen, was Rebecca ziemlich theatralisch fand. Irgendwie war Lizzie zu ernst, ihr Blick zu intensiv. Es hätte Rebecca nicht überrascht, wenn irgendwo eine Unterlassungsklage gegen sie vorlag.

Sie hatte Lizzie an dem Abend nicht mehr angerufen, weil sie nicht recht wusste, ob sie sich entschuldigen oder so tun sollte, als sei nichts passiert. Sie hoffte, dass Lizzie sich meldete. Es wäre typisch Rebecca, ihre einzige Freundin gleich wieder zu verlieren, nur weil sie besoffen rumgeknutscht hatte. Höchste Zeit, dass sie mal wieder durchgevögelt wurde, sonst beging sie noch eine Dummheit.

Rebecca versuchte Abbies Quengeln zu ignorieren und winkte ihr, während sie durch das Tor auf der Südseite des Spielplatzes schlüpfte. Sie zog es hinter sich zu, aber es schloss nicht richtig. Eine Frau, die sich ein Neugeborenes vor die Brust gewickelt hatte, warf ihr einen vernichtenden Blick zu und eilte herbei, um das Tor zu verriegeln, obwohl ihr Kind ja noch gar nicht laufen konnte.

Rebecca schlenderte den Pfad zum Prospect Park West entlang und spürte, wie sich ihre Stimmung mit jedem Schritt, den sie sich entfernte, hob. Ihre Schultern fühlten sich leichter an und ihre Arme schienen schwerelos, weil sie keinen Kinderwagen mit einem zwölf Kilo schweren Baby schieben musste.

Als Single hatte sie es gehasst, allein zu sein, fand es peinlich, erbärmlich, deprimierend, allein in ihrer Wohnung in der Fifth Avenue zu sitzen. Mit einer Freundin in eine Bar gehen und jemanden aufreißen, das war aufregend. Und an den meisten Abenden hatte sie genau das getan. An schlechten Abenden hockte sie zu Hause und fühlte sich rastlos und allein.

Inzwischen empfand sie Alleinsein als verheißungsvoll. Wenn Theo zu Hause war, erfand sie Vorwände, um das Haus zu verlassen, machte Besorgungen, brachte Videos zurück oder den Müll raus, nur um ein paar Minuten ihre Ruhe zu haben.

Sie ging den Prospect Park West entlang nach Norden zur Second Street und dann bergab Richtung Seventh Avenue und Koop. Auf halbem Wege zur Eighth Avenue öffnete sich ein Tor und ein Mann trat auf die Straße. Er begaffte sie in ihrem Einteiler und wurde vor Verlegenheit ganz blass, als er sie erkannte. »Rebecca.«

Es war David Keller. David, ein erfolgreicher Comedien, war ab Dezember 2001 anderthalb Jahre ihr Freund gewesen. Nach ihrer Trennung, während sie Theo kennengelernt und geheiratet, Abbie bekommen und sich selbständig gemacht hatte, war David berühmt geworden, worüber sie immer noch nicht recht hinwegkam.

Er war einsachtundachtzig, Jude, und hatte eine große

Hakennase, die die meisten Frauen nicht als solche wahrnahmen, weil sie zu klein waren, um sie je aus der Nähe zu sehen. Dadurch wirkte er attraktiver, als er eigentlich war. Unter einem Hut der österreichischen Firma Mühlbauer trug er sein dunkles, glänzendes Haar im Stil der vierziger Jahre.

Sie hatten sich bei einer Weihnachtsfeier in der Pitt Street kennengelernt. Rebecca arbeitete für die *Elle*, und er kellnerte, während er Downtown in Comedy Clubs auftrat. Sie saßen den ganzen Abend auf der zugigen Feuerleiter, und dann küsste er sie im Mondschein und sie war hingerissen. Das war kurz nach dem elften September gewesen, als nur verhalten gefeiert wurde und man nicht recht wusste, ob Frohsinn überhaupt erlaubt war. Es stellte sich heraus, dass David ebenfalls in der Fifth Avenue wohnte, und so teilten sie sich die Rückbank eines Taxis, tranken im O'Connor's weiter und gingen dann zu Rebecca nach Hause.

Eines Abends auf der Loft-Party eines befreundeten Journalisten erzählte David, wie er in einem chinesischen Restaurant einmal Salman Rushdie vollgekotzt hatte. Auf der Party waren viele Journalisten und Autoren, und als er fertig war, hatte sich ein halbes Dutzend begeisterter Gäste um ihn versammelt.

Auf dem Heimweg schlug Rebecca ihm vor, auf einer offenen Bühne in der Allen Street aufzutreten, deren Ansager sie kannte. Er wiederholte die Rushdie-Kotze-Geschichte und erntete stürmischen Beifall. Es dauerte nicht lang, bis er regelmäßig auf Bühnen und in Bars in Downtown auftrat. Seine Nummer war halb Stand-up-Comedy, halb Geschichtenerzählen, und meist ging es um unappetitliche Blamagen. Nach jedem Auftritt scharten sich hübsche Zwanzigjährige um ihn, die ihn mit großen Augen bewunderten. Sein Woody-Allen-mäßiges Understatement machte ihn, da er wesentlich attraktiver war als Woody Allen, zum Objekt der Begierde.

Rebecca fand seine Geschichten über Liebeskummer, Autofahrten und die krankhafte Angst vor Keimen eigentlich ganz amüsant, aber als sie dieselben Witze immer und immer wieder hörte, begann sie sich zu langweilen. Sie war sich bewusst, dass ihre Missgunst der Eifersucht entsprang, aber das half nicht. In einem Karton unter ihrem Bett hatte sie einen unveröffentlichten Roman liegen, den sie nicht schlecht fand – *Willow Grove*, ein komischer Entwicklungsroman, der auf ihrer Schulzeit in der Vorstadt Philadelphias basierte –, doch als sie David kennenlernte, hatten schon neun Verlage ihn abgelehnt.

Ein paar Monate später kam der Lektor eines großen Verlages zu einem von Davids Auftritten. Er schlug David vor, seine Geschichten aufzuschreiben, und das tat er. Nachdem er sich einen Agenten besorgt hatte, lieferten sich sechs Verlagshäuser einen erbitterten Bieterkrieg um seine Memoiren. Schließlich verkaufte er *Bist du meine Mami?* für $250.000, und dann erwarb Jack Blacks Produktionsgesellschaft die Rechte für weitere $300.000.

David kaufte von dem Geld ein geräumiges Loft in der Union Street, fragte Rebecca jedoch nicht, ob sie einziehen wollte, weil er angeblich nichts überstürzen wollte. Wenn sie im Viertel ausgingen, wurde er von Verehrern erkannt und plauderte ausgiebig mit ihnen, während sie daneben stand und wartete. Dann nahm er sie mit in seine Wohnung und vögelte sie wie im Rausch.

Als er den Millionendeal für einen halbstündigen Pilotfilm zu einer CBS-Serie über sein Leben unterschrieb, feierten sie bei einem romantischen Abendessen in ihrem Lieblingsrestaurant al di là. Beim Nachtisch (Eis in Espresso) machte er mit ihr Schluss, mit der Begründung, sie würden sich »in verschiedene Richtungen entwickeln«.

Nach dem Pilotfilm verkaufte David das Loft in der Union Street für $900.000 und erwarb ein Riesenhaus in der First Street, worüber sogar Brownstoner und Gothamist auf ihren Internetseiten berichteten. Laut Makler lag der Verkaufspreis bei $3,6 Millionen für 600 Quadratmeter Wohnfläche, Buntglasfenster und Wintergarten. Der Garten erstreckte sich bis zur Second Street.

Auf ihren Spaziergängen mit Abbie war Rebecca oft an der Rückseite des parkähnlichen Gartens vorbeigegangen. Manchmal hatte sie ihn mit Freunden auf der Veranda sitzen sehen, eine seltsame Mischung aus Leuten wie Mos Def, David Cross, Darren Aronofsky, Rachel Weisz und Liv Tyler. Dann ging sie schnell weiter, weil sie nicht für einen Stalker gehalten werden wollte.

Seit Abbies Geburt war sie David ein halbes Dutzend Mal über den Weg gelaufen, und obwohl sie immer mit ihm plauderte, nervte es sie, dass dieser Junggeselle in einer 3,6-Millionen-Dollar-Villa wohnte, obwohl er den Platz gar nicht brauchte. Es deprimierte sie. Ihr war klar, dass sie es nach den Maßstäben vieler anderer Frauen geschafft hatte – attraktiver Ehemann, süßes Kind, flexibler Beruf, Dreizimmer-Eigentumswohnung in einem begehrten Schulbezirk –, aber Rebecca reichte das nicht. In Abbies Geburtsbericht stand als Grund für den Kaiserschnitt »Fehlender Geburtsfortschritt«, und genau dieses Gefühl hatte sie in Davids Gegenwart: dass bei ihr der Fortschritt fehlte.

»Hi, David«, sagte sie.

»Wie geht's?« fragte David. »Wo ist Abbie?«

»Beim ihrem Babysitter«, sagte Rebecca.

»Hast du Fotos dabei?« fragte er. Sie zeigte ihm ein paar Bilder auf ihrem Handy. »Wie groß und hübsch sie ist! Wow!«

Sein Interesse schien aufrichtig, so aufrichtig, dass sie

sich fragte, warum sie sich nicht geschmeichelter fühlte. Abbie war wirklich hübsch mit ihren langen blonden Haaren und den braunen Rehaugen. Warum war sie nicht stolzer auf ihr süßes Mädchen? Vielleicht weil Theo so begeistert von Abbie schwärmte, dass Rebecca eifersüchtig war? Oder weil er so von ihr schwärmte, dass sie kaum Gelegenheit hatte, selbst wahrzunehmen, wie hübsch sie war? Rebecca hatte oft das Gefühl, wenn sie mit jemandem tauschen könnte, der in der Mutterrolle aufging, wären alle glücklicher gewesen.

»Wie läuft's denn so?« fragte David.

Sie erzählte ihm, dass sie freiberuflich arbeitete und Theo an einem neuen Bauprojekt im West Village und wie süß Abbie war, bemüht, ihr Leben reich und erfüllend, wenn nicht gar aufregend klingen zu lassen.

Ehe sie ihn fragen konnte, wie es ihm ging, sagte er: »Ich habe gerade erfahren, dass Al Maysles einen Dokumentarfilm über mich machen will.«

»Ich dachte, der ist tot«, sagte sie.

Rebecca sah eine Bewegung aus dem Augenwinkel, dann öffnete sich das Tor, und eine große dunkelhaarige Frau stand neben ihm. Es dauerte einen Moment, bis Rebecca das Gesicht einordnen konnte, aber dann hatte sie das Gefühl, als sei ihr ein Bissen im Hals stecken geblieben.

»Rebecca, das ist Cassie«, sagte David überflüssigerweise.

Cassie Trainor war ein fünfundzwanzigjähriges Singer-Songwriter-Wunderkind aus Alaska – strahlend schön, schwarzhaarig, einsachtzig groß –, deren erstes Album, *Steck mir den Finger in den Hals*, Platin erreicht hatte. Ihrem zweiten Album *Suchtmensch*, das sich nur mittelmäßig verkauft hatte, folgte mit *Codey* ein weiteres Platinalbum. Jüngst hatte sie mit einer rassigen, von Juergen Teller fotografierten Marc-Jacobs-Kampagne Aufsehen erregt, für die sie in durchsichtiger Unterwäsche in eine Papiertüte hyperventilierte.

Rebecca hatte auf Gawker gelesen, dass David und Cassie zusammen auf einer Broadway-Premiere gesichtet worden waren, fand diese Nachricht jedoch so verstörend, dass sie es als Hirngespinst abgetan hatte. Ihr Exfreund ging mit einem weltberühmten Popstar aus, während Rebecca ein Dasein als Park-Slope-Mutter fristete, die nicht einmal von ihrem Mann gevögelt wurde.

»Hey«, sagte Rebecca und streckte die Hand aus.

»Rebecca hat eine zuckersüße kleine Tochter«, sagte David. »Abbie. Nach Abbie Hoffman.«

»Was für ein schöner Name«, sagte Cassie mit piepsiger Stimme.

»Zeig Cassie die Bilder.«

»Nein, wie süß!« sagte Cassie mit Blick auf das Handy. Sie schien wirklich hingerissen, geradezu baby-geil.

»Danke«, sagte Rebecca, während sie sich fragte, wer beim Sex oben war. Ob Cassie wie Rebecca eher devot war oder dominant und Davids Gesicht zur Seite drehte, während sie ihn mit judenfeindlichen Schmähungen überschüttete. Das Beste an Rebeccas Beziehung mit David war der Sex gewesen. Es war die einzige Situation, in der sein Narzissmus irgendwie reizvoll war.

»Ich muss los«, sagte Rebecca und klappte das Handy wieder zu. »Sonst komme ich zu spät zu meiner Koop-Schicht.«

»Bist du Mitglied?« fragte Cassie. »Wir wollen uns vielleicht auch anmelden.« Sie wohnten also zusammen. Es wurde immer schlimmer. »Wie ist das Obst?«

»Es wird nie reif.«

»Hey, Rebecca«, rief David Rebecca nach, als sie weiterging. »Cassie tritt nächsten Mittwoch im Southpaw auf, eine Benefizveranstaltung für den *Paris Review*. Sie wird von Philip Gourevitch interviewt. Ich setze dich mit Begleitung auf die Gästeliste.«

»Du musst unbedingt kommen«, sagte Cassie.

Rebecca lächelte und nickte, aber natürlich würde sie nicht hingehen. Das Problem an dieser Welt war, dass Leute wie Philip Gourevitch Leute wie Cassie Trainor interviewten.

»Das Leben als Mutter steht dir gut!« rief David ihr noch nach, als sie sich entfernte und sich in ihrem Einteiler total albern vorkam. Sie wusste nicht, was sie mehr aufbrachte: dass David Stars vögelte oder dass er selbst ein Star geworden war.

Im Kellerraum der Koop, wo die Lebensmittel verpackt wurden, war es wie immer ruhig. Das einzige Geräusch waren die blechernen Stimmen des WNYC aus dem kleinen Kofferradio. Der Raum war hell und ruhig, von dem Trubel aus der Einkaufshalle darüber war nichts zu hören. Rebecca begrüßte den Teamleiter Terry, ein bärenhafter, bärtiger Schwuler, und Helen und Carla, zwei klimakterische Bibliothekarinnen, die mit ihr die Schicht teilten.

»Na, wen haben wir denn da«, sagte Terry. »Kommst du gerade aus dem Studio 54?«

»Draußen ist es heiß«, sagte sie. »Lass mich in Ruhe.«

Es war dieselbe Außenseitertruppe wie immer, alle mit Kopftüchern und Schürzen, wie vom Gesundheitsamt vorgeschrieben. Rebecca fiel ein hochgewachsener Mann auf, der mit dem Rücken zu ihr stand und die Hinweise zum Händewaschen studierte. Als er sich zu den anderen umdrehte, errötete Rebecca.

Er sah in Wirklichkeit genauso gut aus wie in seinen Filmen. Zum ersten Mal war er ihr in dem Soderbergh-Thriller aufgefallen, wo er den besten Freund von CIA-

Agent Matt Damon spielte. Sie hatte sich gefragt, warum er nur eine Nebenrolle hatte, obwohl er deutlich mehr Sexappeal besaß als Matt. Dann hatte er in *Posen* neben seiner zukünftigen Frau mitgespielt. Danach folgte eine Reihe von Actionfilmen, darunter auch ein cleverer Thriller mit Clive Owen namens *Ende des Tages*, der ihm eine Oscarnominierung eingebracht hatte.

Sie wusste, dass er mit Melora Leigh am Prospect Park West wohnte, und wie alle Sloper kannte sie zwar das Haus, hatte ihn aber bisher nicht zu Gesicht bekommen. Der letzte Ort auf Erden, an dem Rebecca Stuart Ashby vermutet hätte, war die Prospect Park Lebensmittelkooperative, noch dazu deren Keller. Warum kaufte jemand, der in einer herrschaftlichen Villa wohnte, bei einer Lebensmittelkooperative ein?

Einmal hatte sie Melora auf dem Spielplatz in der Third Street ein Skript lesen sehen, während eine blonde Nanny Orion auf der Schaukel Anschwung gab. Rebecca kapierte nicht, warum eine Mutter gleichzeitig mit ihrem Kind und ihrer Nanny unterwegs war, aber so tickten Filmstars wohl: Sie wollten mit ihrem Kind gesehen werden, sich aber nicht selbst darum kümmern.

Stuarts Blick blieb anerkennend an Rebeccas Einteiler hängen und verweilte, als sei es ihm ganz egal, ob sie bemerkte, dass er sie unter die Lupe nahm. »Wir haben einen Neuzugang im Team«, sagte Terry. »Stuart.« Er betonte den Namen vielsagend. »Ich hatte gehofft, dass du ihn anlernst, Rebecca.« Auf Schwule konnte man immer zählen.

Stuart lächelte verlegen. »Ich lerne sehr schnell.« Helen stieß Carla in die Seite, und die errötete ebenfalls.

»Rebecca zeigt dir, wie man Nüsse eintütet«, sagte Terry.

»Solange sie mir keins auf die Nüsse gibt«, witzelte

Stuart. Helen kicherte laut, alle anderen schwiegen betreten.

»Wenn du weiter so blöde Witze machst, versetzen sie dich in eine andere Schicht«, sagte Rebecca.

»Und dann ist Schicht im Schacht.«

Er hatte etwas Altmodisches an sich. Als sei er durch seine Attraktivität immun dagegen, sich zum Affen zu machen.

»Ehe wir anfangen, habe ich euch noch ein paar Mitteilungen zu machen«, begann Terry. »Der Arbeitskreis für Minderheitenschutz sucht noch Mitglieder. Die nächste Versammlung ist Dienstag, falls einer von euch hingehen will. Ich weiß nicht, ob ihr den *Koop-Kurier* lest, aber in letzter Zeit gab es eine Reihe von Diskriminierungsvorwürfen. Offenbar wurde ein afroamerikanisches Mitglied des Diebstahls bezichtigt.« Das war so typisch. Bei der Koop empörten sich die Leute ständig über irgendetwas. »›Das Ziel des Arbeitskreises für Minderheitenschutz ist es, bestehende Voreingenommenheit in der Koop zu beseitigen und für jene einzutreten, die beim Einkaufen oder Arbeiten Opfer von Diskriminierungen waren.‹«

»Ich fühle mich jedes Mal diskriminiert, wenn ich eine halbe Stunde an der Kasse anstehen muss«, sagte Rebecca.

»Dann solltest du vielleicht mitmachen«, sagte Terry.

»Du solltest mitmachen«, meinte Rebecca zu Stuart. »Du gehörst schließlich einer Randgruppe an.«

»Und welche wäre das?«

»Stars. Eure Bedürfnisse werden hier überhaupt nicht berücksichtigt. Keine persönlichen Assistenten, keine Wasserflaschen, keine *Variety*.«

»Ja, aber das Angebot an Nasenduschen ist exzellent«, sagte er. Er schien zu flirten, aber es war so lange her, seit irgendjemand mit ihr geflirtet hatte, dass sie es fast verlernt hatte.

Terry und die anderen Teammitglieder verschwanden an ihre Arbeitsplätze. Rebecca band sich ein gelbes Kopftuch um und zeigte Stuart den Behälter mit den gemischten Nüssen. Beim Anblick der roten Haare auf seinem Handrücken dachte sie unwillkürlich an die Farbe seines Schamhaars. Rothaarige hatten etwas Vulgäres an sich. Sie waren freizügiger, lüsterner als Männer mit braunem Haar. Bei Rothaarigen dachte man sofort an Sex.

»Du fängst mit den in Tamari gerösteten an, und ich übernehme die gemischten Nüsse«, sagte sie.

»Kannst du nochmal ›gemischte Nüsse‹ sagen?« Von einem verheirateten Star hätte sie das nicht erwartet. Hatten die nicht abweisend und distanziert zu sein, um ja niemanden an sich heranzulassen? Entweder hatte er Eheprobleme oder er wollte sie verarschen.

»Du ziehst die hier an…« Sie reichte ihm ein Paar Zellophanhandschuhe. »Und dann nimmst du eine Schaufel voll und füllst sie in die hier.« Sie deutete auf einen Stapel durchsichtiger Plastiktüten. »Jede Schaufel sollte etwa ein drittel Pfund sein. Die ersten paar Male wiegst du die Tüten ab, um ein Gefühl dafür zu kriegen. Du verschließt jede Tüte mit einem Knoten, so, nachdem du die Enden eingedreht hast. Und wenn wir fertig sind, kleben wir Etiketten drauf.«

»Yes, Ma'am«, sagte er.

Sie stand ihm schräg gegenüber an der Arbeitsfläche, zwischen ihnen nur die Küchenwaage. Stuart bohrte die Schaufel in seinen Behälter. »Ausgezeichnete Technik«, lobte sie.

»Hast du vor, mich die nächsten zwei Stunden aufzuziehen?«

»Zwei Stunden und siebenunddreißig Minuten.«

Sie konnte nicht glauben, dass sie allein in einem Raum

mit einem Star war und dessen ungeteilte Aufmerksamkeit besaß. Es konnte nicht sein, dass er flirtete. Wahrscheinlich war er zu jedem so. Berühmte Leute wollten von allen gemocht werden, selbst von einem Niemand wie Rebecca.

»Die Tüte ist ein bisschen zu groß«, sagte sie mit Blick auf die Waage. »Fast ein Pfund. Offenbar ist deine Größenwahrnehmung gestört.«

»Vielleicht mag ich einfach Nüsse.«

»Ich mag Nüsse auch. Vor allem salzige. Am liebsten verschwitzt-salzig, weißt du? So wie nach dem Sport, aber vor der Dusche.«

Er hielt mitten in der Schaufelbewegung inne und schüttelte den Kopf. »Wer bist du?« sagte er.

»Rebecca Rose.«

»Bist du sicher, dass du in diesem Viertel wohnst, Rebecca Rose?«

Vielleicht war sie zu weit gegangen. Das kam dabei heraus, wenn man anderthalb Jahre keinen Sex hatte. Man wurde vulgär. Aber wozu so tun, als sei man normal, wenn man sich ganz allein in einem kleinen Raum mit einem Schauspieler befand, der für den Oscar nominiert worden war? In Park Slope wusste man nie, wann wieder etwas Aufregendes passierte.

Rebecca verspürte den plötzlichen Drang, mit dem Handy ein Foto von sich und Stuart Ashby zu machen und es David Keller zu schicken, ohne den Tisch und die Nussbehälter im Hintergrund natürlich. Was machte es schon, dass David Keller mit Cassie Trainor zusammenlebte, wenn sie nur fünfzig Zentimeter von Stuart Ashby entfernt stand?

Rebecca stellte eine Tüte gemischter Nüsse auf den Tisch zwischen sich und Stuart. Es war kalt im Raum, und sie war froh, dass sie praktisch nackt war. Sie spürte, dass ihre Brustwarzen hart waren. »Ist es also wahr, dass dein Name nicht im Kaufvertrag steht?«

»Was weißt du von meinem Kaufvertrag?« Er runzelte die Stirn.

»Du bist in Brooklyn. Wir nehmen Immobilien hier sehr ernst. Ich habe gehört, dass sie es mit ihrem Treuhandfonds gekauft hat. Ist das Teil des Ehevertrags oder so?«

»Was bist du? Etwa eine Scheißjournalistin?«

»Genau. Ich schreibe für Frauenzeitschriften. Aber wenn ich mir was dazu verdienen will, mache ich auch Blowjobs.« Sie wollte, dass er sie wie eine Barbie an der Taille abknickte, ihr den Einteiler vom Leib riss. »Weißt du, was das Komische an Star-Interviews ist?«

»Keine Ahnung.«

»Nach etwa einem Drittel streuen sie immer irgendeine Anekdote aus ihrer traurigen Kindheit ein. Du weißt schon, der Vater, der sie verlassen hat, oder die Mutter, die starb, als sie noch klein waren. Dann kommt irgendeine Plattitüde wie: ›Ich bin immer verlassen worden‹. Und man hört sofort ihren Therapeuten heraus. Sie versuchen so zu tun, als stamme die Erkenntnis von ihnen, aber die meisten Stars sind so hohl, dass sie überhaupt nicht in der Lage sind, sich selbst zu reflektieren. Das Einzige, was sie können, ist nachzuplappern, was irgendein Seelenklempner in Beverly Hills ihnen erzählt hat.«

»Burbank. Die meisten Promi-Therapeuten sitzen in Burbank.«

»Meinetwegen.«

»Nur zu deiner Information: Meine Eltern waren vierundfünfzig Jahre verheiratet.«

»Ach ja, richtig. Und du wurdest in einem Jocelyn-Moorhouse-Film entdeckt, stimmt's?«

»Du machst mich fertig. Das war Russell.«

Das wusste Rebecca. Sie hatte es nur gesagt, um ihn zu ärgern. »*Proof* fand ich toll. Er muss ungefähr fünfundzwanzig gewesen sein, als er ihn gedreht hat. Ich habe ihn bei einem Festival des australischen Kinos im Walter-Reade-Kino gesehen.«

»Wurde auch *Todesstille* gezeigt?«

»Omeingott!« Rebecca wurde warm ums Herz. »Der grandioseste Thriller aller Zeiten.«

Stuart verknotete eine Tüte und setzte sie ab. »Das war, bevor Noyce nach Hollywood ging und diesen ganzen Tom-Clancy-Mist gedreht hat. *Todesstille* hat neue Maßstäbe gesetzt, obwohl er nach meinem Geschmack gern achtzehn Minuten kürzer sein könnte. Mir gefällt, wie er die Kamera einsetzt.«

»Ja, aber wer *Das Messer im Wasser* kennt, weiß, was er Polanski verdankt.«

»Roman Polanski gehört zu meinen Lieblingsregisseuren«, sagte er. Er betrachtete sie mit einem Blick, den sie lange nicht mehr bei einem Mann gesehen hatte. Es schien ihn zu erregen, dass sie Gemeinsamkeiten hatten. Mit Theo hatte sie schon ewig nicht mehr so geredet. Sie hatten selten die Kraft, Filme zu sehen, und wenn sie es spät abends doch einmal taten, standen sie danach wortlos auf und gingen nacheinander ins Bad, zu müde, um über das Gesehene zu reden. Wenn man verliebt war, konnte man nicht aufhören, miteinander zu reden, doch nach nur wenigen Jahren ging einem der Gesprächsstoff aus.

»Neulich habe ich *Der Mieter* gesehen«, sagte Rebecca. »Um ehrlich zu sein, stehe ich irgendwie auf den jungen Polanski.«

»Aber er sieht aus wie eine Wüstenrennmaus.«

»Ich habe mir nie viel aus Männern gemacht, die im herkömmlichen Sinn attraktiv sind.«

Stuart warf den Kopf zurück, als hätte sie ihn beleidigt. Vielleicht hatte er sie missverstanden und glaubte, sie fände ihn nicht attraktiv, was ganz und gar nicht der Fall war. Oder er glaubte, dass sie ihn für attraktiv im herkömmlichen Sinn hielt und deshalb nicht interessiert war. Sie wollte das Missverständnis aufklären, herausschreien, dass sie ihn rattenscharf fand, dass er sie hier und jetzt haben konnte, wenn er wollte.

»Seltsam, dass du *Der Mieter* erwähnst«, sagte er, »weil mich ausgerechnet *der* Film zu dem inspiriert hat, woran ich gerade schreibe.«

»Ein Drehbuch?«

Er nickte. »Es spielt hier im Viertel.«

»Wie heißt es? *Slope-Dope*?«

»Nein, aber das ist gut. *Atlantic Yards*. Eine Art Thriller über Luxussanierung und Terrorismus.«

»Was soll an Luxussanierung spannend sein?«

»Na ja, es geht eher um zwischenmenschliche Konflikte. Da ist eine Terrorzelle, die von einem Muffinladen aus betrieben wird, und ein korrupter Bezirksbürgermeister, der die Terroristen finanziell unterstützt, und dann ist da noch eine abgehalfterte Polizistin vom achtundsiebzigsten Revier, die davon Wind bekommt und die Katastrophe am Ende abwendet. Und ich überlege noch, wie ich diese Vergewaltigung auf dem Baseballplatz einbauen kann.«

Rebecca war beeindruckt. Zwar klang das Ganze total verfahren und selbstverliebt, aber *Crash* hatte immerhin den Oscar gewonnen. Stuart sagte, er wolle selbst Regie führen und eine Hauptrolle spielen und dass er schon fünf Millionen Dollar von einem kubanischen Zuckerbaron aufgetrieben hatte, den er im Beatrice Inn kennengelernt hatte. Wenn alles klappte, wollte er im Frühjahr an Originalschauplätzen in Brooklyn mit den Dreharbeiten beginnen.

»Ich glaube an den Film«, sagte er. »Ich schreibe in der Bücherei, und die Atmosphäre dort hilft.«

»Du schreibst in der Bücherei?« Es kam Rebecca sehr Hollywood-mäßig vor, in einer öffentlichen Bücherei zu schreiben, so zu tun, als gehörte man zur Masse.

»Ja, am Grand Army Plaza. Im ersten Stock. Da hängen viele Obdachlose rum, aber ich versuche, den Gestank in die Zeilen fließen zu lassen.« Er lächelte, als habe er einen Witz gemacht. Alles, was er sagte, klang, als würde er einen Promi imitieren. Sie konnte nicht sagen, ob er es absichtlich tat. Entweder war er schlau genug zu wissen, wie blöd die meisten Schauspieler waren, oder er war genauso blöd wie die anderen. »Jedenfalls will ich unbedingt etwas über die apokalyptische Paranoia nach dem elften September machen, weißt du? Jedes Mal wenn ich an den libanesischen Läden in der Atlantic Avenue vorbeigehe, frage ich mich, was darin vorgeht, und dann habe ich ein schlechtes Gewissen, dass ich mich das frage. Was ich mir vorstelle, ist eine Momentaufnahme der kollektiven Malaise der modernen New Yorker. Im Gewand eines actiongeladenen Thrillers.«

»Gefällt mir. Klingt sehr nach *Panik im Needle Park*«, sagte sie.

»Woher weißt du soviel über Filme?«

»Ich bin ein Junkie. Ich hätte mich fast an der Filmhochschule der Columbia beworben, aber dann dachte ich, dass die mich sowieso nicht nehmen. Jetzt sehe ich mir immer Filme aus den Siebziger Jahren an, während meine Tochter Mittagsschlaf macht.« Sie war nicht sicher, ob es richtig war, Abbie zu erwähnen, aber es kam ihr albern vor zu lügen. Sie war fünfunddreißig, Mitglied einer Lebensmittelkooperative und trug einen Ehering. Die Wahrscheinlichkeit, dass sie Kinder hatte, betrug 95 Prozent.

»Wie heißt deine Tochter?«

»Abbie. Mit ie, nicht y. Wir haben sie nach Abbie Hoffman benannt. Er war …«

»Ich weiß, wer Abbie Hoffman war.«

»Echt? Das ist beeindruckend. Die meisten Promis haben keine Ahnung von Geschichte.«

»Ich habe beim Sundance Festival eine Dokumentation über die Chicago Seven gesehen.« Sie konnte sich nicht erinnern, wann sie und Theo zuletzt so geplänkelt hatten. Sie vermisste das Geplänkel genauso sehr, wie sie den Sex vermisste. »Und wie alt ist sie?«

»Anderthalb. Gottseidank ist sie über die Schrecken-ohne-Namen-Phase hinaus. Die Presse ist über Angelina Jolie hergefallen, weil sie Shiloh als Blob bezeichnet hat, aber das trifft es genau.«

»Ach, mir hat die Blob-Phase nichts ausgemacht«, sagte Stuart. »Ich liebe Babys. Sie tragen den Geist Buddhas in sich.«

Rebecca lachte laut auf, nicht ganz sicher, ob er scherzte. »Bist du Buddhist?«

»Früher habe ich jeden Tag meditiert, jetzt versuche ich eher, den Buddhismus in mein Leben zu integrieren.«

»Wie ein Alkoholiker, der nicht zu den Anonymen Alkoholikern geht.«

»Guter Spruch. Darf ich den verwenden?«

»Ich finde diese ganze Richard-Gere-Attitüde albern«, sagte Rebecca. »Genauso wie Kabbala. Buddhismus ist auch nur ein Aushängeschild für Menschen, die innerlich hohl sind.«

»Hältst du mich für hohl?«

»Na ja, wahrscheinlich nicht so hohl wie der durchschnittliche Hollywoodstar. Immerhin bist du Australier und deine Vorfahren waren kriminell.«

Er runzelte die Stirn. Sie hatte ihn zwar ein bisschen

ärgern, aber nicht wie eine frustrierte Zicke klingen wollen. Seit sie Mutter war, hatte sie die Fähigkeit, zwischen beidem zu unterscheiden, verloren. Wenn man zuviel Zeit allein verbrachte, büßte man sein soziales Barometer ein. Kinderkriegen führte unweigerlich zu Autismus.

Rebecca schwitzte, obwohl es hier unten kühl war. Sie hatte ihre Chance gehabt, und sie hatte es vermasselt. Stuart würde seine Schicht wechseln und sie würde ihn nie wiedersehen. Er würde ebenso schnell wieder aus ihrem Leben verschwinden, wie er darin aufgetaucht war. Sie würde ihn furchtbar vermissen. Sie wollte bei ihrer nächsten Schicht wieder die roten Härchen auf seinem Handrücken bewundern dürfen. Aber jetzt würde es kein nächstes Mal geben.

»Kennst du die Geschichte von den zwei Zen-Mönchen?« fragte er.

»Oh-oh«, sagte sie. »Ein *Charlie-Rose*-Moment. Licht aus, Spot an.«

»Bei *Charlie* habe ich ein anderes Kõan erzählt. Diese beiden Mönche wandeln auf einem Pfad am Ende der Welt und begegnen einer Karawane mit einer wohlhabenden Frau und ihren Koffern. Sie ist nicht sehr nett zu ihnen. Die Mönche und die Karawane erreichen einen schlammigen Fluss, und die Karawanenführer schaffen es nicht, die Frau mitsamt Gepäck ans andere Ufer zu tragen. Der ältere Mönch bietet an, die Frau auf den Rücken zu nehmen, so dass die Bediensteten ihr Hab und Gut tragen können.

Doch als sie das andere Ufer erreichen, bedankt sich die Frau nicht, sondern schubst ihn weg. Die beiden Mönche gehen weiter, und nach einer Weile sagt der jüngere Mönch: ›Diese alte Frau war unmöglich! Ihr habt sie auf eurem Rücken über den Fluss getragen, und sie hat sich nicht einmal bedankt! Wie unhöflich!‹ Der Meister wendet sich seinem Schüler zu und sagt: ›Ich habe sie vor zwei Meilen abgesetzt. Warum trägst du sie immer noch?‹ «

Stuart zwinkerte Rebecca zu, und sie sah die Wärme in seinen klaren Augen. »Was trägst du mit dir herum?«

Er hielt ihren Blick fest. Es war, als würde er sie kennen, als würde er sie durchschauen. Die ganzen letzten Monate hatte sie versucht, den Schmerz auf irgendeine Weise zu überwinden, Theo zu verstehen, damit sie ihm vergeben konnte, doch es war ihr nicht gelungen. Sie hatte ihn geheiratet, weil er sich um sie gekümmert hatte, und das tat er nun nicht mehr. Ihr Mann war ihr ein Rätsel, und sie wusste nicht, ob sie ihn verlassen sollte oder hinnehmen, dass es so war und immer so bleiben würde.

Sie erwiderte Stuarts Blick und ihr war zum Heulen, doch sie befürchtete, dass sie nicht wieder aufhören könnte und auf dem kalten Boden zusammenbrach und Stuart Hilfe holen musste. Sie wollte, dass er sie in den Arm nahm und auf den Kopf küsste. Deshalb hatte sie auch Lizzie geküsst, wurde ihr jetzt klar. Es war so lange her, dass irgendein Erwachsener sie berührt hatte. Berührung war wie Wasser oder Nahrung. Man brauchte es, sonst ging man ein.

»Ich trage Nüsse«, antwortete sie mit belegter Stimme. »Eine Menge gemischter Nüsse.«

Er stellte wieder eine Tüte ab, und als sie danach griff, berührten sich ihre Hände. Es fühlte sich an wie ein Stromschlag. Sie rührten sich nicht, blickten beide geradeaus, aneinander vorbei. Die Berührung war so intensiv, dass Rebecca feucht wurde. Wenn man jemanden begehrte, war schon der kleinste Kontakt erregend.

Sie erinnerte sich, dass es ihr so auf der Party ergangen war, wo sie Theo kennengelernt hatte. Während er ihr Fragen stellte, berührte er sie bei jeder leicht am Arm, als Zeichen seiner Begeisterung, und sie hatte seine Aufmerksamkeit so sehr genossen, dass sie jede Berührung elektrisierte.

Sie spürte Stuarts Puls in seiner Hand, und sie stellte sich sein teures Blut vor. Dieser Mann war so heißblütig, so vital, dass die Leute Geld dafür bezahlten, ihm beim Atmen zuzusehen.

Man hörte ein Krächzen, und über die Gegensprechanlage fragte ein Kunde, wo er Vintage-Mineralwasser fände. Stuart nahm seine Hand weg und tauchte die Schaufel in die Nüsse.

WOHNUNGSBESICHTIGUNG

DIE Wohnungsbesichtigung in der Carroll Street war die übliche aggressive Nummer, wo sich potenzielle Käufer mit Blicken töteten, wenn sie sich im schmalen Flur aneinander vorbeizwängten. Laut Informationsblatt, das man ihnen an der Tür in die Hand gedrückt hatte, besaß die Wohnung nicht ein, sondern zwei Kamine, einen im Wohnzimmer und einen im Elternschlafzimmer. Karen hatte schon immer von einer Dinnerparty mit Kaminfeuer geträumt.

Sechs Tage nachdem sie bei dieser schrecklichen Frau geklingelt hatte, war Karens Begeisterung für Apartment Zwei nicht abgeflaut. Es war alles perfekt. Sie sah schon ihren Namen auf den Adress-Aufklebern vom Bund für Umwelt- und Naturschutz: »Karen Bryan Shapiro, Carroll Street 899, Apartment Zwei.« Apartment Zwei klang vornehm und niveauvoll. Im Moment stand auf ihren Adressaufklebern »8H«, H für Hinterhof, ein H, das förmlich Mittelklasse schrie, weil sofort jeder wusste, dass man in einem Mietshaus mit mehreren Parteien pro Stockwerk wohnte.

Apartment Zwei (und sie hatte bereits beschlossen, dass sie die Zwei ausschreiben würde) klang nach Eigentumswohnung. Es klang nach Leuten, die es geschafft hatten. Natürlich war es noch ein weiter Weg bis zu den begehrtesten Adressen, Adressen wie Melora Leighs, die überhaupt keine Apartment-Nummer hatten, aber es war ein erster Schritt. In ein paar Jahren, wenn Matty Partner wurde, konnten sie sich ein Einfamilienhaus leisten, wenn auch nur in Gowanus.

Solange sie nicht in Midwood landeten, war sie glücklich. Ihre Eltern wohnten noch immer in dem Haus, in dem Karen aufgewachsen war, und obwohl Karen es wahrscheinlich irgendwann erben würde, fand sie die Vorstellung schrecklich, dorthin zurückzukehren. Das hieße doch, dass man es im Leben zu nichts gebracht hatte.

Wenn Karen in dieser Wohnung wohnte, konnte sie so oft sie wollte auf der Bank gegenüber von Meloras Villa sitzen. Irgendwann würden sie sich schon über den Weg laufen. Vielleicht würden sie sich irgendwann sogar kennen, so wie Nachbarn, deren Namen man nicht weiß, die man aber lächelnd grüßt, wenn man ihnen begegnet.

Sie musste diese Wohnung einfach haben. Sie musste. Es war Sommer, es herrschte Flaute auf dem Wohnungsmarkt, und auf der Liste der Interessenten standen zwölf Namen, wenig im Vergleich zu den hektischen Wohnungsbesichtigungen im Frühling.

Karen hoffte, dass die bösartige Frau aus Apartment Drei ihr nicht alles verdarb. Sie hatte gar nicht vorgehabt, so aggressiv zu sein und bei einer anderen Wohnung zu klingeln. Sie versuchte nur, einen Fuß in die Tür zu kriegen. Wenn sie Glück hatten und die Wohnung bekamen, konnte Karen nur hoffen, dass die Frau die Eigentümerversammlung nicht gegen sie aufhetzen würde. Wer wusste schon, ob sie sich überhaupt an ihren Namen erinnerte? Praktisch jede zweite Mutter in Park Slope hieß Karen.

Mit Darby an der Hand folgte sie Matty den Flur hinunter zum zweiten Schlafzimmer, vorbei am Badezimmer, wo eine Frau die Klospülung betätigte. Was für eine

Anfängerin. Nur Idioten betätigten bei Wohnungsbesichtigungen die Klospülung.

Im zweiten Schlafzimmer stand linkerhand ein Hochbett an einer unverputzten Backsteinwand. Die gegenüberliegende Wand war vollgestellt mit Spielsachen, Kommoden und zwei Schreibtischen, die mit handgemalten Namen beschriftet waren: *Kylie* und *Jonah*. Der Einrichtung nach zu urteilen, waren die Kinder im Schulalter, und Karen konnte nicht begreifen, wie sie es so lange auf so beengtem Raum ausgehalten hatten.

Matty blickte aus dem Fenster in den Garten. »Der Garten darf nicht mitbenutzt werden«, sagte er und deutete auf das Informationsblatt. »Er gehört zu Apartment Eins.«

»Ich weiß«, sagte sie. »Aber die Dachterrasse wird gemeinsam genutzt. Wir könnten da oben Partys geben.«

»Man erreicht sie über eine Leiter. Wie willst du über eine Leiter das Essen nach oben kriegen?«

»Ich will auf den Spielplatz!« rief Darby.

Das Elternschlafzimmer war für Park-Slope-Verhältnisse groß, ungefähr dreißig Quadratmeter, mit geräumiger Kammer und Schrankwand. Die Kaminkacheln mussten erneuert werden, aber das Sims war original und in gutem Zustand. Sie sah schon die Fotos von Darby, ihren Eltern und Großeltern in antiken Silberrahmen darauf. Die Kammer hatte hässliche weiße Regale, aber vielleicht konnte Karen sie zu einem begehbaren Kleiderschrank ausbauen lassen.

»Ganz schön groß, findest du nicht?« fragte sie Matty. »Und man blickt auf Bäume.«

»Und den Garten von Apartment Eins.«

»Ach komm, wenn du einen Garten willst, musst du eine Wohnung im Erdgeschoss kaufen, und die sind immer laut.«

Er ging durch den Flur ins Wohnzimmer. Das dritte Schlafzimmer ging vom Wohnzimmer ab und war hellgelb gestrichen. An der gegenüberliegenden Wand stand ein Gitterbett. Drei Kinder! Kein Wunder, dass sie nach Northampton zogen.

Die Wohnungsbesitzer, Steve und Tina, standen nervös am Küchentresen neben einer Schale mit grünen Äpfeln, sicher ein Tipp von einem befreundeten Makler. In all den Jahren, die sie schon zu Wohnungsbesichtigungen ging, hatte Karen viele Schokoladenkekse und Granny Smiths gesehen, die Eindruck auf zukünftige Käufer machen sollten.

Steve hatte breite Schultern und weiße Zähne, und Tina war eine hübsche, ungeschminkte Blondine. Sie waren in Karens Alter, hatten aber offenbar mehr Geld. Vor allem aber waren sie so schlau gewesen, im Frühjahr 2004 zu kaufen, kurz bevor die Immobilienpreise explodierten. Karen hatte bei ACRIS, einem Online-Archiv der Stadt, nachgesehen. Sie hatten $475.000 gezahlt. Und nur vier Jahre später verlangten sie $675.000.

Dennoch war der Preis ein Schnäppchen – eine Vierzimmerwohnung in Parknähe für weniger als $700.000. Das wäre selbst für eine *Drei*zimmerwohnung günstig gewesen. Vierzimmerwohnungen waren im Viertel selten, und die wenigen, die es gab, befanden sich in größeren Vorkriegsgebäuden.

Karen konnte sich ihre Familie hier vorstellen. Je länger sie darüber nachdachte, desto überzeugter war sie: In dieser Wohnung würden sie es schaffen, ein zweites Kind zu bekommen.

Weil Darby gleich beim ersten Versuch gezeugt wurde, war Karen nie auf die Idee gekommen, dass es mit einem Geschwisterkind nicht klappen könnte. Sie und Matty hatten beschlossen, es zu versuchen, als Darby zweieinhalb war. Karen hatte in *Unser Kleinkind: Freund oder Feind* gelesen, dass die meisten Kinder mit drei Jahren ein gesundes Selbstkonzept entwickelt hatten, und sie hatte das Gefühl, dass dreieinhalb das ideale Alter für ein Geschwisterkind war.

Doch als die Monate verstrichen und die Testergebnisse negativ blieben, begann sie, sich Sorgen zu machen. Es wurmte Karen, dass ihre jüngere Schwester Colleen, eine Kinderärztin, die in Scarsdale mit einem Investmentbanker verheiratet war, schon drei Söhne hatte, Patrick, Logan und Kieran, sie selbst dagegen nur einen. Es wurmte sie, dass Colleen sie überholt hatte. Alles hatte seine Ordnung: Die ältere Tochter heiratete zuerst und pflanzte sich auch zuerst fort. Es war einfach nicht richtig so.

Leute in der Nachbarschaft, andere Eltern, begannen zu fragen, ob sie kein zweites wollte, und dann nickte sie zuversichtlich, obwohl die Wahrheit sie quälte. Menschen ohne Fruchtbarkeitsprobleme, gingen mit dem Thema so zwanglos um. Es kam ihnen überhaupt nicht in den Sinn, dass es für andere schmerzlich war.

Nachdem Karen und Matty es ein ganzes Jahr vergeblich versucht hatten, konsultierte sie ihre Frauenärztin Dr. Lucibella im Ärztehaus der NYU, weil sie gelesen hatte, dass man nach einem Jahr von Unfruchtbarkeit sprechen konnte, und es stellte sich heraus, dass Dr. Lucibella darauf spezialisiert war. Sie machte ein paar Tests und verschrieb Karen Clomid, um den Eisprung anzuregen. Doch die Tabletten schlugen ihr auf den Magen und aufs Gemüt, und nach drei Zyklen setzte sie sie wieder ab und beschloss, es mit natürlichen Methoden zu versuchen.

Auf einer Website zum Thema »Unfruchtbarkeit« war sie auf ein Buch von Toni Weschler gestoßen, in dem stand, wie man durch Messen der morgendlichen Körpertemperatur und andere Fruchtbarkeitsanzeichen die Chance einer Schwangerschaft maximierte. Karen hatte begonnen, ihren Zyklus aufzuzeichnen, aber bisher ohne Erfolg.

Obwohl die Ultraschalluntersuchung gezeigt hatte, dass Karens Gebärmutter einwandfrei war, schenkte sie den Ergebnissen keinen Glauben. Sie war überzeugt, dass ihr Uterus durch die Geschichte an der Brooklyn Tech, als sie sechzehn war, Schaden genommen hatte. Karen hatte allein an einer Wand gelehnt, als ein schwergewichtiger haitianischer Trompeter aus ihrem Chemiekurs namens Jean Pierre-Louis sich zu ihr stellte. »Wolln wir wo hingehen?« fragte er unvermittelt, und Karen war so verblüfft und neugierig, dass sie die Schultern zuckte und Ja sagte. Sie schlichen sich in einen Chemiesaal und machten dort auf dem Fußboden rum. Die Sache lief rasch aus dem Ruder und plötzlich spürte sie etwas in sich. Sie wollte gerade etwas sagen, da sah sie mit einem Blick in sein Gesicht, dass er schon fertig war.

»Sorry«, sagte er.

»Ist schon gut«, sagte sie.

Im nächsten Monat blieb ihre Periode aus. Als Karen es ihrer Mutter Eileen erzählte, einer kleinen, forschen Person, die nichts aus der Fassung bringen konnte, besorgte diese einen Termin bei ihrer Frauenärztin in Lenox Hill. Die Genesung von der Prozedur war langwierig. Noch Tage später fühlte Karen sich matt und wund. Als sie am Abend danach im Bett lag, kam ihr Vater, um den Suppenteller abzuräumen und sagte: »Jeder macht mal Fehler.« Karen war in Tränen ausgebrochen, weil sie sich ihrer Dummheit schämte.

Im Lauf der Monate wurde es langsam besser. Weil sie wusste, dass es nicht besonders schlau war, mit sechzehn ein Kind zu kriegen, hatte sie nie wirklich ein schlechtes

Gewissen gehabt, und irgendwann verblasste die Erinnerung, bis es fast so war, als wäre es nie geschehen. Auf Formularen trug sie bei vorausgegangenen Schwangerschaften eine Eins ein, und wenn die Frauenärzte sich danach erkundigten, erzählte sie ihnen die Geschichte und sie fragten nicht weiter nach.

Tatsächlich hatte sie seit Jahren nicht mehr an Jean Pierre-Louis gedacht, bis Dr. Lucibella sekundäre Unfruchtbarkeit erwähnte und Karen auf den Gedanken kam, dass bei der Prozedur damals etwas schiefgelaufen sein musste. Je mehr Karen darüber nachdachte, desto plausibler erschien es ihr. Man konnte nicht einfach ungestraft einen Fötus entfernen. Darby war ein Wunder gewesen, ein Geschenk Gottes, ein Glückstreffer. Er hatte so sehr geboren werden wollen, dass er sich trotz der unwirtlichen Umgebung bei ihr eingenistet hatte. So ein Glück hatte man nur einmal im Leben.

Karen wollte unbedingt zwei Kinder. Und sie wollte nicht adoptieren. Man wusste nicht, was man sich mit diesen Kindern ins Haus holte – verkorkste Eltern, schlechte Gene. In der Garfield-Schule war ein adoptierter Junge, der bei einer Vergewaltigung in Mexiko gezeugt worden war, wie seine Mutter ihr erzählt hatte, und obwohl Karen die Adoptivmutter für ihren Mut bewunderte, hätte sie selbst sich so etwas nie getraut. (Melora Leighs Situation war nicht vergleichbar. Wenn man so reich war, machte es nichts, wenn die Kinder gestört waren, weil man Hunderttausende von Dollars für ihre zukünftige mentale Gesundheit ausgeben konnte.)

Doch im Wohnzimmer der Carroll Street 899 war Karen zuversichtlich, dass sie Adoption nicht in Betracht ziehen musste, weil sie schwanger werden würde. Ihre Unfruchtbarkeit lag nur am Stress. Karen und Mattys Wohnung war so klein, dass ihre Eier spürten, dass draußen eine Welt auf sie wartete, in der nicht genug Platz für sie war, und deshalb ließen sie sich nicht befruchten. Es war eindeutig und so einfach. Wenn sie in die Carroll Street 899 zogen, konnte Karen auch schwanger werden.

»Ich finde, wir sollten jetzt gleich siebenhundert bieten«, sagte sie zu Matty.

»Siebenhundert? Bist du verrückt? Es ist ein Käufermarkt! In allen Zeitungen steht, dass die Preise sinken. Ich finde, sie verlangen zuviel.«

Wie konnte er ein so aggressiver Anwalt sein und gleichzeitig so ein Schlappschwanz? Er war der Brotverdiener, aber oft hatte sie das Gefühl, dass sie es war, die den Laden schmiss.

»In diesem Viertel ist es immer ein *Ver*käufermarkt!« sagte sie.

Karen sah ein kleines Mädchen durch die Tür kommen und erkannte sie als Tilly Harris, die mit Darby zur Garfield-Schule ging. Es war Tillys Vater Neal gewesen, der Karen von der Wohnungsbesichtigung erzählt hatte. Tillys Mutter Arielle und Neal kamen herein, und Neal trug Tillys kleinen Bruder auf dem Arm. Neal war einer der wenigen Hausmänner, die Karen kannte, und da er nicht arbeitete, verstand sie nicht, wie sie sich den orangen Bugaboo leisten konnten, in dem er das Baby immer schob. Arielle war Grafikdesignerin, und Karen nahm an, dass sie extrem erfolgreich war, wenn das Geld sogar für einen Bugaboo reichte.

»Danke, dass ihr uns von dieser Wohnung erzählt habt«, sagte Karen zu Neal, als sie sich begrüßten.

»Gefällt sie dir?« fragte Neal und blickte sich beeindruckt um.

Um seine Begeisterung etwas zu dämpfen, erwiderte Karen nur: »Sie ist nicht schlecht.«

»Wohnt ihr in einer Eigentumswohnung?«

»Nein, wir zahlen Miete.«

»Wir auch. Aber seit dem Baby ist unsere Wohnung einfach zu eng. Wir dachten, jetzt wo die Preise sinken, ist ein guter Zeitpunkt, eine Wohnung zu kaufen.« Karen stellte ihnen Matty vor. Sie musste Matty ständig vorstellen, weil er nie Zeit hatte, zum Kindersabbat zu gehen, dabei war *er* jüdisch, nicht sie.

»Teilen die beiden sich ein Zimmer?« fragte Karen Arielle.

»Nein, Tilly hat ihr eigenes Zimmer, aber diese Woche haben beide bei uns geschlafen, weil die Klimaanlage in ihren Zimmern kaputt ist.«

»Und das bei dem Wetter! Wie furchtbar.«

»Kann man wohl sagen. Erst geht die Klimaanlage kaputt, dann das Auto, und dann wird Neil auch noch die Brieftasche geklaut. Dieser Sommer ist die Hölle.«

»Dir wurde die Brieftasche geklaut?« fragte Matty.

»Ja. In der Lebensmittelkooperative. Könnt ihr euch das vorstellen?« Neal erzählte ihnen die Geschichte. »Ich glaube immer noch, dass es der Rasta war, aber er wurde nicht durchsucht, und jetzt habe ich keine Chance, es zu beweisen.«

Karen war entsetzt. Nächstes Mal, wenn sie zur Koop ging, würde sie besonders gut auf ihre Bowlingtasche aufpassen.

Nachdem Neal und Arielle weitergegangen waren, um sich die Schlafzimmer anzusehen, ging sie zu Tina und sagte leise: »Wir würden gern ein Angebot machen. Wir lieben die Wohnung, und sie passt perfekt zu uns.« Matty erdolchte sie vom anderen Ende des Zimmers mit seinen Blicken.

»Freut mich«, sagte Tina kühl.

Karen dirigierte sie zum Fenster, damit die anderen nicht zuhörten. »Siebenhundert«, sagte sie.

Tina zuckte nicht mal mit der Wimper. Sie nickte, nahm einen Blackberry und tippte etwas ein. »Ich glaube, ich habe Ihnen schon gesagt, dass wir beschlossen haben, eine offene Auktion zu machen«, sagte Tina, »weil so alle die gleichen Chancen haben.« Das war eine Lüge. Sinn und Zweck einer offenen Auktion war es, die Gebote nach oben zu treiben. »Wir bitten alle, ihre Gebote bis morgen sechs Uhr abzugeben, und dann hat man die Chance, ein weiteres Gebot abzugeben. Vielleicht gibt es sogar eine dritte Runde, je nachdem. Verzeihung, aber Sie sind …«

»Wir haben uns auf der Liste eingetragen. Bryan. Ich bin Karen Bryan«, sagte sie und streckte die Hand aus. Das Shapiro ließ sie lieber weg. Sie hatte es hier mit einer Tina Savant zu tun. Eine Frau wie die würde nie in der misslichen Lage sein, zu überlegen, ob sie das Shapiro weglassen sollte.

Manchmal hatte Karen das Gefühl, dass es im Leben nur darauf ankam, den anderen zuvorzukommen. Die Gewinner schienen immer die zu sein, die früh geheiratet, Kinder bekommen und eine Wohnung gekauft hatten, voll Vertrauen in ihr zukünftiges Einkommen. Sie und Matty hatten zwei von den drei Punkten abgehakt. Mit sechsundzwanzig war sie verheiratet, mit achtundzwanzig schwanger, was für damalige Verhältnisse so jung war wie heute Jamie Lynn, aber bei der Wohnungssache hatten sie den Anschluss verpasst. Damals zahlte Matty noch seine Ausbildungsförderung zurück, und sie selbst hatte nichts zurückgelegt. Deshalb war ihnen gar nicht in den Sinn gekommen, eine Wohnung zu kaufen. Jetzt wünschte Karen, sie wären vorausschauender gewesen. Wenn sie nur vor dem Boom gekauft hätten, wenn sie sich mehr eingeschränkt hätten, wäre sie jetzt eine Tina Savant und keine Karen Shapiro.

»Das ist mein Mann Matty«, fügte Karen hinzu. Sie zeigte auf die Ecke, in der er sich antriebslos herumdrückte. »Und unser Sohn Darby.«

»Darby«, sagte Tina. »Heißt so nicht auch der Sohn von Patrick Dempsey?«

»Ja«, sagte Karen schnell. »Aber wir sind zuerst draufgekommen.«

ERST DENKEN, DANN HANDELN

Melora nahm die Brieftasche aus der Schublade ihres Nachttisches und klappte sie auf. Der Diebstahl hatte ihr so einen Kick gegeben, dass sie seit sechs Tagen gut drauf war. Es war, als habe die Berührung der Brieftasche sie auf magische Weise zu einem entspannten und glücklichen Wesen gemacht.

Als sie letzten Montag von der Koop nach Hause gekommen war, hatte sie sich auf den Rand ihres Bettes gesetzt und die Brieftasche durchforstet. Es war ein komisches Gefühl, die intimsten Habseligkeiten eines Fremden in den Händen zu halten. Bei einer Frau brauchte man die ganze Handtasche, um zu wissen, wer sie war, bei einem Mann reichte die Brieftasche. Sie war schwarz und von Coach, und auf dem Führerschein von Neal Harris war Garfield Place als Adresse angegeben, ganz in der Nähe von Melora. Auf dem Foto sah er jung aus, attraktiver als der gestresste Vater, den Melora in der Koop gesehen hatte. In der Brieftasche befanden sich dreihundert Dollar in bar, doch das Geld interessierte sie nicht. Nachdem sie die Kreditkarte, die Krankenversicherungskarte und den Mitgliedsausweis von Park Slope Yoga untersucht hatte, überkam sie kurz ein schlechtes Gewissen, doch sie hatte nicht vor, die Brieftasche zurückzugeben. Stattdessen verstaute sie das Diebesgut in der Schublade unter einem ungelesenen

Exemplar von *Eat Pray Love*, das Michelle Williams ihr gegeben hatte.

Seit jenem schicksalhaften Montagabend durchstöberte Melora die Brieftasche, wann immer sie nervös oder gereizt war, und schon die Berührung beruhigte sie umgehend. Heute waren Stuart, Annika und Orion im Zoo, und sie war einsam. Sie vermisste ihren Mann, nicht aber ihren Sohn.

Sie fragte sich, ob sie so melancholisch war, weil sie das Zoloft abgesetzt hatte. Am Morgen nach dem Brieftaschenklau hatte sie damit aufgehört. Obwohl sie wusste, dass Dr. Levine es wahrscheinlich nicht gutheißen würde, hatte sie das Gefühl, dass sie soweit war, und sah keinen Sinn darin, bis zum nächsten Termin zu warten.

Die vergangene Nacht war Meloras erste ohne Ativan, das sie normalerweise zum Einschlafen brauchte. Zwar hatte sie ein paar Stunden wach neben Stuart gelegen, war aber schließlich eingeschlafen, und sie vermutete, dass sie die Tabletten nie wirklich gebraucht hatte.

Sie hörte, wie unten die Haustür aufging und einen Schrei von Orion. Hastig schloss sie die Schublade. Stuart kam ins Schlafzimmer, verschwitzt und gutgelaunt. Er ließ sich neben ihr aufs Bett fallen.

»Hattet ihr Spaß?« fragte sie.

»Er fand es toll. Es gab da eine Messlatte, wo man sehen konnte, wie weit man springt, und er ist so weit gekommen wie ein kleines Känguru.«

Eingehend betrachtete sie Stuarts Körper. Am Morgen hatten sie Sex gehabt, und obwohl sie nicht kam, war sie näher dran gewesen als jemals zuvor, seit sie Zoloft nahm, und als sie den Orgasmus vortäuschte, redete sie sich selbst ein, dass er nur zum Teil vorgetäuscht war.

Jetzt hatte sie wieder Lust auf ihn, war geil auf ihn.

Das war ein ganz neuer Nebeneffekt des Drogenentzugs. Sie lehnte sich zu ihm hinüber und küsste ihn zärtlich. Er erwiderte den Kuss. Sie hob sein T-Shirt an und wanderte seinen Oberkörper hinab. Sie konnte sich nicht erinnern, wann sie ihm zuletzt einen geblasen hatte.

Sie zog den Reißverschluss seiner Shorts auf und nahm seinen Schwanz in die Hand, beugte sich über ihn und nahm ihn in den Mund, vor Verlangen stöhnend. Es war so lange her, dass sie ihren ehelichen Pflichten nachgekommen war. Sie wollte ihm etwas Gutes tun, ihn glücklich machen. So viele Monate hatte sie ihm das Leben schwer gemacht, und jetzt wollte sie es ihm leicht machen. Doch er wurde nicht richtig hart und nach einer Minute setzte er sich auf.

»Was ist los?« fragte sie.

»Ich muss an meinem Drehbuch arbeiten. Können wir das auf später verschieben?«

Er zog den Reißverschluss wieder zu. Sie setzte sich neben ihn ans Kopfende, so dass sich ihre Beine berührten. Melora hasste es, wenn sie nicht bekam, was sie wollte.

Sie unterdrückte ihren Ärger, indem sie ihre Reaktionszeit verzögerte, eine Technik, an der sie mit Dr. Levine gearbeitet hatte. »Es geht nicht darum, seine Gefühle zu ersticken«, sagte er immer. »Es geht darum, die Wahrnehmung der Gefühle zu verzögern, statt sie auszuleben.« Bei den Anonymen Alkoholikern hatten sie dasselbe gesagt: »Erst denken, dann handeln.« Jahrelang hatte sie versucht, diese Plattitüden zu verinnerlichen, aber jetzt verstand sie zum ersten Mal, worum es ging. Man geriet in Schwierigkeiten, wenn man überstürzt handelte, und Zoloft bewahrte einen davor, überstürzt zu handeln. Ohne das Medikament würde sie lernen müssen, selbst auf sich aufzupassen.

Sie ließ zu, dass ihr Stuarts Zurückweisung einen Stich versetzte, und versuchte, sich in ihn hineinzuversetzen. Er musste erschöpft sein, nachdem er sich den ganzen Nachmittag um seinen Sohn gekümmert hatte, auch wenn Annika dabei gewesen war. Natürlich brauchte er Zeit für sich. Es bedeutete nicht, dass er sie nicht liebte. Sie hatten nur unterschiedliche Bedürfnisse.

Sie war überrascht von ihrem Verständnis, und doch fühlte es sich vertraut an, wie ein alter Mantel, der immer noch passte. Irgendwann, vor langer Zeit, hatte sie gewusst, wie man die eigenen Bedürfnisse zurückstellte.

»Natürlich können wir das«, sagte sie.

»Ich bin zum Abendessen zurück«, sagte er und stand auf. Er ging zur Schlafzimmertür. Sie begriff nicht, warum er in der Bücherei schrieb, obwohl er ein wunderschönes Arbeitszimmer hatte. Das war der Grund, warum sie in der Stadt geblieben waren, statt in ihr Haus in Bridgehampton zu fahren. Stuart meinte, Bridgehampton würde ihn zu sehr ablenken, wegen der ganzen gesellschaftlichen Verpflichtungen, ein Argument, das Melora nicht überzeugte, da er in letzter Zeit jeden zweiten Abend ausging.

Als sie das Drehbuch im vergangenen Herbst gelesen hatte, fand sie es blöd. Ein Film, der in *Brooklyn* spielte? Wozu? Es gab zu viele unerwartete Wendungen, und die Rolle der Lucy erschien ihr zu schablonenhaft. Er hatte den ersten Entwurf Paul Thomas Anderson gezeigt, in der Hoffnung, ihn als Produzenten zu gewinnen, aber Paul konnte damit nichts anfangen und hatte Stuart entmutigt. Heimlich war Melora erleichtert gewesen, weil sie hoffte, dass Stuart es dabei bewenden lassen würde.

Aber dann im Frühjahr schrieb er es um, und als sie es las, schien die Handlung einen Sinn zu ergeben. Er zeigte die Fassung dem kubanischen Zuckerbaron und bekam die fünf Millionen, und jetzt befürchtete sie, dass tatsächlich etwas daraus wurde. Das war einer der Gründe, warum sie in letzter Zeit so angespannt gewesen war. Stuarts Idol war George Clooney, weil Clooney für einen Drehbuch-Oscar nominiert worden war und als seriöser Produzent galt. Melora wollte nicht, dass Stuart der nächste George Clooney wurde, weil er dann einen Frauenverschleiß im Stile Clooneys haben würde.

»Ich wusste nicht, dass du *Atlantic Yards* Maggie Gyllenhaal geschickt hast«, sagte sie.

»Ach, Lor«, seufzte er und drehte sich um. »Wann hörst du endlich damit auf? Die Rolle ist zu düster für dich.«

»Ich spiele düstere Rollen, seit ich neun bin.«

»Aber ich will Understatement. Ich will keine Hauptdarstellerin, die alle Aufmerksamkeit auf sich zieht, so wie Nicole Kidman in *The Hours.* Ich will, dass Lucy mit ihrer Umgebung verschmilzt.«

»Maggie Gyllenhaal ist in Los Angeles aufgewachsen! Niemand wir ihr die Polizistin aus Bensonhurst abnehmen.«

»Warum führst du dann nicht gleich selbst Regie?«

Melora änderte den Ton. Sie war aggressiv geworden, dabei war sie nur verletzt. »Ich glaube, du willst nicht, dass ich unter deiner Regie spiele«, sagte sie.

»Natürlich will ich das. Du bist der Traum eines jeden Regisseurs.«

»Warum setzt du dann keinen Vertrag auf?«

»Ich glaube nur nicht, dass du die Richtige für diese Rolle bist.«

»Ach komm schon. Ich habe gesehen, wie du Maggie in der Koop angesehen hast. Gib es zu. Du stehst auf sie.«

»Es gibt nur eine Frau, auf die ich stehe«, sagte er und kam zurück zum Bett. Er nahm sie in den Arm und pflanzte ihr einen dicken, übertriebenen Kuss auf die Lippen. »Und das ist Emily Mortimer.«

Nachdem er fort war, blieb Melora noch eine Minute auf dem Bett sitzen und überlegte, was sie tun sollte. Normalerweise hätte sie den Fernseher im Schlafzimmer angeschaltet, aber wenn sie tagsüber fernsehen wollte, konnte sie gleich Zoloft nehmen. Sie überlegte, ob sie ein Glas Wein trinken sollte, aber es war noch früh. Was taten normale Leute am Wochenende? Sie hörte ein Juchzen von oben. Natürlich. Manchmal vergaß sie, dass sie einen Sohn hatte.

Im Kinderzimmer fand sie Orion und Annika, die aus Playmobil eine düstere Gruselwelt bauten. Annika bemerkte sofort, dass Melora in der Tür stand, aber Orion brauchte eine Minute, ehe er sich umdrehte.

»Wie war es im Zoo?«

»Wir haben einen Pavian gesehen. Sein Po war ganz rot.«

»Das war das Weibchen«, sagte Annika.

»Seit ihr danach Karussell gefahren?«

»Ich bin zu groß zum Karussellfahren. Karussellfahren ist was für Babys.«

Vor ihren Augen wurde er groß. Im Herbst würde er schon in die Vorschule kommen, ein richtiger Junge.

Sie wollte ihm eine normale Kindheit bieten. Ihre war alles andere als normal gewesen, und oft wünschte sie, die Zeit zurückdrehen zu können und alles anders zu machen. Ehe sie mit dem Schauspielern angefangen hatte, fuhren sie und ihre Eltern jeden Sommer in ein Ferienhaus in Amenia. Sie ging mit ihrer Mutter im Teich schwimmen, ließ sich auf dem Rücken treiben und blickte in die Wolken, abends machten sie Lagerfeuer. Wenn sie heute ihre Augen schloss, konnte sie sich kaum noch an die Zeit erinnern, bevor ihre Eltern sich getrennt hatten, bevor sie Schauspielerin geworden war.

Sie hatten sich scheiden lassen, kurz nachdem Melora berühmt geworden war, nachdem sie ständig darüber gestritten hatten, ob Melora aussteigen sollte oder nicht (Bob fand Ja, Marcy Nein). Marcy wurde ihre Managerin und gab ihren Job als Lehrerin schließlich auf, um sich ganz Meloras Karriere zu widmen. Sie begleitete Melora zu jedem Vorsprechen, flog mit ihr zu Probeaufnahmen nach L.A. und wandelte ihre Vorratskammer zum Büro um. Melora fand es schrecklich, so eng mit ihrer Mutter verbandelt zu sein. Sie liebte die Schauspielerei, doch sie hasste den Ehrgeiz, mit dem ihre Mutter ihre Karriere vorantrieb. Als Melora zwölf war, verließ Bob Marcy für die Mutter einer Mitschülerin von Melora und zog mit ihr nach Santa Fe, wo sie zwei weitere Kinder bekamen.

Danach sah er Melora nur noch zweimal im Jahr, obwohl er Fotos seiner Töchter schickte. Melora hatte immer geglaubt, dass ihr beruflicher Erfolg schuld an der Scheidung ihrer Eltern war. Zu Anfang machte Melora, ebenso wie Bob, Marcy dafür verantwortlich, weil sie ihre Karriere zu sehr pushte. Aber es war schwer durchzuhalten, den Elternteil zu hassen, bei dem man wohnte, und so wurde irgendwann Bob der Feind. Selbst wenn er nicht mit ihrer Mutter verheiratet sein wollte, war es doch falsch von ihm, seine Tochter einfach so zu verlassen.

Oft malte sie sich aus, wie anders alles gekommen wäre, wenn Mary Jo Slater sie damals nicht bei Joe's Pizza entdeckt hätte. Melora liebte ihre frühen Erinnerungen an die Geborgenheit ihres Hauses in der Charles Street, an die Innigkeit, die sie als Einzelkind genossen hatte. Doch inzwischen fiel es ihr schwer, sich Bob und Marcy zusammen vorzustellen. Die späteren Erinnerungen –

wie sie bei einem Mickey-Rourke-Film mit vierzehn zum ersten Mal ihre Tage bekam, wie sie Michael Jackson 1982 zur Oscarverleihung begleitete – waren ihr präsent, die früheren nicht. Sie konnte sich kaum noch an die Zeit erinnern, als sie selbst vier war.

Sie betrachtete Orion und erinnerte sich, wie zart er gewesen war, als sie ihn aus dem Waisenhaus geholt hatte. Die überwältigende Freude über diesen kleinen rührenden Menschen, der sie nie verlassen würde, half ihr, die ersten anstrengenden Monate zu überstehen – und die Kinderschwester natürlich.

Zurzeit sah sie Orion nur selten, obwohl sie meistens zu Hause war. Annika oder Stuart brachten ihn zu Verabredungen und Kindergeburtstagen, weil Melora nicht gern mit anderen Eltern verkehrte. Und wenn er mit Annika oben im Kinderzimmer war, versteckte Melora sich im Schlafzimmer, weil sie keine Lust auf ihn hatte.

Mutter zu sein, war ihr oft zuviel. Manchmal überlegte sie, ihn aufs Internat zu schicken, wenn er älter war, damit sie Stuart ganz für sich hatte, aber sie machte sich Sorgen, ob Orion es verkraften würde. Man adoptierte kein Kind, um es dann fortzuschicken.

Sie schob ihre widersprüchlichen Gefühle auf das Zoloft, obwohl sie das Zoloft ja gerade wegen ihrer widersprüchlichen Gefühle genommen hatte. Die Medikamente, die sie verschrieben bekam, um eine bessere Mutter zu werden, hatten sie überhaupt nicht lockerer gemacht. Stattdessen hatte sie jetzt Angst vor ihrem Sohn. Was war sie nur für eine Mutter, dass sie Angst vor dem eigenen Kind hatte?

Melora hatte eine Idee. Annika war wahrscheinlich erschöpft und brauchte eine Pause, und Stuart war in der Bücherei, konnte also nicht stören.

»Wollen wir bei Häagen-Dazs ein Eis essen gehen?«

fragte sie Orion. »Nur du und ich?« Häagen-Dazs war nur vier Blocks entfernt, aber sie war noch nie mit ihm dort gewesen.

Orion blickte zu ihr auf, als glaubte er an einen Witz, dann rannte er zur Tür hinaus und die Treppe hinunter.

»Soll ich mitkommen?« fragte Annika sanft, als sei nicht Orion, sondern Melora das Kind.

»Ich komme schon zurecht«, sagte sie. Auf dem Weg nach unten machte sie kurz im Schlafzimmer Halt und öffnete die Nachttischschublade. Sie zögerte kurz, dann schloss sie sie wieder, ehe sie ihrem Sohn nach unten folgte.

SOFTES SWINGEN

LIZZIE schlief tief und fest, als Jay nach Hause kam. Sie sah auf die Uhr. Elf Uhr vierzig. Er war am selben Abend erst von seiner Tour zurückgekommen, doch statt Zeit mit ihr und Mance zu verbringen, war er um neun gleich wieder zum Gig eines Freundes an der Lower East Side abgezischt.

Jay machte immer zuviel Krach, wenn er nach Hause kam, als sei es ihm egal, dass er sie aufweckte und dass sie, wenn Mance schlief – das Gitterbett stand in ihrem Zimmer –, jede Minute Schlaf brauchte. Sie hörte ihn in der Küche den Kühlschrank öffnen. Als er ins Schlafzimmer kam, schaltete er die Lampe an, schlug eine Biografie von Levon Helm auf und trank ein obskures belgisches Bier aus der Flasche. Er liebte Bier von kleinen Brauereien, egal ob aus Amerika oder Europa, und kaufte immer bei Bierkraft in der Fifth Avenue, wo er die Angestellten in lange Gespräche verwickelte. Wenn Lizzie sich über ihn lustig machte, sagte er: »Was soll das? Dürfen Schwarze kein gutes Bier trinken?«, und obwohl sie darüber lachte, meinte sie, Feindseligkeit in seinem Blick zu erkennen.

»Was machst du da?« flüsterte sie wütend.

»Ich lese.«

»Es ist Mitternacht. Ich war in der REM-Phase.«

»Ich muss erst runterkommen. Ich lese noch ein bisschen.«

»Dann geh ins Wohnzimmer. Du weckst Mance noch auf.«

Er warf ein Hemd über die Lampe, um das Licht zu dämpfen, aber es machte keinen Unterschied. Sie hätte ihn am liebsten aus dem Bett geschubst. Sie fand sich damit ab, dass er ständig unterwegs war, dass er immer entrückt wirkte, wenn er mit Mance spielte, aber das ging zu weit. Er führte sich auf, als sei er der Rockstar und sie das Groupie.

»Bitte leg das Buch weg«, sagte sie.

»Ein paar Minuten noch.« Er trank einen Schluck Bier.

Vielleicht war sie zu streng mit ihm. Das war eben seine Art runterzukommen. Er war überarbeitet. Ständig unterwegs zu sein, war anstrengend. Gleichzeitig seine Karriere voranzutreiben und eine Familie zu ernähren, war so anstrengend, dass er gar nicht merkte, wie daneben er sich benahm.

Auch sie musste runterkommen. Die letzten Abende hatte sie sich angewöhnt, zum Abendessen Terre di Tufi zu trinken, nachdem sie Mance zum letzten Mal vor dem Schlafengehen gestillt hatte. Allein. Sie hatte erwartet, dass Jay sie nach der Flasche in der Küche fragen würde, wenn er zurückkam, aber bisher hatte er das nicht. Er nahm kaum noch irgendetwas wahr.

In der Nacht, als sie und Jay sich kennengelernt hatten, nahmen sie ein Taxi von Williamsburg zu eben dieser Wohnung, und nachdem sie sich geliebt hatten, lagen sie wach in Jays Bett und redeten. Sie kamen sich in umgekehrter Reihenfolge näher. Sie unterhielten sich, wie man sich eigentlich unterhielt, ehe man miteinander ins Bett ging, wenn das Kennenlernen Teil der Verführung war. Es war, als hätten sie beide in jener Nacht gewusst, dass sie den Rest ihres Lebens zusammen verbringen würden, als gäbe es keinen Grund, mit dem Sex zu warten, und jetzt, nachdem sie miteinander geschlafen hatten, gingen sie daran, die Geheimnisse des anderen zu erkunden.

Während sie in der Dunkelheit lagen und Händchen hielten, erzählten sie sich Geschichten. Sie konnten gar nicht aufhören zu reden – über seine Musik, ihren Job, ihre Familien und ihre Kindheit. Sie versuchten, ihre frühesten Kindheitserinnerungen aufzuspüren, und Lizzie fühlte sich in seiner Gegenwart so entspannt, dass sie sich an Dinge erinnerte, von denen sie nicht einmal gewusst hatte, dass sie sich an sie erinnerte: Wie sie einmal auf einem Kindergeburtstag beim Schlittschuhlaufen hingefallen war, eine Fehlgeburt, die ihre Mutter erlitten hatte, als Lizzie noch ganz klein war.

Sie erzählte ihm von dem Tag, an dem sie Sarah kennengelernt hatte, und wie sie sich wegen der Art, wie Sarahs Lippen sich bewegten, wenn sie »männliche Perspektive« sagte, in sie verliebt hatte. Er erzählte ihr, wie er sich als Kind vor dem Haus seiner Eltern Schneeballschlachten geliefert hatte und wie es sich anfühlte, einen Schneeball ins Gesicht zu kriegen. Sie erzählte ihm von der Frau, die im Büro neben ihr saß, und den angestrengten, verkrampften Telefonaten, die sie mit ihren wechselnden Freunden führte, und wie Lizzie schließlich dazu übergangen war, über Kopfhörer Musik zu hören, damit das schlechte Beziehungskarma nicht auf sie abfärbte.

Er war intelligent und aufmerksam, und obwohl sie an jenem Abend nur wenig gehört hatte, liebte sie seine Musik. Es kam ihr egoistisch vor, dass seine Stimme von nun an ihr gehören würde. Wenn man sich in einen Künstler verliebte, bekam man die Kunst umsonst.

Jetzt, wo er lesend neben ihr saß, war ihr Verständnis für diesen grüblerischen Egomanen erschöpft. Es musste sich etwas ändern.

Sie drehte sich auf die Seite und zog sich das Kissen

über den Kopf, in der Hoffnung, er würde das Buch beiseite legen. Als sich gerade Hass in ihr regte, hörte sie das Buch auf den Tisch plumpsen. Er zog sie an sich und drehte sie herum. Sie konnte das Bier in seinem Mund schmecken.

Er liebte sie auf seine vorhersehbare Art: Eine Minute dokterte er an ihren Brüsten herum, dann saugte er eine weitere Minute daran. Drei Minuten Cunnilingus. Ein schwebender Blowjob, dem unmittelbar eine zehnminütige Penetration folgte. (Sie kam schnell, obwohl sie sauer auf ihn war. Sie war immer wieder überrascht, dass ihr Gemütszustand ihre Fähigkeit zum Orgasmus nicht beeinträchtigte.) Rückzug. Und eine Pfütze auf ihrem Bauch. Als er in ihr war, stellte sie sich vor, wie Rebecca Rose und ihr Mann sich liebten, während sie Abbie stillte.

Jay wischte das Sperma mit einem weißen Handtuch von ihrem Bauch, das er im Fitnessstudio an der Flatbush Avenue geklaut hatte. Er behauptete, die Mitgliedschaft sei zu teuer und er müsse den Wucher durch das Stehlen von Handtüchern ausgleichen. Sie hatte ihm erklärt, dass die Mitgliedschaft vielleicht genau deshalb so teuer war, weil sie ständig neue Handtücher anschaffen mussten.

»Du riechst gut«, sagte er sanft und schnupperte an ihrem Hals.

»Es ist so schwer für mich, wenn du nicht hier bist«, sagte sie.

»Ich weiß.«

»Und wenn du dann hier bist … und so spät nach Hause kommst … Willst du keine Zeit mit uns verbringen?«

»Natürlich will ich das. Aber ich brauche auch Zeit für mich. Wenn ich weg bin, arbeite ich, wenn ich hier bin, muss ich mich um meinen Sohn kümmern. Es muss doch noch etwas dazwischen geben.«

»Ich brauche auch Zeit für mich«, sagte sie.

»Ich sage dir die ganze Zeit, dass du meine Mutter babysitten lassen sollst. Sie würde sich freuen. Dann kannst du zur Maniküre gehen oder was auch immer. Sie versteht nicht, warum du sie nicht helfen lässt. Du brauchst mal eine Pause.«

Er hatte recht. Sie hatten einen kostenlosen Babysitter direkt um die Ecke, und sie machte davon nie Gebrauch. Sie wünschte sich, dass Jay babysittete, nicht jeden Abend, den er zu Hause war, aber ab und zu, damit sie ausgehen konnte. Sie dachte daran, dass sie gern mal mit Rebecca essen gehen würde, obwohl sie seit sechs Tagen nichts von ihr gehört hatte und nicht sicher war, ob sie sich überhaupt jemals wiedersehen würden.

Am Morgen nach ihrem gemeinsamen Besäufnis hatte Lizzie, die nicht wagte, den ersten Schritt zu tun, auf einen Anruf gewartet. Aber es kam keiner. Während Mance am Mittwoch Mittagsschlaf machte, hatte Lizzie beschlossen, sich bei Rebecca mit einer Karte für den Nachmittag zu bedanken. Das war eine elegante Lösung, denn dann würde Rebecca sie anrufen müssen. Weil sie Rebeccas Adresse nicht wusste, ging sie mit Mance zu dem Gebäude (in der Hoffnung, Rebecca über den Weg zu laufen) und notierte sich die Hausnummer: Carroll 899.

Auf dem hübschen Briefpapier von ihrer Mutter schrieb sie: »Wollte mich nur für den schönen Tag bedanken. Mance liebt Abbie! Und der Wein war köstlich. Hoffentlich sehen wir uns bald wieder, Lizzie.«

Nachdem sie »Hoffentlich sehen wir uns bald wieder« geschrieben hatte, zerriss sie das Briefpapier, überlegte kurz, schrieb dann alles nochmal und schloss mit »bis bald«, was um Einiges unverbindlicher klang.

Aber als sie die Karte später in der Flatbush Avenue in den Briefkasten warf, bereute sie es sofort. Rebecca würde sie für verrückt halten. Niemand schickte heutzutage noch Karten, und Rebecca würde das wissen. Sie würde es übertrieben förmlich und verzweifelt finden. Keine Frau wollte eine verzweifelte Freundin.

Mit jedem Tag, der verging, schämte Lizzie sich mehr dafür. Inzwischen war Sonntag. Rebecca musste die Karte längst bekommen haben, und Lizzie hatte immer noch nichts von ihr gehört.

Sie stand auf, um ins Bad zu gehen. Als sie ein paar Minuten später zurückkam, war Jay eingeschlafen. Der Lappen mit dem Sperma lag neben ihm auf dem Boden. Sie sah nach Mance, der sich im Schlaf bewegte, und ging zum Wohnzimmerfenster. Sie blickte auf die Straße. Leer.

Lizzie ging in die Küche, schenkte sich ein Glas Wein ein und setzte sich damit an ihren Schreibtisch, einen kleinen Sekretär im Wohnzimmer. Sie öffnete ihren Computer und ging wie so oft zur Website der Park Slope Parents, um sich zu vergewissern, dass nicht sie die unglücklichste Mutter der Welt war.

In dieser Nach sprang ihr nur ein Beitrag ins Auge. Er begann mit: »OT: Ein bisschen Spaß?« Da die Themen bei PSP sonst eher in die Richtung »Schlafstörungen bei Kleinkindern« oder »Sizilien mit Säugling« gingen, war Lizzie neugierig. Sie las weiter:

> Wir sind ein Pärchen aus der Nachbarschaft mit zwei Kindern, die mit einigen eurer Kinder zur Schule gehen. Wir sind gebildete, verantwortungsvolle Eltern, die auf *Softes Swingen* stehen. Viele von euch kennen uns, und manche von euch sind uns vielleicht schon auf der Straße oder vor der Schule eurer Kinder oder auf dem Spielplatz begegnet. Wir denken, dies ist das ideale Forum, um gleichgesinnte, intelligente, leidlich attraktive, berufstätige Menschen zu finden. Wir hof-

fen, dass ihr euch unter der angegebenen anonymen E-Mailadresse meldet. Gern auch alleinerziehende Mütter.

Der Absender lautete slopeeltern@gmail.com.

Lizzie scrollte zu den Antworten: »Meine Eltern waren in den Siebzigern in der Swingerszene und nicht zuletzt deshalb bin ich mein ganzes Leben in Therapie gewesen.« »Dies ist kaum das Forum für solche Anliegen. Warum versucht ihr es nicht in einem AOL Chatroom, statt unsere Elternseite mit euren kranken Fantasien zu besudeln?«

Lizzie legte die Hand über den Mund, um nicht laut loszulachen und Mance aufzuwecken. Dann nahm sie ihr Handy aus der Tasche. Es war fast ein Uhr morgens. Zu spät um anzurufen. Doch bei einem ihrer Treffen vor ein paar Wochen hatte Rebecca erwähnt, dass sie eine Nachteule war. Vielleicht war sie noch wach. *Noch wach?* simste Lizzie.

Eine Minute später kam die Antwort: *Ja.*

Kann ich anrufen?

Klar.

»Entschuldige, dass ich so spät noch störe«, sagte Lizzie, als Rebecca sich meldete.

»Schon gut. Abbie ist wach, und wir überlegen, ob wir zu ihr ins Zimmer gehen sollen. Ich hab deine Karte bekommen. Süß von dir. Aber völlig übertrieben. Was ist los?«

»Auf Park Slope Parents ist ein köstlicher Beitrag. Ein Paar, das auf *Partnertausch* steht.«

»Auf Park Slope Parents?« sagte Rebecca. »Unmöglich. Hier haben die Leute doch nur Sex, um schwanger zu werden.«

»Was ist softes Swingen?«

»Kein Sex. Alles andere.«

»Woher weißt du das?«

»Ich habe eine Story über die neue Monogamie für die *Mademoiselle* gemacht.«

»Aber was soll das Ganze, wenn kein Sex im Spiel ist?« fragte Lizzie.

»Komm schon, du warst mal lesbisch. Willst du etwa sagen, dass man als Frau nur Lust empfinden kann, wenn man gevögelt wird?«

»Also … ja. Als ich lesbisch war, wurde ich immer gevögelt. Ist dass nicht der Sinn der Sache? Mit jemand anderem Sex zu haben?«

»Nicht in Park Slope. Die Leute hier sind Feiglinge. Wer immer das geschrieben hat, hält es wahrscheinlich mit Präsident Clinton. Ohne Penetration ist es kein Seitensprung.«

»Du solltest die Antworten sehen«, berichtete Lizzie. »Die Leute fühlen sich persönlich angegriffen.«

»Das passt doch nicht zusammen«, meinte Rebecca. »Swingen in Park Slope. Das ist, als würde man in einer Eisdiele ein Glas Wasser bestellen.« Lizzie konnte Abbie im Hintergrund schreien hören, und dann die Stimme eines Mannes, abgehackt und gereizt. »Ich muss Schluss machen«, sagte Rebecca.

Lizzie holte tief Luft. »Wollen wir diese Woche was zusammen unternehmen? Mit den Kindern?«

»Klar. Ich ruf dich an.«

Es klang unverbindlich, aber Lizzie versuchte, sich nichts dabei zu denken. Es war schließlich mitten in der Nacht. Rebecca konnte sich keine ausgedehnte Unterhaltung leisten.

Lizzie klickte auf den »Antwort«-Link. Ihr G-Mail-Name war TooPoMama, und wenn sie E-Mails verschickte, war ihr richtiger Name nicht sichtbar. Sie dachte kurz nach, dann schrieb sie: »Hallo. Ich heiße Victoria, bin alleinerziehend und würde gern mal soft bei euch vorbeiswingen.« Sie schrieb weiter, und es dauerte nicht lange, bis sie Jays Schnarchen aus dem Schlafzimmer hörte.

JEDES KIND KANN SCHLAFEN LERNEN

GEH da nicht rein!« warnte Rebecca Theo. Es war fast Viertel vor eins. Abbie war schreiend aufgewacht, und dann hatte Lizzie angerufen, und als Rebecca endlich auflegte, wollte Theo gerade in Abbies Zimmer gehen.

Seit ein paar Wochen wachte Abbie regelmäßig mitten in der Nacht auf und war dann untröstlich. Das Mobile, das beim Mittagsschlaf Wunder wirkte, war nachts für die Katz. Abbie war nur zu beruhigen, wenn entweder Rebecca oder Theo ihr eine Stunde den Rücken streichelte oder sie zu sich ins Bett holte – was Rebecca nicht einreißen lassen wollte.

Um das Problem systematisch anzugehen, hatte Rebecca drei Schlafbücher gekauft: das von Weissbluth, Richard Ferbers *Schlaf, Kindlein, schlaf* und Theo zuliebe Elizabeths Pantleys *Schlafen statt Schreien.* Sie wollte die Ferber-Methode ausprobieren, bei der die Eltern das Schreien ihres Kindes für immer längere Zeiträume ignorierten, aber bisher hatte Theo nie länger als fünf Minuten durchgehalten.

»Hör nur, wie sie weint!« sagte er, aufrecht neben ihr im Bett. »Wie kannst du das aushalten?«

»Sie schläft gleich wieder ein. Wenn wir zu ihr gehen, wird sie erst richtig wach.«

»Wo hast du das gelesen? In einem deiner bescheuerten Bücher?«

»Vielleicht.«

»Du liest zuviel«, sagte er. »Bei dir geht immer alles nach Plan.« Er schlug mit Nachdruck auf den Nachttisch. *»Au!«* Er rieb sich gequält den Ellbogen. Seit Abbies Geburt hatte Theo eine scheinbar endlose Folge von Verletzungen erlitten. Erst ein gebrochener Zeh, dann ein Muskelriss in der Wade beim Basketball und jetzt ein schlimmer Fall von Schleimbeutelentzündung am Ellbogen, deren Ursache unbekannt war. Und jedes Mal schrie er laut auf und rieb sich den betreffenden Körperteil mit schmerzverzerrtem Gesicht. Rebecca war zu sauer auf ihn, um Mitgefühl für seine Leiden aufzubringen. Sie war nie besonders mitfühlend gewesen, aber am Anfang ihrer Beziehung hatte sie Theo noch verhätschelt, wenn nötig. Wenn er jetzt vor Schmerz schrie, empfand sie keinerlei Mitleid und blickte ihn ausdruckslos an, verweigerte ihm sogar ein »O Schatz, alles in Ordnung?«

Ihre Gleichgültigkeit führte häufig dazu, dass Theo sich über ihre emotionale Kälte beschwerte, woraufhin sie sich darüber mokierte, was er für ein Weichei war, woraufhin sie in der Regel auf dem Sofa schlief. Im Lauf der Zeit hatte ihr Sofa-Exil an emotionaler Wucht eingebüßt. Theo bat sie längst nicht mehr, ins Bett zurückzukommen. Es war schwer, jemanden sexuell zu erpressen, der überhaupt keinen Sex wollte.

»Ich will nur, dass sie nachts durchschläft«, sagte sie, »damit du und ich auch durchschlafen können.« Es schien ihr unendlich wichtig für die seelische Gesundheit ihrer Tochter, dass sie ihr beibrachten, allein einzuschlafen. Was sollte sonst werden, wenn Abbie ans College ging? Kein Wunder, dass so viele junge Leute Antidepressiva nahmen. »Ferber sagt, dass alle Kinder, die älter als sechs Monate sind, dazu in der Lage sind, und Abbie ist anderthalb.«

»Ferber? Ist das nicht der, der sagt, man soll sein Kind schreien lassen, bis es sich übergibt?« Im *New Yorker* war vor vielen Jahren ein Artikel über Ferber erschienen, und jedes labile Scheidungskind, das den Artikel gelesen hatte, schwor sich daraufhin, sein Kind nie schreien zu lassen, obwohl Ferber später zugab, dass sogar er seine Kinder manchmal bei sich im Bett schlafen ließ.

Theo war so ein labiles Scheidungskind, obwohl er sich selbst nie so bezeichnet hätte, und Rebecca hatte stets den Verdacht gehabt, dass er sich zu ihr hingezogen fühlte, weil *ihre* Familie so stabil und heimelig war. Er war in Westport aufgewachsen, als Sohn eines Investmentbankers und einer Hausfrau, die sich getrennt hatten, als er erst sechs war. Nach der Scheidung zog sein Vater nach New York, und Theo und seine Mutter waren danach oft umgezogen – acht Städte in zehn Jahren. Obwohl seine Mutter in San Francisco lebte, glücklich verheiratet mit einem Psychiater, den sie über ein Blind Date kennengelernt hatte, vergaß Theo die Vergangenheit nie. Am Anfang seiner Beziehung mit Rebecca hatte er ihr davon erzählt, wie seine Eltern lautstark gestritten hatten, als er ein Kind war, wie er seine Mutter einmal weinend im Badezimmer gefunden hatte, nachdem sein Vater einen Teller nach ihr geworfen hatte, und von der schrecklichen verschneiten Nacht, in der sie ihm sagten, dass sie sich trennten. Er hatte ihr von unfähigen Babysittern erzählt, von billigen Ferienlagern mit brachialen Erziehungsmethoden und von den vielen dubiosen Verehrern seiner Mutter.

Rebeccas Eltern, beide Lehrer, hatten vor Kurzem ihren vierzigsten Hochzeitstag gefeiert, und besonders seit sie Abbie hatte, fand Rebecca die Ehe ihrer Eltern herrlich strukturiert. Sie und ihr älterer Bruder Todd waren bestraft worden, wenn sie frech waren, die Familie hatte jeden Abend gemeinsam gegessen, und soweit sie sich erinnerte, hatten sie und Todd immer in ihren eigenen Betten geschlafen. Ihre Eltern waren weder fies noch streng gewesen, sondern auf liebevolle Weise konsequent. Als sie ihre Mutter vor Kurzem über die eigenen Schlafgewohnheiten als Kleinkind befragt hatte, sagte diese, sie habe immer Rebeccas Vater mit einem Glas Wasser ins Kinderzimmer geschickt, um sie zum Durchschlafen zu bewegen – ein Vorschlag des Kinderarztes. Damals fragten Eltern noch den Kinderarzt um Rat. Heutzutage galt man als Kinderschänder, wenn man das tat. Als sie Theo die Geschichte erzählte, war er entsetzt und meinte, deshalb habe Rebecca mit Männern wohl solche Probleme gehabt, ehe sie ihm begegnet war.

Während Rebecca versuchte, bei Abbie ihre eigene Kindheit zu wiederholen, wollte Theo genau das mit aller Macht vermeiden. Ihre Eltern hatten es geschafft, essen zu gehen, Partys zu schmeißen, für ihre Freunde da zu sein und zwei Kinder großzuziehen, und zwar mit einem deutlich bescheideneren Einkommen als sie und Theo. Kinder stellten eher die Kulisse für ein ausgefülltes Leben dar als dessen A und O.

Für Theo war Abbie dagegen der Sinn des Lebens, was angesichts seiner Vernarrtheit in Rebecca vor Abbies Geburt ein doppelter Schlag war. Seit sie ihm Abbie geschenkt hatte, schien er keine Ehefrau mehr zu brauchen. Sie war das Mittel zum Zweck gewesen (obwohl sie wegen des Kaiserschnitts das Gefühl hatte, selbst darin versagt zu haben), und jetzt war sie überflüssig.

»Ich würde sie nie schreien lassen, bis sie sich übergibt«, erklärte Rebecca Theo, die Decke bis ans Kinn gezogen. Sie schlief jede Nacht in teuren Dessous, doch seit einiger Zeit hatte ihr Bemühen einen schalen Beigeschmack. Sie kam sich vor wie die Karikatur einer verführerischen Ehefrau.

»Wie lange würdest du sie denn schreien lassen?« fragte Theo finster.

»Ich weiß nicht, eine halbe Stunde?« Er sah sie schockiert an. »Aber Weissbluth sagt, am zweiten Abend sind es dann nur noch zwei Minuten!« fügte sie hinzu.

»Schhh. Schrei nicht so. Du machst mir Angst.«

War sie wirklich furchteinflößend? Stand einer Mutter mitten in der Nacht nicht ein gewisses Maß an Unzurechnungsfähigkeit zu? In jüdischen Familien schrie man sich an und verzieh einander dann, aber einen Protestanten anzuschreien, war ein unentschuldbares Vergehen.

Theo stand auf. »Was hast du vor?« rief sie hilflos.

»Ich gebe ihr etwas Milch.«

»Sie braucht keine Milch. Der Kinderarzt sagt, wir sollen sie nachts nicht füttern, weil sie dann erst recht aufwacht.«

»Tja, Dr. Silver ist nicht hier«, blaffte er aus Abbies Zimmer. Sie hörte, wie er Abbie aus dem Gitterbett hob. »Ist ja gut«, sagte er mit zuckersüßer Stimme. »Papa ist da.« Wie Rebecca Theos Beschützerinstinkt auch drehte und wendete – er war Ausdruck seiner Liebe zu Abbie, er lag in seiner schweren Kindheit begründet, er würde mit der Zeit weniger werden – alles, was sie dabei empfand, war wütende Eifersucht.

»Bitte gib ihr nichts«, rief sie verzweifelt. Aber er trug Abbie schon ins Wohnzimmer.

Sie hätte ihm nachlaufen können, aber sie wollte vor Abbie nicht streiten. Eine unglückliche Ehe und ein kleines Kind waren eine fatale Kombination: Wollte man sich nicht unterkriegen lassen, musste man um die seelische Gesundheit des Kindes fürchten.

Sie hörte, wie im Wohnzimmer der Fernseher angeschaltet wurde. Sie stand auf und ging in den Flur. Abbie saß auf seinem Schoß und trank ein Fläschchen Milch.

Theo starrte auf eine Bierwerbung, Büroangestellte, die zur Melodie von »Love Train« tanzten, während Schnee von der Decke fiel wie Konfetti.

»Die Werbung erinnert mich immer an den elften September«, sagte er. Er wusste also, dass sie im Flur stand. »Die verschwitzten Menschen, und dann das ganze Papier, das durch die Luft wirbelt wie nach dem Einsturz der Türme. Nicht zu fassen, dass sie die in New York zeigen.«

An einem Sonntag im Winter waren sie und Theo zusammen mit Abbie auf den Spielplatz in der Third Street gegangen, und Rebecca fiel ein, dass sie Abbies Decke vergessen hatte, mit der er sie auf der Schaukel immer zudeckte. Theo hatte sie gebeten, nach Hause zu gehen und die Decke zu holen. Rebecca meinte, es sei doch gar nicht so kalt, was auch stimmte, und Theo blaffte: »Benimm dich einmal wie eine richtige Mutter!« Sie blaffte zurück, er sei ein »überfürsorglicher Freak«, und er: »Dafür gibt es einen Grund!« Sie dachte, er meinte die Scheidung seiner Eltern, stattdessen erzählte er, er habe vom Dach seines Büros in Tribeca gesehen, wie das zweite Flugzeug ins World Trade Center gekracht sei. »Wäre der elfte September nicht gewesen«, sagte er, »wäre ich ein anderer Vater.« Sie hörte mit Staunen, was er sagte, und wusste nicht recht, wie sie reagieren sollte. Wenn sie ihn nicht ernst nahm, würde sie herzlos wirken, und wenn sie es schluckte, würde sie sich als Mutter nie durchsetzen. Gegen eine posttraumatische Belastungsstörung konnte selbst Mutterinstinkt nicht gewinnen. Offenbar war Al Qaida für das Scheitern ihrer Ehe verantwortlich.

Rebecca verzog sich wieder ins Schlafzimmer und klappte ihren Computer auf. Da sie sowieso wach war, konnte sie auch an ihrem Artikel für die *Marie Claire* über Frauen arbeiten, die es aus der Schuldenfalle geschafft hatten. Die Geschichten lasen sich wie Aufmacher für

Oprah, und sie hatte inzwischen so viele geschrieben, dass sie beim Verfassen oft ein Déjà-vu hatte. Das Leben als Freie war weniger befriedigend als erhofft. Zwar bekam sie regelmäßig Aufträge und verdiente etwa $60.000 im Jahr, aber sie fühlte sich leer. Es passte ihr nicht, nur eine »Dienstleistung« zu erbringen, ganz ohne eigene Stimme, und als Lockvogel für die Kosmetikfirmen zu dienen, deren Anzeigen die Zeitschriften am Leben hielten.

Nach ein paar Korrekturen schloss sie das Dokument und ging auf die Seite der Park Slope Parents. Sie amüsierte sich über die Reaktionen auf den Swinger-Beitrag, dann öffnete sie ihr E-Mail-Programm. Sie hatte eine Nachricht von David mit den Einzelheiten zu Cassie Trainors Konzert.

Sie beschloss hinzugehen. Vielleicht konnte Theo babysitten. Er sagte doch immer, sie solle öfter ausgehen – nicht sie beide zusammen, sondern sie allein. Wenn sie einen Babysitter engagiert hatten, um gemeinsam essen zu gehen, kniff Theo jedes zweite Mal, weil er angeblich zu müde war. Was sie genauso verletzte wie seine sexuelle Ablehnung, weil sie das Gefühl hatte, dass er nur wegen Abbie mit ihr zusammen war. Sie machte sich eigentlich nichts aus Cassie Trainors Musik, aber es war so lange her, dass sie überhaupt irgendwohin eingeladen war. Und selbst wenn das Interview daneben war, hatte sie ein paar Stunden für sich, ohne Abbie oder Theo, wo sie Wein trinken und vielleicht sogar eine Zigarette schnorren konnte.

Theo hatte den Fernseher ausgeschaltet und trug Abbie in ihr Zimmer. Rebecca hörte, wie er sie tröstete, doch trotz des Milchfläschchens wurde das Schreien nur noch lauter.

Theo kam mit dem weinenden Kind ins Schlafzimmer

und setzte sie aufs Bett. »Sie kommt nicht zu uns«, sagte Rebecca.

»Aber sonst schläft sie nicht ein.«

Er legte Abbie in die Mitte und sie drehte sich unwillkürlich auf den Bauch und begann wegzudämmern. Theo legte sich neben Abbie und eine Hand auf Rebeccas Schulter. Jetzt war er nett, jetzt, wo das Kind zwischen ihnen lag.

Sie zuckte zusammen. Es nervte sie, dass er nur in der Dreierkonstellation der Familie Zärtlichkeit ausdrücken konnte. Normale Männer sahen ihre Ehefrauen als Frauen, nicht nur als Mütter.

»Ich kann nicht schlafen, wenn sie bei uns im Bett liegt«, sagte sie.

»Dann schlaf auf dem Sofa.«

»Aber das ist *mein* Bett.«

»Aber *du hast jetzt ein Kind.*«

Sie schnappte sich Kissen und Decke und stapfte zum Sofa. Selbst wenn sie kein Auge zutat, würde sie nicht zurückgehen, würde ihm nicht die Genugtuung geben, Abbie in ihrer Mitte zu haben.

Doch nachdem sie ein paar Minuten versucht hatte, es sich gemütlich zu machen, beschlich sie ein schlimmeres Gefühl als Wut: Empörung. Jetzt hatte er genau das bekommen, was er wollte. Statt seiner Frau kuschelte sich seine Tochter an ihn. Warum gab Rebecca bei ihm immer nach? Genau wie er bei Abbie immer nachgab. Es kam ihr so vor, als habe sie nur zwei Möglichkeiten: Theo nachgeben oder sich scheiden lassen, und beides gefiel ihr nicht.

Obwohl sie eine relativ behütete Kindheit gehabt hatte, war ihr Vater Choleriker. Als Teenager war sie ständig mit ihm aneinander geraten. Wenn sie abends zu lange mit einer Freundin telefonierte, zog er manchmal mitten im Gespräch einfach den Stecker. Ihre Wangen brannten dann, weil sie sich einerseits gedemütigt, aber vor allem ungerecht behandelt fühlte. Sie hasste es, machtlos gegen sein Verhalten zu sein, solange sie abhängig war, und unter demselben Dach zu leben wie dieser meist umgängliche, aber unberechenbare Mann.

Während sie auf dem Sofa lag und versuchte, es sich bequem zu machen, dachte sie an ihren Vater. Sich als Teenager ungerecht behandelt zu fühlen, wenn man keine Wahl hatte, war etwas anderes, als sich als Ehefrau ungerecht behandelt zu fühlen, als Ehefrau im einundzwanzigsten Jahrhundert. Es war geradezu lächerlich retro, unglücklich verheiratet zu sein, wenn man sich jederzeit scheiden lassen konnte. Es kam ihr so oberflächlich vor, einen Mann zu verlassen, weil er keine Lust auf Sex hatte, aber es war tatsächlich ein Scheidungsgrund. So sah es das jüdische Recht und auch der Staat New York. Verweigerung des ehelichen Verkehrs nannte man das.

Aber bei der Vorstellung, es ihren Eltern zu erzählen, verließ sie jedes Mal der Mut. Da sie ihnen auf keinen Fall den wahren Grund sagen konnte, würden sie es nicht verstehen. Sie würden denken, dass Rebecca versagt hatte, wenn nicht als Ehefrau, so doch als Mutter. Nur eine schlechte Mutter entschied sich fürs Alleinsein.

Eine Scheidung hätte mit Sicherheit schlimmere Auswirkungen als eine Ehe ohne Sex. Wie würde Abbie eine Scheidung verkraften? Wie sollte Rebecca einen neuen Mann kennenlernen? Sie konnte sich nicht in die Rolle der geschiedenen Mutter auf den Spielplätzen hineinversetzen. Alle alleinerziehenden Mütter, die sie kannte, waren Lesben, die ihre Kinder allein bekommen hatten, und die machten alle einen kläglichen Eindruck. Das Leben als alleinerziehende Mutter schien kein Honigschlecken zu sein.

Was, wenn sie nach einer Scheidung von Theo trotzdem niemanden fand, der mit ihr schlafen wollte, weil keiner eine Mutter mit Kleinkind wollte? Dann wäre sie angeschmiert. Und einsam. Und wahrscheinlich arm, weil er so sauer sein würde, dass er keinen Unterhalt zahlte. Sie wollte nicht, dass Abbie als Scheidungskind aufwuchs und so endete wie Theo. Sie wollte, dass aus Abbie eine starke, selbstbewusste Frau wurde.

Und deshalb sagte sie sich zum hundertsten Mal in diesem Jahr, dass die Krise zwischen ihr und Theo vorübergehen würde. Sie musste langfristig denken. Abbie war nicht zehn, sie war nicht mal zwei. Kinder waren notorische Lustkiller, Rebecca und Theo waren nicht das erste Paar, das diese Erfahrung machte. Es war noch zu früh, um sich Sorgen zu machen.

Sie vergrub ihr Gesicht im Kissen und dachte an Stuart Ashby. In den drei Tagen seit ihrer Begegnung dachte sie ständig an ihn. Immer, wenn sie mit Abbie unterwegs war, glaubte sie, ihn irgendwo zu sehen. In der Koop verwechselte sie ihn mit jedem großen blonden Mann. Sie sehnte sich so sehr danach, ihn zu sehen, dass es ihr den Verstand raubte und Stuarts Doppelgänger ihm immer weniger ähnelten. Einmal war sie sicher, ihn in der Neergaard-Drogerie bei den Deos zu sehen, doch der Doppelgänger entpuppte sich als Cathleen Meth (»Jones, nicht anfassen!«).

Sie dachte so oft an Stuart, dass sie geradezu Entzugserscheinungen hatte, wenn sie mal eine halbe Stunde nicht an ihn dachte, weil sie in ihren Artikel über verschuldete Frauen vertieft war. Wenn sie morgens aufwachte, blieb sie ein paar Minuten liegen, um sich ihren Fantasien hinzugeben, und abends, wenn sie nicht einschlafen konnte, ließ sie jeden Augenblick ihrer Begegnung Revue passieren.

An ihn zu denken war ihr Projekt geworden, als sei sie eine Dramatikerin, die ein neues Theaterstück ausbrütete. Sie freute sich auf Abbies Mittagsschlaf wie eine Geliebte auf ein Rendezvous, weil sie dann auf dem Bett liegen und ihren Gedanken nachhängen konnte. Sie stellte sich verschiedene Situationen vor und genoss es, sie in den verschiedensten Farben auszumalen. Entweder trafen sie sich auf der Straße, gingen zu ihm nach Hause und vögelten im japanischen Garten. Oder er war irgendwie an ihre Nummer gekommen und bestellte sie in eine Suite im Carlyle oder Lowell. Oder sie kam aus ihrer Wohnung und sah ihn auf den Stufen vor dem Haus sitzen. Oder er lud sie in ein Büro in Manhattan ein, wo er manchmal arbeitete, schloss die Jalousien und nahm sie auf dem Schreibtisch wie in einer Szene aus *Mad Men*.

In diesen Fantasien konnte sie Ehebruch begehen, ohne die Erschwernisse, die dem Seitensprung im wahren Leben im Weg standen, wie zum Beispiel, Stuart überhaupt dazu zu bewegen und es vor Theo geheim zu halten. Stuart wollte sie, und wie das Pärchen in *Punch-Drunk Love* würden sie einen Weg finden, zusammen zu sein.

Rebecca wusste, was auch immer im wahren Leben der nächste Schritt war, in dieser ersten Phase, wo dem Verlangen noch keine Taten gefolgt waren, lag eine gewisse Reinheit. Der unschuldigste Moment beim Ehebruch war, daran zu denken, wie man es am besten anstellte. So hatte sie fast das Gefühl, eine Affäre mit sich selbst zu haben. Wenn sie sich im Spiegel ansah, fand sie sich attraktiver als sonst, und sie wählte ihre Kleidung mit besonderer Sorgfalt, vor allem die Unterwäsche. Ihr fiel sogar auf, dass sie sich gesunder fühlte und mehr Energie hatte als sonst. Nach der Begegnung mit Stuart fühlte sie sich lebendig, und es war erschreckend, sich lebendig zu fühlen, wenn man so lange tot gewesen war.

Rastlos ging sie in die Küche und holte ihr Gras aus dem Versteck im Gefrierschrank. Theo wusste nichts davon, aber sie hatte einen netten weißen Hippie-Dealer, einen Absolventen der Wisconsin University namens Renee, der alle paar Monate vorbeikam, um ihren Vorrat aufzufüllen. Rebecca drehte sich einen Joint und rauchte ihn am Fenster, ehe sie sich wieder aufs Sofa legte.

Stoned war sie noch rastloser, und so griff sie zu ihrem zweiten Mittel gegen Schlaflosigkeit. Während sie sich berührte, versuchte sie, Stuart in ihre gängigen Fantasien einzubauen – Stuart Ashby als Roman Polanski, Stuart Ashby als Arzt, der entdeckt, dass die verhungernde Rebecca nur durch eine regelmäßige Dosis seines Spermas überleben kann, für den Rest ihres Lebens verabreicht in seinem geheimen Untersuchungszimmer – doch keine dieser Fantasien schien zu funktionieren. Nach einer Weile gab sie auf. Immer wieder dachte sie an die Berührung ihrer Hände, und als sie ihr Handgelenk an die Nase hielt, konnte sie ihn immer noch riechen.

Lee Nielsen hatte eben den neuen Inhalt der Autoren-Website hochgeladen, die er entwarf, und räumte nun die Wohnung auf. Seit Marcellos Spielsachen überall herumlagen, war es immer so unordentlich, und manchmal ließ Kath die Unordnung überhand nehmen. Er machte ihr keinen Vorwurf. Es war nicht leicht, Vollzeitmutter eines Zweijährigen zu sein. Es war neun Uhr dreißig an einem Mittwochmorgen, und Kath war mit Marcello zum Little-Maestros-Musikunterricht beim Indoorspielplatz Kidville gefahren.

Er räumte vereinzeltes Frühstücksgeschirr in den Geschirrspüler und wischte die Arbeitsflächen ab. Der Müll war voll, und er beschloss, ihn runter zu bringen. In ihrem alten Wohnhaus, der Ansonia Clock Factory in South Slope, hatte es eine Müllpresse am Ende des Flures gegeben. Lee und Kath hatten ihr Loft vor einigen Monaten verkauft, weil sie den Einsturz der Wohnungspreise vorausahnten. Der Gewinn, $328.000 Dollar, war in verbrieften Bankeinlagen angelegt, und jetzt wohnten sie in einer Mietwohnung am Polhemus Place, einer kleinen Straße in North Slope. Sie hatten noch nicht entschieden, ob sie wieder eine Wohnung kaufen oder überhaupt im Viertel bleiben wollten. Freunde von Kath waren nach Ithaca gezogen und schwärmten, Ithaca sei wie Park Slope, nur auf dem Land. Angeblich war es progressiv und idyllisch, und da Lee selbständig war, gab es keinen Grund, in der Stadt zu bleiben.

Lee knotete den Müll zu und ging nach unten. Auf dem Treppenabsatz huschte eine winzige Maus an ihm vorbei. Er zuckte vor

Schreck zusammen und schämte sich sofort, dass eine winzige Maus seinen Puls zum Rasen brachte. Vor ein paar Wochen hatte er eine in der Wohnung gesehen, aber gehofft, es handele sich um eine einmalige Angelegenheit. Jetzt musste er die Vermieterin informieren, eine korpulente Italienerin, die Beschwerden grundsätzlich nicht sehr ernst nahm. Wahrscheinlich würde sie verlangen, dass sie selbst für den Kammerjäger aufkamen.

Draußen stopfte Lee den Müll in einen Container. Es war ein schöner, sonniger Tag, und da es früh am Morgen war, noch nicht so schwül. Als er wieder hineingehen wollte, sah er einen bulligen Schwarzen mit schweren Lidern näher kommen und dachte erst, es sei Forest Whitaker. Doch dann blieb der Mann vor Lee stehen, zückte eine glänzende Pistole und sagte: »Geld her.«

Es war helllichter Tag. Mitten in der Woche. In einer der schönsten Straßen von Park Slope. So etwas passierte einfach nicht.

Lee sah sich suchend nach Hilfe um, aber die Straße war leer. Und da war diese Pistole. Wahrscheinlich war sie nicht einmal geladen, aber wenn Lee wegrannte, wurde er vielleicht erschossen. Zitternd griff Lee in seine Hosentasche. Er hatte das Gesicht des Mannes deutlich gesehen, und während er nach der Geldbörse griff, versuchte er, es sich einzuprägen, damit er der Polizei eine genaue Beschreibung geben konnte.

Lee händigte seine Brieftasche aus. Der Mann nahm das Bargeld, etwa zweihundert Dollar, befingerte es und legte vier Dollarscheine zurück, behielt das Portemonnaie aber. Dann steckte er die Pistole ein und entfernte sich langsam. Lee sah ihm nach, und als der Mann um die Ecke bog, nahm er sein Handy und wählte die Nummer der Polizei.

TAUBEN

Karen saß auf dem Harmony-Spielplatz und beaufsichtigte Darby auf dem Klettergerüst für Große, als der Anruf kam. »Ich rufe nochmal alle an wegen der Gebote«, sagte Tina Savant. »Seit gestern Abend sind wir bei siebenhundertachtzehn.«

Karen sank das Herz in die Hose. Sie hatte ernsthaft geglaubt, mit siebenhundert an der Spitze zu liegen. Sie spürte, wie ihr die Wohnung entglitt.

Deshalb sagte sie: »Siebenhundertfünfunddreißig.« Ein Statement, sauber und klar. Mehr als fünfzigtausend über dem ursprünglichen Preis. Sie wusste, es war falsch, höher zu gehen, ohne sich vorher mit Matty zu besprechen, aber sicher wäre er dafür auszusteigen.

Tina schwieg. Wenn Karen mit dem ersten Gebot keinen Eindruck gemacht hatte, so wusste sie, dass es jetzt funktioniert hatte. Es war ein komisches Gefühl, so hoch zu bieten, dass der Verkäufer überrascht war, beängstigend, aber auch berauschend.

Und obwohl sich $735.000 viel anfühlten, würde es in ein paar Jahren praktisch nichts sein. In ein paar Jahren würde ein großer Kaffee bei Connecticut Muffin sieben Dollar kosten und eine *New York Times* zwölf.

»Das ist ein überzeugendes Angebot«, sagte Tina.

»Ist es das höchste?«

»Ich habe noch nicht alle…«

»Aber ist es bisher das höchste?«

Tina zögerte. »Ja.« Dann fügte sie hinzu: »Aber natürlich bekommt jeder die Chance, höher zu gehen. Ich rufe Sie spätestens morgen Abend an, um Ihnen Bescheid zu geben.«

Karen war so aufgeregt, dass sie kaum gehen konnte. Die Wohnung war zum Greifen nah. Nachdem sie zwei Jahre immer knapp daneben gelegen hatte, kannte sie die Spielregeln.

Darby war vom Klettergerüst herunter und lief zur Sandkiste. Seit drei Wochen waren Ferien, und auf dem Spielplatz war es voll und hektisch. Karen hatte überlegt, Darby im Sommer in den Hort der Garfield-Schule zu geben, aber dann fürchtete sie doch, er würde sie zu sehr vermissen. Der Sommer war ihre letzte Gelegenheit fürs Bonding, wie damals, als er ein Baby war und es zwölf Stunden am Tag nur sie beide gab. Bald würde er den ganzen Tag in der Vorschule sein, und sie würde ihn schrecklich vermissen, deshalb wollte sie die Zeit nutzen, die ihr noch blieb.

Die Wasseranlage war an, und die Kinder rannten leicht bekleidet darin herum. Heute interessierte sich Darby nicht fürs Planschen. Karen war erleichtert. Sie ertrug den Anblick der kleinen Jungs und Mädchen in nasser Superhelden- und Dora-Unterwäsche nicht. Im Sommer waren Spielplätze ein Paradies für jeden Pädophilen. Sie hatte in der *New York Times* einen Artikel über einen Pädophilen in L.A. gelesen, der sich auf Spielplätzen und Jahrmärkten kleine Mädchen angelte und darüber bloggte. Man konnte ihm den Zutritt nicht verbieten, weil er nie einem Kind etwas getan hatte. Es hatte sie so angewidert, dass sie die Zeitung sofort wegwarf, nachdem sie sie gelesen hatte.

Auf dem Spielplatz hielt sie immer die Augen offen,

ob irgendwo einsame Männer herumlungerten. Darby hatte lange, feminine Wimpern, genau der Look, auf den Pädophile standen, und seit man mit Handys fotografieren konnte, musste man aufpassen, dass das eigene Kind nicht bei irgendeinem Kinderpornoring im Internet auftauchte.

Letzte Woche war ein kleines Mädchen vom Harmony-Spielplatz verschwunden, und nur Minuten später war überall Polizei. Später las Karen auf Park Slope Parents, dass es um einen Sorgerechtsstreit ging, was sie nur bedingt tröstete.

Während sie Darby zum Sandkasten folgte, dachte sie, dass ihr der Harmony-Spielplatz viel besser gefiel als der in der Third Street. August, der Sohn ihrer Freundin Jane, hatte sich im Sandkasten in der Third Street eine Ringelflechte eingefangen, und seitdem ließ Karen Darby nicht mehr darin spielen.

Darby suchte schon wieder Streit und veranstaltete mit einem anderen Kind ein Tauziehen um ein Wassergewehr. Darby schrie: »Das ist meins!« und der andere Junge: »Nein, meins!«

»Habe ich dir nicht gesagt, man darf anderen Kindern nichts wegnehmen?« schrie Karen. Der andere Junge wandte ihr den Rücken zu, aber seine blonde Model-Nanny sah Karen an. Es gab drei Dinge, an denen Karen erkannte, dass sie eine Nanny war: Sie war Mitte zwanzig, sie hatte hübsche Brüste, und sie sah nicht müde aus.

Als sich der Schützling der Nanny umdrehte und Karen sein Gesicht sah, lief ihr ein Schauer über den Rücken. Jede Frau in Amerika hatte Fotos von diesem Jungen gesehen, kannte seine Stachelfrisur, seine karamellfarbene Haut, und jede Frau in Amerika kannte seinen Namen, der sich seinetwegen wachsender Beliebtheit erfreute.

Karen entriss Darby das Spielzeug und drückte es der

Nanny in die Hand. »Tut mir furchtbar leid«, sagte sie. »Er hätte vorher fragen müssen.«

»Ist schon gut«, sagte die Frau mit leichtem Akzent.

»Ich bin Karen«, sagte sie und streckte die Hand aus. »Bryan.«

»Annika. Åkersson. Und das ist Orion.« Diese Information war so überflüssig, als würde sich Jack Nicholson für ein Spiel der Lakers mit roter Farbe JACK auf die Stirn schreiben.

»Orion«, sagte Karen. »Was für ein hübscher Name.« Annikas Wimpern flatterten irritiert, als wüsste sie, dass Karen wusste, dass Orion berühmt war. Karen durfte es nicht übertreiben.

»Sag hallo zu Orion, Darby«, sagte sie.

Aber Darby hatte ein einsames Plastikmüllauto entdeckt, mit dem niemand spielte, und steuerte darauf zu. Karen zerrte ihn zurück. »Vielleicht könnt ihr euch einigen«, sagte sie, und an Annika gewandt: »Er glaubt, die Welt dreht sich nur um ihn.«

»Das tun sie alle in dem Alter«, sagte Annika. »Wie alt ist er, vier?«

»Genau.«

»Wo geht er in den Kindergarten?«

»Im Moment hat er Ferien, aber sonst geht er zur Garfield-Schule.«

Annika runzelte verwirrt die Stirn. »Wo ist die denn?«

»Am Garfield Place?«

»Du meinst die Synagoge?« Sie sprach »Synagoge« mit schwerem skandinavischen Akzent aus, so dass das Wort noch fremder klang. Karen nickte. »Was hat er da an den Knien?« fragte Annika.

»Ich ziehe ihm immer Knieschützer an, damit er sich nicht verletzt.«

Annika blinzelte Karen an, als seien alle Amerikaner

verrückt. Karen holte einen Spielzeug-Fallschirmspringer aus ihrer Bowlingtasche. »Darbs, zeig doch Orion mal, wie der hier funktioniert«, sagte sie. Die Jungs rannten zur Mitte des Spielplatzes, und die beiden Frauen folgten ihnen langsam durch die Hitze.

»Wo kommst du her?« fragte Karen.

»Aus Schweden. Einem kleinen Vorort von Stockholm namens Täby.«

»Und wie hat es sich ergeben, dass du für Melora arbeitest?« Annika schien Vertrauen zu fassen, als Karen zugab, dass sie wusste, wer Melora war.

»Vorher habe ich für die Nachbarn von Julianne Moore im West Village gearbeitet, aber die sind nach Connecticut gezogen und ich wollte in der Stadt bleiben, und da hat mich Julianne Melora empfohlen.«

»Wohnst du bei ihnen, bei Melora und Stuart?«

»Ja.«

Karen versuchte sich vorzustellen, wie Annikas Zimmer aussah. Ob sie ein ganzes Stockwerk für sich hatte? Und eine eigene Küche? Karen machte Smalltalk mit Annika, die ihr erzählte, dass sie in die USA gekommen war, um an Gleasons Boxschule in DUMBO zu trainieren, nachdem sie Hilary Swank in *Ein Million Dollar Baby* gesehen hatte.

»Wie beeindruckend«, sagte Karen.

»Aber ich gehe nicht mehr hin«, sagte Annika. »Ich bin mit meinem Trainer zusammen gewesen, einem Weltmeister aus der Dominikanischen Republik, und wir haben uns getrennt. Die ganze Zeit hat er gesagt, er würde seine Frau verlassen, aber dann wurde sie schwanger und er hat es sich anders überlegt. Jetzt trainiere ich bei Kingsway in der Stadt. Aber Gleasons hat mir besser gefallen.«

Frauen neigten dazu, persönliche Dinge auf dem Spielplatz zu enthüllen. Niemand konnte weg, also hockte man zusammen und schüttete sein Herz aus, bis man auf die Uhr sah und in entgegengesetzte Richtungen davon eilte.

»Es ist eine Schande«, sagte Karen, »dass du den Schaden trägst, obwohl er Schluss gemacht hat.«

»Ich bin selbst schuld. Ich hätte mich nie mit einem verheirateten Mann einlassen dürfen«, sagte Annika, »aber Martin und ich waren verliebt. Ich habe noch nie jemanden so geliebt wie ihn. Orion, lass ihn auch mal! Er hat mir erzählt, dass er unglücklich ist. Ich habe wirklich geglaubt, dass er seine Frau verlässt. Ich war wie vor den Kopf geschlagen, als er mir erzählte, sie sei wieder schwanger. Es ist ihr Viertes.«

Ihr versagte die Stimme, und sie begann zu weinen. Karen bot ihr ein Taschentuch an, wobei sie die Jungs im Auge behielt, die den Fallschirmspringer links liegen gelassen hatten und jetzt auf der großen Rutsche waren. Es war schwer, sich gleichzeitig auf die Kinder und Annika zu konzentrieren, aber sie durfte ihren Sohn nicht aus den Augen lassen. »Du Arme«, sagte sie, tätschelte Annikas Schulter und dirigierte sie näher an die Rutsche.

In diesem Moment bemerkte Karen eine Gruppe schwarzer Kinder, die aus dem Park kamen. Es waren ungefähr sechs, Jungs und Mädchen, und obwohl keines älter als zehn war, wirkten sie bedrohlich. Einer der Jungs war groß und dick – ein Neunjähriger im Körper eines Teenagers. Die Kinder erinnerten Karen an die Schüler, mit denen sie in der Bronx gearbeitet hatte, zu groß für ihr Alter, zu laut, verzweifelt bemüht aufzufallen, egal ob positiv oder negativ.

Sie jagten sich gegenseitig die Rutschen hoch und runter und schrien zu laut. Karen schüttelte den Kopf. »Niemand kümmert sich um diese Kinder«, sagte sie.

Auch das hasste Karen an Spielplätzen im Sommer.

Mit den Ferien kamen auch die schwarzen Kinder. Und es waren keine Kinder aus dem Viertel. Man konnte die Uhr danach stellen: Jedes Jahr Ende Juni übernahmen sie wild und lärmend die Herrschaft über die weißen Wasserspielplätze. In der vergangenen Woche hatte Karen gesehen, wie ein schwarzer Junge in der Third Street so heftig mit einer Zweijährigen zusammengestoßen war, dass sie beide Hände und Knie aufgeschürft hatten. Die Reichen mussten sich nie mit den unterprivilegierten Kindern herumschlagen, weil sie von Mitte Juni, wenn die Ferien der Privatschulen begannen, bis zur Woche nach Labor Day verreist waren.

Orion und Darby gesellten sich jetzt zu einer Gruppe von Kleinkindern, die Sonnencremebehälter auf einem Klettergerüst arrangiert hatten. Sie spielten Kaufmannsladen, und die anderen Kinder waren die Kunden. In der Nähe jagte ein dicker schwarzer Junge mit einem Stock eine Taube.

Als eines der weißen Mädchen einer Freundin gerade eine Flasche Coppertone verkaufte, juchzte der schwarze Junge laut. Plötzlich schlug er mit dem Stock auf die Taube ein, und die anderen Kinder sahen mit vor Entsetzen aufgerissenen Mündern zu. *»Hör sofort damit auf!«* kreischte Karen und rannte zu ihm. *»Was tust du da?«* Aber als sie ihm endlich den Stock aus der Hand riss, rührte sich die Taube nicht mehr. Sie lag mit offenen Augen da, und Blut quoll aus ihrer Brust.

Darby rannte in die Arme seiner Mutter, Orion klammerte sich an Annika. Die Mütter und Kindermädchen in der Nähe kamen angerannt, um die schluchzenden Kinder einzusammeln. Eine Mutter wählte den Notruf. Eine russische Nanny legte eine Zeitung über den Vogel.

Karen folgte dem Jungen, der sich zu ein paar schwarzen Mädchen verzogen hatte und hämisch grinste. »Was ist los mit dir? Warum tust du so etwas?«

»Ich wollte sie nicht töten«, sagte er mit gesenktem Kopf. »Ich habe nur gespielt.«

»Es ist verboten, Tieren etwas anzutun«, sagte Karen. »Dafür kannst du ins Gefängnis kommen. Wir haben die Polizei schon gerufen.«

Der Junge schien das Ausmaß seiner Tat zu begreifen. Karen setzte sich neben Annika auf eine Bank und fragte sich, wo die Polizei blieb. Nie kam sie, wenn man sie brauchte. »Unglaublich«, sagte Karen. »Diese Kinder sind Tiere. Deshalb muss Obama unser nächster Präsident werden: Damit solche Kinder ein Vorbild haben.«

Annika nickte abwesend, als wollte sie sich nicht in eine politische Diskussion verwickeln lassen. »Mama, warum hat er den Vogel getötet?« fragte Darby.

»Manche Menschen tun Tieren schlimme Dinge an, weil sie nicht begreifen, wie kostbar sie sind.«

Orion murmelte: »Das ganze Blut.«

»Es war furchtbar, was der Junge getan hat«, sagte Karen, »und ich möchte nicht, dass ihr einem Tier je so etwas antut. Ihr müsst vor jedem Lebewesen Respekt haben.«

»Sie hat recht«, sagte Annika. »Die Jungs waren sehr böse.«

Ein Polizeiauto hielt vor dem Spielplatz, und ein junger Puertoricaner stieg aus. Karen blickte sich suchend nach dem schwarzen Jungen um, aber er und die anderen waren weg. Sie ging zu dem Beamten und erzählte ihm, was passiert war, doch der schien es nicht besonders ernst zu nehmen.

Darby war blass und aufgewühlt. »Ich will nach Hause, Mama«, sagte er.

Obwohl ihr Sohn ihr leidtat und der Vorfall mit der

Taube sie erschüttert hatte, war Karen enttäuscht. Sie hatte gerade angefangen, Annikas Vertrauen zu gewinnen, und jetzt mussten sie schon gehen. »Er hatte einen anstrengenden Tag«, sagte sie zu Annika. »Sag Tschüs, Darb. Vielleicht könnt ihr bald mal wieder zusammen spielen.«

»Kann er zu uns kommen?« fragte Orion.

»Klar«, sagte Karen. »Irgendwann einmal. Wenn deine …«

»Ich meine jetzt«, sagte Orion. Annika zögerte.

»Vielleicht lieber ein anderes Mal«, sagte Karen mit ihrer strengen Mutterstimme, bei der Darby immer bockig wurde.

»Ich will aber jetzt«, sagte Darby, der die Taube ganz vergessen zu haben schien.

»Ich weiß nicht, ob Annika das recht ist.«

»Ihr könnt ruhig mitkommen«, sagte Annika schließlich. »Kein Problem.«

»Bist du sicher, dass seine Mutter nichts…«

»Das ist schon okay.« Die Schwedin nickte, als wollte sie sich selbst überzeugen.

Karen war nicht sicher, ob es wirklich okay war, sagte aber vorsichtig: »Es wäre herrlich, der Hitze zu entrinnen.«

»Im Haus ist es angenehm«, sagte Annika. »Melora und Stuart haben eine Klimaanlage.«

Bei der Villa angekommen, klappte Karen Darbys Karre zusammen und führte ihn an der Hand die Stufen hinauf. Als sie das Haus betraten, stockte Karen der Atem. Die Eichentreppe direkt an der Tür schien bis in den Himmel zu reichen. Linkerhand befand sich ein geräumiges Wohnzimmer mit hohen Decken. Darin stand ein Glastisch auf einem abstrakten schwarzen Sockel, ein Kuhfellsessel und ein braunes Sofa ohne Armlehnen. Kein einziges Spielzeug und auch kein anderer Gegenstand, der auf ein Kind deutete, lag herum. Obwohl sie annahm, dass ein Innenarchitekt das Haus eingerichtet hatte, meinte sie, Meloras Handschrift zu erkennen.

Während Annika die Alarmanlage ausschaltete, spähte Karen über ihre Schulter. Annika bewegte die Finger so schnell, dass Karen nicht erkennen konnte, ob die Kombination 6727 oder vielleicht 67227 war. Sie wollte die Zahlen später auf ihrem Handy testen.

Annika hängte die Schlüssel auf ein aufwändig verziertes Schlüsselbrett rechts neben der Tür, unter einem Spiegel, in dem Melora sich wahrscheinlich jeden Tag betrachtete. »Möchtest du etwas trinken?« fragte Annika.

»Gern, einen Softdrink ohne Zucker vielleicht?«

»Melora erlaubt keine Softdrinks«, sagte Annika. »Wie wäre es mit selbstgemachter Limonade?« Karen nickte, und Annika verschwand nach unten.

Darby nahm Orion an der Hand und führte ihn die Treppen hinauf. Ihr Sohn – verabredet mit Orion Leigh-Ashby! Wenn Colleen mit ihren drei Söhnen sie jetzt sehen könnte.

Karen sah sich im Wohnzimmer um, inspizierte die abstrakte Kunst an den Wänden, Kleckse und Schmierereien. Das Gemälde einer zornigen Frau sah aus, als habe es ein Kind gemalt. Karen meinte, in der Ecke *de Kooning* zu lesen. Waren sie so reich? Es gab einen funktionstüchtigen Kamin mit prächtigem Sims, und Karen stellte sich vor, wie Melora im Winter, gemütlich warm in eine Decke gekuschelt, auf der Chaise las.

Hinter dem Wohnzimmer lag ein Esszimmer mit prächtigem Kronleuchter, Einbauschränken und einem Weinregal, das bis zur Decke reichte. Um einen langen Tisch standen acht weiße Lederstühle mit hoher Lehne.

Karen stellte sich die legendären Dinnerpartys vor. De Niro hatte wahrscheinlich schon hier gegessen und Willem Dafoe und all die jungen angesagten Brooklyn-Promis. Wahrscheinlich tranken sie Fünfhundert-Dollar-Wein, rauchten Zigarren und lachten, bis es Zeit war zu gehen.

Annika kam mit zwei Gläsern Limonade und gab Karen eins. Sie war perfekt, süß und aromatisch. »Das ist köstlich«, sagte Karen.

»Soll ich dich herumführen?«

»Gern.«

Annika führte sie ein paar Stufen hinter der breiten Eingangstreppe hinunter ins Souterrain, wo sich eine voll ausgestattete Küche befand, mit allen erdenklichen Sub-Zero-Geräten und einer großzügigen Arbeitsfläche in der Mitte. »Sieht aus, als hätten sie eine Köchin«, sagte Karen.

»Ja, sie ist gerade einkaufen. Seit sie der Koop beigetreten sind, ist sie ständig dort.«

Karen fiel aus allen Wolken. »Melora ist auch Mitglied?«

»Ja.«

Karen fragte sich, warum jemand, der so berühmt war, der Koop beitrat, aber heutzutage wollten alle Bio, und in der Koop gab es das beste Gemüse. Neulich erst hatte Karen hinter Maggie Gyllenhaal in der Schlange gestanden.

An die Küche grenzte eine Essecke mit Erkerfenstern, die auf einen makellos gepflegten Garten blickten. Daneben lag ein Freizeitraum mit ultramoderner Stereoanlage und gigantischem Flachbildfernseher, der in die Wand eingebaut war.

Das Kinderzimmer im ersten Stock lag zum Prospect Park West. Annika zeigte ihr auch die Tür zum Elternschlafzimmer daneben, öffnete sie aber nicht. Im zweiten Stock waren ein Badezimmer, ein kleiner Zen-Garten mit Wasserfall, Annikas Schlafzimmer, wo Poster mit schwarzen Boxern an den Wänden hingen, und die Arbeitszimmer von Stuart und Melora.

Matty arbeitete meist im Bett und manchmal am Küchentisch. Für ein Arbeitszimmer hätte er getötet, und diese Leute hatten gleich zwei.

»Unfassbar«, sagte Karen und blickte aus Annikas Schlafzimmerfenster auf den Garfield Place. »Ich wusste nicht, dass normale Leute so wohnen.«

»Sie sind nicht normal«, sagte Annika mit einem Grinsen. Die beiden Frauen gingen nach unten. »Komm, wir trinken unsere Limonade im Garten.«

Karen zögerte. »Äh, ich gehe noch schnell auf die Toilette. Wir treffen uns dann unten.«

Annika zeigte ihr die Tür zum Badezimmer. Karen ging hinein, wartete eine Minute, bis Annika nach unten gegangen war, und schlich in den ersten Stock ins Elternschlafzimmer. Ihre Hände waren feucht, und sie wischte sie an ihrer Shorts ab.

In einer Wohnungsanzeige wäre dieses Schlafzimmer als Suite beschrieben worden, weil es ein eigenes Ankleidezimmer und ein angrenzendes Bad hatte. Karen stand im Ankleidezimmer neben dem begehbaren Kleiderschrank und versuchte sich vorzustellen, wie anders ihr Leben wäre, wenn sie sich jeden Tag hier anziehen würde. Soviel Privatsphäre eröffnete wahrscheinlich ganz neue Perspektiven. Der Ehemann sah einen nie in Stützstrümpfen oder schmutziger Unterwäsche. Man konnte sich morgens schnell frisch machen, ehe er einen sah, und tauchte nicht nur perfekt gekleidet, sondern auch perfekt geschminkt wieder auf, glatte Haut, gerötete Wangen und rosa glänzende Lippen, so dass man immer aussah, als hätte man gerade einen Orgasmus gehabt.

Im Schlafzimmer hingen Spiegel mit aufwändigen Rahmen an dunklen Korkwänden. Eine Krepplampe, die aussah wie ein Kosmetiktuch, baumelte über dem Bett, das mit einer luxuriösen schwarzen Überdecke und so vielen dekorativen Kissen bedeckt war, dass man sich vorkam wie in einem Hotelzimmer.

Karen setzte sich aufs Bett. Es war relativ hart und federte kaum, wahrscheinlich eines dieser 25.000-Dollar-Rosshaar-Betten aus Schweden, für die immer in der *New York Times* Werbung gemacht wurde. Sie legte sich auf den Rücken, starrte an die Decke und stellte sich vor, wie Stuart Ashby sie auf diesem Bett liebte.

Bevor sie und Matty angefangen hatten, am zweiten Kind zu arbeiten, hatten sie einmal in der Woche Sex, meist nachdem sie im Applewood essen waren. Karen kam beim Sex nicht, aber ab und zu leckte Matty sie, bis sie soweit war. Eigentlich war es ihr lieber, wenn er sich die Mühe sparte. Es war mühsam und zeitraubend. Sie bevorzugte einen kurzen Missionar, weil es Matty glücklich machte und weil sie in *Richtig guter Sex für Mütter in zehn Schritten* gelesen hatte, dass Gnadensex besser war als gar kein Sex. Seit sie und Matty es nur noch an den vier Tagen im Monat taten, wo sie fruchtbar war, damit er sein Sperma zwischendurch nicht vergeudete, genoss sie es, dass sie nach ihrem Eisprung einen ganzen Monat Ruhe hatte.

Karen drehte sich auf den Bauch, hob die Decke von den Kissen und atmete ihren Duft ein. Sie roch ein süßes Parfum, Moschus, aber dezent, und erkannte es sofort: *Soften, by Melora Leigh.* Es war vor ein paar Jahren auf den Markt gekommen und verkaufte sich bei Bendel und Saks in astronomischen Mengen. Karen besaß es auch und trug es immer, wenn sie ausging, fand es jedoch zu intensiv für den Spielplatz.

Sie öffnete die Nachttischschublade und begutachtete folgende Gegenstände: ein Tablettenfläschchen, auf dem stand »Lorazepam – nicht mehr als 8 mg täglich«, verschrieben von Dr. Michael Levine, eine Nagelfeile, eine Tube Antifaltencreme von Sonya Dakar Youth, eine Tweezerman-Pinzette, ein weißer Tiegel La-Mer-Feuchtigkeitscreme, eine Kette mit weißen Plastikperlen verschiedener Größe und einer kreisförmigen Schlaufe hinter der größten, ein Exemplar von *Eat, Pray, Love*, das Karen in ihrer Buchgruppe gelesen hatte, und ein dickes Herrenportemonnaie.

Aus Neugier, was ein Herrenportemonnaie in Melora Leighs Nachttisch zu suchen hatte, öffnete Karen es. Überrascht blickte sie in das lächelnde Gesicht von Neal Harris auf seinem Führerschein, derselbe Neal Harris, den sie auf der Wohnungsbesichtigung in der Carroll Street getroffen hatte und dessen Tochter Tilly mit Darby auf die Garfield-Schule ging.

Sie befingerte die Brieftasche und fragte sich, wie sie in Meloras Schlafzimmer gelandet war. Es passte nicht zusammen. Es gab keine Erklärung dafür, wie die Brieftasche eines Plebejers in der Nachttischschublade einer Aristokratin gelandet war.

Und dann machte es Klick.

Ihr fiel wieder ein, was Neal von dem Taschendieb in der Koop erzählt hatte. Annika hatte gesagt, dass Melora Mitglied war. Das musste nicht heißen, dass sie die Diebin war. Es konnte auch Orion gewesen sein, als er mit seiner Mutter oder der Köchin einkaufen war. Oder vielleicht hatte Stuart die Brieftasche gestohlen und sie dann unter dem Buch versteckt, weil er wusste, dass sie *Eat, Pray, Love* niemals lesen würde.

Doch Karen hatte einen Verdacht, einen Verdacht, so stark, so eindeutig wie ihre erste Wehe bei Darby. Natürlich hatte Melora es getan. Es passte zu dem, was Melora in Interviews über ihre Kindheit erzählte: dass sie zu schnell erwachsen werden musste. Karen kannte sich ein bisschen mit Sozialphobie aus, seit sie *Kinderängste und Schüchternheit überwinden: Ein Praxisratgeber für Eltern* gelesen hatte, nachdem Darby mit zwei eine extrem schüchterne Phase gehabt hatte. Im Buch hieß es, dass Kinder, die schon in jungen Jahren viel leisten müssen, manchmal die Gelegenheit verpassen, mit Gleichaltrigen Freundschaft zu schließen und als Erwachsene Probleme mit zwischenmenschlichen Beziehungen haben. Genau das war wahrscheinlich Melora passiert.

Einerseits verspürte sie Mitgefühl für Melora, andererseits witterte sie ihre Chance. In den zwei Jahren, seit Melora im Viertel wohnte, hatte Karen nicht ein Wort mit ihr gewechselt, aber das würde sich jetzt ändern.

Als sie Schritte hörte, sprang Karen auf, strich die Decke glatt, ließ das Portemonnaie in ihre Hosentasche gleiten, rannte zur Treppe und tat, als sei sie gerade auf dem Weg nach unten gewesen. Als sie um die Ecke kam, sah Annika sie misstrauisch an. »Kommst du?« fragte sie.

»Ja.« Annika spähte stirnrunzelnd zur Schlafzimmertür, doch Karen hatte sie fest hinter sich geschlossen.

Während sie im Garten Limonade tranken und Butterkekse aßen, schob Karen die Hand in ihre Tasche und strich über die Geldbörse. Sie war sich in dieser luxuriösen Villa so fehl am Platz vorgekommen, doch jetzt fühlte sie sich wie zu Hause. Sie schloss die Augen und stellte sich vor, sie sei Melora, die in ihrem eigenen Garten sitzt. Von ihrem Liegestuhl aus konnte Karen den Verkehr am Prospect Park West nicht hören, nur eine leichte Brise raschelte in den Zweigen des japanischen Ahorns.

DER KOOP-KURIER

AM nächsten Morgen um neun Uhr lief Melora den Prospect Park West entlang zum Parkeingang in der Third Street. Normalerweise wachte sie nie vor zehn Uhr auf, doch heute war sie, ohne den Wecker zu stellen, um acht Uhr vierzig aufgestanden, hatte die Sonne durch das Fenster scheinen sehen und beschlossen, joggen zu gehen, obwohl das letzte Mal Monate her war.

Als sie nach unten in die Küche ging, um sich einen Kaffee zu holen, traf sie nur auf Shivan, die Melora erzählte, Stuart sei in der Bücherei und Annika mit Orion unterwegs. Melora war genervt, dass sie sich wie eine Frühaufsteherin vorgekommen war, obwohl alle anderen längst das Haus verlassen hatten, aber sie sagte sich, dass sie nicht zuviel auf einmal von sich verlangen durfte.

Als sie den Prospect Park West entlang joggte, war sie überrascht, wie sehr ihr das Viertel ans Herz gewachsen war, obwohl sie sich hier nie richtig zu Hause gefühlt hatte. Sie lief vorbei an Yuppies, die auf dem Weg zur U-Bahnstation am Grand Army Plaza waren, und an Nannys mit Kinderwagen. Die Luft war frisch im Vergleich zur Feuchtigkeit der vergangenen Tage, und sie atmete den sommerlichen Duft nach Blüten und Eiche durch die Nase ein.

In ihrem Stella-McCartney-Jogginganzug von Adidas und Baseballkappe von der Gewerkschaft der Drehbuchautoren, die sie in der Streikpostenkette bekommen hatte, sah sie fast aus wie die normalen Park Sloper. Sie war kein Filmstar, sie war nur eine Mutter aus der Nachbarschaft, die morgens Joggen ging.

Sie schaffte die Strecke um den Park mühelos. Normalerweise musste sie am Drummer's Grove Pause machen und den East Drive zum Gedenkbogen für Soldaten und Seeleute gehen, aber nicht heute. Sie war ein neuer Mensch, eine neue Melora. Sie konnte sich an die alte Melora kaum noch erinnern, die Melora, die jeden Tag 150 Milligramm Zoloft nahm, Ativan brauchte, um einschlafen zu können, und nichts dabei empfand, wenn ihr Sohn ihr einen Gute-Nacht-Kuss gab. Diese Melora funktionierte nur, die neue Melora LEBTE.

Zu ihrer Linken konnte sie die Long Meadow sehen, rechts ein paar Hundebesitzer und Fußballspieler. Sie war außer Atem. *Du hast es gleich geschafft.* Sie lief am Kriegsmahnmal vorbei, das letzte, anstrengendste Stück der Strecke. Sie sah den Gedenkbogen über den Bäumen, die Statue einer Frau in einer von Pferden gezogenen Kutsche. Irgendwann auf dem Markt hatte Stuart ihr erklärt, was die Statue darstellte. Er wusste es aus einer PBS-Dokumentation über Brooklyn. In der Mitte stand Columbia mit einer Urne in der Hand. Zu beiden Seiten standen Figuren mit Flügeln, die Trompeten bliesen, um Columbias Ankunft zu verkünden. Stuart sagte, Columbia stehe für die Vereinigten Staaten, eine Allegorie für den Bürgerkrieg.

Während Melora bergauf lief, blickte sie zu Columbia auf und stellte sich vor, die Göttin würde sie anfeuern, sie ermutigen, ihr Leben auf die Reihe zu kriegen, und sie konzentrierte sich so sehr auf die Statue, dass sie die beiden schwarzen Teenager, die links zwischen den Bäumen standen, zu spät bemerkte. Einer trug ein Kopftuch, und obwohl sie jung waren, wirkten sie gefährlich.

Sie fühlte in ihrer Jackentasche nach ihrem Handy. »Yo, Prinzessin Xaviera!« rief der kleinere von beiden. »Wo ist dein Säbel?«

Sie atmete erleichtert auf. »Ach, den habe ich zu Hause gelassen«, sagte sie leichthin und beschleunigte ihr Tempo. Die beiden folgten ihr nicht. Melora hörte sie lachen. Was sie wohl sagten? Mokierten sie sich über ihren Körper oder ihr Alter, starrten sie ihr auf den Hintern? Die hätten sie mal sehen sollen, als sie noch auf Effexor war.

Nachdem sie den Park verlassen hatte, machte sie an einer Steinbank Halt und dehnte sich, froh, nicht mehr allein auf der Straße zu sein. Eben war man noch allein und angreifbar, und im nächsten Moment schon wieder auf einem belebten öffentlichen Platz, umgeben von Dutzenden von Menschen.

Während sie den Oberköper zu ihren Beinen beugte, um den hinteren Oberschenkelmuskel zu dehnen, beschloss sie, nicht sofort nach Hause zu gehen, sondern einen Umweg zum Biomarkt »Zurück zur Natur« in der Seventh Avenue zu machen und sich einen Fruchtsmoothie zu holen. In der Lebensmittelkooperative gab es keine frischen Säfte. Und selbst wenn! Sie hatte nicht vor, je wieder einen Fuß dort hinein zu setzen. Seit sie letzte Woche die Brieftasche geklaut hatte, war sie nicht mehr dort gewesen. Wenn sie im Viertel unterwegs war, achtete sie darauf, nicht an der Koop vorbeizugehen, aus Angst, wieder den Drang zu klauen zu verspüren.

Sie würde ihren Smoothie mit nach Hause nehmen, es sich mit der Zeitung gemütlich machen und sich von Shivan vielleicht Lachs oder ein Eiweißomelett zubereiten lassen. Melora bekam jeden Tag die *Times* und die *Post*, aber meistens schaffte sie es nicht, die *Times* zu lesen, außer donnerstags die Mode-Beilage.

Vielleicht würde sie, nachdem sie die Zeitung gelesen

hatte, in die Fifth Avenue fahren und ein neues Top kaufen. Sie wollte etwas Neues zum Anziehen für Stuart haben, etwas, das viel Haut zeigte und teuer aussah. Nach dem Shoppen würde sie zur Maniküre und Pediküre gehen und nochmal *Die gelbe Rosie* lesen. Am nächsten Tag traf sie Adam Epstein zum Lunch, und sie freute sich schon darauf, ihm ihre Ideen für die Rolle der Rosie zu erzählen. Wie sich die Figur ganz klar für sie herauskristallisiert hatte, nachdem sie ihr im Traum erschienen war. Wenn es gut lief, konnte sie *Die gelbe Rosie* am nächsten Abend sogar auf dem roten Teppich bei der Premiere von *Donnellys Duell* erwähnen.

Nach Adam Epstein hatte sie einen Termin bei Dr. Levine, den sie am liebsten abgesagt hätte. Bei ihrer letzten Sitzung, wenige Tage nach der Sache mit der Brieftasche, hatte sie das Gefühl gehabt, ihm davon erzählen zu müssen, es dann aber doch nicht getan. Er hätte nur geglaubt, sie habe ein Problem, und hätte darüber reden wollen, warum sie es getan hatte, und dann hätte sie ihm erzählen müssen, dass sie schon als Jugendliche geklaut hatte. Vielleicht hätte er ihr dann ein anderes Antidepressivum verschrieben oder, schlimmer noch, ein Anti-Epileptikum wie Topamax, das sie 1998 genommen hatte, weil sie sich eine Zeit lang die Haare ausgerissen hatte, und das sie hasste, weil man davon Blähungen und Halluzinationen kriegte.

Oder er hätte darauf bestanden, dass sie in Zukunft zweimal die Woche kam, was ihre Abhängigkeit von ihm nur noch fördern würde. Diese Woche hatte sie sich so energiegeladen gefühlt, dass sie daran dachte, nur noch jede zweite Woche hinzugehen, und sie wollte Dr. Levines Segen. Sie war nicht immer so abhängig gewesen. Es hatte eine Zeit gegeben, wo sie ihre Probleme selbst gelöst hatte. Als sie mit zwölf einen Fernsehfilm mit

Lindsay Crouse drehte, stand bei einer entscheidenden Szene eine unansehnlich dicke Assistentin in ihrem Blickfeld, und Melora hatte den Regisseur gebeten, dafür zu sorgen, dass sie verschwand. Dieses Mädchen wollte sie wieder sein, dieses unerschrockene, mutige Mädchen. Am besten sagte sie den Termin ab.

Während sie die President Street zur Seventh Avenue ging, nahm sie ihr Handy und wählte seine Nummer. »Hi, Michael«, sprach sie auf seinen Anrufbeantworter. »Ich muss unseren Termin morgen leider absagen. Ist was dazwischen gekommen. Aber wir sehen uns nächsten Donnerstag um vier.«

Sie legte auf und fragte sich, ob er ihr abkaufte, dass etwas dazwischen gekommen war. Er war nicht umsonst fünf Jahre ihr Therapeut gewesen.

Im Biomarkt ging sie zur Safttheke und bestellte einen Erdbeer-Papaya-Smoothie. Während der Bursche hinterm Tresen das Getränk zubereitete, klingelte ihr Handy. Dr. Levine. Erst war sie etwas nervös, aber dann fand sie es albern, nicht ranzugehen. Es ging nur um eine Terminabsprache. Es gab keinen Grund, dem Gespräch aus dem Weg zu gehen. Sie senkte die Stimme, trat einen Schritt vom Tresen zurück und nahm den Anruf an. »Hi, Melora«, sagte er fröhlich. »Ich habe Ihre Nachricht erhalten. Ist alles in Ordnung?«

»Ja, wieso?«

»Sie sagten, es sei etwas dazwischen gekommen. Ich wollte mich nur vergewissern, dass alles okay ist.«

»Ja, ja, ich habe nur ein Meeting. Es geht um den neuen Film von Adam Epstein. Das kann ich nicht verschieben.«

»Hals- und Beinbruch. Klingt, als sei es Ihnen auf den Leib geschrieben.«

»Das Gefühl habe ich auch. Seltsamerweise bin ich ganz zuversichtlich.« Sie konnte sich nicht helfen. Sie war zu aufgedreht, zu high. »Wir reden darüber, wenn ich das nächste Mal komme, aber ich … Ich weiß nicht, ich habe darüber nachgedacht, ob ich in Zukunft vielleicht nicht mehr ganz so oft komme. Mir geht es wirklich gut, und ich dachte daran, die Abstände zu verlängern. Zwischen den Sitzungen.«

»Darüber sollten wir persönlich besprechen.«

»Natürlich, natürlich.«

»Aber ich freue mich, dass es Ihnen so gut geht. Das ist ein hervorragendes Zeichen. Wir sehen uns dann nächsten Donnerstag.«

Als sie auflegte, war ihr leichter ums Herz. Auf dem Weg nach draußen, den Smoothie in der Hand, fiel ihr ein Regal mit Flugblättern und Zeitungen auf. Eine fette Überschrift lautete KOOP GEHT GEGEN TASCHENDIEBE VOR. Es war der *Koop Kurier*.

Melora nahm ihn und ging nach draußen.

Koop-Mitglied Neal Harris, 34, meldete diese Woche, dass seine Brieftasche aus einer Kinderwagentasche gestohlen worden sei, während er an der Kasse stand. Koop-Filialleiterin Vivian Shaplansky berichtete außerdem jüngst von Ladendiebstählen, bei denen diverse Produkte – von Stonyfield Joghurt bis zu Murrays Hühnerschenkeln – aus den Regalen verschwinden, ohne in den Computerkassen als bezahlt registriert zu sein.

»Ich kann mir nicht vorstellen, dass irgendein Koop-Mitglied ein anderes Mitglied oder die Koop selbst bestiehlt«, meint Shaplansky. »Ich nehme an, es handelt sich um Nicht-Mitglieder, die irgendwie am Sicherheitspersonal vorbeigekommen sind. Hoffentlich passen unsere Kunden in Zukunft besser auf ihre Sachen auf, damit uns unbequeme Sicherheitsmaßnahmen erspart bleiben.«

»Mich regt auf, dass so etwas ausgerechnet an einem Ort passiert, wo es um die Gemeinschaft geht«, sagt Harris, Hausmann und Vater zweier Kinder. »Wir sind hier schließlich nicht bei Aldi. Es ist wirklich traurig. Meine Frau und ich überlegen, nach Montclair zu ziehen.«

Die Koop hat 2004 nach ähnlichen Vorfällen ein Dutzend Überwachungskameras in den Verkaufsräumen installiert. Shaplansky sagt, die Koop habe in Zusammenarbeit mit der New Yorker Polizei begonnen, die Bänder zu prüfen, in der Hoffnung, den oder die Täter dingfest zu machen. »Da wir Zeit und Ort der Diebstähle kennen», sagt Shaplansky, »gehen wir davon aus, den Schuldigen bald zu finden.«

Melora schreckte hoch. Ihr wurde plötzlich schwindelig, und sie setzte sich schnell auf die Bank vor dem Laden. *Fuck fuck fuck*. Das war's. Es war ja nicht so, dass sie keiner kannte, dass sie eine dieser stinknormalen Park-Slope-Mütter mit Krähenfüßen und Skoliose war. Sie war berühmt. Jeder Idiot, der ins Kino ging, würde sie erkennen. Ihre Karriere wäre noch vor ihrem zweiten Comeback zu Ende. Sie wollte nicht die nächste Winona Ryder sein. Winona hatte seit dem Ladendiebstahl keinen einzigen Film mehr gedreht, diese Sundance-Komödie über die Zehn Gebote mal ausgenommen.

Dabei hatte Melora nichts weiter gewollt als eine Erwähnung in den Klatschspalten oder einen Beitrag in der *Us Weekly* über ihre Koop-Mitgliedschaft. Selbst wenn sie mit Gemeindedienst und einem Bußgeld davonkam, würde Adam Epstein nicht das Risiko eingehen, sie zu engagieren. Die Produktionsfirmen bestanden auf einer Versicherung, und wenn die Versicherung sich querstellte, konnte er sie nicht buchen. Deshalb hatte Woody Allen Ryder und Downey nicht für *Melinda und Melinda* bekommen. Nicht, dass eine Rolle in *Melinda und Melinda* irgendeiner Karriere förderlich gewesen wäre.

Sie dachte an die Premiere von *Donnellys Duell* am nächsten Abend. Man erwartete einen Auftritt auf dem roten Teppich von ihr. Wie sollte sie das schaffen, wenn sie wusste, dass sie auf dem besten Wege ins Kittchen war?

Niemand arbeitete gern mit verkorksten Frauen. Frauen hatten immer auf Zack zu sein, während sich keiner darum scherte, wenn Männer Waffen trugen oder sich von schwarzen Nutten einen blasen ließen.

Ihre Halsschlagader pochte wie verrückt, Schweiß lief ihr den Nacken hinunter, als sie Dr. Levines Nummer wählte. Anrufbeantworter. Wenn sie versuchte, ihm aus dem Weg zu gehen, meldete er sich, und wenn sie versuchte, ihn zu erreichen, stellte er den Anrufbeantworter an. Ein makabrer Witz.

»Michael?« sagte sie hohl. »Ich wollte fragen, ob Sie Ende der Woche noch was frei haben? Rufen Sie mich an. Hier ist Melora.«

Wie konnte sie sich eben noch so stark fühlen und jetzt so schwach? Warum hatte sie mit der Koop-Mitgliedschaft nicht bis zum Herbst gewartet und war mit Orion und Annika den Sommer über nach Bridgehampton gefahren? Wenn man im Juli noch in der Stadt war, gab es immer Ärger.

Wie lange würde es dauern, bis alle Sicherheitsvideos gesichtet waren? Hatten sie schon begonnen, ehe der Zeitungsartikel in Druck gegangen war? Die Koop wusste, wann der Diebstahl passiert war, weil Papa Bugaboo sich darüber beschwert hatte. Es konnte nicht lange dauern, das Video zu sichten, höchstens ein paar Tage.

Nur zwei Blocks bis nach Hause, sagte sie sich und stand

schwankend auf. Sie ließ ihren Smoothie stehen und ging auf der Seventh Avenue Richtung Süden. Vom Geruch der Gingkobäume wurde ihr schlecht.

Sie musste nachdenken. Vielleicht würde der Kelch an ihr vorübergehen. Vielleicht regte sie sich ganz umsonst auf. Worauf es jetzt ankam, war, Ruhe zu bewahren. Sie musste das Treffen mit Epstein überstehen. Aber wie sollte das gehen, wenn sie sich solche Sorgen machte? Wie sollte sie heute Nacht überhaupt schlafen können? Sie brauchte definitiv ein paar Ativan, ehe sie zu Bett ging.

Am besten sie nahm gleich ein oder zwei Milligramm, wenn sie nach Hause kam. Vielleicht würde sie die Tabletten mit Wein runterspülen, da es neunzig Minuten dauerte, bis das Ativan wirkte. Stuart hatte für eine Dinnerparty im April ein halbes Dutzend Kisten Sauvignon blanc bei Reverie Vineyard and Winery in Diamond Mountain bestellt. Dafoe und Robbins hatten bei der Party eine Kiste weggeputzt, und seitdem hatte Melora alle paar Tage tagsüber heimlich eine Flasche geleert und dann beim Abendessen mit Stuart weiter getrunken. Jetzt war nur noch eine halbe Kiste übrig.

Sie schmeckte ihn schon frisch und buttrig auf ihrer Zunge. *Reverie.* Nur ein Glas, wenn sie nach Hause kam, und sie würde sich keine Gedanken mehr über die dämliche Sicherheitskamera machen.

Mach dir keine Sorgen. Loslassen und Gott vertrauen. Nach Hause, dann Wein. Und alles wird gut.

MOMMY MAKEOVER

Am Mittwochmorgen, auf dem Weg zu ihrer Verabredung mit Rebecca im Prospect Park, machte Lizzie Stopp bei ihrer Schwiegermutter. Mona hatte angerufen, weil sie ihr ein Geschenk für Mance geben wollte, und Lizzie, die ein latent schlechtes Gewissen hatte, versprach vorbeizukommen, um es abzuholen.

Mona – eine strenge, perfekt frisierte Bohnenstange – führte sie ins Wohnzimmer, das mit den antiken Möbeln und Zierdeckchen aussah, als sei es seit 1969, als sie und ihr Mann das Haus gekauft hatten, nicht verändert worden. Auf jeder freien Oberfläche standen gerahmte Fotos von Mance, Jays Schwester Sabrina, Monas verstorbenem Mann François und Aberdutzenden schwarzer Verwandter. Schwarze auf Partys und beim Essen und in der Kirche, lachend und glücklich. Es war das Haus einer Fremden, nur dass Lizzies Mann hier aufgewachsen war.

»Na, da schau her!« rief Mona und griff nach dem Kind. Es fing an zu weinen.

Lizzie nahm ihr Mance ab und sagte: »Er ist schlecht drauf wegen der Hitze.«

Der Fernseher lief. CNN. Ein Berichterstatter sprach über den Cartoon im *New Yorker*, der Barack und Michelle als radikale Black-Power-Extremisten darstellte, und meinte, das Titelbild sei eindeutig ein Seitenhieb auf die Republikaner, die die Obamas verunglimpften, und nicht auf die Obamas selbst.

Mona machte ein zischendes Geräusch und schüttelte den Kopf. »Das mag ja sein«, sagte sie, »aber das heißt noch lange nicht, dass die Leute es kapieren.«

»Wer den *New Yorker* liest, kapiert es schon«, sagte Lizzie.

»Was soll das denn heißen?«

»Nur dass die Leute, die den *New Yorker* lesen, schlau genug sind, Satire zu verstehen.« Mona starrte sie an, als habe Lizzie einen rassistischen Spruch gebracht. In Monas Gegenwart klang alles, was Lizzie sagte, irgendwie anders, als sie es meinte. »Was wolltest du mir denn geben?« fragte Lizzie.

»Es ist so heiß. Wollt ihr nicht kurz einen Eistee trinken?«

»Nein, nein, ich bin auf dem Weg zu einer Freundin.«

Mona runzelte die Stirn. Lizzie merkte, dass sie unhöflich gewesen war, wusste aber nicht, wie sie es rückgängig machen sollte.

»Das habe ich ihm in einem Laden in der Vanderbuilt Avenue gekauft«, sagte Mona und holte einen orangen Sonnenschlapphut mit fünfzehn Zentimeter breiter Krempe und Ohrklappen.

Er war potthässlich. So etwas trugen Kinder auf der Krebsstation. Selbst in einer anderen Farbe hätte Lizzie ihn Mance nie aufgesetzt. »Ist der nicht entzückend?« sagte Mona.

»Ach, der ist ja wirklich süß«, sagte Lizzie und setzte ihn Mance auf den Kopf. Er weinte, und sie nahm den Hut wieder ab. »Vielen Dank. Wir müssen langsam gehen.« Sie machte einen Schritt zur Tür.

»Auch schwarze Haut bekommt Sonnenbrand«, dozierte Mona. Lizzie konnte es nicht ab, wenn Mona sie bevormundete. Mance war *ihr* Sohn.

»Ich weiß.«

Lizzie wartete, bis sie außer Sichtweite war, ehe sie den Hut in die Windeltasche stopfte. Sie fühlte sich von Mona missverstanden. Wenn Mance älter war, konnte Mona gern auf ihn aufpassen, aber noch war er zu klein.

Rebecca hatte Lizzie vorgeschlagen, sich am Parkeingang am Ende der Third Street zu treffen, und als Lizzie dort ankam, war sie erschöpft. Es war ein weiter Weg von Lizzies Wohnung bis zur Third Street, aber es war ihr gar nicht in den Sinn gekommen, Rebecca vorzuschlagen, sich auf dem Underhill-Spielplatz zu treffen, der gleich bei ihr um die Ecke war. Wenn man in Prospect Heights wohnte, wurde erwartet, dass man sich nach den Slopern richtete, und nicht umgekehrt.

Als Lizzie sich dem Parkeingang näherte, war von Rebecca nichts zu sehen, und so blieb sie kurz stehen und blickte zu den beiden Steinpanthern auf, die neben ihr standen. »Guck mal!« sagte sie zu Mance. »Siehst du den Unterschied zwischen den beiden? Es sind die Ohren, Spatz. Der eine hat seine Ohren aufgestellt, und die Ohren des anderen sind angelegt.« Sie hatte einmal gehört, wie eine andere Mutter ihre Tochter darauf aufmerksam gemacht hatte.

Es war schwer zu sagen, was er verstand, auch wenn das für alle Kinder seines Alters galt. Mal hatte man das Gefühl, dass sie alles mitkriegten, und dann wieder wirkten sie unbedarft wie Neugeborene. Obwohl sie sich manchmal blöd vorkam, bemühte sie sich, mit Mance die ganze Zeit in einem klaren, angenehmen Singsang zu reden, den Erziehungsexperten als Ammensprache bezeichneten.

Lizzie sah Rebecca mit Abbie im Kinderwagen auf sich zukommen. Aus Angst, ihr könnten Körner zwischen den Zähnen stecken, fuhr sie schnell mit der Zunge darüber. Rebecca lächelte breit, als sie ihr entgegenging. »Hallo ihr«, sagte sie.

Lizzie griff in ihre Tasche und holte eine eingewickelte Flasche italienischen Wein hervor, den sie im Spirituosenladen in der Vanderbuilt gekauft hatte.

»Was ist das?« fragte Rebecca, offenbar eher betroffen als geschmeichelt.

»Ich war in einem Laden bei uns im Viertel und habe dem Verkäufer erzählt, dass du gern Terre di Tufi trinkst, und er hat den hier empfohlen. Er kommst aus Sardinien.«

»Das wäre doch nicht nötig gewesen.«

»Das ist mir egal. Du hast Mance Abendessen gekocht.«

Rebecca wickelte die Flasche aus und betrachtete sie eingehend, ehe sie sie in ihrer Kinderwagentasche verstaute. »Du siehst toll aus«, sagte sie. War das eine Anmache oder wollte sie nur nett sein, von Mutter zu Mutter?

Lizzie hatte ihr Outfit mit Bedacht gewählt: Sie trug ein Loomstate-T-Shirt, das sie einen Tag zuvor in der Fifth Avenue gekauft hatte. »Ach, ich sehe furchtbar aus.« Sie kniff sich in die Taille. »Ich bin so fett. Früher hatte ich schöne Brüste, aber jetzt komme ich mir vor wie eine Dolly Parton, aus der man die Luft gelassen hat. Ich glaube, wenn ich ihn abgestillt habe, gönne ich mir ein Mommy Makeover.«

»Was ist ein Mommy Makeover?«

»Bauch- und Bruststraffung und Fettabsaugung. Kostet dreißig Riesen, aber wenn ich jetzt anfange zu sparen, habe ich das Geld bis zu meinem fünfzigsten Geburtstag zusammen.« Sie scherzte nur, nie würde sie so etwas machen. Sie zog nur über ihren eigenen Körper her, weil sie wissen wollte, wie Rebecca ihn fand.

»Du brauchst bestimmt kein Mommy Makeover«,

lachte Rebecca. »Du bist eine MILF, eine ›Mother I'd Like to Fuck.‹ Sie schoben die Kinderkarren in den Park.

»Ich bin keine MILF«, sagte Lizzie. »Ich bin das Gegenteil von einer MILF. Ich bin eine Mutter, die niemand ficken will.« Sie versuchte, die Buchstaben im Kopf zusammenzusetzen. »Eine M-NLF.«

»Ach was! Du hast gesagt, ihr macht es viermal in der Woche!«

»Na ja«, sagte Lizzie. »Manche Männer haben wahrscheinlich nicht mehr soviel Energie für Sex übrig, wenn sie Väter sind, aber dazu gehört Jay nicht. Wer kaum Zeit mit seinem Kind verbringt, ist eben auch nicht so erschöpft.«

Jay war wieder auf Tour, diesmal in Neuengland. Er war gestern Morgen gefahren, nachdem er den Wecker auf fünf Uhr gestellt hatte, und im Gegensatz zu Mance war Lizzie wach geworden, als er packte. Jay hatte seine Reisetasche aufs Bett gestellt und war im Zimmer umhergestampft, und als er weg war, konnte sie nicht wieder einschlafen. Stattdessen warf sie sich im Bett hin und her, bis Mance um sieben aufwachte. Als sie sich endlich einen Kaffee holen wollte, war die Kanne angebrannt.

»Was ist mit Theo?« fragte Lizzie Rebecca.

»Was meinst du?«

»Hat er weniger Energie für Sex, seit er Vater geworden ist?«

»Kann man so sagen.« Rebeccas Gesicht sah hart und verbittert aus.

»Das soll manchmal vorkommen«, sagte Lizzie.

Rebecca blieb stehen und sah Lizzie an. »Wie lange glaubst du ist es okay, keinen Sex zu haben, bevor … bevor man sich eingestehen muss, dass man ein Problem hat?«

»Keine Ahnung«, sagte Lizzie unsicher. »Ein paar Monate?« Rebecca sagte nichts. »Vielleicht sechs Monate?« Rebecca gestikulierte, als wollte sie sagen »Rate weiter«. »Wie lang ist es denn her? Ein Jahr?« Dieselbe Geste. »Anderthalb?«

Rebecca schwieg. Lizzie wusste nicht, was sie sagen sollte. Das war also der Grund für den Kuss. Rebecca war unterfickt. Es hatte gar nichts mit Lizzie zu tun. Wenn Lizzie anderthalb Jahre keinen Sex gehabt hätte, würde sie andere Mütter auch scharf finden. Aus demselben Grund wurden Männer im Gefängnis schwul.

»Vielleicht hat er Erektionsprobleme«, sagte Lizzie. »Sag ihm, er soll es mit Viagra versuchen.«

»Er redet nicht gern darüber.«

»Wart ihr bei der Eheberatung?«

»Für ihn ist Paartherapie das Tor zur Scheidung«, sagte Rebecca.

»Na ja, kein Sex ist auch nicht gerade ein Rezept für eine gute Ehe.« Rebecca nickte. »Hast du überhaupt mal versucht, mit ihm zu reden?« fragte Lizzie.

»Er macht immer dicht. Oder er sagt, es liegt daran, dass ich so fies zu ihm bin. Keine Ahnung, ob er recht hat. Weißt du was? Ich hätte nicht davon anfangen sollen. Es ist mir peinlich.«

»Warum?«

»Es ist nicht normal. Man sollte von einem Mann erwarten können, dass er Sex will. Ich meine, Männer werden ihr Leben lang abgewiesen, während Frauen ihr Leben lang Migräne vortäuschen.«

»Das ist ein Klischee.«

»Aber es stimmt!«

Rebecca sah so bekümmert aus, während sie Abbie vor sich her schob. Lizzie hätte sie gern getröstet, aber sie wusste nicht wie. Sie hätte Rebecca gern gesagt, dass jeder

Mann, der sie nicht vögeln wollte, verrückt war. Sie hätte ihr gern gesagt, dass es, wenn Rebecca mit ihr zusammen wäre, nie soweit kommen würde.

Lizzie konnte sich gar nicht vorstellen, dass Rebeccas Mann nicht mehr mit ihr schlief. Es war schwer zu glauben, dass sich jemand plötzlich so ändern konnte. Vielleicht war ihr Liebesleben schon vor Abbie nicht so berauschend gewesen und jetzt suchte sie einen Sündenbock. Lizzie tat ihre Freundin leid, aber sie fragte sich, ob nicht mehr dahinter steckte.

Im Park suchten sie einen Platz zum Hinsetzen. Lizzie kramte eine Picknickdecke hervor und breitete sie unter einem Baum aus. Sie setzten die Kinder nebeneinander, und Lizzie machte Seifenblasen für sie.

»Ich habe den Swingern geantwortet«, sagte Lizzie.

Rebecca drehte sich zu ihr um. *»Was?«*

Lizzie kicherte bei der Erinnerung. »Ich habe mich als allein erziehende Mutter namens Victoria ausgegeben. Ein Mann hat geantwortet. Andy. Sagt, seine Frau heiße Alexandra. Wahrscheinlich nicht ihre echten Namen. Sie haben zwei Söhne. Er will, dass ich morgen im Gate was mit ihnen trinken gehe, um zu sehen, ob die Chemie stimmt.« Sie hatte die letzten Abende mit Andy hin und her gemailt und es genossen, sich als die Art Frau auszugeben, die ihm gefallen würde, blond und vollbusig.

»Gehst du hin?« fragte Rebecca.

»*Wir* gehen hin.« Lizzie versuchte, leicht und locker zu klingen, aber sie wollte unbedingt, dass Rebecca mitkam. Wenn Rebecca mitkam, hatte Lizzie vielleicht Chancen bei ihr. So traute sie sich nicht, sie zu verführen. Lizzie brauchte das Pärchen als Vorwand.

»Du findest mich bedauernswert wegen der Sache, die ich dir erzählt habe«, sagte Rebecca. »Hältst du mich für so verzweifelt?«

»Nein, gar nicht. Wir machen doch gar nichts. Ich will nur wissen, wie die aussehen.«

»Wahrscheinlich sind sie fett«, sagte Rebecca. »Hat er gesagt, wie alt sie sind?«

»Ende dreißig. Das wird bestimmt lustig. Ich habe ihm erzählt, ich sei blond. Und du hast rote Haare, werde ich ihm sagen. Dann können wir sie ausspionieren, ohne dass sie uns erkennen.«

»Klingt irgendwie albern.«

»Ach, komm schon. Reizt es dich denn gar nicht zu sehen, was passiert?« Je länger Lizzie darüber nachdachte, desto aufgeregter wurde sie. Ihr ganzes Leben gehörte jetzt Jay und Mance. Sie wollte ein Geheimnis haben, das nur ihr gehörte.

»Hast du diesem Andy erzählt, dass du mal lesbisch warst?« fragte Rebecca.

»Victoria war nie lesbisch. Sie und ihr Mann leben getrennt, und ihr Sohn heißt Cyrus. Sie ist Rechtsanwaltsgehilfin und wohnt in der Windsor Terrace.«

»Hast du ihm auch deine Maße gegeben?«

»Ja, aber ich habe ein bisschen übertrieben. Ich glaube, Victoria hatte ein Mommy Makeover.«

Rebecca kicherte und holte einen Joint aus ihrer Hemdtasche. Sie steckte ihn in den Mund und kramte in ihrer Handtasche nach einem Feuerzeug. Rebecca war zwar reicher als Lizzie, aber irgendwie ein Prolet. Lizzie wusste nicht, ob sie sich so benahm – der Wein, das Gras –, um Lizzie zu provozieren oder weil sie wirklich ein Suchtproblem hatte.

»Was tust du?« fragte Lizzie.

»Wonach sieht's denn aus?«

»Sei lieber vorsichtig«, sagte Lizzie. »Im Park ist überall Polizei.«

»Bitte. Glaubst du, die bemerken uns? Ich kann nicht

glauben, dass dir das noch nicht aufgefallen ist: Niemand nimmt Mütter wahr.« Rebecca zündete den Joint an, inhalierte und bot ihn Lizzie an.

Lizzie schüttelte den Kopf und sagte: »Ich vertrag das nicht.«

»Wie du willst.«

»Ich war letzte Woche bei dir in der Wohnung betrunken«, sagte Lizzie. Rebecca blies den Rauch von den Kindern weg. »Ich weiß nicht, ob es an der Geburt liegt oder am Alter. Ich war so neben der Spur, nachdem ich bei dir war.« Sie erzählte Rebecca von dem Mann in ihrer Straße.

Als sie mit der Geschichte fertig war, sagte Rebecca: »Du hättest mich anrufen sollen«, und verschluckte sich ein bisschen am Joint.

»Ich dachte, du würdest mich albern finden«, sagte Lizzie. »Ich war angeschickert. Wahrscheinlich war es überhaupt nicht der Typ vom Poster.«

»Aber er mag trotzdem gefährlich gewesen sein. Ich habe gehört, dass es im Januar auf dem Underhill-Spielplatz eine Schießerei gegeben hat. Ist das nicht bei dir um die Ecke?«

Lizzie hatte das Gefühl, ihr Viertel verteidigen zu müssen. »Das war nicht auf dem Spielplatz, sondern auf der Straße davor. Die Schüsse kamen aus einem vorbeifahrenden Auto. Niemand wurde verletzt. Außerdem ist Park Slope genauso gefährlich. Erst heute Morgen hat einer auf Park Slope Parents geschrieben, dass er vor seiner Wohnung am Polhemus Place mit vorgehaltener Waffe überfallen worden ist.«

»Wie furchtbar!«

»Daraufhin haben alle auf ihm rumgehackt, weil er den Straßennamen genannt hat und jetzt die Immobilienpreise sinken. Ist das zu glauben? Die Leute sind so naiv. Die denken, Park Slope ist sicher, nur weil hier Promis wohnen, aber es ist immer noch Brooklyn. Ich glaube sowieso nicht, dass die Promis hier wohnen. Ich habe Melora Leigh noch nie gesehen, dabei hat sie angeblich ein Haus am Prospect Park West.«

»Ich bin neulich ihrem Mann begegnet«, sagte Rebecca und drückte den Joint an ihrem Schuh aus.

»Echt?« fragte Lizzie. »Wo bist du ihm begegnet?«

»Bei meiner Koop-Schicht«, sagte Rebecca. »Ich sollte ihn anlernen. Allein. Fast drei Stunden lang.« Ihr Gesicht war gerötet, und sie klang wie ein Schulmädchen. Es war seltsam. Lizzie hatte diese Seite an ihr noch nie gesehen.

»Worüber habt ihr geredet?« fragte Lizzie.

»Hauptsächlich über Filme. Er hat eine Menge Ahnung.«

»Was will Stuart Ashby bei der Prospect Park Lebensmittelkooperative?«

»Das ist die angesagte PR-Strategie bei Promis«, sagte Rebecca schulterzuckend. »Maggie Gyllenhaal ist offenbar auch Mitglied, und noch so ein Schauspieler aus Australien.«

»Und wie war er?« fragte Lizzie. Das Leuchten in Rebeccas Augen gefiel ihr nicht. Wahrscheinlich war Rebecca nur so aufgeregt, weil zu Hause nichts mehr lief, aber es ärgerte sie trotzdem. Es war so fantasielos, für einen Star zu schwärmen.

»Cool. Witzig. Überhaupt nicht abgehoben.«

»Bist du etwa in ihn verliebt?«

»Nein, warum?«

»Du solltest dich mal sehen. Du siehst ein bisschen irre aus.«

»Tu ich nicht.«

Rebecca fing an, ihr auf die Nerven zu gehen. Die ganze Zeit wollte sie nur über Stuart reden. Es war lange her, seit Lizzie diese Art Gespräch mit einer Frau, egal ob homo oder hetero, hatte ertragen müssen. Nur ein Depp verknallte sich in einen Filmstar. Sah Rebecca denn nicht, was für eine tolle, wenn auch nicht berühmte Frau ihr gegenübersaß?

Abbie tippelte zu einem umgekippten Baumstamm, und Mance folgte ihr. Lizzie mochte es nicht, wenn die beiden so weit weg waren. »Glaubst du, das ist okay?«

»*Dr. Spock* sagt, wenn ein Kind nie einen Gips hatte, haben die Eltern was falsch gemacht.« Rebecca legte sich auf die Decke und blickte in die Baumkronen. Lizzie legte sich neben sie, ließ die Kinder jedoch nicht aus den Augen.

Sie schwiegen eine Weile und starrten in den Himmel. Schließlich sagte Rebecca: »Hast du auch manchmal das Gefühl, dass in deinem Leben was falsch gelaufen ist?«

»Mmh«, antwortete Lizzie.

»Und dass es zu spät ist, etwas daran zu ändern? Und dass du alles anders gemacht hättest, wenn du in die Zukunft hättest blicken können?«

»Ja, ständig«, sagte Lizzie. »Manchmal frage ich mich, warum wir unbedingt ein Kind kriegen mussten.«

Rebecca drehte sich zu ihr um und runzelte die Stirn. »Ach was. Das ist doch Quatsch. Ich vielleicht, aber du doch nicht.«

»Es gibt Tage, da ist Mance so unausstehlich, dass ich Mütter, die ihren Kindern etwas antun, fast verstehen kann. Natürlich würde ich das nie tun. Ich wünschte nur, ich könnte ihn irgendwo ausschalten. Aber weil Jay nie da ist, komme ich nie zur Ruhe. Manchmal habe ich das Gefühl, dass es nie aufhört, nicht mal, wenn Mance erwachsen ist. Ich werde mir immer Sorgen um ihn machen, egal wie alt er ist oder wo er ist, selbst wenn er in einer anderen Stadt lebt. Und dann frage ich mich, warum ich mir das angetan habe.«

»Über so etwas darf man nicht nachdenken, wenn man Kinder hat«, sagte Rebecca. »Man muss die schönen Momente sehen. Sonst wäre die menschliche Rasse längst ausgestorben.«

Ihre Schultern berührten sich. Lizzie hatte das Gefühl, dass Rebecca sie verstand. Mit anderen Müttern konnte man über so etwas nicht reden, sonst galt man sofort als Verräter.

Es war befreiend, so ehrlich sein zu können. Allein dafür mochte Lizzie Rebecca. Sie hätte stundenlang so neben ihr liegen und reden können.

Lizzie sah, wie Rebeccas Brustkorb sich mit jedem Atemzug hob und senkte. »Ich bin froh, dass es dich gibt«, sagte sie schließlich. Rebecca sah sie verständnislos an, und Lizzie kam sich sofort albern vor.

Als Rebecca sich stirnrunzelnd zu den Kindern umdrehte, folgte Lizzie ihrem Blick. Abbie stand auf dem Baumstamm und war kurz davor herunterzufallen. Er war nicht sehr hoch, und es wäre nichts passiert, doch Rebecca rannte los, als schwebte Abbie in Lebensgefahr.

REVERIE

In der Küche holte Melora eine Flasche Reverie aus dem Kühlschrank. Sie nahm einen 0,5-Liter-Kognakschwenker und die Flasche mit ins Schlafzimmer, setzte sich auf den Bettrand, goss sich die halbe Flasche ins Glas und kippte es runter. Sie musste sich zusammenreißen. Wenn sie sich vierundzwanzig Stunden zusammenreißen konnte, bis zu ihrem Termin mit Epstein, war alles gut. Adam würde sich um so etwas Albernes wie eine Anklage wegen Ladendiebstahls nicht scheren. Er war unabhängig, Herrgott nochmal. Vielleicht hielt er eine Anklage wegen Ladendiebstahls sogar für gute Publicity. Trotz Kritikerlob für *Eva und Andie* hatte der Film in den USA nur vier Millionen Dollar eingespielt, und Vantage würde von *Die gelbe Rosie* bessere Zahlen erwarten.

Doch was sie sich auch sagte, es gelang ihr nicht, die Angst abzuschütteln. Sie war geliefert. Noch am Morgen hatte sie sich so lebendig und gesund gefühlt, und jetzt ging alles den Bach runter.

Sie versuchte erneut, Dr. Levine zu erreichen. Anrufbeantworter. »Hi, Michael, Melora nochmal. Ich muss Sie sehen. Etwas Schreckliches ist passiert. Na ja, schrecklich ist übertrieben. Ich meine, Orion geht es gut, und Stu geht es auch gut. Es ist nur …« Sie musste ihm die Dringlichkeit der Situation vermitteln, nahm ihm aber übel, dass sie ihn nicht erreichte. Sollte man das nicht erwarten können, wenn man berühmt war – dass jeder, den man brauchte, auf Abruf bereit stand? Wenn die Krise überstanden war, würde sie darüber nachdenken müssen, ob er engagiert genug war, um ihr Therapeut zu sein. »Es gibt da etwas, was mich sehr beunruhigt, und ich muss unbedingt mit Ihnen darüber sprechen. Also rufen Sie mich an. Bitte. So bald wie möglich.«

Wie hatte sie nur so dumm sein können, das Zoloft ohne Rücksprache mit ihrem Psychiater abzusetzen? Stuart hatte ihr von einer Geschichte erzählt, die er in der *New York Times* gelesen hatte: Ein Mann um die fünfzig hatte Trevilor gegen die Empfehlung seines Arztes abgesetzt und noch Monate später grauenvolle Stromschläge im Kopf, wie Elektroschocks. Was wäre, wenn sie beim Lunch mit Adam Epstein so einen Stromstoß hätte – im Gemma, wo jeder es sah?

Sie würde in den Knast wandern. Man würde sie auf dem Video erkennen, und sie konnte nichts zu ihrer Verteidigung hervorbringen. Sie konnte nicht einmal behaupten, für eine Rolle zu recherchieren, weil Winona das schon versucht und sich damit zur Witzfigur degradiert hatte.

Reiß dich zusammen, reiß dich zusammen. Sie trank einen großen Schluck Wein. *Take it easy.* Sie neigte zu zwanghaftem Grübeln – so nannte es Dr. Levine, wenn man sich in negative Gedanken hineinsteigerte. Sie nahm zwei Ativan aus einer Schublade und ließ sie unter der Zunge zergehen, damit sie schneller wirkten. Den Tipp hatte sie von ihrer Kosmetikerin, die ihr bei einer Sitzung erzählt hatte, sie lege sich jeden Tag alle drei Stunden ein Milligramm Ativan unter die Zunge.

Komm runter. Reg dich nicht auf. Vielleicht war sie voreilig. Vielleicht gab es dort, wo sie gestanden hatte, überhaupt keine Kamera. Und selbst wenn, war das Licht in der

Koop so grell und entstellend, dass man sie wahrscheinlich gar nicht erkannte.

Allerdings gab es noch andere Beweise. Die Brieftasche. Die Brieftasche! Was wäre, wenn Stuart sie entdeckte und Melora verpfiff? Es war furchtbar, dass sie so etwas dachte, aber sie traute ihm nicht. In letzter Zeit hatten sie sich entfremdet. Sie waren kein Team mehr.

Sie öffnete die Nachttischschublade, nahm das Exemplar von *Eat, Pray, Love* heraus und tastete nach der Brieftasche. Sie war fort! Wie ein Terrier, der hinter einer Ratte her war, durchwühlte sie die Schublade: Tabletten, Tweezerman, Youth!, La Mer und Analperlen. Um jeden Quadratzentimeter abzudecken, zog sie die Schublade so weit heraus, wie es ging, und die Schublade fiel umgekehrt zu Boden.

Sie ging zu Stuarts Seite und durchsuchte auch seine Schublade, fand jedoch nur ein paar Drehbücher, einen Roman mit dem Titel *Nachts in Bangkok* und *Inneres Gleichgewicht durch Ayurveda*. Sie schnellte ins Kinderzimmer, öffnete jede Spielzeugkiste und leerte den Inhalt auf den Boden. Sie filzte Orions Schlafzimmer. Nichts. Sie rief Annika an. »War irgendjemand in meinem Zimmer?« Im Hintergrund hörte sie Kinder spielen.

»Wie meinen Sie das?«

»Etwas aus meinem Schlafzimmer ist verschwindet. Verschwunden.«

»Ich war es nicht, Melora.«

»Dann war es jemand anders?«

»Nein. Niemand war in Ihrem Zimmer.«

»Was ist mit Orion?«

»Wenn Sie nicht da sind, lasse ich ihn da nicht rein. Vielleicht waren es die Putzleute. Fragen Sie die.« Die Putzleute waren Bruder und Schwester aus Burma, die auch für Liev und Naomi arbeiteten. Melora bezweifelte, dass sie irgendetwas tun würden, was ihre Aussicht auf politisches Asyl gefährdete.

»Wenn Sie Besuch hatten und mich anlügen, finde ich das heraus.« Melora war sicher, dass Annika ihr etwas verschwieg. Sie hatte die Schwedin nie gemocht. Das Mädchen ließ sich nicht in die Karten schauen.

»Hatte Orion Besuch von irgendwelchen Freunden?«

Es entstand eine Pause, dann sagte Annika: »Nein. Seine Freunde sind alle verreist.«

Annika war als Promi-Kindermädchen ungeeignet, weil sie eine miserable Lügnerin war. Melora würde später Shivan fragen.

Sie nahm Flasche und Glas mit ins Bad und trank, während sie sich ein Bad einließ. Vielleicht war die Polizei ihr längst auf der Spur. Sie hatte das Haus überwacht und das Beweismaterial mitten in der Nacht sichergestellt. Man wusste, was sie getan hatte, und man würde sie mitten im Meeting mit Epstein verhaften, um möglichst viel Aufsehen zu erregen. Mit Bloomberg als Bürgermeister war die New Yorker Polizei genauso schlimm wie die von L.A., wenn es darum ging, Stars zu schikanieren.

Sie kippte etwas Lavendel-Badesalz von L'Occitane in die Wanne und sah zu, wie sich Schaum bildete. Ativan und Wein begannen, sich wie ein Puffer um ihr Gehirn zu legen. Mit Ativan konnte man den furchtbaren Dingen, die geschehen würden, ohne Angst entgegenblicken. *Alles wird gut.*

Melora legte sich in die heiße Badewanne. Sie musste Buddhist sein und daran glauben, dass alles gut wurde, oder sich nach dem Zwölf-Schritte-Programm richten und loslassen und Gott vertrauen oder auf Dr. Levine hören und ihre Zeit nicht mit Grübeleien vergeuden, ehe sie wusste, was überhaupt Sache war. Das war am schwersten, aber das Benzodiazepin half. Eine winzig kleine Tablette – oder hatte sie zwei genommen? – hatte denselben Effekt wie dreißig Jahre Meditation. Sie kapierte nicht, warum Stuart ständig meditierte. Warum einen Umweg nehmen, wenn es eine Abkürzung gab?

Sie ließ den Kopf in den Schaum sinken, schloss die Augen, dann tauchte sie wieder auf, leerte das Weinglas und stellte es neben die Wanne. Die halbvolle Flasche stand schwitzend auf dem breiten Rand des Marmorwaschbeckens. *Mehr Wein!* Sie brauchte mehr Wein! Sie begann zu sabbern. Die Flasche schien auch zu sabbern.

Aber um dranzukommen, musste sie aus der Wanne steigen.

Das Wasser war so warm, und gerade entspannten sich ihre Muskeln. Sie konnte versuchen, Shivan über das Telefon im Bad zu erreichen, doch Shivan sollte nicht wissen, dass sie schon vormittags trank. Es war einer jener Momente, wo sie bereute, Lisanne gefeuert zu haben.

Widerstrebend stieg sie aus der Wanne, stellte einen Fuß auf den Marmorfußboden und beugte sich zum Waschbecken. Als sie das tat, rutschte ihr nasser Fuß unter ihr weg, und sie schlug mit der Stirn auf die Kante des Waschbeckens. »Verdammt!«

Es tat entsetzlich weh, aber ihr war vage bewusst, dass es ihr eigentlich egal war. Sie sah Punkte vor den Augen. Nachdem sie verschwunden waren, blickte sie in den Spiegel. Über dem rechten Auge klaffte eine Schnittwunde, aus der Blut über ihre Wange tröpfelte. Das Gesicht war ihr fremd. Sie spülte das Blut ab, doch die Wunde blutete weiter. Sie nahm ein paar Kosmetiktücher und presste sie dagegen, entfernte sie dann wieder, um den Schaden zu begutachten. Die Wunde war tief, so tief, dass sie wahrscheinlich genäht werden musste.

Doch sie konnte sich keinen Notruf bei ihrem Schönheitschirurgen Dr. Resnick, dessen Oberschenkel-Fettabsaugung so hervorragend gelungen war, erlauben. Er würde sofort vermuten, dass sie etwas genommen hatte und darauf bestehen, Dr. Levine anzurufen, der sie unter Umständen einweisen lassen würde. Und selbst wenn sie an einen sicheren Ort wie Silver Hill käme, wo sie 1998 einen sehr angenehmen Koks-Entzug genossen hatte, durfte sie ihr Treffen mit Adam Epstein nicht gefährden. Als sie auf das Blut starrte, das ihr Gesicht hinunterlief, und den irren Blick in ihren Augen sah, kam ihr der Gedanke, dass es möglicherweise längst zu spät war.

SPIELPLATZ

REBECCA ging mit Abbie auf den Lincoln-Berkeley-Spielplatz, wenn ihr die Müttermafia in der Third Street über den Kopf wuchs. Der Spielplatz erstreckte sich von Lincoln Place bis Berkeley Place und lag im Schulbezirk 282, in der Nähe einer Grundschule mit hauptsächlich schwarzen und lateinamerikanischen Schülern. Lincoln-Berkeley zog ein unauffälligeres Publikum an als die Third Street, vielleicht wegen der Nähe zur Fifth Avenue, wo die Wohnungen billiger waren als die, die näher zum Prospect Park lagen. Trotz wenig Schatten, hässlichem Asphalt und altmodischen Spielgeräten war er bei den karibischen und tibetanischen Kindermädchen und ihren Schützlingen beliebt.

Es war Mittag, und Rebecca wollte, dass Abbie sich vor ihrem Mittagsschlaf austobte. Die Wasseranlage war an, doch da Abbie schrie, als Rebecca sie hineinsetzte, gingen sie zur Schaukel weiter. Rebecca erkannte Cathleen Meth, die ein paar Meter weiter Jones vorbeischob. Offenbar hatte auch die Müttermafia Lincoln-Berkeley für sich entdeckt.

»Ich wusste nicht, dass du auch herkommst«, sagte Cathleen.

»Ich wohne ganz in der Nähe«, sagte Rebecca.

»Ich gehe nicht mehr auf die Spielplätze im Park. Hast du von der Taube gehört?«

Rebecca schüttelte den Kopf, und Cathleen erzählte ihr von dem schwarzen Jungen, der auf dem Harmony-Spielplatz eine Taube getötet hatte. Die Geschichte war so grotesk, dass Rebecca sie nicht recht glauben konnte. »Wie hast du davon erfahren?« fragte sie.

»Ich habe auf Park Slope Parents darüber gelesen.« Jones verzog das Gesicht, und Cathleen beugte sich vor und sah ihn an. Dann gab sie sonderbare Knacklaute von sich, die er nachahmte. Ein paar Minuten später holte sie ein gelbes Töpfchen aus ihrer Windeltasche und setzte Jones mit heruntergezogener Hose drauf, wobei sie mit der Zunge schnalzte. »Wir praktizieren AK«, erklärte sie Rebecca.

»Was ist das?«

»Ausscheidungskommunikation. Er ist praktisch sauber.«

»Aber er ist nicht mal zwei.«

»Ich habe mit sechs Monaten angefangen. Er hat meist morgens A-a gemacht, deshalb habe ich ihn dann immer aufs Töpfchen gesetzt und ihm vorgelesen, und er hat sich daran gewöhnt, nie in die Windel zu machen.« Cathleen schnalzte erneut. Nur in Park Slope hatten Frauen nichts Wichtigeres zu tun, als einem Baby die Windel abzugewöhnen.

Nachdem eine weitere Minute verstrichen war, ohne das sich etwas tat, sagte Cathleen: »Vielleicht musst du doch nicht«, zog Jones die Hosen hoch und karrte ihn auf dem Arm davon.

Über Cathleens Schulter sah Rebecca, wie er sein Gesicht verzog. Dann gab er ein Grunzen von sich und Cathleen rief: »Ach, Jones!« und rannte mit ihm zum Brunnen, um ihn sauberzumachen.

Rebecca nahm eine Bewegung am Eingang Lincoln Park wahr und drehte sich um. Sie behielt immer die

Spielplatztore im Blick, in der Hoffnung, dass jemand Aufregendes kam. Fast immer wurde sie enttäuscht.

Diesmal nicht. Es war Stuart mit Orion an der Hand, dem er offenbar gerade eine weitschweifige Geschichte erzählte. Rebecca spürte die Schweißtropfen unter ihren Achseln und fragte sich, wie lange es dauern würde, bis sie anfing zu müffeln. Dennoch war sie zufrieden mit ihrer Kleiderwahl: ein kurzer Jeansminirock, ein enges, ärmelloses Top von Joe's Jeans mit einem Einhorn drauf und Römersandalen. Ihr langes Haar war zu zwei Zöpfen gebunden, und sie trug bernsteinfarbene Ray-Bans. Als Stuart den Spielplatz betrat, wandte sie mit pochendem Herzen den Blick ab, aber er hatte sie schon gesehen und sagte: »Du bist es.« Er trat an den Eisenzaun, der die Schaukeln vom Spielplatz trennte.

»Ich wette, du hast gedacht, du siehst mich bis zur nächsten Schicht nicht wieder«, sagte sie.

»Nein, ich hatte so ein Gefühl, dass ich dich vorher wiedersehen würde. Liegt am Viertel. Irgendwann trifft man hier jeden, den man kennt.«

»Wie meinst du das?« sagte sie. »Ihr kennt hier doch niemanden. Dazu seid ihr zu berühmt.«

»Natürlich kennen wir Leute hier.« Orion stürmte zur Wasseranlage, setzte sich auf einen Strahler, zog sein T-Shirt darüber und füllte es mit Wasser, bis es sich wölbte.

»Okay, nenne mir drei neue Freunde, die ihr hier gefunden habt«, sagte Rebecca. »Aber niemand aus dem Dienstleistungsbereich.«

»Also, da ist der Typ, dem das Blue Apron Foods …«

»Mm-mh«, sagte sie und drohte mit dem Finger.

»Okay, da ist unser reizender FedEx-Bote Mark …« Ihr Blick ließ ihn verstummen. »Warte mal! Ich hab einen. Ich habe mich neulich sehr nett mit einem Typ unterhalten, der bei Eastern Athletic neben mir auf dem Stair-Master trainiert hat.«

»Wie heißt er?«

»John Henry. Da hast du's.«

»John Henry ist ein Trainer! Ich habe ein paar Monate mit ihm gearbeitet, bis es mir zu teuer wurde.«

»Wahrscheinlich hast du recht. Wir sind Arschlöcher.«

Sie wollte, dass er sie in eine stille Gasse zerrte und an die Wand presste, aber in Park Slope gab es nicht viele Gassen, außer vielleicht Fiske Place und Polhemus Place. Sie wollte ihren Mund auf seinen drücken und schmecken, ob sein Atem salzig oder süß war. Sie wollte mit ihm weit weg in einem Haus wohnen, wo er sie an die Leine legte und ihr einen anderen Namen gab.

»Und wie kühlst du dich bei dieser Hitze ab?« fragte sie.

»Gar nicht.«

Orion kam an und zerrte am Hemd seines Vaters. »Komm ins Wasser, Papa!«

»Ich habe nichts zum Wechseln, Süßer.«

»Zieh dein T-Shirt aus«, sagte Rebecca. »Gib diesen Müttern was, wovon sie träumen können.«

Stuart zögerte, dann zog er sein T-Shirt aus und rannte hinter Orion her. Stuarts Oberkörper war durchtrainiert, aber schlank. Seine Haut war blass und sommersprossig. Er war nicht der Muskelprotz, den Rebecca erwartet hatte, und das gefiel ihr. Die meisten Hollywood-Schauspieler waren viel zu durchtrainiert. Der Junge juchzte vor Vergnügen, als Stuart ihn durch die Luft wirbelte und durchs Wasser jagte.

Rebecca nahm Abbie aus der Schaukel und ging mit ihr zur Rutsche für die Kleinen. Nach ein paar Minuten kam Stuart zurück, klitschnass und außer Atem, und setzte sich auf eine Bank in der Nähe. Zu Rebeccas Enttäuschung zog er sein graues T-Shirt wieder an. CONEY ISLAND STEEPLECHASE stand darauf, und es war eines dieser teuren, nachgemachten Retro-Shirts, das bei Barney's wahrscheinlich achtzig Dollar kostete.

»Ich hab über dein Drehbuch nachgedacht«, sagte sie.

Er merkte auf. »Ach ja?«

»Und ich glaube, es hat eine Menge Potenzial. Ich meine, die ganze Paranoia nach dem elften September ist ein interessantes Thema. Darüber hat noch niemand einen Film gemacht. Darüber, wie dieses Ereignis die New Yorker verändert hat, ihre Einstellung zueinander. In gewisser Weise war *Do the Right Thing* der beste Film über den elften September, der je gemacht wurde, obwohl er viel älter ist.«

»*Do the Right Thing* ist mein großes Vorbild! Ein perfekter Film! Obwohl er für meinen Geschmack ruhig achtzehn Minuten kürzer sein könnte.«

»Du solltest mich dein Drehbuch lesen lassen. Ich meine, ich bin nicht Syd Field oder so, aber ich könnte dir bei der *Mise en Scène* helfen.«

»Bei der was?« Er sah sie verständnislos an. Plötzlich fürchtete Rebecca, alles verdorben zu haben. »Ich habe einmal mit einem Hollywoodstar angebändelt«, würde sie Abbie irgendwann einmal erzählen, »aber dann sagte ich ›Mise en Scène‹ und hab's total vermasselt.«

»Die Kulisse, meine ich. Darin bin ich gut, und ich kenne das Viertel. Ich schreibe dir ein … Wie nennt man das? Einen Ortsbericht. Und ich könnte dir ein paar Tipps für die weibliche Hauptrolle geben. Die Polizistin. Nimmst du Melora für die Rolle?«

Das Thema schien ihm nicht zu behagen. »Eigentlich dachte ich eher an Maggie Gyllenhaal.«

»Echt? Warum nicht Melora?«

»Melora ist die nächsten vier Jahre ausgebucht.«

Offensichtlich gab es Differenzen zwischen ihnen. Sie musste dem Gespräch eine andere Richtung geben. Wenn man etwas von einem verheirateten Mann wollte, durfte man nicht von seiner Frau anfangen.

»Was soll's?« sagte er nach einer kurzen Pause.

»Was meinst du damit?«

»Ich zeig dir mein Drehbuch. Eine zweite Meinung kann nicht schaden.«

»Bringst du es mir vorbei?«

»Gib mir deine Nummer.« Sie gab sie ihm, und er tippte die Ziffern in sein iPhone.

»Am besten erreichst du mich, wenn Abbie Mittagsschlaf macht«, sagte sie. »Oder an meinen Babysittertagen, dienstags und donnerstags.«

Cathleen Meth, den gesäuberten Jones auf dem Arm, und Jane, die sich Emily wie immer vor den Bauch gebunden hatte, näherten sich. »Hallo Rebecca«, sagte Cathleen und blinzelte Stuart an. Die Frauen blieben stehen und warteten darauf, vorgestellt zu werden, doch den Gefallen tat Rebecca ihnen nicht. Schließlich hielt Cathleen es nicht länger aus. An Stuart gewandt sagte sie: »In *Ende des Tages* waren Sie einfach umwerfend.«

»Der Oscar hätte Ihnen zugestanden«, sagte Jane.

»Ich hätte gar nicht gewusst, wo ich ihn hinstellen soll.«

»Ich habe mich immer gefragt«, sagte Cathleen, »wo Melora ihre aufbewahrt?«

»Auf dem Klopapierhalter«, sagte Stuart, »und den anderen benutzen wir für Orion, wenn er bockig ist.«

»Sie benutzen ihn für Orion?« kicherte Jane.

»Woher kennt ihr beide euch eigentlich?« fragte Cathleen.

»Aus dem Ferienlager in Vermont«, sagte Rebecca. »Er war da Tellerwäscher, ich Feriengast, eine schmutzige Geschichte.« Sie wartete, ob er die Sache richtigstellen würde, doch es schien ihn genauso zu amüsieren wie sie, die beiden zu veräppeln.

»Sagen wir einfach, es ist ein Wunder, dass sie mich danach wieder ins Land gelassen haben.«

Die beiden Frauen sahen sie ungläubig an. Rebecca wollte weg von ihnen, aber sie wollte Stuart auch nicht allein mit ihnen lassen. Sie konnte den Gedanken nicht ertragen, ihn mit diesen Hyänen zu teilen.

»Stuart?« sagte sie. »Könntest du mir mit dem Kinderwagen helfen?« Sie deutete mit dem Kopf zum Ausgang Berkeley Place, wo sie den Maclaren abgestellt hatte.

»Was ist damit?« fragte Cathleen.

»Ich hab Probleme mit dem linken Rad.«

»In Brooklyn Heights gibt es einen Laden, der ...«

Rebecca packte Stuart am Arm und dirigierte ihn zum Ausgang. Er kniete sich hin und tat, als würde er das Rad untersuchen. »Die waren ganz schön penetrant.«

»Ja. Keine Ahnung, wie ein Mann bei denen lange genug einen hochkriegt, um ein Kind zu zeugen.«

»Ich auch nicht. In der Seventh Avenue habe ich eine übergewichtige Mutter gesehen, die sich gebückt hat, um mit ihrem Kind zu reden, und aus ihrer Poritze kam ein String mit Leopardenmuster. Auf dem Etikett stand *Victoria's Secrets*, Victorias Geheimnisse. Und ich dachte, *behalt deine Geheimnisse lieber für dich.*«

»Manche Männer stehen auf BBW.«

»Was ist das?«

»Big Beautiful Women. Das ist ein Fetisch.«

»Woher weißt du das alles?«

»Ich habe eine Story über das Verhältnis von Frauen zu ihrem Körper für die *Glamour* gemacht. Sie wollten etwas Positives über dicke Frauen, also habe ich BBW-Fetischisten interviewt. Die meisten sind ziemlich ... klein.« Sie schnallte Abbie im Kinderwagen an.

»Gehst du?« fragte er.

»Ist zu heiß für mich«, sagte sie, weil sie es für klüger hielt, sich rar zu machen. »Sag Bescheid, wenn ich *Atlantic Yards* lesen soll.«

Sie ging zum Tor und versuchte, es aufzustoßen, bis ihr einfiel, dass man ziehen musste. Alle Tore öffneten sich nach innen, damit die Kinder nicht so leicht entwischen konnten. Sie wäre am liebsten im Erdboden versunken. Bestimmt siebenhundertmal hatte sie Tore wie dieses mühelos geöffnet, aber wenn sie *einmal* cool wirken wollte, klappte es nicht. Als sie sich nach Stuart umdrehte, zeigte er ihr sarkastisch einen Hochdaumen.

ÜBER DAS JA-SAGEN

Melora erwachte um vier Uhr nachmittags desselben Tages vom Klingeln des Telefons in ihrem Bett. Für einen kurzen Moment hatte sie den *Koop-Kurier* vergessen, dann fiel ihr mit der Wucht eines Albtraums alles wieder ein.

Vielleicht ist es Dr. Levine. Ich gehe zu ihm in die Praxis, er hilft mir und alles wird gut. Doch als sie das Telefon von ihrem Nachttisch nahm, sah sie Cassie Trainors Namen.

Melora und Cassie hatten sich 2006 bei der Preisverleihung *Glamour Women of the Year* in der Carnegie Hall kennengelernt und waren sofort beste Freundinnen. Sie wurden oft zusammen auf Premierenfeiern, beim Shoppen oder in feinen Restaurants fotografiert. Wegen des Altersunterschieds von fünfzehn Jahren standen unter den Bildern immer Kommentare wie »Educating Cassie« oder »Mama und Cass«.

»Kommst du heute Abend zu meiner Southpaw-Sache?« kam ihr piepsiges Stimmchen durch den Hörer. In den letzten Wochen hatte Melora kaum Kontakt zu Cassie gehabt. Sie erinnerte sich, dass Cassie ihr wegen dieser Veranstaltung – irgendwas mit Literatur – eine E-Mail geschickt hatte, aber die hatte sie gelöscht und gleich wieder vergessen.

»Ach Süße, ich bin total neben der Spur. Ich treffe morgen Mittag Adam Epstein, deshalb will ich früh ins Bett.«

Melora war versucht, Cassie zu gestehen, was sie getan hatte. Cassie, die in ihrem Leben schon jede erdenkliche Droge ausprobiert hatte und erklärte Nymphomanin war, würde Melora kaum verurteilen. Doch es gab nichts, was Cassie für sie hätte tun können, und Melora war von Natur aus paranoid.

»Ich hab so gehofft, dass du kommst«, sagte Cassie.

»Was war das nochmal?«, fragte Melora, während sie eine Schachtel American Spirits aus ihrer Majorelle fischte.

»Eine Benefizveranstaltung für den *Paris Review*«, sagte Cassie, als Melora die Balkontür öffnete. »Ich spiele ein paar Songs, dann spreche ich mit Philip Gourevitch. Ich bin so nervös. Er ist Experte für Völkermord, und ich muss mit ihm darüber diskutieren. Es kommen über zweihundert Leute, und ich hasse es, vor anderen zu reden. Deshalb musst du kommen. Rauchst du?«

»Du weißt doch, dass ich aufgehört habe«, sagte Melora. Sie hielt das Telefon von ihrem Mund weg und blies den Rauch auf die Straße. »Warum hast du dich dann dazu bereit erklärt?«

»David ist mit Phil befreundet. Philip Gourevitch meinte wohl, es täte dem Magazin gut, eine jüngere Zielgruppe anzusprechen. Es fängt um acht an. Um zehn bist du wieder zu Hause.«

»Ich muss mich ausruhen, Cass«, sagte Melora. »Du kannst mir doch alles erzählen.«

»Nie kommst du noch irgendwo mit hin. Früher hast du immer Ja gesagt, aber jetzt sagst du immer Nein. Wie in diesem Text von Dave Eggers.«

Melora war Dave Eggers vor ein paar Jahren kurz auf einer Party bei Vince Vaughn begegnet, war aber nie dazu gekommen, eines seiner Bücher zu lesen. Sie konnte sich nicht mal erinnern, welches Buch sie zuletzt gelesen hatte.

Wahrscheinlich *Der Vorleser* im vergangenen Frühjahr, nachdem Kate und Nicole ausgestiegen waren und bevor Kate wieder an Bord gekommen war. »Welcher Text?«

»Über das Ja-Sagen. Er sagt: ›Was zählt, ist Ja-Sagen. Nein-Sagen ist scheißlangweilig.‹ Ich setz dich auf die Gästeliste. Bring Stu mit.«

Nachdem sie aufgelegt hatte, ging Melora ins Bad, entfernte das Klemmpflaster von ihrer Schläfe und begutachtete den Schaden. Das Blut war geronnen, aber die Wunde sah schlimm aus und war unmöglich mit Schminke abzudecken.

Sie wählte Levines Nummer und hinterließ noch eine Nachricht, dann öffnete sie den Medizinschrank und nahm das Zoloft-Fläschchen. Sie schluckte eine Tablette. Dann vorsichtshalber noch eine. Es würde eine Weile dauern, ehe sie wirkten, aber der Placebo-Effekt setzte sofort ein. Sie nahm eine Ativan aus dem Fläschchen neben dem Zoloft und brach sie in zwei Hälften. Wie viele hatte sie jetzt schon genommen? Es war schwer, den Überblick zu behalten. Solange sie unter fünf blieb, war alles gut. Stand jedenfalls auf dem Etikett. Und Angaben auf Etiketten waren genauso wenig ernst zu nehmen wie Tankanzeigen im Auto.

Was Melora fertigmachte, war, dass sie das ganze Unheil selbst über sich gebracht hatte, nur für ein bisschen Publicity. Es gab viele Dinge, die man tun konnte, wenn man Publicity wollte, aber nur ein Volltrottel trat einer muffigen, überfüllten, sozialistischen Lebensmittelkooperative bei.

Ein Klopfen an der Badezimmertür ließ sie zusammenfahren. Sie wusste nicht, dass außer ihr jemand zu Hause war. Sonst war nie jemand zu Hause. »Schatz?«

Sie schaufelte sich Wasser ins Gesicht, erneuerte das Pflaster, schnappte sich ein weißes Handtuch und wickelte es sich zum Turban um den Kopf. Sie öffnete die Tür.

»Alles in Ordnung?« sagte Stuart. »Als ich nach Hause gekommen bin, hast du geschlafen.«

Sie wollte ihm vertrauen, ihm alles erzählen. Vielleicht konnte er ihr helfen. Als sie vor ein paar Jahren Verdacht auf Brustkrebs hatte, war er sehr einfühlsam gewesen, und als *People* sie auf die Liste der am schlechtesten angezogenen Frauen bei den Oscars 2007 gesetzt hatte, war er ebenfalls cool geblieben.

Doch sie hatte Angst. Kinder liebten einen bedingungslos, Erwachsene nicht. Er sah, wie sie sich in den letzten Jahren verändert hatte, und es schien ihm nicht zu gefallen. Wenn sie ihm erzählte, was sie getan hatte, würde er sich nur noch mehr von ihr abwenden. Seine Liebe war zu einer väterlichen, distanzierten Zuneigung verblasst.

»Ich war heute Morgen laufen«, sagte sie. »Danach war ich erledigt.«

»Du warst laufen? Das ist ja großartig, Schatz«, sagte er, schlang seine Arme um sie und küsste ihren Nacken.

Er könnte sie zu Cassies Auftritt begleiten. Sie sollte Ja sagen. Bestenfalls lenkte es sie von ihren Sorgen ab, und alles war besser, als im Bett zu liegen und sich über jeden einzelnen Satz des Artikels im *Koop-Kurier* den Kopf zu zerbrechen.

»Cassie gibt heute Abend auf einer Benefizveranstaltung für den *Paris Review* ein Interview«, sagte sie. »Ich dachte, wir gehen hin.«

»Ich wollte heute Abend eigentlich an meinem Skript arbeiten.«

Immer arbeitete er an diesem verdammten Drehbuch. Und jetzt schickte er es Maggie Gyllenhaal. Meloras größte Angst war, dass *Atlantic Yards* zustande kam, ihm zu neuem Ruhm verhalf und aus Gyllenhaal einen richtigen Star machte. Bei den Dreharbeiten würden sie sich ineinander verlieben, und er würde Melora für sie verlassen …

Sie starrte ihn an, versuchte ihm zu sagen, dass sie dabei war unterzugehen, doch dass er sie retten konnte, wenn er sie begleitete. »Bitte komm mit«, sagte sie.

»Wenn es dir soviel bedeutet«, sagte er schulterzuckend.

Melora und Stuart ließen sich in einem Lincoln Continental mit Kirschduft zum Southpaw chauffieren, obwohl Stuart lieber zu Fuß gegangen wäre. Melora, die sich im Viertel nach all den Jahren immer noch nicht besonders gut auskannte, wusste nicht genau, auf welcher Höhe der Fifth Avenue das Southpaw lag, weshalb Stuart dem Fahrer Anweisungen ab. Stuart machte oft Streifzüge durch Park Slope, um Drehorte für *Atlantic Yards* auszukundschaften, eine Angewohnheit, die Melora unglaublich nervte, weil noch gar nicht feststand, ob der Film überhaupt gedreht wurde.

Der Fahrer war widerborstig und hörte laut spanisches Radio. Stuart und Melora hatten sich zur gleichen Zeit von ihrem Wagen und ihrem Fahrer Ringo getrennt wie von ihren Assistentinnen, weil sie sich einig waren, dass es besser für die Umwelt war. Melora, der von dem künstlichen Duft schlecht wurde, bereute das jetzt.

Sie öffnete das Fenster einen Spalt und atmete die Sommerluft ein. Sie trug ihr Haar ins Gesicht gekämmt, um das Pflaster zu verbergen. Bisher schien er nichts bemerkt zu haben. Sie hoffte, die Verletzung auch vor Adam Epstein verstecken zu können.

Ständig musste sie an die fehlende Brieftasche im Nachttisch denken. Wer immer sie hatte, wollte Melora schaden. Spielte Stuart mit ihr *Das Haus der Lady Alquist*?

Melora war vor ein paar Jahren für Ingrid Bergmans Rolle in einem Callie-Khouri-Remake im Gespräch gewesen, und sie hatte sich zur Recherche das Original angesehen. Es hatte bei ihr einen Nerv getroffen, wie Boyer mit seiner gönnerhaften Art die kindlich verunsicherte Bergman Glauben machte, sie sei wahnsinnig, damit er auf dem Dachboden nach den Juwelen ihrer Tante suchen konnte.

»Der Rock steht dir«, sagte Stuart, schob ihn über ihre Knie und massierte ihre Schenkel. Sie trug einen knöchellangen, blauen Satin-Rock von Sonia Rykiel und ein weiß gepunktetes Hängerchen von Marc Jacobs aus seiner Cruise-Kollektion 2004. »Bist du schon nervös wegen morgen?«

Es war die schlimmste Frage, die er ihr hatte stellen können. Sie fürchtete, dass sie selbst mit Ativan heute Nacht nicht würde schlafen können. »Du kennst mich«, sagte sie schulterzuckend.

»Ich glaube, du machst dir immer viel zu viel Sorgen. Sei einfach du selbst, dann wird das schon.«

Doch das stimmte nicht. Sie selbst sein hieß, wortkarg und missmutig sein, und bei allem, was passiert war, würde es sie enorme Kraft kosten, einigermaßen stabil zu wirken.

»Du hast recht«, sagte sie. »Ich bin immer zu streng mit mir.«

Als sie in der Fifth Avenue ausstiegen, erstreckte sich eine Schlange magerer weißer Jungs und fetter Grufti-Mädchen bis um die nächste Straßenecke. Die Mädchen kamen wegen Cassies morbider Texte, die Jungs wegen ihres kultigen Gastauftritts im zweiten *Harold & Kumar*-Film.

Während die Schlangestehenden gafften, bezahlten sie den Fahrer, und Stuart eskortierte Melora eilig zum

Eingang. Drinnen gab Melora dem Mädchen am Einlass ihre Namen und erhielt zwei Karten, auf denen »VIP« stand.

Melora steuerte sofort auf die Bar zu und bestellte einen Dry Martini. Stuart nahm ein Bier. Als er gerade nicht guckte, steckte sie sich eine halbe Zoloft und noch eine Ativan in den Mund und spülte sie mit dem Martini runter.

Sie leerte ihr Glas und bestellte ein zweites. »Denk an das Meeting morgen«, sagte Stuart. »Vielleicht solltest du es ruhig angehen lassen.« Er tat so besorgt, aber sein Blick war ausdruckslos. Warum lag ihm soviel an diesem Treffen? Seit *Hochstand* war er großer Adam-Epstein-Fan. Er wusste, das Epsteins Aktien in Hollywood durch *Mumbai Express* und die bevorstehende *Lemony-Snicket*-Adaption mit Michael Chabon gestiegen waren. Vielleicht wollte Stuart Adam Epstein *Atlantic Yards* zustecken und fürchtete um seine Chancen, wenn Melora die Rolle nicht bekam.

Er drückte ihr beschützend die Schulter. Schwer zu sagen, was Fantasie war und was Wirklichkeit. Dr. Levine würde ihr raten, ihre Probleme zu ordnen, statt sie – wie nannte er das immer? – schwarzzumalen. Erst wenn man Dinge geordnet hatte, konnte man sie überblicken.

Sie trank den zweiten Martini in vier hastigen Zügen. Warum, o warum nur hatte sie die Brieftasche in ihren Nachttisch gelegt? Warum hatte sie nicht getan, was ein normaler Dieb getan hätte und sie auf dem Heimweg in einen Mülleimer geworfen?

Sie meinte, ihr Handy in ihrer Tasche klingeln zu hören und sah nach, ob es Dr. Levine war, doch sie musste sich verhört haben. Weil Stuart sie misstrauisch beäugte, tat sie, als würde sie eine SMS schreiben.

Das Licht wurde dunkler, und sie gingen in den winzigen VIP-Bereich, eine kleine Bühne mit einem Dutzend Stühlen. Brooklyn war ein furchtbarer Ort, um wichtig zu sein. In Clubs gab es keine abgetrennten Bereiche, in Restaurants keine Hinterzimmer.

Penny Arcade, Ryan McGinley, Zac Posen, Michelle Williams und Spike Jonze und Anhang, saßen auf Metallklappstühlen. Melora stellte sich ihre Gesichter vor, wenn sie in den Klatschspalten über den Taschendiebstahl lasen. Ihren Spott.

Zac, der das Kleid designt hatte, das sie an dem Abend getragen hatte, als sie für *Posen* den Oscar bekam, winkte Melora zu. Sie lächelte mit zusammengebissenen Zähnen. Als sie die steilen Stufen zu ihrem Platz hinaufstieg, verfing sich ihr Absatz im Teppich und ihr Fuß verdrehte sich in einem unnatürlichen Winkel. Es fühlte sich an, als würde er explodieren. »Alles okay?« fragte Ryan McGinley.

»Nichts passiert, nichts passiert.«

»Bist du sicher, dass alles in Ordnung ist, Schatz?« fragte Stuart und half ihr hinauf. »Sieht aus, als hättest du dir den Knöchel verstaucht.«

»Natürlich ist alles in Ordnung!« fauchte sie ihn an. Er war verstaucht, sie konnte es fühlen, aber was sollte sie tun? Aus dem Southpaw humpeln wie ein Loser, ehe die Show überhaupt angefangen hatte? Wenn sie zum Arzt ging, würde er noch auf einem Gips bestehen. Sie konnte sich nicht in einem Gips mit Adam Epstein treffen.

Vorsichtig humpelte sie zu ihrem Platz und versuchte, ihr schmerzverzerrtes Gesicht als Lächeln zu verkaufen. »Ich war gleich gegen den zweiten Martini«, sagte Stuart, als sie sich setzten.

Sie hätte ihm am liebsten eine gescheuert. Für wen hielt er sich, ihr vorzuschreiben, was sie trinken sollte? Sie war nur umgeknickt, weil die Stufen so steil waren. Es war eine beknackte Idee gewesen herzukommen. Sie hätte sich auf ihr Gefühl verlassen und im Bett bleiben sollen.

Cassie und Philip Gourevitch betraten die Bühne, und das Publikum klatschte ausgiebig. Cassie trug ein blaues T-Shirt und schwarze Jeans. Ihre Schultern wirkten knochig, und ihr Haar war nachlässig zum Dutt gedreht. Philip Gourevitch stimmte in den Applaus des Publikums ein, und als der Lärm endlich verstummte, dankte er ihr für ihr Kommen.

»Ich bin furchtbar nervös«, sagte Cassie. »Eigentlich wollte ich das hier überhaupt nicht machen. Also seien Sie nicht gemein zu mir. Ich mag es nicht, wenn Leute gemein sind.« Sie wirkte so unreif, so düster. Während Melora sich ihr Leben lang bemüht hatte, es allen recht zu machen, war es Cassie egal, was die Leute dachten. Inzwischen war Cassie erfolgreicher als sie, und Melora fragte sich, ob sie alles falsch gemacht hatte.

»Ich bin nicht gemein«, sagte Gourevitch. »Ich fange mit einer ganz banalen Frage an: Wie sieht ein typischer Tag bei dir aus?«

»Also, die erste Frage, die ich mir nach dem Aufwachen stelle, ist, welche Farben ich tragen werde.«

»Du meinst, was zusammenpasst?«

»Nein, darum geht es nicht«, blaffte sie ihn an. »Es geht eher darum, wie verschiedene Farben mich emotional inspirieren. Ich meine die Palette? Heute Morgen habe ich zum Beispiel vier Stunden gebraucht, um mich anzuziehen.«

»Und trägst du immer noch dieselben Sachen wie heute Morgen?«

»Natürlich. Oder glaubst du, ich habe mich für dich umgezogen?«

»Keine Ahnung.« Er feixte ins Publikum, das verhalten kicherte.

»Ich muss sicher sein, dass die Farben, die ich trage, meiner Stimmung entsprechen. Na ja, jedenfalls verbringe ich viel Zeit damit, über die Farben nachzudenken, die ich trage, und dann füttere ich meine Katzen.«

»Was tragen deine Katzen?« fragte Gourevitch.

»Sie tragen gar nichts«, sagte Cassie gereizt. »Es sind Katzen.« Philip Gourevitch zeigte dem Publikum eine Grimasse. Cassie bemerkte es und senkte nachdenklich den Blick. Melora hatte keine Ahnung, warum sie sich darauf eingelassen hatte.

Trotzdem schien sie die Sympathie des Publikums zu haben. Niemand machte sich über ihre Worte lustig. Alle lauschten gespannt.

Melora war eifersüchtig. Für Cassie funktionierte die »hübsch, aber gaga«-Pose. Wenn Cassie sich mit Adam Epstein treffen würde, konnte sie so durchgeknallt sein, wie sie wollte, er würde sie gerade deshalb wollen. Melora war fünfzehn Jahre zu alt, um damit durchzukommen.

»Hältst du dich für neurotisch?«

»Ich bin sehr zwanghaft. Im *Spin*-Interview, das gerade erschienen ist, spreche ich darüber. Ich hab deshalb sogar Medikamente genommen, aber inzwischen hab ich sie abgesetzt.« Das machte Melora nervös. Cassie hatte ihr gegenüber nichts davon erwähnt. »Ich habe das Gefühl, mein Leben wiederzuhaben. Es beflügelt meine Kreativität. Ich glaube, niemand, der Medikamente nimmt, kann ein richtiger Künstler sein. Das ist nur eine faule Ausrede. Wer sein Gehirn und sein Herz als Werkzeug braucht, kann es sich nicht leisten, sie mit diesem ganzen Zeug zu verunreinigen.«

Meloras Knöchel schrie nach Aufmerksamkeit, und sie wusste nicht, wie lange sie es hier noch aushalten würde. Die ganze Zeit dachte sie an das morgige Treffen. Den

Schnitt über dem Auge konnte sie verbergen, aber das Humpeln? Sie sah aus wie ein Fall für die Wohlfahrt. Als habe man sie aus einem Autowrack geschält. Für einen Adam-Epstein-Film war sie nicht zu gebrauchen. Cronenberg vielleicht, aber nicht Adam Epstein.

MÄDCHENABEND

Rebecca zog ein rotes Splendid-Shirt und einen Tweed-Bleistiftrock zu dem Cassie-Trainor-Konzert an, weil sie zwar gut aussehen wollte, aber nicht so, als ob sie es darauf anlegte. Unter dem T-Shirt trug sie einen edlen Spitzen-BH, den sie vor der Schwangerschaft gekauft hatte und zu ihrer Freude noch immer ausfüllte. Theo hatte sich bereit erklärt, zu babysitten und meinte, er freue sich auf einen »Mädchenabend mit Abbie«, ein halb ernst gemeinter Witz, über den Rebecca nicht lachen konnte.

Rebecca ging fast nie mehr abends aus. Nachdem sie und Theo geheiratet hatten, hörten die Partyeinladungen auf. Für eine verheiratete Frau interessierte sich niemand. Vor nur drei Jahren hatte sie noch auf der Liste für Bret Easton Ellis' Weihnachtsfeier gestanden, jetzt musste sie sich ins Zeug legen, um wenigstens auf die öde Feier der *Elle* eingeladen zu werden.

Sie hatte überlegt, ob sie Lizzie einladen sollte, mit ins Southpaw zu kommen, fürchtete aber, ihre Freundin würde sie in Verlegenheit bringen. Lizzie schien nie auszugehen. Und seit diesem ersten, törichten Kuss war sie so intensiv und anhänglich – die Dankeskarte, die Flasche Wein –, dass Rebecca erwog, den Kontakt abzubrechen.

Als Rebecca den Club betrat, kamen Cassie und Philip gerade auf die Bühne. Sie fand einen Platz in der hinteren Hälfte und reckte den Hals nach einem stolzen David im

VIP-Bereich. Zwar konnte sie ihn nicht entdecken, aber dafür saßen neben Ryan McGinley und Zac Posen Stuart Ashby und Melora Leigh.

Sie drehte den Kopf schnell zurück zur Bühne, das Herz schlug ihr bis zum Hals. Stuart kannte Cassie? Oder vielleicht kannte Melora sie. Es war, als greife das Schicksal ein, um dafür zu sorgen, dass sich Rebecca und Stuart ständig über den Weg liefen. Vielleicht blieb er nach der Show noch, und sie hatte Gelegenheit, mit ihm zu sprechen.

Nach Cassies Auftritt, bei dem sie wild tanzend düstere Melodien sang und sich selbst auf der Gitarre begleitete, ging Rebecca an die Bar, um etwas zu trinken. David näherte sich, küsste sie auf die Wange und sagte: »Wie hat es dir gefallen?«

»Ganz schön intensiv. Wo hast du gesessen? Ich habe dich nicht im Publikum gesehen.«

»Ich war zu aufgeregt. Ich war hinter der Bühne.«

Sein ganzes Leben hatte David Keller darauf gewartet, diesen Satz sagen zu können. Rebecca versuchte sich vorzustellen, wie ihr Leben aussehen würde, wenn sie und David zusammengeblieben wären. Wahrscheinlich hätte er sie irgendwann für jemanden wie Cassie verlassen.

Dennoch glaubte sie nicht, dass David aufgehört hätte, mit ihr zu schlafen, wenn sie geheiratet und ein Kind gekriegt hätten. Er hätte seine Frau nicht durch ein Kind ersetzt. David musterte jede halbwegs attraktive Frau, die ihm auf der Straße entgegen kam, und wenn er und Rebecca sich gestritten hatten, wirkte sich das eher positiv auf den Sex aus. Auch vor ihren Problemen hatte Theo nicht auf Versöhnungssex oder aggressiven Sex gestanden. Er hatte nur Lust, wenn sie sich gut verstanden. Vor Abbie war das fast immer gewesen.

Melora kam an die Bar, mit Stuart am Arm. Sie wirkte verstimmt, und sie schien zu humpeln. Rebecca fragte sich, ob Melora leicht kam, wie Charlize Theron in *Celebrity*, und ob sie es jede Nacht taten. Ihre Nanny wohnte wahrscheinlich bei ihnen, so dass ihnen das Kind beim Sex nie in die Quere kam. Sie konnten nach Cabo San Lucas jetten, wann immer ihnen danach war. Narzissten und Reiche schoben ihre Kinder instinktiv ab. Das Buch, das den Müttern der Generation X noch fehlte, trug den Titel *Berühmte Frauen vögeln trotzdem*.

David winkte Stuart und Melora aufgeregt zu sich heran. »Woher kennst du die?« fragte Rebecca.

»Melora und Cassie sind gut befreundet.« Rebecca fragte sich, was David wohl von Cassies Getue hielt. Sah er sie so, wie Rebecca sie sah – als selbstverliebt und labil – oder war er so verblendet, dass er nur ihre Verletzlichkeit sah?

Als Stuart Rebecca sah, stutzte er und schien rot zu werden. Es schmeichelte ihr, dass sie ihn zum Erröten brachte. David küsste Melora auf die Wange und schüttelte Stuart die Hand, stellte Rebecca aber nicht vor. Sie spürte Davids Unbehagen, seine Angst, sie könnte ihn vor diesen wichtigen Leuten blamieren, und sie hätte ihm am liebsten die Meinung gegeigt.

»Was ist mit deinem Fuß passiert?« fragte David Melora.

»Ach, ich bin nur ausgerutscht. Nicht so schlimm.«

David schien zu beschließen, dass es seine Pflicht war, seine bürgerliche Exfreundin seinen berühmten Freunden vorzustellen: »Melora, Stuart, das ist Rebecca Rose.« Rebecca gab ihnen die Hand. Stuart hielt sie eine Sekunde länger, als angemessen, aber Melora bemerkte es nicht.

»Rebecca hat eine zuckersüße Tochter«, sagte David. »Wer passt heute auf sie auf?«

»Ihr Vater.« Rebecca stand einer zweifachen Oscargewinnerin gegenüber, und er musste sie demütigen, indem er Abbie zur Sprache brachte. Sie hatte den Eindruck, er wollte sich von ihr distanzieren, seinen eigenen Status als Junggeselle, der mit Cassie Trainor ausging, von ihrem niederen Status als Park-Slope-Mutter abheben.

»Warum«, sagte Rebecca zu David, »fragt man Frauen, die ausgehen, immer, wer sich ums Kind kümmert, und geht bei Männern automatisch davon aus, dass die Frau sich kümmert?« Melora lachte. Vielleicht war sie gar nicht so übel.

»Weil die Frau an den heimischen Herd gehört«, sagte Stuart.

»Halt die Klappe, Stuart«, sagte Melora und torkelte ein wenig. Sie war betrunken. Deshalb war er unglücklich: Seine Frau soff.

»Ich glaub, ihr wohnt gleich bei mir um die Ecke«, sagte Rebecca zu Melora.

»Ach ja?« sagte Stuart mit hochgezogener Augenbraue.

»Ich wohne in der Carroll Street, zwischen Eighth Avenue und Park. Mir gefällt, was ihr aus dem Garten gemacht habt.« Melora schien irritiert, dass Rebecca nicht nur wusste, dass sie in Slope wohnte, sondern auch noch, in welchem Haus. Promis meinten immer, ein Recht auf Privatsphäre zu haben, während sie gleichzeitig ihre Volksnähe an die große Glocke hängten.

»Wie alt ist deine Tochter?« fragte Stuart. In seinen Augen lag ein Funkeln. Es schien ihm Vergnügen zu bereiten, so zu tun, als wären sie sich noch nie begegnet.

»Anderthalb.«

»Süßes Alter«, sagte er.

»Wie alt ist euer Sohn jetzt?« fragte Rebecca Melora. »Vier?«

»Ja«, sagte Melora kurz angebunden.

»Schwieriges Alter, habe ich gehört«, sagte Rebecca.

»Ein bisschen«, sagte Melora, »aber wenigstens kann er sich allein den Arsch abwischen. Ich habe das Windelwechseln gehasst.«

»Wovon redest du?« fragte Stuart. »Du hast ihm nie die Windeln gewechselt.«

»Du lügst!« sagte sie. »Ich habe sie ihm ständig gewechselt.«

»Nein, Schatz, hast du nicht. Ich habe es getan. Und die Nannys.«

Sie warf ihm einen vernichtenden Blick zu und rauschte davon. Rebecca und David sahen Stuart nach, der ihr hinterherlief. Es folgte ein Wortwechsel, bei dem Melora wütend gestikulierte.

Wie ertrug Stuart ihre Hochnäsigkeit? Vielleicht machte es ihn scharf, dass sie so eine Zicke war, und er brauchte eine Frau, die ihn herumkommandierte. Wenn ja, hatte Rebecca ihm nichts zu bieten. *Sie* wollte von *Stuart* herumkommandiert werden, wollte, dass er ihr befahl, seinen Fußboden zu schrubben, dass er Anrufe aus Hollywood entgegennahm, während er in ihrem Mund kam.

Rebecca hatte etwas von sich selbst in Melora wiedererkannt. Seit anderthalb Jahren war sie damit beschäftigt, Theo anzuzicken. Sie zickte ihn wegen jeder Kleinigkeit an, nur nicht wegen der einen Sache, die sie wirklich frustrierte. Sie schrie ihn an, wenn er den Badezimmerfußboden beim Händewaschen nass machte. Sie mäkelte an seinen Kochkünsten herum. Sie mokierte sich über ihn, wenn er im Bett pupste, weil sie es als weiteres Signal verstand, dass er keinen Sex mit ihr wollte. Sie kanzelte ihn ab, wenn er zu lange im Büro blieb oder keine Lust hatte, mit ihr essen zu gehen. Sie fragte ihn nie nach seiner Arbeit, und wenn er ihr trotzdem davon erzählte, hörte sie nur mit einem Ohr hin. Verletzt wie sie war, missgönnte sie ihm jede Annehmlichkeit des Ehelebens.

Stuart und Melora stritten noch immer, und sie sah Melora mit finsterem Blick zum Ausgang streben. Stuart versuchte, ihr zu folgen, doch seine Frau schüttelte ihn energisch ab, und er schrie ihr etwas Garstiges nach, das Rebecca nicht verstand. Die Leute gafften. Ein berühmtes Pärchen bei einem Streit in der Öffentlichkeit war eine große Sache. Rebecca war sicher, dass sie Stuart und Melora in Sachen Ehekrise locker schlug, aber wenigstens interessierte das niemanden.

AMERICAN SPIRIT

»Das ist demütigend!« schrie Melora.

»Aber es ist wahr. Du hast ihn nie gewickelt. Das waren immer ich oder Fatou.« Fatou war das senegalesische Kindermädchen, als sie noch in der Spring Street wohnten. »Du willst, dass alle dich für eine Bilderbuchmutter halten, aber das ist gelogen.«

»Ich habe Windeln gewechselt, und das weißt du ganz genau!« sagte sie und hörte selbst, wie sie lallte. Sie hatte definitiv ein paar gewechselt. Immer legte er sich alles so zurecht, wie es ihm in den Kram passte. Und sie ließ sich davon irre machen.

»Du bist betrunken.«

»Ich bin nicht betrunken. Du kapierst überhaupt nichts. Du kennst mich nicht.«

»Niemand kennt dich, Melora.«

Das war's. »Du bist so ein selbstgefälliges Arschloch!« kreischte sie.

»Was?«

»Das ist ein Satz aus deinem Film! ›Niemand kennt dich, Lucy.‹ Das sagt der Al-Qaida-Typ, nachdem er mit ihr geschlafen hat!«

»Sieh dich an. Du kannst nicht mal richtig gehen.«

»Mir geht es gut! Er ist nicht mal verstaucht.«

»Ich bring dich nach Hause. Du musst dich schonen.«

»Du bringst mich nirgendwohin!« Die Leute drehten

sich schon nach ihnen um. Sie machte auf ihrem Sechshundert-Dollar-Stephane-Kélian-Absatz kehrt und stolperte nach draußen. Sie wollte, dass er ihr nachlief, doch die Tür hinter ihr fiel mit einem dumpfen Knall ins Schloss.

Alles ging den Bach runter. Ihre Augenbraue pochte, als sie die Fifth Avenue betrat. Sie brauchte eine Zigarette. Ativan, Zoloft und Martinis waren ihr zu Kopf gestiegen.

Eine Gruppe junger Hipster rauchte auf dem Gehweg vor dem Southpaw und analysierte Cassies Auftritt. Ein Mädchen mit strähnigen blonden Haaren bescheinigte ihr, dass die neuen Songs ihre besten seit »Steck mir den Finger in den Hals« waren. Melora hielt den Kopf gesenkt, stellte sich neben den Eingang und kramte ihre Packung American Spirits hervor.

Sie steckte sich eine Zigarette in den Mund und tastete nach dem Feuerzeug, bis ihr einfiel, dass sie es zu Hause auf dem Balkon vergessen hatte. Ein schlaksiger Junge, auf dessen braunem Käppi ODESSA DRUCKLUFT-SERVICE stand, unterhielt sich rauchend mit seinen Freunden. Nachdem sie sich vergewissert hatte, dass ihr Haar die Schnittwunde verdeckte, nahm sie die lässige Pose einer gelangweilten Angehörigen der Generation Y ein und bat um Feuer. Der Junge blickte auf und schien sie zu erkennen, sagte aber nichts. Diese Kids waren zu cool, um rumzuschleimen.

Er holte ein Zippo aus der Tasche, und Melora wollte danach greifen, doch er schnippte es aus dem Handgelenk auf, und die glänzende blonde Mähne, die Garnier für seine Kampagne drei Millionen Dollar wert gewesen war, fing Feuer.

Sie sah die Flamme, ehe sie die Hitze spürte. »Omeingott!« kreischte sie, warf sich zu Boden und wälzte sich hin und her, während Odessa mit irgendetwas auf sie einschlug. Der Aufruhr um sie herum verstummte, und ihr wurde klar, dass die Flamme erloschen war. Sie roch verkokeltes Haar.

»Du lieber Himmel!« schrie Odessa. »Das tut mir so leid.«

Benommen kam Melora auf die Füße. Die Hipster starrten sie erschrocken an, bestürzt und sensationslüstern zugleich.

Er bot ihr seine Hand an, doch sie wehrte ab und stand allein auf. Ihr Kopf fühlte sich an, als stünde er noch immer in Flammen. Es war derselbe Gestank verbrannter Haare wie am elften September.

Die schockierten Blicke, das ungläubige Blinzeln der Umstehenden verrieten ihr, dass sie nicht gut aussah. Sie war in einer Folge von *Rescue me* gelandet.

»Du blödes Arschloch!« sagte sie.

»Tut mir wirklich leid!« sagte er. »Es war ein Versehen!«

»Du verdammter Volltrottel!« Sie drehte sich zum Fenster und sog beim Anblick ihres Spiegelbildes scharf die Luft ein. Neben ihrer linken Schläfe sah es aus wie nach einem Grillfest am Strand. Sie fuhr mit der Hand darüber und erinnerte sich, wann ihr Haar zuletzt so kurz gewesen war: mit elf, als sie auf Long Island einen Low-Budget-Film über Kinder im Konzentrationslager von Theresienstadt gedreht hatte.

Das war kein gutes Omen für ihr Treffen mit Adam Epstein. Wie ein Holocaust-Opfer auszusehen, war nur angebracht, wenn man für eine Holocaust-Rolle vorsprach. Wie war sie in diesen Schlamassel hineingeraten?

Hätte sie nur nicht soviel Ativan geschluckt. Hätte sie nur die Brieftasche nicht geklaut. Hätte sie sich nur nicht die Stirn aufgeschlagen. Sie fragte sich allmählich, wie sie die ersten neununddreißig Jahre ihres Lebens unbeschadet überstanden hatte.

Melora zupfte an den verbliebenen langen Haaren neben ihrem Ohr, um zu prüfen, ob sie die Stelle kaschieren konnte, aber es war nicht genug übrig für eine Kämmfrisur à la Donald Trump.

Sie spürte die Blicke von Cassies Groupies, während sie ihr Spiegelbild begutachtete. Odessa rief: »Sollen wir einen Krankenwagen rufen?« Ohne ihn einer Antwort zu würdigen, drehte Melora sich um und humpelte die Fifth Avenue entlang, nicht sicher, wohin sie wollte, aber ganz sicher, dass sie hier wegmusste.

KALTE DUSCHE

Als Stuart zu David und Rebecca zurückkehrte, wirkte er mitgenommen. »Tut mir leid wegen eben«, sagte er.

»Ist alles okay?« fragte David.

»Sie steht im Moment enorm unter Druck. Wo ist eigentlich Cassie? Ich dachte, sie mischt sich noch unters Volk«, sagte Stuart.

»Unten«, sagte David. »Eigentlich sollte ich bei ihr sein.«

»Philip Gourevitch war zu streng mit ihr«, sagte Rebecca. »Ich meine, sie ist nur eine Sängerin. Sie hat keinen Völkermord oder so begangen.«

»*Genau*«, sagte David.

»Obwohl man ihr zweites Album schon als eine Art Völkermord bezeichnen könnte«, fügte sie hinzu.

Stuart lachte in sich hinein. »Die Kritiker waren brutal«, sagte David mit finsterer Miene. »Sie haben ihr gegönnt, dass sie baden geht.«

»Das Album klang eher wie eine kalte Dusche«, sagte Stuart.

Rebecca grinste. Sie waren Komplizen. Einen Komplizen wünschte sie sich fast ebenso sehr wie einen Liebhaber. David blickte von einem zum anderen, doch es war ihr egal, ob er sauer war. Es brachte viel mehr Spaß, sich über Cassie Trainor zu mokieren, als Cassie Trainor Babyfotos auf ihrem Handy zu zeigen. Und sie hatte nur den Mut dazu, weil Stuart sie anstachelte.

Sie dachte an Davids Riesenerfolg und seine heiße, berühmte Freundin, und dann dachte sie an *Willow Grove*, den Roman, den sie in der Kiste mit den Wintersachen unter dem Bett aufbewahrte, und ihr wurde bewusst, dass sie seit Abbies Geburt keinen Blick mehr darauf geworfen hatte. Die ganzen Absagen hatten sie so getroffen, dass sie nicht in der Lage war, weiter daran zu arbeiten oder gar einen neuen Roman anzufangen. Sie kannte die Geschichten von Schriftstellern, die vor ihrem Erfolg viele Absagen erhalten hatten, aber wenn einen neun Verlage ablehnten, alle mit fadenscheinigen Gründen, war man einfach kein Schriftsteller.

Statt verbittert und frustriert zu sein, hatte sie das Gefühl, dass es nur auf Glück ankam. David Keller war nicht genialer als sie, er hatte einfach Glück. Sie hatte wegen Abbie nur ihr Ziel eine Weile aus den Augen verloren, doch ab Herbst würde Abbie zwei Tage die Woche bei den Beansprouts in den Kindergarten gehen, und Rebecca hoffte, dann weiter an ihrem Roman zu schreiben. Alle Mütter brauchten nach der Geburt Zeit, um sich neu zu ordnen.

Etwa drei Meter von ihnen entfernt stand Dane Cook und winkte David zu. Offenbar erleichtert, einen Grund zu haben, sich zu verdrücken, sagte David: »Entschuldigt mich«, und schlenderte zu ihm hinüber.

»Ich habe nicht erwartet, dich hier zu treffen«, sagte Stuart zu Rebecca. »Woher kennst du David?«

»Wir waren mal zusammen«, sagte Rebecca bemüht lässig.

»Echt? Wie war es? Ich finde ihn faszinierend.«

»Das ist eine lange Geschichte. Es war wie *A Star Is Born,* nur umgekehrt.«

»Wer warst du? Barbara Streisand oder Kris Kristofferson?«

»James Mason.«

»Du hast dir den Falschen ausgesucht. Du brauchst zu viel Aufmerksamkeit, um mit jemandem wie ihm zusammen zu sein.«

Woher kannte er sie so gut? Es hatte etwas Verführerisches, gesagt zu bekommen, wer man war. »Das Beängstigende daran, mit einem Narzissten auszugehen«, sagte sie, »ist, dass man anfängt, seine Lügen zu glauben. Man darf auf keinen Fall weniger von ihm halten als er selbst, weshalb man ihn die ganze Zeit anhimmeln muss. Darin bin ich nicht besonders gut. Ich steh nicht auf Co-Abhängigkeit.«

»Wieso?«

»Der Abhängige kriegt die Drinks.« Sie malte sich aus, sich mit Stuart im O'Connor's oder Mooney's bis spät in die Nacht zu betrinken.

»Und wer hat wen verlassen?« fragte er.

»Er mich. Er braucht jemanden, der introvertierter ist. Ich glaube, deshalb mag er Cassie. Sie ist berühmt *und* introvertiert.«

»Glaubst du, in einer Beziehung kann nur einer extrovertiert sein?«

»Absolut.«

»Dann bist bei deinem Mann jetzt die Extrovertierte?«

»Ja«, sagte sie. »Beziehungsweise ich war.«

»Was ist passiert?«

»Wir haben ein Kind gekriegt. Jetzt ist Abbie die Extrovertierte, der Mittelpunkt der Aufmerksamkeit. Alle Kinder sind das. Es ist unmöglich, mit einem Kind zu konkurrieren.«

»Eine Mutter sollte nicht mit ihrem eigenen Kind konkurrieren.«

»Jetzt klingst du wie er.« Sie hörte, wie verbittert sie klang, und es gefiel ihr nicht. Aber Stuart hatte sie provoziert. Es war seine Schuld, dass sie sich ihm so geöffnet hatte.

»Vielleicht hat er recht«, sagte Stuart.

»Vielleicht solltest du dich um deine eigenen Angelegenheiten kümmern.«

»Er hat definitiv recht.« Sein Gesicht war hart. Sie wollte es ungeschehen machen und zurücknehmen, was sie gesagt hatte. Darum ging es doch bei einer Affäre, dass man eben nicht dieselbe unglückliche, unausstehliche Person war wie zu Hause!

»Ich sollte nach Melora sehen«, sagte er.

Wie vor den Kopf geschlagen nickte sie. Er ließ sie stehen, weil sie für ihn hässlich geworden war. Genau das hatte Theo zu ihr gesagt, als sie ihm wegen seiner Fixierung auf Abbie eine Standpauke gehalten hatte: dass sie ein hässlicher Mensch sei. Er verstand nicht, dass ihre Wut der Enttäuschung entsprang. Es wäre ihr ganz egal, dass er so verrückt nach seiner Tochter war, wenn er gleichzeitig auch ihr seine Zuneigung zeigen würde.

Die wenigen Male, die sie versucht hatte, mit ihm darüber zu reden, hieß es vage: »Ich bin nicht allein schuld daran« oder: »Vielleicht wenn du etwas netter wärst…« Sie steckten in einer Zwickmühle. Er glaubte, er würde mit ihr schlafen, wenn sie netter wäre, sie glaubte, sie würde netter zu ihm sein, wenn er nur mit ihr schliefe.

In einem Artikel über Angelina Jolie und Bratt Pitt hatte sie gelesen, dass die beiden auf Rat eines Paartherapeuten eine Liste mit Dingen angefertigt hatten, die sie aneinander nicht mochten. Angelina hatte die Übung angeblich genossen und reichlich Beschwerden aufgelistet, doch das Einzige auf Brads Liste war der Wunsch, sie wäre netter. Vielleicht war das alles, was Männer wollten.

Als sie gerade dabei war, die Hoffnung aufzugeben,

dass Stuart je wieder mit ihr sprechen würde, sagte er: »Bis dann. Ich rufe dich wegen des Drehbuchs an.«

»Okay«, sagte sie. »Jederzeit.«

»Du kannst mir bei der Misogynie helfen.«

»Du meinst *Mise en Scène*«, sagte sie, aber er war schon verschwunden.

»Wie kannst du es wagen, so mit mir zu reden?« sagte Chris zu Jason, der versuchte, sich an ihm vorbei aus seiner Zimmertür zu zwängen.

»Was willst du dagegen machen?« schrie Jason, und es war ihm peinlich, dass sich seine Stimme bei der zweiten Silbe von »dagegen« überschlug. Trotz seiner einsdreiundachtzig war er erst vierzehn, und manchmal spielte seine Stimme ihm noch einen Streich.

»Du bist hier nicht in einem Hotel!« sagte Chris. »Du hast morgen Schule!«

Jason hatte mit Tsering, der neuen tibetanischen Tussi aus seiner Schule, im Park einen Joint geraucht. Sie hatte ihm erzählt, es sei das erste Mal, dass sie rauchte, und dann hatten sie sich geküsst. Es war gut.

»Ich komme nach Hause, wann ich will«, sagte er zu Chris. »Was willst du dagegen machen?« Chris hatte darauf keine Antwort. »Genau. Gar nichts. Du kannst nichts dagegen machen.«

Chris hatte Jason mit Mitte dreißig gezeugt, ehe er erkannt hatte, dass er schwul war. Nach Jasons Geburt war seine Mutter abgehauen. Jetzt war sie Kellnerin in Florida. Wenn er Geld hatte, wollte er sie besuchen.

Fred, der Freund von Chris, kam und legte seinen Arm beschützend um Chris. Toll. Jetzt mischte sich auch noch Drew Carey mit seinem fetten weißen Arsch ein. *»Halt dich da raus!« sagte Jason.*

»Entschuldige dich bei deinem Vater«, sagte Fred.

»Den Teufel werd ich tun.«

»Du entschuldigst dich sofort!« sagte Fred.

Jason sah von einem zum andern, Fred groß und stämmig und mit schütterem Haar, Chris mit so aufgepumpten Muskeln, dass es albern aussah. Sie hatten sich vor zehn Jahren in einem Schwulen-Club kennengelernt, auch wenn Chris behauptete, es sei eine Party gewesen.

Es war krank, dass er bei zwei Schwuchteln wohnte. Es war krank, dass ihr Schlafzimmer neben seinem lag. Einmal war er nachts aufgestanden, um etwas zu trinken, und hatte sie stöhnen gehört. Danach konnte er nicht wieder einschlafen.

»Warum lasst ihr mich nicht in Ruhe?« schrie er und zwängte sich zwischen ihnen hindurch.

»Du gehst nirgendwohin«, sagte Chris und packte ihn am Arm. Jason schüttelte ihn ab und stürmte die Treppen der Carroll Street 899 hinunter, so schnell er konnte. Diese Homos würden ihm bestimmt nicht nachlaufen. Sie waren machtlos.

Auf seinem Handy rief er Shawn an, um ihm zu sagen, dass er vorbeikam. Er ging am Prospect Park West zum Kreisverkehr, dann an dem neuen Gebäude vorbei bis zur Vanderbuilt. Shawn wohnte in der Bergen Street zwischen Carlton und Vanderbuilt Avenue. Sie kannten sich seit ihrer Kindheit und hingen immer zusammen ab, auch wenn Shawn jetzt auf eine andere Schule ging. Jason war in der achten Klasse an der M.S. 51.

Letzte Woche war er auf dem Weg zu Shawn in einem Hauseingang am Park Place stehengeblieben, um einen Joint zu rauchen. Während er in seiner Tasche nach Feuer kramte, kam eine weiße Yuppie-Lady mit Kinderwagen auf ihn zu. Als sie ihn sah, nahm sie Reißaus. Prospect Heights war inzwischen von paranoiden Weißen bevölkert. Einmal hatte er eine weiße Lady mit einem dieser teuren Bugaboo-Kinderwagen mitten durch einen Dope-Deal marschieren sehen.

Jason hasste Prospect Heights, und Park Slope hasste er sogar noch mehr. Er wohnte in der Carroll Street, seit er vier war. In sei-

ner Kindheit war das Viertel cool gewesen – Kinder spielten auf den Straßen – aber jetzt hatten alle im Haus Babys. Es war immer dasselbe: Ein verheiratetes Paar zog ein, bekam innerhalb weniger Jahre zwei Kinder, zog dann aus und verkaufte an ein anderes verheiratetes Paar, und das Ganze ging wieder von vorn los. Das Treppenhaus war mit Kinderwagen vollgestellt, und manchmal war es unmöglich, die Tür aufzukriegen.

Wenn er aus Slope weg und zu seiner Mutter ziehen könnte, würde er ins Plattengeschäft einsteigen. Er liebte Musik, nicht nur Rap, sondern auch R&B der alten Schule, und er lief gern durch die Straßen und hörte iPod. Er machte coole Remixe auf seinem Laptop, wie die Isley Brothers mit Jay-Z oder Roy Ayers mit New Order. Er war sogar besser als Danger Mouse. Eines Abends, als Fred und Chris nicht zu Hause waren und er an einem Remix tüftelte, klopfte es an der Tür. Es war die Lady aus Apartment Drei, die sich beschwerte, dass ihre Tochter bei dem Krach nicht schlafen konnte. Als er weitermachen wollte, war er völlig aus dem Konzept.

Er wollte irgendwo wohnen, wo er seine Musik so laut drehen konnte, wie er wollte, ohne dass sich jemand beschwerte. In New York hockten alle eng aufeinander, aber in Florida war das anders. In Florida hörte einen meilenweit kein Mensch, und man sah auch keine Babys, weil niemand zu Fuß ging.

EIWEISS-BESCHAFFENHEIT

Komm schon, du Knallkopf. Los, komm endlich! Es war zehn Uhr abends. Darby schlief nebenan, und Karen wartete darauf, dass Matty ejakulierte. Was um alles in der Welt war mit ihm los? Sie hatten seit gefühlten zwanzig Minuten Sex und normalerweise wäre er längst gekommen, doch aus irgendeinem Grund dauerte es ewig.

Karen fand das aus verschiedenen Gründen besorgniserregend. Sie hatte ihren Gebärmutterschleim inspiziert und festgestellt, dass er Eiweißbeschaffenheit (EB) hatte, ein Ausdruck, den sie in Toni Weschlers Buch und auf den vielen KDW (Kinderwunsch) Internetforen, die sie regelmäßig besuchte, gelernt hatte. Sie war ziemlich sicher, dass dies ihr letzter EB-Tag war, also ihre beste Chance, in diesem Zyklus schwanger zu werden. Sie machten es exakt in der richtigen Position, der Missionarsstellung, und wenn er diesmal nicht ejakulierte, war sie erst wieder in einem Monat so fruchtbar.

Um ihm Dampf zu machen, hatte sie ihm vor dem Sex einen geblasen. Zwar hasste sie Blowjobs, nahm sie aber gern in Kauf, weil sie den Sex abkürzten. Es war wie Schnapstrinken vorm Kneipenbummel: Man kam billiger davon.

Sie wackelte mit den Hüften, wie sie es immer tat, um ihm auf die Sprünge zu helfen, und hatte ihm auch schon den Finger in den Arsch gesteckt, was seine Wirkung bisher nie verfehlt hatte. Doch er schien dem Höhepunkt nicht näher als vorher, und allmählich wurde sie nervös. Er schwitzte und keuchte und verdrehte die Augen, aber seine Erektion schien eher schlaffer zu werden. Sie war versucht, ihm auf den Rücken zu schlagen, damit er das Sperma aushustete, so wie sie es bei Darby tat, wenn er sich an einem Stück Erdbeere verschluckte. Sie versuchte, ihm übers Haar zu streichen, neigte sich sogar vor und flüsterte: »Ich will deinen Saft« in sein Ohr, doch er zog sich zurück, sagte: »Gib mir einen Moment«, spuckte sich in die Hand und begann zu rubbeln.

Männer waren so vulgär. Matty hatte ihr mal von einem Spiel aus seiner Jugend namens Tote Hand erzählt, bei dem er sich auf seine Hand legte, bis er kein Gefühl mehr darin hatte. Dann masturbierte er, damit es sich anfühlte, als sei es nicht seine eigene Hand. Nur ein Mann konnte seine Hirnzellen nutzen, um sich so etwas auszudenken.

Sie hatte das Gefühl, dass er wegen des Wohnungsgebotes nicht bei der Sache war. Um halb sieben hatte Tina Savant angerufen, um ihnen mitzuteilen, dass das höchste Gebot bei $749.000 lag und es eine letzte Runde geben würde, die Donnerstagmittag endete. Karen hatte Matty angerufen, um sich mit ihm zu beraten, weil er so sauer gewesen war, dass sie ohne sein Einverständnis auf $735.000 hochgegangen war, und nach einem schwierigen, langwierigen Gespräch hatte sie ihn schließlich überzeugt, bis $761.000 zu gehen.

Karen rief Tina an, um das neue Gebot abzugeben, aber obwohl Matty zugestimmt hatte, war er gereizt gewesen, als er später am Abend von der Arbeit nach Hause kam. Immer wieder sagte er, dass ihr Gebot in keinem Verhältnis stehe. Er fürchtete einen neuen Einbruch des Immobilienmarktes, so einen wie in den späten Achtzigern, und dass sie mit Verlust verkaufen müssten.

Er rubbelte rabiat, den Kopf gereckt, die Augen konzentriert geschlossen, und biss sich auf die Lippe. Sie wusste, dass er nicht an sie dachte, und versuchte sich nicht vorzustellen, woran er dachte. Jetzt zählte nur, dass er die Ware lieferte. Sie stellte sich die Millionen Spermien vor, die kurz davor waren, herauszuschießen. Sie waren wie Millionen gierige Wohnungssuchende, die versuchten, einander auszustechen. Sie wusste, wenn es Matty gelang, seine Geldsorgen zu verdrängen, würde einer dieser Millionen Wohnungssuchenden aus der Masse ausbrechen und sich in ihrer Gebärmutter häuslich einrichten.

Karen selbst hatte auch keine Lust auf Sex. Es war schwer, in Stimmung zu kommen, wenn man sich ständig mit Gebärmutterwinkel und Gebärmutterschleim beschäftigen musste und gleich danach wie ein Breakdancer auf dem Hintern herumwirbeln, um die Füße gegen die Wand zu stemmen, damit das Sperma zum Gebärmutterhals hinunterlief. Manchmal beneidete sie ihre Freundinnen, die es mit künstlicher Befruchtung versucht hatten, wie Cathleen Meth, der nach vier Runden schließlich Zwillinge eingepflanzt worden waren, die einen Embryo verloren und Jones bekommen hatte. Bei künstlicher Befruchtung brauchte man nicht mal im selben Zimmer zu sein. Zwar war es weniger romantisch, aber auch sauberer.

Erwartete Matty vielleicht, dass sie für ihn tanzte? War er sauer auf sie, weil sie sich nicht auf ihn setzte, obwohl er ganz genau wusste, dass die Missionarsstellung die beste war? Was auch immer sein Problem war, Karen hatte kaum Mitgefühl für ihn. Als Matty damals angefangen hatte, sie zu umwerben, kostete es sie einige Mühe, ihn sexy zu finden. Seine buschigen Augenbrauen und schlechte Haltung waren nicht, was sie sich als kleines Mädchen vorgestellt hatte, wenn sie an ihren zukünftigen Mann dachte. Doch im Lauf der Zeit hatte sie gelernt, ihn zu lieben. Wenn sie miteinander schliefen, versuchte sie, nicht an seine unattraktiven Makel zu denken, sondern an alles, was sie gemeinsam durchgestanden hatten.

Matty ließ das hektische Rubbeln sein und sank neben sie auf die Matratze. »Ich glaube, ich kann das nicht.«

»Wie, du kannst das nicht?«

»Wir haben nur noch Sex, damit du schwanger wirst. Jeden Morgen wache ich von den drei Piepsern deines Digitalthermometers auf.«

»Die Basaltemperatur nach dem Aufwachen ist wichtig zur Bestimmung der fruchtbaren Tage.«

»Vielleicht sollten wir das Ganze lassen.«

»Was?« Sie setzte sich auf und zog sich die Decke unter die Achseln, ehe ihr auffiel, dass sie ihr Top, ein rot-weißgestreiftes T-Shirt von Forever 21, noch anhatte.

»Wir haben ein wunderbares Kind. Vielleicht sollten wir es einfach dabei belassen.«

Sie kam sich vor wie in einem Horrorfilm. Matty Shapiro, den sie geglaubt hatte besser zu kennen als irgendjemand sonst, war plötzlich ein Fremder. »Aber du hast immer gesagt, dass Darby kein Einzelkind bleiben soll.«

»Ich habe soviel Stress im Job, und dann komme ich nach Hause und der Stress geht weiter. Jeder will was von mir. Manchmal wünschte ich, du würdest wieder arbeiten gehen. Dann könnte ich vielleicht mal eine Auszeit nehmen.«

Für Karen war offensichtlich, dass er sich nur wegen der Wohnung so aufführte. Er hatte seine Gefühle aufgestaut, und nun staute sich auch sein Sperma. Sie musste ihn beruhigen. Sie konzentrierte sich darauf, tief ein und aus zu atmen und ihre Stimme angenehm klingen zu lassen. In *Und Baby macht drei: Der Sechs-Punkte-Plan für Intimität und Romantik in der Ehe nach der Geburt eines Kindes* von

John und Julie Gottman hatte sie gelesen, dass der Partner nicht mehr zuhören konnte, wenn sein Herzschlag über einer gewissen Frequenz lag. In solchen Situationen hatte es keinen Sinn, über irgendetwas zu diskutieren. »Geht es um die Carroll Street?«

»Natürlich geht es um die Carroll Street!« sagte er. »Es geht um alles! Du weißt einfach nicht, wann Schluss ist.«

»Hör zu«, sagte sie scheinheilig. »Ich kann Tina morgen anrufen und das Gebot zurückziehen. Aber heute ist es schon zu spät.« Er nickte. »Doch egal, wie du über die Wohnung denkst, wir waren uns doch einig, dass wir noch ein Kind wollen.«

»Ich hab es satt, für alles die Verantwortung zu tragen.«

»Trage ich etwa keine Verantwortung?« sagte sie. Ihr war bewusst, dass ihre Stimme alles andere als angenehm klang, aber sie konnte sich nicht helfen. »Glaubst du, es ist keine Verantwortung, einen kleinen Jungen dazu zu erziehen, Humanist aber kein Schlappschwanz zu sein, für jeden Abend gesundes, ausgewogenes Essen einzukaufen, es auf den Tisch zu bringen, jeden Einzelnen von Darbys Arztterminen wahrzunehmen, Ralph anzurufen, wenn der Geschirrspüler kaputt ist, Formulare für Schulausflüge zu unterschreiben, Spielplatzverabredungen zu treffen, Rechnungen zu bezahlen, deine Hemden zur Reinigung zu bringen und fünfundzwanzigmal am Tag aufzuräumen? Was ist das deiner Meinung nach – ein Spaziergang?«

»Manchmal glaube ich, du willst nur deshalb noch ein Kind, weil du sonst eines Tages wieder arbeiten gehen müsstest.«

Sie dachte manchmal dasselbe, hatte aber keine Ahnung, dass Matty Bescheid wusste. Sie kam sich vor wie ein Einbrecher, der auf frischer Tat von der Polizei ertappt worden war. »Das ist nicht wahr!«

»Warum willst du sonst eins?«

»Das habe ich dir doch gesagt: Damit Darby jemanden zum Spielen hat. Ich will nicht, dass er alleine aufwächst. Ich will, dass er sich später nicht allein um uns kümmern muss, und ich habe das Gefühl, dass Kinder mit Geschwistern besser in der Welt zurechtkommen.«

»Ich glaube, der wahre Grund ist, dass alle anderen auch zwei haben.« Sie fühlte, wie ihre Wangen warm wurden, doch sie konzentrierte sich fest darauf, ihn nicht anzuschreien, was für ein verdammter Scheißidiot er war. »Warum kannst du nicht mit dem zufrieden sein, was du hast? Du hast einen tollen Mann und ein tolles Kind.«

In diesem Moment fand sie Matty alles andere als toll. Er funktionierte nur unter Druck, und jetzt tat er plötzlich so, als würde er eine Auszeit brauchen? Für wen hielt er sich? Sinn und Zweck ihrer Ehe waren plötzlich infrage gestellt. Matty war *Jude*! Alle Juden wollten mehr als ein Kind. So wollte es die Thora. Das Ganze war einfach lächerlich. So redete vielleicht ein Künstler, aber doch nicht ein Anwalt, ein jüdischer Anwalt. Wenn er wirklich kein zweites Kind wollte, wie konnte sie ihn dann noch lieben?

Obwohl sie sauer war, gab sie sich selbst die Schuld. Diesen Streit hätte es nie gegeben, wenn sie gleich vor anderthalb Jahren schwanger geworden wäre, als Darby zweieinhalb war. Dann hätte Matty gar nicht erst die Gelegenheit gehabt, einen Rückzieher zu machen. Er hatte zuviel Zeit zum Nachdenken gehabt, und es war gefährlich, einem Mann zuviel Zeit zum Nachdenken zu lassen.

Matty stand auf und zog sich an. »Wo willst du hin?« fragte sie.

»Spazieren gehen.«

Ihr war zum Heulen, doch sie wusste, es würde nichts ändern. Es hatte keinen Sinn, ihm alles zu erklären. Sein

Puls war eindeutig zu hoch. Sobald sein Blutdruck wieder normal war, würde er sich beruhigen, alles überdenken und wieder er selbst sein. John Gottman sagte, man brauche mindestens zwanzig Minuten, um wieder runterzukommen.

Sie zog ihren Morgenmantel an, um nach Darby zu sehen wie jeden Abend vor dem Schlafengehen, obwohl er inzwischen viel zu groß für plötzlichen Kindstod war.

Darby schlief tief und fest, die Spongebobdecke bis ans Kinn gezogen, das Gesicht engelsgleich. Sie wartete, ob sich sein Brustkorb hob und senkte und ging dann in die Küche.

Sie schenkte sich gerade ein Glas Vintage-Mineralwasser ein, als ihr Handy klingelte. Sie lief schnell hin, damit Darby nicht davon aufwachte. Annika. »Wie schön, dass du anrufst«, sagte Karen. »Ich wollte dir nochmal für den schönen Nachmittag danken.«

»Warst du in Meloras Schlafzimmer?«

Karens Herz pochte, doch dem kurzen Moment der Panik folgte unmittelbar pragmatische Gelassenheit. Sie hatte es hier mit einer naiven Ausländerin zu tun.

»Wie kommst du darauf?« fragte sie scheinbar pikiert.

»Es fehlt etwas, und ich muss wissen, ob du es genommen hast.«

»Was fehlt denn?«

»Das ist unwichtig. Aber mein Job steht auf dem Spiel.«

»Ich war nicht in Meloras Zimmer. Für wen hältst du mich?«

»Keine Ahnung. Ich kenne dich erst seit gestern. Hier laufen viele Verrückte rum. Ich muss Melora Orions Freunde immer erst vorstellen, ehe ich sie zu uns einladen darf. Bei dir habe ich eine Ausnahme gemacht, weil ich dir vertraut habe.«

»Du kannst mich ihr jederzeit gern vorstellen.« Annika schwieg. Karen konnte ihr nachdenkliches nordisches Gesicht vor sich sehen.

Es war dumm von Karen gewesen, so lange im Schlafzimmer zu bleiben. Natürlich hatte die Schwedin sie im Verdacht. »Hör zu«, sagte Karen. »Ich verstehe deine Sorge. Du willst nicht deinen Job riskieren. Aber ich schwöre dir, ich habe das Schlafzimmer nicht betreten. Was auch fehlt, ich habe es nicht genommen. Vielleicht waren es die Putzleute.«

Nach einer Pause sagte Annika: »Das habe ich Melora auch gesagt. Es sind Burmesen. Die Frau kann ich sowieso nicht leiden. Sie hat so schwarze Augen.«

»Siehst du?« sagte Karen. »Ich bin sicher, es war die Burmesin.« Sie schwieg, dann sagte sie: »Weißt du, ich habe über deinen Freund nachgedacht.«

»Martin?« sagte Annika. »Was ist mit ihm?«

»Hast du mal daran gedacht, ihn anzurufen?«

»Ich habe mir geschworen, ihn nie wieder anzurufen.«

»Warum nicht? Ich wette, er kann dich nicht vergessen.«

»Glaubst du?«

»Nach allem, was du mir erzählt hast, liebt er dich. Er wartet nur darauf, dass du den ersten Schritt tust.« Karen redete noch eine Weile so weiter, bis Annika ganz aufgeregt war und über das Für und Wider eines Anrufs spekulierte.

»Wollen wir uns morgen wieder mit den Kindern treffen?«

»Vielleicht«, sagte Annika.

»Darby war so begeistert von dem Haus. Orions…«

»Ich glaube, es ist besser, wir treffen uns im Park.«

Sie blockte also. Kein Problem. Karen würde schon einen Weg finden. »Natürlich, natürlich«, sagte sie. »Soll ich dich abholen?«

»Das … das müsste gehen.«

Karen hatte schon einen Plan. Sie fand Darbys Lightning-McQueen-Auto auf dem Teppich und verstaute es tief in ihrer Tasche, neben der Geldbörse, die sie den ganzen Tag mit sich herumtrug.

ATLANTIK TERMINAL

DIE jungen Nachtschwärmer in der nördlichen Fifth Avenue erkannten Melora Leigh nicht, als sie an ihnen vorbeihumpelte, jedenfalls hoffte sie das. Sie hatte eine Dolce & Gabbana-Sonnenbrille in ihrer Majorelle gefunden, und mit den Haaren, die auf einer Seite kurz und auf der anderen lang waren, ähnelte sie eher einer besoffenen, lesbischen Punkerin, die sich gerade mit ihrer Freundin gestritten hatte.

Melora verzweifelte allmählich bei dem Gedanken an das Treffen mit Adam, denn sie hatte keine Ahnung, wie sie den Schaden bis morgen Mittag um eins beheben sollte. Ihr Kopf drehte sich. Wenn nur das Piepsen in ihrem Ohr aufhörte, würde ihr vielleicht etwas einfallen. Lynn konnte ihr eine Perücke besorgen, und wenn sie als Erste im Gemma war und schon am Tisch saß, wenn Adam kam, würde er gar nicht bemerken, dass sie humpelte.

Zuerst musste sie allerdings nach Hause finden. Zwar hätte sie jeden Kneipenbummler nach dem Weg zum Prospect Park West fragen können, doch sie fürchtete, erkannt zu werden.

Melora nahm ihr Handy, um ein Taxi zu rufen, aber es war besetzt. Sie versuchte es dreimal hintereinander, ohne Erfolg. Auf die Taxiunternehmen in Brooklyn war kein Verlass.

Als sie sich an den Straßenrand stellte, um ein Taxi heranwinken, waren alle mit jungen, aufgerüschten Leuten besetzt. Nach ein paar Minuten meinte sie, in der Ferne ein Licht zu erkennen, doch als es näher kam, sah sie, dass der Fahrer Feierabend hatte. Hätte sie Ringo nicht gefeuert, hätte er vor dem Southpaw auf sie warten können und sie müsste jetzt nicht mit betrunkenen Hipstern um ein Taxi kämpfen.

Es war mitten in der Woche. Früher wäre es kein Problem gewesen, um diese Zeit in Brooklyn ein Taxi zu bekommen. Aber inzwischen waren die Immobilienpreise so hoch, dass die Brooklyner genug verdienten, um ihr Geld für Taxifahrten zum Fenster rauszuschmeißen. Melora wusste, dass sie mitverantwortlich dafür war, dass die Immobilienpreise so gestiegen waren, aber es nervte sie trotzdem.

Ihr Handy klingelte. Stuart. Sie ließ es klingeln. Sie war wütend auf ihn, weil er sie vor David Keller bloßgestellt hatte. Wenn sie ihn fragte, wie sie nach Hause kam, würde er nur die Augen verdrehen. Sie hatte es satt, wie ein Kind behandelt zu werden. Er versuchte noch zweimal, sie zu erreichen, doch sie ignorierte ihn.

Endlich näherte sich ein Taxi. Sie winkte heftig, und es verlangsamte die Fahrt. Sie sah, wie der Fahrer sie musterte – die schiefe Frisur, dunkle Sonnenbrille, gekrümmte Haltung – und sich dann schnell wieder in den Verkehr einfädelte.

Ein paar Minuten später, kurz vor der Kreuzung von Fifth Avenue und Bergen Street, als sie gerade die Hoffnung aufgeben wollte, erspähte sie wieder ein beleuchtetes Taxi. Sie zog ihr Haar ins Gesicht und versuchte, aufrecht zu stehen. Der Wagen hielt. *Gottseidank*. Sie stieg ein.

»Wohin?« sagte er. Es war ein Sikh.

»Prospect Park West.«

»Ich fahre nach Manhattan«, fauchte er. »Nur Manhattan.« Sie wünschte, sie hätte noch in SoHo gewohnt.

»Es ist nur ein paar Blocks weiter. Glaube ich.«

»Ich fahre nach Manhattan«, sagte er erzürnt und gestikulierte zur Tür.

»Aber das ist illegal. Ich werde mich beschweren.«

Er nahm eine Brechstange vom Beifahrersitz und schlug damit aufs Armaturenbrett. Es passte gar nicht zu einem Sikh, die Brechstange herauszuholen. Naveen Andrews in *Der Englische Patient* hätte nie jemanden bedroht. Seufzend stieg sie aus, und er raste davon, ehe sie sich die Fahrernummer aufschreiben konnte.

Sie ging an einem Laden für Kinderkleidung vorbei (Area Kids), einem spanischen Imbiss (El Viejo Yago) und Triangle Sports. Etwas weiter die Fifth Avenue hinauf sah sie die Lichter des *Atlantic Terminal* Einkaufszentrums.

Was für ein hässlicher Klotz. Sie hatte keine Ahnung, wie dieser dämliche Ratner es geschafft hatte, eine Baugenehmigung dafür zu kriegen. Als Heath noch lebte, hatten er und Michelle sie und Stuart überredet, der Bürgerinitiative Develop-Don't Destroy beizutreten. Obwohl angeblich Frank Gehry das Stadion entwarf, konnte nichts Anständiges dabei rauskommen, wenn Bruce Ratner dahinter stand.

Warum dachte sie in so einem Moment an das neue Stadion der Nets? Das Ativan machte sie ganz irre. *Ins Bett. Nach Hause.* Aber wie kam sie nach Hause? Sie war völlig neben der Spur. Auf einem Schild auf der anderen Straßenseite stand FLATBUSH AVENUE. Die musste zum Prospect Park West führen. Wenn sie nur wüsste, in welcher Richtung ihr Haus lag, könnte sie zu Fuß gehen.

Das Handy in ihrer Tasche klingelte. Sie riss es aus der

Majorelle, in der Erwartung, es sei wieder Stuart, doch es war eine unbekannte Nummer. »Hallo?«

»Melora, hier ist Michael.« Seine Stimme klang sanft und versöhnlich, und er meldete sich mit seinem Vornamen wie ein Freund. Sie fühlte sich schon viel besser.

»Oh, Michael, Gottseidank.«

»Ist alles in Ordnung?«

»Nein. Ist es nicht. Etwas Schreckliches ist passiert, Ich habe etwas gestohlen, und ich habe Angst, dass die Polizei es herausfindet, und ich habe das Zoloft abgesetzt, aber jetzt nehme ich es wieder.« Sie spürte jemanden hinter sich, eine Gestalt, aber als sie sich umdrehte, war die Straße leer.

»Warum haben Sie es abgesetzt?«

»Kann ich Sie sehen? Jetzt gleich? Wenn ich mir ein Taxi nehme, kann ich in …«

»Warum erzählen Sie mir nicht erst einmal, was los ist?«

Sie erzählte ihm alles, von der Brieftasche bis zum verbrannten Haar. »Das tut mir alles sehr leid«, sagte er, was sie angesichts der Ereignisse etwas unbefriedigend fand.

»Wissen Sie, wie man von der Flatbush Avenue zum Prospect Park West kommt?«

»Nein, tut mir leid.«

»Ich komme ins Gefängnis«, sagte sie und begann zu schluchzen.

»Alles wird gut.«

»Woher wollen Sie das wissen?«

»Es wird sich alles aufklären.«

»Ach, Michael, das hoffe ich!« Ihre Stimme hörte sich in ihrem Kopf hoch und schulmädchenhaft an. »Ich hoffe wirklich, dass Sie recht haben. Kann ich Sie also sehen? Ich weiß, dass es mir gleich besser gehen wird, wenn ich Sie sehe.«

»Bedauerlicherweise …«

»Dann morgen, zur selben Zeit wie immer?«

»Ich dachte, Sie hätten einen Termin?«

»Das habe ich auch, aber der ist erst um eins. Ich hätte meinen Termin einhalten können, aber ich wollte nicht. Ich dachte, ich brauche Sie nicht mehr. Ich habe mich geirrt. Es tut mir leid, dass ich gelogen habe.«

»Melora, ich bin gar nicht in der Stadt.«

»Wo sind Sie?«

»Meine Mutter ist krank. Ich bin frühestens Sonntag zurück, wahrscheinlich erst Montag.«

»Wo sind Sie?«

Er zögerte, als behagte ihm ihre Frage nicht. »In den Berkshires.«

»Das macht doch nichts. Ich kann Sie von Albany einfliegen lassen.«

»Das geht nicht.«

Melora schluchzte wieder. »Ich kann nicht bis Montag warten. Ich muss morgen zu diesem Meeting, und ich sehe aus wie eine Figur aus *Grindhouse*.«

»Sie schaffen das schon.«

»Es geht hier nicht um einen Pickel, Michael. Ich habe die Hälfte meiner Haare verloren!«

Sie hörte ihn mit jemandem im Hintergrund reden. »Ich muss jetzt auflegen, aber ich versuche, Sie morgen anzurufen.«

»Haben Sie nicht noch eine Sekunde Zeit für mich? Ich habe das Gefühl auseinanderzufallen!« Ihr war bewusst, dass sie mit ihrem New Yorker Akzent klang wie Ratso Rizzo in *Asphalt-Cowboy*, aber sie konnte nicht anders. »Ich habe solche Angst, Michael!«

»Ich versuche, Sie morgen anzurufen«, sagte er und legte auf.

Sie schrie frustriert auf. Was war das für ein Therapeut,

der einen am nächsten Tag zurückrief, wenn man mitten in einer Krise steckte?

Auf der gegenüberliegenden Straßenseite ragte das Einkaufszentrum auf, leer aber erleuchtet. Überall waren Zeichen der bevorstehenden Bauarbeiten, hohe blaue Wände, wo bereits der Grundstein für das Stadion gelegt war. Wieder spürte sie jemanden hinter sich, und als sie sich umdrehte, meinte sie, eine Gestalt hinter eine Bauwand huschen zu sehen. Da sie keine Ahnung hatte, in welche Richtung sie gehen musste, beschloss sie dem Strom der Autos auf der Flatbush Avenue zu folgen.

Sie überquerte die Atlantic und ging lange Zeit auf der breiten, leeren Flatbush weiter. Sie kam an einem Applebee's vorbei, in dem Schwarze Eier und Pfannkuchen aßen. Das war definitiv nicht der Weg zum Prospect Park West.

Ihre Kopfhaut juckte wie verrückt, der Fuß schleifte nutzlos über den Boden. Die Luftfeuchtigkeit holte sie ein, und vom Anblick der Schwarzen, die sich mit Fett vollstopften, wurde ihr speiübel. Wenn Obama gewählt wurde, wollte er einen Gemüsegarten anlegen, aber wer wusste schon, ob er gewann? Sie beugte sich vor, würgte, und erbrach sich in einem dicken beigen Schwall auf den Gehweg.

Als sie sich das Haar aus dem Gesicht strich, wurde sie vom Blitzlicht einer Kamera geblendet. »Danke, Melora!« rief jemand. Trotz ihres Zustands erkannte sie ihn: Phil Pharnell, der Paparazzo, der alle Promis in Brooklyn für die *Us Weekly* knipste. Ehe sie etwas sagen konnte, verschwand das Arschloch in die Nacht.

GRUNDREGELN

»KANN ich vorbeikommen?« sagte Rebecca am Telefon. Es war Viertel nach zehn und Lizzie hatte gerade ins Bett gehen wollen.

»Klar«, sagte Lizzie, bemüht, sich ihre Begeisterung nicht anmerken zu lassen. »Mit Kind?«

»Theo babysittet. Ich war im Southpaw und will noch nicht nach Hause.«

Lizzie gab ihr die Adresse, und fünfzehn Minuten später stand Rebecca vor der Tür, strahlend schön in einem verführerischen roten Top und figurbetontem Rock.

»Du siehst fantastisch aus«, sagte Lizzie. »Was hast du im Southpaw getrieben?«

»Da war eine Veranstaltung vom *Paris Review*. War okay. Ein bisschen affig. Ein unfreiwillig komisches Interview mit Cassie Trainor.«

»Willst du was trinken?« fragte Lizzie. Sie dirigierte Rebecca in die Küche, obwohl ihr die Unordnung peinlich war. Die Wohnung war ein Schlauch, während Rebeccas über die ganze Etage ging.

In der Küche entdeckte Rebecca die Flasche Terre di Tufi. Peinlich berührt wartete Lizzie auf einen spöttischen Kommentar zu ihrer *Weiblich, ledig, jung sucht*-Anhänglichkeit, doch Rebecca sagte nur: »Ist der nicht gut?«

»Total lecker. Und so günstig!« Lizzie hätte sich treten können: »Und so günstig.« Sie klang wie eine alte Oma.

Immer wenn sie versuchte, Rebecca zu beeindrucken, blamierte sie sich.

»Dein Argiolas war übrigens auch lecker.«

»Oh, freut mich«, sagte Lizzie verlegen, weil sie ahnte, dass sie es übertrieben hatte.

Sie schenkte Rebecca ein Glas Terre di Tufi ein und sich selbst ein kleineres. Dann gingen sie in das winzige Esszimmer, das an die Küche grenzte, und setzten sich an den gebraucht gekauften Holztisch.

Lizzie schämte sich für ihre schäbige Wohnung. Rebecca musste sich vorkommen wie im Slum, wenn nicht wegen der Schlauchwohnung, dann wegen der Möbel von der Heilsarmee.

Mit nachdenklichem Gesicht trank Rebecca einen Schluck Wein und sagte dann: »Ich habe beschlossen, dich zu der Verabredung mit den Swingern zu begleiten.«

Rebecca hatte es sich also anders überlegt. Lizzie hätte gern geglaubt, es hätte etwas mit ihr zu tun, aber sie war nicht sicher. Rebecca schien nichts ohne Grund zu tun.

»Echt?«

»Ja«, sagte Rebecca. »Ich halte sie nicht für echt. Ich glaube, das Ganze ist ein Bluff, und wenn wir ankommen, ist niemand da. Aber ich will wissen, wie weit sie gehen. Wir haben ihnen falsche Beschreibungen gegeben, also können wir sie beobachten. Wenn sie überhaupt auftauchen. Schreib diesem so genannten Andy und erzähl ihm, Victoria hat eine Freundin namens, ähm, Tess, die gern auf einen Drink mitkommen würde. Auch eine alleinerziehende Mutter.«

Beglückt sagte Lizzie: »Wir können ihm sofort mailen.« Sie holte ihren Computer aus dem Wohnzimmer, stellte ihn vor Rebecca und öffnete ihren Instant Messenger. Andy war online.

»Moment mal, du machst schon Instant Messaging mit dem Kerl? Hast du Internet-Sex mit ihm gehabt?«

»Nein! Wir haben nur unsere IM-Adressen ausgetauscht. Er nennt sich PSDiddy.«

»Das reicht schon als Grund, sich nicht mit ihm zu treffen.«

Doch Rebecca trank ihren Wein aus und schrieb von Lizzies Account: »Ich freue mich schon auf unser Treffen im Gate morgen. Ich muss ständig daran denken. Und ich habe mich gefragt, ob ich eine Freundin mitbringen kann?«

Während sie auf die Antwort warteten, ging Lizzie in die Küche und holte ein paar von Jays Bieren. Die Biere waren aus England und hatten einen geringen Alkoholgehalt. Sie wünschte, sie hätte etwas Stärkeres im Kühlschrank gehabt, und überlegte, ob sie schnell zum Spirituosenladen in der Vanderbuilt laufen sollte, fürchtete jedoch, es könnte verzweifelt oder lüstern wirken.

»Was ist das?« sagte Rebecca, nachdem sie einen Schluck Bier getrunken hatte.

»Englisches Gourmetbier. Jay steht auf kleine Brauereien.« Rebecca zog eine Grimasse. »Was ist?« sagte Lizzie. »Dürfen Schwarze kein gutes Bier trinken?«

Rebecca lachte. Lizzie kam sich etwas komisch vor, weil es bei ihr anders klang, als wenn Jay es sagte. Dieser Rassenkram war so kompliziert, und es wurde mit der Zeit nicht leichter. Lizzie fragte sich, ob sie sich unter anderem deshalb so allein fühlte. Es gab Dinge, die konnte man nicht mal dem eigenen Partner sagen. Man war sich fremd und vertraut zugleich.

Lizzie wünschte, es gäbe jemanden, mit dem sie über ihre Ehe reden könnte, aber wenn sie auf dem Underhill-Spielplatz weiße Frauen mit schwarzen Kindern traf, verhielten diese sich feindselig, als fühlten sie sich in ihrer

Situation so unwohl, dass sie nichts mit ihresgleichen zu tun haben wollten. Lizzie nahm an, dass einige sich mit ihren Eltern zerstritten hatten und es nun am Rest der Welt ausließen. Ihre eigene Mutter hatte lange gebraucht, ehe sie Jay endlich akzeptierte, doch schließlich tat sie es, vielleicht weil Sie fand, dass ein schwarzer Mann immer noch besser war als eine weiße Frau. Vielleicht würde Lizzie sich Rebecca anvertrauen, wenn sie sie etwas besser kannte.

Andys Antwort kam nach nur wenigen Minuten. Nach der Schlafenszeit der Kinder konnte man in Park Slope darauf zählen, dass die meisten Eltern vor dem Computer hockten. Surfen war Sex für Verheiratete.

Ich dachte, du magst keine Park-Slope-Mütter, lautete die Antwort.

»Das hast du ihm erzählt?« sagte Rebecca.

»Ich wollte ehrlich sein«, antwortete Lizzie ermutigt. Sie trank einen großen Schluck Bier, nahm Rebecca den Computer ab und tippte: *Meine Freundin sieht überhaupt nicht aus wie eine Park-Slope-Mutter. Sie ist sehr hübsch. Hübscher als ich sogar. Kein Connecticut-Muffin-Moppel.*

Rebecca lachte laut. »Woher hast du das denn?«

»Von einer Mutter in der Krabbelgruppe. Kanntest du den noch nicht?«

Das ist ja beängstigend, schrieb Andy, *denn ich stelle mir dich sehr hübsch vor.*

»Omeingott!« sagte Rebecca. »Der will's aber wissen.«

Sie heißt Tess und hat den Körper von Courteney Cox, schrieb Lizzie. *Mir ist wohler, wenn sie dabei ist.*

»Du bist unglaublich«, sagte Rebecca über Lizzies Schulter.

Rebecca hatte recht. Es war, als könnte Lizzie unter dem Deckmantel einer falschen Identität und mithilfe von ein bisschen Bier, welches sie hastig trank, um die

Wirkung des Alkohols zu maximieren, genauso pfiffig und clever sein wie ihre Freundin. Andere Mütter machten sie langweiliger, Rebecca machte sie interessanter.

Gibt es Grundregeln, die wir wissen müssen, bevor wir kommen? schrieb Lizzie.

Wortspiel beabsichtigt?

Nein.

Ich bin froh, dass du fragst. Es ist nur ein harmloses Treffen, aber wenn ihr tatsächlich irgendwann mal zu uns kommt, gelten folgende Regeln: Keine Gemeinheiten. Keine Verletzungen. Keine echten Namen. Und bei Fesselspielen lautet das Signalwort »Locavore«.

»Typisch Park Slope«, sagte Lizzie.

Heißt du wirklich Andy? schrieb Lizzie.

Bitte. Du bist doch auch nicht Victoria. Wahrscheinlich bist du nicht mal eine allein erziehende Mutter. Wahrscheinlich nicht mal Mutter.

Wenn du das wirklich wissen willst, müssen wir uns wohl treffen, schrieb Lizzie.

Um acht im Gate?

Woran erkennen wir euch?

Ich habe braune Locken, und Alexandra, meine Frau, ist blond. Wir sitzen vorn an der Bar.

Ich bin blonde einsachtundsiebzig und Tess ist eine kleine, zierliche Rothaarige.

Klingt zu schön, um wahr zu sein.

Es ist wahr.

Nachdem sie sich ausgeloggt hatten, fragte Lizzie: »Wer passt auf Abbie auf, wenn du ausgehst?«

»Theo. Ich sag ihm, ich geh mit dir was trinken. Er wird sich freuen. Er hat es gern, wenn ich nicht da bin.«

»Warum das?«

»Ich bin nicht sehr nett zu ihm.« Rebecca stierte finster auf das Bieretikett.

»Gibst du dir keine Mühe?«

»Ich glaub nicht. Wenn man so lange Zeit wütend ist, verlernt man das Nettsein. Wut wird zum Normalzustand.« Rebecca wirkte verbittert, ihr Gesicht so gequält, dass es fast entstellt aussah.

Lizzie nahm Rebeccas Hand und sagte: »Es tut mir leid, dass er dich nicht zu schätzen weiß.«

»Was soll ich machen?« sagte Rebecca schulterzuckend.

»Du könntest ihn verlassen.«

»Ich bin Jüdin«, sagte Rebecca. »Jüdische Frauen verlassen niemanden. Sie sterben.«

Rebecca legte ihre Wange an Lizzies Hand. Lizzie spürte, dass Rebecca sie wollte. Der Kuss war keine einmalige Sache gewesen. Rebecca war gekommen, um sie zu verführen.

Lizzie nahm Rebeccas Gesicht zwischen ihre Hände, und Rebecca ließ sich von ihr küssen, schien sich in ihren Armen zu entspannen. Lizzie hatte das Gefühl, durch eine schwarz-weiß-gestreifte Spirale aus einem Fünfziger-Jahre-Film zu wirbeln. Einen Moment lang spürte sie die Wahrheit, spürte Rebeccas Verlangen. Sie hätte dieses Gefühl am liebsten in eine Flasche gefüllt und um den Hals getragen.

Während sie sich küssten, legte sie eine Hand auf Rebeccas Brust über dem T-Shirt und stöhnte vor Erregung, endlich die Stellen zu berühren, die sie sich vorgestellt hatte. Dann war ihre Hand unter Rebeccas T-Shirt. Geschickt löste Lizzie Rebeccas BH, und die Körbchen gaben die Brüste frei. Lizzie liebkoste sie mit geschlossenen Augen und vergrub ihr Gesicht in Rebeccas Dekolleté.

Rebecca wich zurück und zog ihr T-Shirt runter. »Ich muss los.«

»Bist du sicher?«

»Ja.«

Lizzie hasste Rebecca für dieses Wechselbad der Gefühle, riss sich aber zusammen, denn sie wollte unbedingt, dass Rebecca sie zu dem Treffen mit den Swingern begleitete. Ihr heimlicher Plan war, Rebecca so betrunken zu machen, dass sie sich von ihr abschleppen ließ.

Es war alles so verwirrend. Lizzie hatte immer gedacht, der praktische Aspekt einer Affäre sei einfach. Man fühlte sich zueinander hingezogen und arrangierte dann das Wo und Wann. Aber eine Affäre anzufangen, war genauso kompliziert wie jede Partnersuche, und damit hatte Lizzie nicht viel Erfahrung, denn schon mit neunzehn hatte sie Sarah kennengelernt. Bei der Partnersuche spielte man Spielchen, um das Objekt der Begierde bei der Stange zu halten.

Es kam Lizzi albern vor. Spielchen mit Rebecca spielen zu müssen, wo sie sowieso beide verheiratete Mütter waren. Sie waren schon vergeben. Also, warum konnten sie nicht einfach zur Sache kommen?

Aber es war ein Spiel, und wenn es ein Spiel war, verlor sie. Vielleicht sollte sie Rebecca morgen früh anrufen und ihr sagen, dass es ihr leidtat, und dann konnten sie verabreden, wann und wo sie sich treffen wollten.

Sie ging ins Schlafzimmer und blieb lange vor dem Kinderbett stehen. Sie betrachtete Mances Gesicht, dann hob sie ihn hoch und legte ihn in ihr Bett, mit dem Gesicht zu sich. Als er sich rührte, schob sie ihm ihre Brustwarze in den Mund. Während er nuckelte, wurde sie warm. Sie schlängelte die Hand in ihre Hose und berührte sich, in Gedanken bei Rebecca.

Es wäre ihr komischer vorgekommen, wenn Mance irgendetwas gemerkt hätte, aber der nuckelte selbstversunken vor sich hin, narzisstisch wie sein Vater. Ihr Orgasmus war wütend und schnell. Nachdem sie gekommen war, schlief Mance ein, genau wie ein Mann.

NORTH FORK

ALS Rebecca in dieser Nacht nach Hause kam, saß Theo mit Lesebrille allein an seinem Laptop und arbeitete. »Abbie liegt in ihrem eigenen Bett«, sagte er stolz.

»Wie schön«.

»Du sagst immer, dass du nicht schlafen kannst, wenn sie in unserem Bett schläft, deshalb habe ich sie rüber getragen.«

»Ich danke dir.« Er schüttelte ungläubig den Kopf, als könnte er nicht fassen, dass sie so gleichgültig reagierte. Wie sollte sie ihm das auch nur ansatzweise erklären? Sie hatten sich derart festgefahren, dass nicht einmal ein Abschleppwagen sie rausholen konnte.

Sie ging ins Bad, um sich frisch zu machen. Beim Anblick ihres Spiegelbilds fiel ihr die Dinnerparty vor vielen Jahren in Carroll Gardens ein. Vielleicht war der Grund, warum Theo sie nicht mehr vögelte, dass sie dazu bestimmt war, Stuart Ashby zu vögeln. Deshalb hatte Theo von dem Geschäftsmann in St. Louis angefangen. Er hatte eine Art ASW gehabt, gewusst, dass sie eines Tages die Gelegenheit haben würde, mit jemandem zu schlafen, der sie glücklich machte. Und weil er sie liebte, wollte er ihr nicht im Weg sein.

Sie dachte an Lizzie, die Jay viermal die Woche vögelte, und fragte sich, ob sie die treibende Kraft war oder er. Es war schwer, sich vorzustellen, dass Lizzie sich zu einem

Mann hingezogen fühlte. Sie war eindeutig immer noch lesbisch.

Rebecca bereute, was in Lizzies Wohnung geschehen war. Sie hätte Lizzie nicht ermutigen dürfen. Aber Stuart war im Southpaw so fies zu ihr gewesen, mit seinen Belehrungen über ihre Defizite als Mutter, und sie war einsam.

Sie befürchtete, dass Lizzie sich falsche Hoffnungen machte. Und jetzt stand auch noch das Treffen mit den angeblichen Swingern an. Sie musste sich irgendwie davor drücken.

Im Bett setzte sie eine Schlafbrille auf und wandte Theo den Rücken zu. »Wie war's?«

»Was?«

»Die Veranstaltung.«

»Cassie ist total durchgeknallt.«

»Sagst du das nur, weil du eifersüchtig bist, dass sie mit ihm zusammen ist?«

»Nein.«

»Bist du eifersüchtig, dass sie mit ihm zusammen ist?« Er hatte sie seit einem Jahr nicht angefasst. Was scherte es ihn?

»Wir haben uns vor sechs Jahren getrennt. Ich bin nicht eifersüchtig.«

Sie spürte eine Hand auf ihrem Rücken. Das Gefühl war so ungewohnt, dass sie die Schlafbrille abnahm, um sich zu vergewissern, dass es tatsächlich Theos Hand war. »Ich habe mir überlegt, dass wir im August mal irgendwo hinfahren könnten«, sagte er. In den Ferien hatten sie seine Mutter und seinen Stiefvater in San Francisco besucht, aber das war kein richtiger Urlaub gewesen. Mit Baby hieß Urlaub kein Babysitter, beengte Hotelzimmer und stressige Flüge.

Sie drehte sich auf den Rücken. »Okay«, sagte sie misstrauisch.

»Ich weiß, dass du es im vergangenen Jahr nicht leicht mit mir hattest, und ich glaube, zum Teil liegt es daran, dass mich der Job so stresst. Tom sagt, er gibt mir eine Woche, aber er will, dass ich sie vor Ende des Sommers nehme, weil wir im Herbst mit dem Gebäude in der Jane Street anfangen. Wo würdest du gern hinfahren?«

»Wohin du willst.«

»Ich dachte, du würdest dich darüber freuen«, sagte er und nahm seine Hand weg. Wieder sah er sie mit diesem verletzten Blick an, der längst keine Wirkung mehr erzielte.

»Ich *freue* mich. Ich freue mich sehr. Wollen wir meine Eltern besuchen?« Ihre Eltern hatten in den Siebzigern ein Haus in Beach Haven an der Küste von New Jersey gekauft. Rebecca und Theo waren mit Abbie am Wochenende des Vierten Juli dort gewesen, konnten wegen Theos Job aber nicht länger bleiben.

»Ich möchte mit euch allein sein«, sagte Theo. »Nur wir drei. Ich dachte, wir könnten nach North Fork fahren.«

»North Fork klingt gut.« Sie beugte sich vor und gab ihm einen Kuss, in der Hoffnung, die Diskussion damit zu beenden und endlich schlafen zu können. Sie wollte nochmal ihre Unterhaltung mit Stuart Revue passieren lassen, den ersten Teil, bevor er ihr die kalte Schulter gezeigt hatte.

»Hast du viel getrunken?« fragte Theo.

»Nein, nur ein bisschen Wein.« Sie beschloss, ihm nicht zu erzählen, dass sie noch bei Lizzie gewesen war, weil sie keine Lust hatte, banale Fragen über Lizzies Sohn und Mann zu beantworten. Theo kniff die Augen zusammen, beließ es aber dabei.

All die Monate hatte Rebecca Theo die Schuld daran gegeben, dass im Bett nichts mehr lief, aber nach jenem zweiten Mal hatte sie nie wieder die Initiative ergriffen.

Vielleicht wollte er ja und wartete nur darauf, dass sie den ersten Schritt tat. Heute hatte er sich richtig Mühe gegeben, und sie hatte ihn eiskalt abblitzen lassen. Warum fiel es ihr so schwer, nett zu ihm zu sein?

Es hatte durchaus Abende gegeben, an denen er Interesse bekundet hatte. Einmal hatten sie im Fernsehen zusammen *Für eine Handvoll Dollar* gesehen, und er hatte ihr dabei die Füße massiert und sie zärtlich angesehen, aber sie war so genervt gewesen, dass sie den Fuß von seinem Schoß nahm.

Im Frühling hatte er Stress im Job, und als er ihr beim Abendessen davon erzählte, stützte er den Kopf in die Hände und sagte: »Manchmal ist der Job so eine Belastung.« Doch statt ihn in den Arm zu nehmen, sagte sie: »Willst du damit sagen, dass ich nichts beisteuere? Ich reiß mir nämlich den Arsch dafür auf, mit meinen drei Tagen die Woche etwas dazuzuverdienen.« Und dann war da noch der Abend vor ein paar Tagen, als Abbie bei ihnen im Bett gelegen und er Rebecca angefasst hatte, sie aber zu beleidigt war, um zu reagieren.

Nichts war einfach in einer Ehe. Sie hatte irgendwo gelesen, dass es zwei Menschen brauchte, um in ein Muster zu verfallen, aber nur einen, um es zu ändern. Warum hatte sie es nicht ändern wollen? Weil seine Zurückweisung ihr das Recht gab, ihm an allem die Schuld zu geben, was in ihrer Ehe nicht stimmte? Weil sie ihr erlaubte, ihn zum Buhmann zu machen? Denn die Alternative – sich Gedanken darüber zu machen, woran es lag, dass er nicht mit ihr schlafen wollte – war einfach zu unbequem, um sie auch nur in Betracht zu ziehen.

Sie küsste ihn, schlang die Arme um ihn. Sein Mund war warm und sein Blick lieb, ja sogar einladend. Sie legte sich auf ihn und rieb sich an ihm. Zu ihrer Überraschung wurde er hart.

So einfach war das also? Sechzehn Monate Funkstille, und dann ändert sich an einem Abend plötzlich alles? Sie zog seine Boxershorts aus und nahm ihn in den Mund. Er stöhnte.

Während sie ihrem Mann einen blies, dachte sie an Stuart Ashby, fragte sich, wie er schmeckte und ob sie es je erfahren würde. Theo drehte sie auf den Bauch und zog ihre Unterhose runter. Er war also auch sauer auf sie. Er wollte ihr Gesicht nicht sehen. Das erregte sie. Es bedeutete, dass er seine Wut in Verlangen verwandeln konnte. Das war ein Anfang.

Er schnappte sich ein Kondom aus der Nachttischschublade, rollte es über und drang in sie ein. Sie warf den Kopf zurück, vor Schmerz, aber auch vor Erregung. Sobald ein Mann das Interesse eines anderen roch, kam er wieder an. Warum hatte sie nicht eher daran gedacht? Er war erst halb in ihr, als Abbie anfing zu weinen.

»Scheiße!« schrie Rebecca.

»Schhh«, sagte Theo, immer noch in ihr. »Vielleicht schläft sie wieder ein.«

Doch innerhalb weniger Minuten schrie Abbie aus vollem Hals. »Tut mir leid«, sagte er, küsste Rebecca und zog ihn raus.

»Mir auch.«

»Vielleicht schläft sie wieder ein«, sagte er. Er ging in Abbies Zimmer. Das Weinen verstummte. Ein paar Minuten später hörte Rebecca, wie er ihr in der Küche ein Fläschchen machte.

SCHLAGZEILEN

NORMALERWEISE stand Melora morgens gegen halb elf auf, setzte sich mit ihrem Kaffee und einer Scheibe Brot an den Esstisch und las die *New York Post.* Als Erstes schlug sie immer die Klatschseite auf, um nachzusehen, ob sie a) den Blindklatsch entschlüsseln konnte und b) selbst drinstand.

An diesem speziellen Donnerstag jedoch fehlte ihr die Kraft, nach unten zu gehen. Deshalb rief sie: »Stuart!« Ein paar Minuten später kam er, bereits angezogen, ins Zimmer. An seinem Gesichtsausdruck sah sie, dass es schlimm war. »Bring mir die *Post.*«

»Die habe ich weggeworfen.«

»Na, dann geh nach unten und hol sie aus dem Müll.«

Er zögerte kurz, schien dann aber zu dem Schluss zu kommen, dass es keinen Sinn hatte, mit ihr zu streiten. Als er zurückkam, war sein Blick grimmig.

Sie hatte Stuart die Ereignisse der vergangenen Nacht nicht erzählt. Nachdem sie sich übergeben hatte, fand sie schließlich ein Taxi, das bereit war, sie mitzunehmen, und um elf kam sie völlig erschöpft zu Hause an. Stuart war schon im Bett und las *Nachts in Bangkok*, und als er ihr verkohltes Haar sah und die jetzt freiliegende Schnittwunde, schnappte er nach Luft. Er sagte, er habe dreimal versucht, anzurufen und habe sie dann auf der Fifth Avenue gesucht, ehe er aufgab und nach Hause ging. Er sagte, er sei kurz davor gewesen, die Polizei zu rufen. Er bat sie, ihm zu erzählen, was passiert sei, doch sie weigerte sich und ließ heimlich noch zwei Milligramm Ativan unter der Zunge zergehen, ehe sie im Schlaf Vergessen suchte.

Das Foto war auf der Titelseite, schwarzweiß und körnig, und es zeigt Melora beim Kotzen. Die blasse Kotze hob sich gegen den finsteren Hintergrund der Flatbush Avenue ab. Sie fand, sie glich einer Mischung aus obdachlosem Kriegsveteran, betrunkener Britney und dem Kambodschaner auf diesem berühmten Foto.

Neben der fetten Überschrift MEL AM ENDE stand in kleineren Buchstaben: »Mehr auf Seite 11.« Auf Seite elf, gegenüber den üblichen Klatschmeldungen, war ein weiteres schlimmes Bild von Melora aus der vergangenen Nacht, auf dem sie wenige Sekunden vor dem Titelfoto in die Kamera blinzelte.

Melora Leigh benimmt sich in letzter Zeit recht seltsam. Bei der Benefizveranstaltung mit **Cassie Trainor** für den **Paris Review** die Leigh mit Ehemann **Stuart Ashby** in Brooklyns Southpaw besuchte, fiel ihr »merkwürdiges Gebaren« und ein deutliches Humpeln auf. »Es sah aus, als ob sie torkelte«, sagte ein Gast, »und sie lallte ziemlich.« Als die Oscargewinnerin sich draußen eine Zigarette anstecken wollte, fing ihr Haar Feuer. Unser Fotograf war zufällig zugegen, als sie sich vor **Applebee's** erbrach. Vielleicht hatte sie gerade einen Burger gefuttert, wie ihre Kollegin **Hilary Swank**, und sich daran verschluckt? Von Ashby keine Spur. Freunde des Paares sagen, sie hätten sich in letzter Zeit auseinandergelebt. Hoffen wir, das alles dient der Vorbereitung auf einen Film. Wir wollen doch nicht, dass Melora die zweite Winona wird.

Melora faltete die Zeitung zusammen und warf sie lustlos beiseite. Noch drei Stunden bis zu ihrem Treffen mit Adam Epstein.

»Was ist los?« sagte Stuart und setzte sich neben sie aufs Bett.

»Nichts.«

»Behandle mich nicht wie einen Idioten. Als du nach Hause gekommen bist, habe ich mir solche Sorgen gemacht, dass ich die ganze Nacht wach geblieben bin, um aufzupassen, dass du nicht abnippelst. Was hast du genommen?«

»Gar nichts. Nur das Übliche.«

»Was ist dann passiert?«

Sie stach sich mit dem Finger ins Gesicht. »Das ist passiert.«

»Ich meine, wovon ist dir schlecht geworden? Was ist das für eine Wunde auf deiner Stirn?« Er beugte sich vor, um sie zu befühlen, und Melora zuckte vor Schmerz zusammen. Er nahm ihre Hände in seine. »Komm schon, Lor, rede mit mir.«

Sie hätte ihm gern erzählt, dass sie sich vorgekommen war wie eine Marionette an unsichtbaren Fäden, als sie Neal Harris' Brieftasche geklaut hatte. Es hatte sie einfach überkommen, als Papa Bugaboo sich zum Kinderwagen gebückt und ihr seinen behaarten weißen Arsch entgegengestreckt hatte.

Das war es, was sie an Park Slope hasste: Ständig streckten einem die Leute ihre Ärsche entgegen. In SoHo war sie vor behaarten Ärschen anderer Leute sicher gewesen, doch in Park Slope gab es kein Entrinnen. In der Tea Lounge stillten die Frauen mit heraushängenden Brüsten. Die Singles trugen zu knappe T-Shirts, unter denen sich hemmungslos Bäuche und BH-Träger abzeichneten. Mütter wechselten ihren Kindern auf den Bänken vor Connecticut Muffin die Windeln, denselben Bänken, wo man seinen Kaffee trank. Männliche Jogger trugen Netzshirts, durch die Brusthaar und Nippel schimmerten.

Wer wollte all das sehen? Melora hatte das George-Clooney-Porträt im *New Yorker* gelesen, in dem er sagte, wenn man berühmt sei, müsse man sein Haus zu einem netten Gefängnis machen, und sie hatte verstanden, was er meinte. Ihr Loft in der Spring Street war so ein nettes Gefängnis gewesen, mit schalldichten Fenstern, Weinkammer, Fitnessraum, spezialangefertigter, sündhaft teurer Stereoanlage und natürlich Lisanne, die stets bereitstand, ihre Wünsche zu erfüllen. Es war nach außen hin geschützt und abgeschottet, und dort hatte sie sich sicher gefühlt. Warum hatten sie ihr Leben für dieses elende Viertel auf den Kopf gestellt? Damit Leute der unteren Mittelschicht sie angaffen konnten? In den zwei Jahren, seit sie nach Brooklyn gezogen waren, hatte sie alles aufgegeben, was ihr wichtig war – Privatsphäre, Abschottung nach Außen, Sicherheit –, weil Stuart ihr eingeredet hatte, dass diese Bedürfnisse snobistisch seien.

Doch Bescheidenheit war ebenso eine Pose wie im Luxus zu schwelgen. Und auf gewisse Weise war es sogar schlimmer, weil so verlogen. Sie war wütend auf sich selbst, dass sie Stuart nicht klipp und klar gesagt hatte, was sie brauchte. Nur weil man die meisten Menschen nicht mochte, war man noch lange kein Snob. Ihre Bedürfnisse waren komplexer als seine, was verständlich war, da sie schon berühmt gewesen war, bevor sie ihre Tage bekommen hatte.

»Ich weiß nicht«, sagte sie leise. »Ich war wohl nervös wegen Adam Epstein und habe zuviel Ativan genommen.«

»Ich hab dir doch gesagt, dass diese Pillen gefährlich sind. Denk an Heath.«

»Ich bin nicht Heath. Er hat sechs verschiedene Medikamente eingenommen!«

»Ich will verstehen, was mit dir passiert. Ich kapier nicht, warum du dich so aufführst, wo es für dich endlich wieder bergauf geht.«

»Endlich?«

»Tu nicht so, als wärst du in letzter Zeit besonders gefragt gewesen.«

»Das war meine persönliche Entscheidung! Ich drehe nicht mehr so viel, um für Orion da sein zu können!«

»Aber du bist nie für ihn da. Du lässt Annika alles machen. Du bist nie allein mit ihm, nicht mal zu Hause.«

»Neulich war ich mit ihm Eis essen.«

»Liebling. Du musst mir sagen, was mit dir los ist.«

»Ich kann nicht. Es ist zu schrecklich.«

»Was ist los?«

Sie sah ihm tief in die Augen und wünschte, er könnte alles wieder gut machen. »Ich … habe … etwas getan.«

»Was hast du getan, Süße? Was hast du getan?«

Ihr Telefon klingelte. »Schätzchen«, sagte Vanessa. »Ich hab Lynn an der Strippe.«

»Hiii«, sagte Lynn.

»Das muss so hart für dich sein«, sagte Vanessa. Woher wollte sie wissen, was hart war? Woher wollte sie wissen, wie es war, wenn man befürchtete, verhaftet zu werden? Sie war die millionenschwere Erbin eines griechischen Reeders. Sie arbeitete nur zum Spaß.

»Stell sie auf Lautsprecher«, sagte Stuart.

Melora gehorchte. »Stu ist auch hier.«

»Hi, Stu«, sagten die Frauen im Chor.

So fühlte sich also der Abstieg zum abgehalfterten Star an, von der Oscargewinnerin zur *Conan*-Lachnummer. Es begann mit einem schlechten Paparazzo-Foto und endete mit einem Auftritt bei *Dancing with the Stars.*

»Schätzchen«, sagte Lynn. »Wir haben dich lieb. Warum musstest du kotzen?«

»Lebensmittelvergiftung«, sagte Melora. Stuart schüttelte den Kopf.

»Ach komm schon, Schätzchen«, sagte Lynn. »Wir sind es. Bist du schwanger?«

»Was? Nein!«

»Uns kannst du es doch sagen.«

»Ich habe eine Spirale!«

Die Frauen schwiegen, und dann sagte Lynn: »*Könntest* du es sein?«

»Wovon redest du?« fragte Melora.

»Wir müssen es zu deinem Vorteil drehen. Ich denke, du bist erst so etwa in der achten Woche, deshalb die Übelkeit, und in ein paar Wochen lassen wir dann durchsickern, dass du eine Fehlgeburt hattest.«

»Das gefällt mir nicht«, sagte Melora. Eine vorgetäuschte Fehlgeburt schien selbst für sie zu schmutzig. Die alte Melora hätte sofort zugestimmt, und sie wollte nicht mehr die alte Melora sein.

»Wir wollen dir nur helfen«, sagte Vanessa und seufzte dann schwer. Melora kannte dieses Seufzen und wusste, sie hätte es mit dem Räusperknopf, den alle CAA-Telefone hatten, wegdrücken können, der Knopf, den sie drückten, damit sie »So ein Arschloch!« schreien konnten, ohne dass ihr Gesprächspartner es hörte.

»Okay, dann müssen wir auf Plan B zurückgreifen«, sagte Lynn. »Wir sagen, deine Mutter hat Demenz. Ein Elternteil mit Alzheimer zieht immer.«

»Aber ich habe den Kontakt zu meiner Mutter abgebrochen.« Melora hatte sich kurz nach dem Erfolg von *Posen* mit Marcy zerstritten, als Marcy mit einem Buch über ihre Mutter-Tochter-Beziehung hausieren ging, obwohl das Buch nie zustande kam. Melora war so wütend gewesen, dass Marcy die eigene Tochter hatte verkaufen wollen, dass sie sich nie wieder gemeldet hatte.

»Ganz egal«, sagte Lynn.

»Ich werd keine Lüge über mich verbreiten, nur um meine Karriere zu retten. Können wir das Treffen mit Adam verschieben, bis der Sturm sich gelegt hat?«

»Unter anderen Umständen«, sagte Lynn, »hätte ich das auch vorgeschlagen. Das und vielleicht ein paar Mal Samantha Ronson vögeln.«

»Aber es ist so«, sagte Vanessa, »dass Adam nur für einen Tag in der Stadt ist. Er schneidet in L.A. den Jennifer-Garner-Film und hat gestern extra den Nachtflug genommen, um sich mit dir zu treffen.« Melora war nicht sicher, ob das der Wahrheit entsprach, aber sie fühlte sich geschmeichelt. »Zweitens wissen wir aus verlässlicher Quelle, dass Kate Hudsons Agent heute früh Scott Rudin kontaktiert hat. Und Scott hat angeblich gesagt, Adam sei ›für alle Möglichkeiten offen‹.«

Selbst Stuart wurde blass. Melora und Kate waren nicht befreundet, doch sie kannten sich seit elf Jahren, seit sie gemeinsam eine gefloppte Pilotfolge für CBS gedreht hatten – für eine Serie namens *Ebenschwarz* mit David Alan Grier. Am Set von *Donnellys Duell* herrschte zwischen ihnen ein freundlicher, geradezu herzlicher Umgangston, und Melora hätte sich nie träumen lassen, dass Kate Hudson ihr so in den Rücken fallen würde. Aber so war Hollywood: Sobald man strauchelte, stand schon der Nächste bereit, um einen zu ersetzen.

»Ach was«, sagte Melora. »Kate Hudson? Die ist doch auf Komödien abonniert.«

»Dich hat vor *Posen* auch niemand als Schauspielerin ernst genommen«, sagte Vanessa.

»Sie ist viel zu jung! Rosie soll Anfang vierzig sein.«

»Computeranimation«, sagte Vanessa.

»Ich denke, Melora sollte das Treffen verschieben«, sagte Stuart. »Sie ist nicht in der Verfassung.«

»Es täte mir leid, wenn du dir diese Rolle durch die Lappen gehen lässt«, sagte Vanessa. »Du weißt, dass er unter Zeitdruck steht. Du musst ihn überzeugen, dass du die Richtige bist. Das Foto ist bedeutungslos, eine Verfälschung der Ereignisse, und der Artikel eine Verleumdung. Kriegst du das hin? Ihm beweisen, dass du der perfekte Profi bist?«

»Ich werd's versuchen«, sagte Melora heiser.

»Ich habe schon dafür gesorgt, dass seine Assistentin den Lunch ins Sant Ambroeus verlegt. Im Gemma ist zu viel los.«

»Und jetzt lasst uns über heute Abend reden«, sagte Lynn. »Ihr müsst beide zur Premiere von *Donnellys Duell* gehen. Nur so können wir der schlechten Presse begegnen und die Öffentlichkeit überzeugen, dass du obenauf bist. Ihr beantwortet keine Fragen, aber ihr müsst für die Paparazzi glücklich und verliebt aussehen.«

Melora hatte die Premiere ganz vergessen. Sie hatte nur noch die Hälfte ihrer Haare, eine pochende Wunde über dem Auge und einen verknacksten Fuß. Wie sollte sie so den roten Teppich schaffen? »Ich will nicht«, sagte sie.

»Du musst«, sagte Lynn. »Wir rüschen dich auf, und du sprichst nur mit *Access Hollywood.* Danach gehst du mit Stuart ins Gramercy, damit sie ein paar schöne Fotos von euch kriegen. Ihr bleibt eine Stunde und geht wieder nach Hause.«

»Ich weiß nicht.«

»Schätzchen, wenn du nicht hingehst«, fügte Lynn hinzu, »nährt das nur die Gerüchte, dass du heroinabhängig bist.«

»Heroinabhängig?«

Lynn räusperte sich und sagte: »Geh heute mal auf Jezebel.com.«

Nachdem Melora aufgelegt hatte, unzufrieden mit beiden Entscheidungen, sagte Stuart: »Was hast du getan? Du wolltest mir gerade erzählen, was du getan hast.«

Es war ein Fehler gewesen zu glauben, dass sie sich ihm anvertrauen konnte. Er war zu egoistisch, um ihr helfen zu können. »Was schert es dich?« fragte sie. »Du bist doch nie hier. Du drehst einen Film nach dem andern, nur um nicht mit mir zusammen sein zu müssen.«

»Ich drehe einen Film nach dem anderen, weil ich es mir nicht leisten kann abzulehnen. Ich bin noch nicht so lange im Geschäft wie du.«

»Aber selbst wenn du hier bist, ziehst du dich zurück. Du benimmst dich, als sei ich eine Last für dich.«

»Ach was. Ich war mit dem Drehbuch beschäftigt.«

»Wenn du mir die Rolle gibst, findest du leichter einen Geldgeber.«

»Nicht, solange du in so einer Verfassung bist«, sagte er. Er sah sie mitleidig an. Es war demütigend, vom eigenen Ehemann so angesehen zu werden. »Es liegt ganz bei dir, Melora. Entweder du machst so weiter oder du reißt dich zusammen. Es gibt andere Methoden als Drogen. Warum versuchst du es nicht mal mit Meditation?«

»Deine Scheißmeditation hilft mir nicht die Bohne!« fauchte sie. »Das ist ein Tropfen auf den heißen Stein!«

»Hast du Dr. Levine angerufen?«

»Natürlich hab ich das! Er ist nicht in der Stadt!«

Er wich zurück. Sie packte es ganz falsch an. Stuart war ihr Ehemann. Er konnte sie einweisen lassen, und der beknackte Dr. Levine würde ihn wahrscheinlich noch unterstützen, sobald er seine Mutter begraben hatte.

Sie musste Stuart überzeugen, dass alles mit ihr in Ordnung war. »Tut mir leid«, sagte sie. »Mir wächst im Moment alles über den Kopf, weißt du? Der Film und Brooklyn. Ich fühle mich so einsam hier.«

»Tut mir leid«, sagte er, doch er fragte nicht, ob sie umziehen wollte. »Sieh dir nur deine Haare an«, sagte er traurig. »Deine schönen Haare.«

»Die wachsen nach.«

»Lass mich wenigstens die Wunde säubern.«

»Du hast sie gesehen?«

»Ach, komm. Ich bin doch kein Idiot. Wie ist das passiert?«

»Ich bin im Badezimmer ausgerutscht.«

»Wobei?«

»Als ich mir Wein einschenken wollte.«

Stuart schüttelte traurig den Kopf und ging ins Bad. Er kam mit etwas Alkohol, Watte und Pflaster zurück. »Bist du sicher, dass du zu diesem Treffen gehen willst? Sag Vanessa und Lynn, sie können dich mal.«

»Ich schaff das schon.«

»Vielleicht sollte ich mitkommen.«

»Was soll das bringen?«

»Dann rufe ich Ringo an und sag ihm, er soll draußen auf dich warten. Ich will wenigstens sicher sein, dass du gut nach Hause kommst.«

Melora nickte. Hätte sie letzte Nacht den Wagen gehabt, sähe sie jetzt nicht aus wie Natalie Portman in *V für Vendetta*.

Die Tür flog auf, und Orion stürmte mit einem Degen in der Hand ins Zimmer, gefolgt von Annika. »Was ist mit deinem Haar passiert, Mami?«

»Verzeihung«, sagte Annika und versuchte, ihn aus dem Zimmer zu ziehen.

»Er kann bleiben«, sagte Stuart, obwohl ihr Sohn der letzte Mensch war, den Melora jetzt sehen wollte. »Mama hatte einen kleinen Unfall.« Annika wirkte verlegen. Offensichtlich hatte sie die *Post* gesehen.

»Das sieht eklig aus«, sagte Orion und begann dann am Fuß des Bettes schattenzufechten.

»Wo hat er das her?« sagte Melora und deutete auf das Florett.

»Wir haben ihn bei Powerplay zum Fechten angemeldet«, sagte Stuart.

Wieso wusste sie nichts davon? Niemand sagte ihr etwas, und dann taten sie überrascht, wenn sie nicht auf dem Laufenden war.

»Guck mal, was ich kann«, sagte Orion. Er demonstrierte einige Fechthiebe, die Stuart beeindruckt verfolgte. »Neulich habe ich Darby fast am Auge getroffen.«

»Wer ist Darby?« fragte Melora. Annika hatte den Namen nie erwähnt.

»Ein Spielplatzfreund«, sagte Annika schnell.

»Ihr habt auf dem Spielplatz gefochten?«

»Im Kinderzimmer«, sagte Orion. Annika wurde puterrot. Melora hatte es die ganze Zeit gewusst. Die Burmesen waren ehrliche Leute.

»Du hattest Besuch?« fragte sie Orion.

»Ja. Wir haben ihn auf dem Spielplatz kennengelernt, und Annika hat gesagt, er und seine Mutter können mit zu uns kommen.«

Melora starrte die Schwedin an. »Sie haben gesagt, es sei niemand hier gewesen.«

»Es war nur das eine Mal.«

»Waren noch andere Kinder hier?«

»Nein.«

Melora betete, dass der Junge die Brieftasche genommen hatte, verdächtigte jedoch die Mutter. Sie hatte die übergewichtigen, neurotischen, von ihren Kindern besessenen Mütter im Viertel nie leiden können.

Sie starrte Annika an. Sie hätte diese skandinavische Schlampe umbringen können. Orion fuchtelte noch immer wild mit dem Degen herum. »Nicht so nah an meiner Kommode!« schrie Melora.

»Lass es nicht an ihm aus«, sagte Stuart.

»Sag mir nicht, wie ich meinen Sohn erziehen soll.«

»*Unser* Sohn. Schrei ihn nicht an.«

»Komm mit, Orion«, sagte Annika und versuchte, ihn aus der Tür zu ziehen.

Orion machte ein paar Paraden, die linke Hand an der Hüfte. Melora konnte seine stümperhaften Bewegungen nicht mit ansehen und entriss ihm das Schwert. Orions Augen weiteten sich vor Angst.

»So geht das nicht!« keifte sie, dann führte sie gekonnt einen Angriff und eine Parade aus, während Orion sie mit offenem Mund anstarrte, weil er seine Mutter noch nie so aktiv gesehen hatte.

»Wo hast du das gelernt, Mama?«

»Bei *Was ihr wollt* am Delacorte Theater.« Übermütig machte sie einen Ausfallschritt und ihr Fußgelenk gab unter ihr nach. »Aaaaah!«

»Bist du okay, Mami?«

»Lass mich in Ruhe!« schrie sie und sank zu Boden, um sich den Fuß zu halten. Warum ließ der kleine Pisser sie nicht zufrieden? Wieso kam er ständig in ihr Zimmer, obwohl sie ihm hundertmal gesagt hatte, er solle anklopfen?

Orions Gesicht schien in sich zusammenzufallen, und er rannte aus dem Zimmer, gefolgt von Annika. Stuart sah Melora kopfschüttelnd an und verließ ebenfalls das Zimmer.

»Ogott«, jammerte Melora und massierte sich den Knöchel. Mit enormer Kraftanstrengung stand sie auf und humpelte ins Bad, um sich das Gesicht zu waschen. Sie blickte in den Spiegel. Wenn man sich vorstellte, dass *Esquire* sie einmal zur Sexiest Woman Alive gewählt hatte. Sie beugte sich vor und entdeckte ein Herpesbläschen, das sich gerade in ihrem Mundwinkel bildete.

DIE FRAU VON STEPFORD

Am Donnerstagmorgen um zehn Uhr rief Stuart Rebecca an, um zu fragen, ob er sein Drehbuch vorbeibringen könne. Rebecca war so aufgeregt, dass sie den Hörer fallen ließ, ihn dann hektisch wieder aufhob und schon befürchtete, die Verbindung sei unterbrochen. Sonam war mit Abbie draußen. Rebecca rief sie an und bat sie, irgendwo unterwegs Mittag zu essen, weil sie mit einem Artikel fertig werden müsse und ihre Ruhe brauche.

Rebecca nahm sich die Wohnung vor und versuchte, so etwas wie Ordnung vorzutäuschen. Draußen auf dem Baugerüst sang Rakhman, aber sie freute sich so auf Stuart, dass sie sich nicht daran störte. Sie putzte die Küche, warf herumliegende Spielsachen in einen großen Korb in Abbies Zimmer und packte alte Zeitungen, Socken und Weingläser an ihren Platz, bis das Wohnzimmer einigermaßen aufgeräumt wirkte.

In der Dusche rasierte sie ihre Bikinizone, Achseln und Beine, putzte sich die Zähne, zog die Augenbrauen nach, knetete sich L'Oreal Absolut Repair ins Haar und tupfte sich Stella McCartney auf den Hals. Sie wählte einen schwarzen La-Perla-Slip, eine weite weiße Bluse von James Perse, eine silberne Kette mit kreisrundem Anhänger und zwei Diamantohrringe, die sie nur mit Mühe durch die Löcher bekam, weil diese fast zugewachsen waren. Sie musste daran denken, die Ohrringe wieder herauszunehmen, bevor Theo nach Hause kam, damit er keinen Verdacht schöpfte. Eigentlich eine traurige Erkenntnis, dass Ohrringe ein Indiz für Ehebruch waren.

Sie überprüfte ihr Aussehen im Schlafzimmerspiegel. *Nicht schlecht für eine fünfunddreißigjährige Mutter.* Sie öffnete die Schublade von Theos Nachttisch, nahm ein Kondom heraus und legte es in ihre eigene Schublade, um bei Bedarf leichter dranzukommen, fand es dann aber doch übertrieben, das Bett neu zu beziehen.

Stuart kam gegen elf. Er roch nach Schweiß, was Rebecca nicht im Geringsten störte. Im Gegenteil. Sie liebte den Geruch von Männerschweiß und hatte es immer bedauert, wenn Theo, damals, als sie noch Sex hatten, darauf bestand, vorher zu duschen. Theo war ein guter Liebhaber, geschickt und aufmerksam, aber immer kontrolliert. Er schien sich beim Sex nie zu verlieren, und im Lauf der Zeit hatte sie sich damit abgefunden. Sie hatte gelernt, dankbar zu sein. In anderen Bereichen – Kochen, Wohnungseinrichtung, Autofahren, Ästhetik, Urlaub – war er genauso. Wahrscheinlich lag sein Bedürfnis nach Kontrolle darin begründet, dass er in so chaotischen Verhältnissen aufgewachsen war. Weil Rebecca dazu neigte, schnell die Fassung zu verlieren, und es sogar passieren konnte, dass sie in Tränen ausbrach, nur weil sie sich verfahren hatte, gefiel es ihr im Grunde, dass Theo immer alles im Griff hatte. Er konnte fast alles.

Stuart hielt das zusammengerollte Drehbuch in der Hand, machte jedoch keinerlei Anstalten, es ihr zu geben. »Schöne Wohnung«, sagte er. Immerhin war er höflich.

»Vielen Dank«, sagte sie. »Lass dich von Rakhman nicht stören.« Sie schloss die Jalousien.

»Wo ist der Knöchelbeißer?« sagte Stuart.

»Mit dem Babysitter unterwegs. Sie sind so gegen eins wieder da.« Er blickte auf die Uhr. Fragte er sich, ob ihm genug Zeit blieb, sie zu vögeln? »Möchtest du was trinken?« fragte Rebecca. »Wasser? Weißwein? Ich trinke Wein. Es ist so heiß, dass ich beschlossen habe, ich darf.« Es war ein Test: Wenn er ohne Hintergedanken gekommen war, würde er den Drink ablehnen.

Er sah ihr in die Augen und sagte: »Klar.«

Sie füllte zwei Gläser und setzte sich neben ihn aufs Sofa. Er reichte ihr das Drehbuch. »Muss ich es jetzt sofort lesen?« fragte sie.

»Nein, ich wollte nur nicht vergessen, es dir zu geben.«

»Du hast nichts anderes mitgebracht.«

Er blinzelte sie an. Sollte sie sich auf seinen Schoß setzen? In Filmen ging so etwas immer ganz einfach, im wahren Leben war es kompliziert.

»Soll ich die Klimaanlage runter drehen?«

»Lass nur.«

»Ich kann nie einschätzen, ob es für andere zu kalt ist. Mir ist so heiß. Jeden Nachmittag sehe ich mir in Unterwäsche Filme an.« Er zeigte keine Reaktion bei dem Wort »Unterwäsche«. Vielleicht war er gar nicht interessiert.

»Was guckst du heute?« fragte er.

»Ich wollte *Die Frauen von Stepford* sehen. Kennst du den?«

»Das Remake? Ich war auf der Premiere. Furchtbar. Ich habe mich für Nicole geschämt. Habe es nicht fertiggebracht, Hallo zu sagen.«

»Nein, das Original. Mit Katharine Ross.«

»Oh, ja, ich glaube, den habe ich vor vielen Jahren mal gesehen, aber ich erinnere mich nicht genau.«

»Willst du mitgucken? Ich mach uns Popcorn. Ich weiß, Popcorn bei diesem Wetter klingt schräg, aber ich kann ohne keinen Film gucken.«

»Ich darf kein Popcorn«, sagte er verlegen. »Ich ernähre mich ayurvedisch.«

»Wie geht das?« fragte Rebecca, bemüht, sich nicht über ihn lustig zu machen. Man durfte sich nicht über einen Mann lustig machen, wenn man von ihm gevögelt werden wollte.

»Das ist nicht so leicht zu erklären, aber es geht darum, die richtigen Lebensmittel zu kombinieren.«

»Aber Wein ist erlaubt?«

»Wein stärkt das Pitta Dosha. Bei Ayurveda geht es vor allem um Mäßigung.«

Sie kicherte. Das Ganze klang albern und eitel. »Also kein Popcorn?«

»Klingt eigentlich verlockend. Vielleicht doch.«

Während Rebecca das Popcorn machte, erzählte er ihr mehr über seine Ernährung, und als sie so in der Küchentür stand und sich mit ihm unterhielt, war sie plötzlich nicht mehr nervös, sondern fühlte sich ihrer Sache sicher.

Sie servierte das Popcorn in einer Schüssel. Sein Weinglas war fast leer, und sie schenkte ihm nach. Sie legte die DVD ein, setzte sich neben ihn, mit etwa fünfzehn Zentimetern Abstand, und zielte mit der Fernbedienung auf den Fernseher.

Katharine Ross mit einem gelben Kopftuch wie Rebecca es beim Verpacken der Lebensmittel getragen hatte, saß einsam und allein in ihrer Wohnung in Manhattan und starrte aus dem Fenster. Ein kleiner Hund rannte so schnell über den Bildschirm, dass er aussah wie eine Katze. Ominös von Anfang an. Ross saß mit ihren Kindern im Kombi. Ihr war offenbar nicht wohl dabei, die Stadt zu verlassen, weil sie irgendwie zu ahnen schien, dass ihr Mann plante, sie in einen Roboter zu verwandeln. Etwas erregte ihre Aufmerksamkeit. Ein rothaariger Mann, der ein bisschen wie Stuart aussah, überquerte die Straße mit einer nackten Schaufensterpuppe unter dem Arm. »Findest du das nicht gruselig?« fragte Rebecca.

»Unheilvoll«, sagte Stuart. Er nahm sein Handy und tippte etwas hinein.

Rebecca fand es wichtigtuerisch, verkniff sich aber einen Kommentar. Es gab Dinge an ihm, die ihr nicht gefielen, aber das war okay. Genau darum ging es ja. Sie würde diesen Mann nicht heiraten. Er durfte ein bisschen nerven.

Als die Familie sich in Stepford einrichtete und die unheimliche Nachbarin einen Auflauf vorbeibrachte, beugte Stuart sich interessiert vor. Dabei fiel sein Knie zur Seite, so dass es ganz leicht Rebeccas berührte. Sie sagte nichts, doch sie hielt ihr Bein ganz still. Zwischen ihnen funkte es, und als sie ihr Glas zum Mund hob, merkte sie, dass ihre Hand zitterte.

Als er sich wieder zurücklehnte, rückte er fast unmerklich näher an sie heran, scheinbar ohne seinen Hintern zu bewegen. Das musste er beim Film gelernt haben.

»Stepford hat was von Park Slope«, sagte er.

»Beängstigend.«

»Wir denken, wir hätten Supermütter erfunden, aber die gab es längst. In den Fünfzigern. Nur dass die Supermütter damals alle auf Valium waren.«

»Hättest du lieber eine Ehefrau auf Valium«, sagte sie, »die dir einen Martini reicht, wenn du abends nach Hause kommst, oder eine glückliche, berufstätige Frau, die zu beschäftigt ist, um dich zu bedienen?«

»Definitiv lieber eine Frau auf Valium«, sagte er. »Die mir zu Willen ist.«

Er wollte sie. Es passierte wirklich. »Als ich neulich *Der Mieter* gesehen habe«, sagte sie, »habe ich nicht nur zugesehen.«

»Ach ja?« Seine Stimme war leise und ganz nah.

»Die Szene im Kino … die ist sexy. Wie er sie befummelt. Und es gefällt ihr. Ich meine, es hat mich nicht angemacht, dass das Kino voller Perverslinge war, es hat mich angemacht, dass er das Gefühl hatte, er könnte mit ihr machen, was er wollte.«

»Machst du das immer, wenn du Filme guckst?«

»Wenn etwas darin vorkommt, das mir gefällt. Ich war am Barnard College, aber die Unterwerfung von Frauen törnt mich an.«

»Ich wusste, dass wir viele Gemeinsamkeiten haben.«

Stuart legte seine Hand auf ihr Bein. Und dann, als sei es das Natürlichste der Welt, zog er sie an sich und küsste sie. Sein Atem war süß, aber ein bisschen zimtig. Hatte er unterwegs Kaugummi gekaut? Das würde bedeuten, dass ihm wichtig war, wie sie seinen Atem fand. Er fasste sie am Nacken. Er war selbstbewusst und sehr männlich. Er war ein Mann, der wusste, was er wollte, und er wollte Rebecca.

Ihre Kleider waren schnell ausgezogen. Sie zog ihm sein Hemd aus, um die Brust zu küssen, die sie auf dem Spielplatz so bewundert hatte. Ihre Unterhose gefiel ihm, und er sagte es ihr.

Als sie beide nackt waren und sie ihm eine Weile einen geblasen hatte, holte sie das Kondom aus dem Schlafzimmer, kam zurück und begann, es an ihm abzurollen. Es klopfte hinter der Jalousie ans Fenster. »Herrgott nochmal«, sagte Rebecca.

Wieder ein Klopfen, diesmal energischer. Sie hüllte sich in einer Decke, ging zum Fenster und öffnete die Jalousie einen Spalt.

»Haben Sie Schlüssel für Keller?« fragte Rakhman durchs Fenster.

»Unten auf dem Kaminsims«, rief sie.

»Da hab ich schon nachgesehen.«

»Klingeln Sie bei Apartment Eins.« Er schielte in Richtung Sofa. Sie schloss die Jalousie und ging zu Stuart zurück.

Seine Erektion war noch da. Rebecca fühlte sich geschmeichelt. Ein Mann konnte sie begehren. Es lag nicht an ihr. »Hast du das Kondom?« fragte sie leise.

»Du hattest es«, sagte er. Sie sah unter dem Kissen nach, aber da war es nicht, und es war auch nicht unterm Sofa.

Seine Hände lagen auf ihren Schultern. Wenn sie es nicht bald taten, war der Moment vorbei und sie würden es nie tun. Wozu überhaupt ein Kondom? Sie hatte gerade erst ihre Tage gehabt, und sie wollte ihn in sich spüren.

Sie ritt ihn und blickte ihm dabei in seine berühmten blauen Augen, wollte diesen ersten perfekten Moment auskosten. Sie kam schnell, bewegte sich weiter, bis sie ein zweites Mal kam, und er hob sie schnell von sich herunter, als er kam. Sie kniete sich hin und nahm ihn in den Mund, um es aufzufangen, damit er nicht das Sofa schmutzig machte.

Sie lag auf ihm und spürte seine warme Haut. Hätte sie geahnt, dass Stuart Ashby ihr Geschäftsmann in St. Louis sein würde, hätte sie sich nie so darüber aufgeregt, dass Theo so etwas gesagt hatte.

Stuart küsste ihren Hals, ihren Mund, ihre Wange, ihre Stirn und wieder ihren Mund und verkündete: »Du warst … noch besser, als ich es mir vorgestellt habe.«

»Ist das ein Kompliment?«

»O ja«, sagte er. »Du hast ja keine Ahnung, was ich mir alles vorgestellt habe.«

Darauf kicherte sie, ein lautes, offenes Kichern, das sie selbst überraschte. Mit ihm konnte sie plötzlich albern sein. »Ich hab auch viel an dich gedacht. Ich hab an dich gedacht, als ich dich zum ersten Mal in diesem Matt-

Damon-Film gesehen habe. Ich meine, ich bin nach Hause gegangen und … hab an dich gedacht.«

»Da befindest du dich in guter Gesellschaft. Millionen amerikanischer Frauen haben das Gleiche getan.«

Sie gab ihm einen Klaps auf den Arm. Es war so surreal. Sie gab einem berühmten Filmstar einen Klaps, nachdem er zu ihr in die Wohnung gekommen war, um mit ihr zu schlafen.

»Alles okay?« fragte er.

»Ja, ja, alles gut.«

»Ich wusste nicht, dass du das kannst.«

»Was?«

»Lächeln.«

»Natürlich lächle ich.«

»Nicht sehr oft. Aber ich hatte so ein Gefühl, dass ich dich dazu bringen kann.«

Sie zogen sich nebeneinander an und hielten alle paar Sekunden inne, um sich zu küssen. Sie wollte ihm tausend Fragen stellen – wie er als Kind war, was er wirklich für Melora empfand, ob er eigene Kinder wollte und ob er für, sagen wir, die nächsten sieben Jahre, jeden Dienstag und Donnerstag bei ihr vorbeikommen wollte. Doch sie wusste, der schnellste Weg, alles zu ruinieren, war, darüber zu reden. Was wollte der Mann, der sich jeden Abend neben Melora Leigh schlafen legte, mit einer Park-Slope-Mutter, die nicht einmal der eigene Ehemann anfasste?

Und weil sie davon ausgegangen war, dass er sich sang- und klanglos verabschieden würde, konnte sie es kaum fassen, als er fragte: »Wollen wir einen Spaziergang machen?«

DER BOTANISCHE GARTEN

LIZZIE konnte sich kaum bewegen. Sie war wegen des Schattens mit Mance in den Botanischen Garten gegangen, doch nachdem sie ihn eine Stunde umhergeschoben und ihm die Enten im japanischen Garten gezeigt hatte, war sie fix und fertig. Sie hielt bei einer Bank, um sich auszuruhen. Als sie unter dem von Glyzinien umrankten Laubengang saßen, näherte sich ein Pärchen auf dem Weg zum Brunnen.

Die Bewegungen der Frau kamen ihr irgendwie vertraut vor. Es war Rebecca. Lizzie stutzte. Rebecca schob keinen Kinderwagen und war in Begleitung eines Mannes. Erst dachte sie, es sei Rebeccas Ehemann, doch dann erkannte sie ihn. Stuart Ashby.

Lizzie wollte Hallo sagen, doch Rebecca war so von ihm gefangen, dass sie Lizzie gar nicht bemerkte. Laut lachend gingen die beiden an ihr vorbei.

Wie konnte Rebecca sie nicht gesehen haben? Lizzie nahm mit fast jeder Mutter, die ihr entgegenkam, Blickkontakt auf, Rebecca dagegen hatte beim Anblick einer Mutter mit Maclaren nicht einmal mit der Wimper gezuckt.

Selbst von hinten konnte Lizzie sehen, dass Rebecca hin und weg war: Sie wirkte extrem konzentriert, ihre ganze Körperhaltung war anders. Lizzie hatte in ihrer lesbischen Zeit viel Ani DiFranco gehört, und ihr fiel der

Text eines Songs ein, über eine Frau, die sich in einen Bad Guy verliebt: »*She bends her breath when she talks to him.*« Genauso sah Rebecca aus, als würde sie ihren Atem verbiegen.

Was trieb Rebecca mit Stuart Ashby? Waren sie sich gerade erst begegnet oder kannten sie sich schon länger? Vielleicht hatten sie eine Affäre, und Rebecca war nichts Besseres eingefallen, als ihr zu erzählen, sie hätte ihn in der Koop angelernt. Lizzie war sauer auf ihre Freundin, weil sie so dreist war, sich mit einem verheirateten Star in der Öffentlichkeit zu zeigen, dessen Ehe laut Boulevardpresse in der Krise steckte. Erst an diesem Morgen war in der *New York Post* ein entsetzliches Foto von Melora gewesen, und in dem dazugehörigen Artikel hatte gestanden, dass es zwischen ihr und Stuart nicht gut stand. Wusste Rebecca das nicht?

Am Brunnen blieben sie stehen und setzten sich eng nebeneinander auf eine Steinbank. Wenn sie keine Affäre hatten, was trieben sie dann am helllichten Tag miteinander? Jemand wie Stuart Ashby brauchte keine neuen Freunde. Er war wie Madonna, er kannte schon jeden.

Wie konnte Rebecca ihr das antun. Warum hatte Rebecca es letzte Nacht in Lizzies Wohnung so weit kommen lassen, wenn sie nicht auch etwas empfand? Lizzie hatte Rebecca bei Clay Pot ein Paar Ohrringe gekauft, bevor sie in den Park gekommen war, und vorgehabt, sie ihr an dem Abend im Gate zu geben. Es waren kleine Silberplättchen, elegant und dezent, und sie hatte sich schon vorgestellt, wie sie Rebeccas Gesicht umrahmten. Sie hatten zweiundsechzig Dollar gekostet, und Lizzie hatte sie bar bezahlt, als tue sie etwas Verbotenes. Wie sollte sie Rebecca die Ohrringe jetzt noch geben, wo offensichtlich war, dass sie in jemand anderen verliebt war?

Sie rief Rebecca auf ihrem Handy an, ohne zu wissen,

was sie sagen sollte. Sie würde ihr nicht erzählen, dass sie im Park war, das war zu schräg, aber sie wollte, dass Rebecca ihre Stimme hörte. Sie sah, wie Rebecca in ihrer Tasche nach dem Telefon suchte, auf die Nummer sah und es wieder einsteckte. Sie unterhielt sich weiter mit Stuart.

Als die Mailbox anging, sagte Lizzie hastig: »Hi. Ich ruf wegen heute Abend an. Wir sollten uns irgendwo treffen, bevor wir ins Gate gehen. Also ruf mich an. Okay?« Nachdem sie aufgelegt hatte, war ihr noch elender zumute als vorher. Rebecca hatte ihre Nummer gesehen und war nicht rangegangen. Bei echten Freunden tat man so etwas nicht.

Lizzie wäre am liebsten zu den beiden Turteltauben hingelaufen und hätte geschrien: »Sie schläft nur deshalb mit dir, weil ihr Mann sie nicht anfasst!« Stuart wusste nicht, dass Rebecca ein Loser war, trotz ihrer teuren Klamotten.

Lizzie stand auf und ging Richtung Eastern Parkway. Sie drehte sich ein letztes Mal um, doch die beiden hatten ihr den Rücken zugewandt und schlenderten zur Cherry Esplanade.

Lizzie hasste das Gefühl, an ein Kind gefesselt zu sein, während die beiden frei und unabhängig waren. Rebecca konnte froh sein, dass sie sich Kinderbetreuung leisten konnte, dabei beklagte sie sich immer über Abbie, als bliebe alles an ihr hängen.

Lizzie kam in den Sinn, dass sie mehr Zeit für sich hätte, wenn sie Mona auf Mance aufpassen ließe. Michelle Obamas Mutter hütete ständig die Kinder, während Michelle und Barack Wahlkampf machten. Aber das war etwas anderes. Sie waren älter, und außerdem war es Michelles Mutter, nicht ihre Schwiegermutter. Lizzie fragte sich, was anders wäre, wenn es Baracks Mutter wäre, die

Weiße, die ganz in der Nähe wohnte. Hätte Michelle ihrer Schwiegermutter die Kinder anvertraut oder sich grundsätzlich geweigert, Wahlkampf zu führen?

Lizzie hatte Mona vormittags angerufen, um sie zu bitten, am Abend zu babysitten. Wenn heute Abend alles glatt lief, würde sie Mona vielleicht auch tagsüber auf ihn aufpassen lassen, aber zunächst nur ein paar Stunden, Schritt für Schritt.

Während Lizzie zum Ausgang eilte, kochte sie. Was auch immer zwischen Rebecca und Stuart lief, es war offensichtlich, dass Rebecca verknallt war. Rebecca war noch schlimmer als eine Hete: sie war eine stargeile Hete.

Auf dem Eastern Parkway klingelte ihr Handy und sie erschrak, weil sie annahm, es sei Rebecca. Aber es war Jay. »Ich wollte nur mal hören, wie es euch geht.«

Er meldete sich regelmäßig, aber manchmal, wenn sie versuchte, ihn zu erreichen, rief er erst nach Stunden zurück. Sie wusste, dass er seine Nachrichten abhörte, und wenn es nicht dringend war, rutschte sie ans Ende seiner Prioritätenliste. »Uns geht's gut«, sagte sie. »Es ist heiß.« Er hatte am Abend vorher einen Auftritt gehabt, doch Lizzie konnte sich nicht erinnern, in welcher Stadt. »Wie war's gestern Abend?«

»Unglaublich. Zwei Zugaben.«

»Wo wart ihr nochmal?«

»Hanover«, sagte er und seufzte, als müsse sie seinen Tourneeplan im Kopf haben.

»Wie schön! Ich freu mich für euch!« Doch eigentlich stimmte das nicht. Sein Erfolg schloss sie aus. Er schien es zu genießen, dem Familienleben zu entrinnen. Und wer täte das nicht? Es war ein Gefängnis, dem sie selbst nie entrinnen konnte, weil Jay immer so tat, als sei seine Zeit wertvoller als ihre.

»Deine Mutter babysittet heute Abend«, sagte sie.

»Wie schön. Ich bin froh, dass du sie gefragt hast.«

»Ich geh mit einer Freundin essen.« Sie wartete, ob er Einzelheiten wissen wollte, doch er fragte nicht einmal, wer die Freundin war.

»Ihr fehlt mir«, sagte er.

»Du fehlst uns auch.«

»Will er mich sprechen?«

»Er ist furchtbar quengelig. Lieber nicht. Wann bist du morgen zu Hause?«

»Zum Abendessen. Ich melde mich, wenn wir in die Stadt fahren.« Lizzie versuchte sich zu erinnern, wann sie sich das letzte Mal auf ihn gefreut hatte, wann ihr Herzschlag sich zum letzten Mal beschleunigt hatte, wenn sie seine Schritte auf der Treppe hörte. Es war unmöglich, sich auf ihn zu freuen, wenn sie ständig sauer auf ihn war.

»Ich kann dich kaum verstehen«, sagte Jay. »Wo bist du?«

»Wir waren im Zoo und dann im Botanischen Garten.«

Es fiel ihr schwer, gleichzeitig die Karre zu schieben und zu telefonieren. Sie fuhr gegen einen Widerstand und Mance kippte um. Es war nichts passiert, aber er hatte sich erschrocken und brach anklagend in Tränen aus.

»Was ist passiert?« sagte Jay.

»Nichts, die Karre ist umgekippt.«

»War er angeschnallt?«

»Natürlich war er angeschnallt«, log sie. »Hör mal, ich muss Schluss machen.«

Sie setzte Mance in die Karre und schnallte ihn an. Er weinte den ganzen Weg nach Hause.

SANT AMBROEUS

Als Melora das Sant Ambroeus betrat, sah sie so fantastisch aus, wie jemand in ihrer Situation nur aussehen konnte. Lynn hatte ein ganzes Team zu Hilfe geschickt: Meloras Schönheitschirurg Steven Resnick, der den Schnitt mit unsichtbaren Stichen nähte, einen deutschen, transsexuellen Make-up-Artist namens Toni, der den Schnitt und das Herpesbläschen mit einem japanischen Dreihundert-Dollar-Concealer abdeckte, einen angesehenen Orthopäden aus SoHo, der ihr einen Stützverband anlegte, jedoch darauf bestand, dass sie ihren Knöchel sobald wie möglich röntgen ließ, und ein schwuler italienischer Stylist namens Alessandro, der ihr Extensions in die verbliebenen Haare einarbeitete. Um den Verband zu kaschieren, trug Melora trotz der drückenden Hitze lange, dunkle Adriano-Goldschmied-Jeans, ein schwarzweißes limitiertes Marc-Jacobs-T-Shirt, auf dem WHERE IS THE OUTRAGE? (Wieso regt sich niemand auf?) stand, und schwarze Satin-Manolos mit niedrigem Absatz.

Gegen die Aufregung nahm sie vorbeugend hundertfünfzig Milligramm Zoloft und zwei Milligramm Ativan. Der Orthopäde Dr. Ash hatte ihr gegen die Schmerzen etwas Vicodin gegeben, also nahm sie davon auch noch eine.

Als Melora in die Mittagssonne trat, erwartete sie ein halbes Dutzend Paparazzi – Geier, die sich von Tod und

Elend ernährten. Sie hatte es abstoßend gefunden, wie sie nach dem Tod von Heath vor dessen Haus in Boerum Hill herumgelungert hatten. Ein Mann war gestorben, doch sie kannten keine Gnade.

Es waren die üblichen Arschlöcher, von denen sie die meisten von Vernissagen und Premieren mit Vornamen kannte. Angeführt wurde die Meute natürlich von Phil Parnell, mit Bartstoppeln und ewig roter Nase.

Die Kameras klickten wie Schnellfeuer, und obwohl Melora sich schwach fühlte, konzentrierte sie sich darauf, ruhig weiterzugehen, froh, dass sie sich für niedrige Absätze entschieden hatte. Ringo, ein korpulenter Mann undefinierbarer osteuropäischer Abstammung, wartete mit der Limousine auf sie. Melora war noch nie so erleichtert gewesen, ihn zu sehen. Er kam die Treppe hoch, um sie zu eskortieren, während sie den Kopf gesenkt hielt und die Fragen der Paparazzi ignorierte: »Stimmt es, dass du heroinabhängig bist?« – »Hast du erstmal alle Projekte auf Eis gelegt?« – »Melora, bist du schwanger?«

Sie setzte ein wissendes Lächeln auf. In der Sicherheit der Limousine seufzte sie erleichtert. Hätte sie Ringo nur behalten. Dann gäbe es jetzt keine Paparazzi vor ihrer Tür, weil sie vom Southpaw sicher nach Hause gekommen wäre.

Im Sant Ambroeus, einem teuren italienischen Restaurant im West Village, angekommen, sah sie ein mageres äthiopisches Model an der Bar die *New York Post* lesen. Das Mädchen hob den Kopf, erkannte Melora und stutzte. Erniedrigt wandte Melora ihr den Rücken zu, als sie die Oberkellnerin begrüßte, eine Bohnenstange mit offenbar aufgesetztem europäischen Akzent, die vorgab, sie nicht zu erkennen.

Da Adam noch nicht da war, setzte Melora sich an einen der hinteren Tische und bestellte sich einen Tee, dessen Name wie eine indische Verdauungsstörung klang. Das wäre etwas für Stuart gewesen.

Adam Epstein kam fünfunddreißig Minuten zu spät. Als er endlich erschien, begann das Ativan zu wirken und alles kam ihr easy vor. Den Mob vor dem Haus hatte sie fast vergessen. Solange sie cool blieb, würde sie dieses Treffen spielend meistern.

»Tut mir so leid, dass ich zu spät bin«, sagte Adam, ohne eine Erklärung zu liefern. Melora stand auf, küsste ihn auf beide Wangen und wankte etwas, als sie sich wieder setzte. Sie war ihm erst einmal persönlich begegnet, auf einer Party des Los Angeles Drama Critics Circle, wo sie sich nur kurz und oberflächlich mit ihm unterhalten hatte.

Jetzt, aus der Nähe, fühlte sie sich zu ihm hingezogen. Er war nicht ihr Typ – sie stand grundsätzlich nicht auf Juden, und mit seinen langen Wimpern und der zotteligen Streber-Frisur machte er ein bisschen auf jüdischer Schuljunge –, aber irgendwas an ihm war sexy, vielleicht das intellektuelle Selbstvertrauen. Er nahm ihre Hände in seine beiden und sah sie mit einem Blick an, der wie der Versuch wirkte, Mitleid als Hochachtung zu tarnen. »Hi«, sagte er wie bei einem ersten Rendezvous. Er wiederholte es mehrmals. Sie war unsicher, ob sie es erwidern sollte.

Die Kellnerin kam, um ihre Bestellung aufzunehmen, und Adam bestellte den Insalata Centocolori, wobei er erklärte, vor kurzem Vegetarier geworden zu sein. Melora, die das Frühstück ausgelassen hatte, lechzte nach rotem Fleisch, aber da sie seinen Respekt vor Tieren nicht beleidigen wollte, nahm sie auch den Insalata. »Möchten Sie etwas trinken?« fragte die Kellnerin.

»Ein Glas Sangiovese«, sagte Adam, dann sah er Melora an und fügte hinzu: »Was soll's. Ich hatte letzte Nacht einen langen Flug.«

»Und Sie?« fragte die Kellnerin Melora.

Melora war unsicher, was sie tun sollte. Angesichts ihrer schlechten Presse war es unangebracht, etwas Alkoholisches zu bestellen, aber sie hatte das Gefühl, als habe Adam ihr seinen Segen gegeben. »Ich nehme dasselbe.« Er schien sie kritisch zu beäugen, und am liebsten hätte sie die Bestellung rückgängig gemacht.

»Ich möchte, dass du weißt«, sagte er, als die Kellnerin gegangen war, »dass mich das Gerede über dich nicht interessiert. Ich habe immer außerhalb des Systems gearbeitet, und ich halte das Privatleben von Schauspielern für irrelevant. Als wir oben in Bovina *Eva und Andie* gedreht haben, war die Presse verrückt nach Fotos von Sandy, weil sie gerade Jesse James geheiratet hatte. Also haben wir das Set abgesperrt und den Film wie eine Diplomarbeit gedreht.«

»Oh, du warst auf der Filmschule?«

»Nein.« Er reagierte gereizt, und sie bereute die Frage. »Ich bin Autodidakt. Ich halte Filmschulen für Quatsch, und das habe ich auch in diversen Interviews gesagt.« Sie hatte es versaut. Es hatte keinen Zweck, noch länger zu bleiben. Sie fing an, sich zu entschuldigen, doch er redete weiter. »Ich meine, bei *Eva und Andie* haben wir alles auf ein Minimum reduziert. Wenn du pünktlich am Set erscheinst und gute Arbeit leistest, ist mir alles andere egal. Was du in deiner Freizeit tust, ist deine Sache. Ich hasse die Presse. Wenn wir in einer anderen Zeit lebten, gäbe es das Problem nicht. Glaubst du, Truffaut musste sich mit solchem Mist rumschlagen?«

»Wohl kaum«, sagte sie und wünschte, sie hätte Truffaut gebüffelt, um auf ein paar seiner Filme verweisen zu können.

Die Kellnerin brachte den Wein. Adam befingerte den Stiel seines Glas, trank aber nicht, also trank Melora auch nicht. Sie fühlte sich, als wäre sie in der Wüste und jemand wedelte mit einer Flasche Poland Springs vor ihrem Gesicht herum. »Ich habe Rosie für dich geschrieben«, sagte er.

»Echt?« Sie konnte den Sangiovese förmlich schmecken, doch Epstein schien den Wein ganz vergessen zu haben und nahm stattdessen einen Schluck Wasser. Also trank sie Tee.

»Ja, ich habe mich mit den ersten Fassungen sehr schwer getan, bis mir endlich ein Licht aufging. Rosie war die ältere Version deiner Rolle in *Jeannie wohnt hier nicht mehr*!«

Melora klappte die Kinnlade runter. *Jeannie* war ein Fernsehfilm fürs Nachmittagsprogramm über ein bulimisches Mädchen, den sie mit vierzehn gedreht hatte und der wegweisend für die öffentliche Wahrnehmung der Krankheit gewesen war. Tatsächlich war sie selbst nicht bulimisch gewesen, als sie den Film gedreht hatte, sondern hatte sich geritzt. Und zwei Jahre später, als sie in einem Fernsehfilm übers Ritzen mitgespielt hatte, war sie bulimisch gewesen.

»Den hast du gesehen?«

»Ich habe mich in dich verliebt. Für mich ist Rosie eine erwachsene Jeannie. Sie ist innerlich auf der Suche, sie ist einsam, doch sie lebt in einer Welt, wo sie eine falsche Fassade aufrechterhalten muss. Was mich interessiert, ist die Diskrepanz zwischen Wahrheit und Fassade. Damit haben alle meine weiblichen Figuren zu kämpfen.«

Irgendwie war Melora gerührt. Er hatte ihre frühen Filme gesehen und einen roten Faden in ihrer Arbeit entdeckt. In Interviews äußerste sie sich oft abfällig über ihre Kinderrollen, doch in gewisser Weise war sie nie wieder so gut gewesen, so unbefangen, so unverfälscht.

»Weißt du«, sagte sie, »ich hab von Rosie geträumt. Sie hatte so eine Baiserfrisur und …«

»Du siehst sie mit Baiserfrisur?«

Melora nickte. Er griff in seine Umhängetasche und holte das Schwarzweiß-Foto einer glamourösen, aber frustrierten Fünfziger-Jahre-Ehefrau mit aufgebauschtem Haar heraus. »Das ist mein Vorbild für die Figur. Ich schwör's. Ich hatte gerade einen Termin mit der Kostümbildnerin und habe ihr dieses Bild gezeigt.«

Sie starrten sich an, als wollten sie miteinander schlafen. Es sollte so sein. Niemand würde das mit der Brieftasche herausfinden. Melora war kurz davor, über den Tisch zu krabbeln und Adam abzuknutschen.

Seine braunen jüdischen Augen bohrten sich in sie, und ihr kam in den Sinn, dass dies ihre Chance war, ehrlich zu sein. Heutzutage war es so schwer, sich jemandem anzuvertrauen, so schwer, man selbst zu sein. Deshalb hatte sie die Geldbörse geklaut. Trotz allem, was sie damit angerichtet hatte, bereute sie nicht das Gefühl, das sie verspürt hatte, als sie die Brieftasche genommen hatte, das Gefühl, für den Bruchteil eines Augenblicks zu leben.

Vielleicht kannte Adam Epstein das quälende Gefühl, anders als alle anderen zu sein. Genau darum war es in *Hochstand* gegangen, um einen jungen Außenseiter. Trotz der rotzfrechen New Yorker Großspurigkeit, der penetrant propagierten Freundschaft mit Woody Allen und dem Preis der Writers Guild of America für das Beste Drehbuch litt Adam Epstein vielleicht genauso wie sie. Vielleicht wusste er, wie es war, wenn die Leute mit einem sprachen, als sei man überhaupt nicht da. Vielleicht war er, wenn er morgens aufwachte, nicht glücklich, mit so einer schönen Frau wie Jessica Chafee verheiratet zu sein. Vielleicht hatte er das Gefühl, dass Jessica Chafee ihn überhaupt nicht kannte.

Unfähig, noch länger zu warten, nahm Melora einen tiefen Schluck Wein, den Mund weit geöffnet, als sie das

Glas an die Lippen führte. Adam schien einzufallen, dass der Wein auf dem Tisch stand, und nippte geziert daran.

»Kann ich dich was fragen?« fragte sie. Er nickte ernst. Seine Augen, dunkel und rund, strahlten Wärme aus, fast wie die eines Filmstars. Melora spürte ihren IQ steigen, während sie hineinsah. »Fällt es dir manchmal schwer, morgens aufzustehen?« Statt zu antworten, winkte er ab.

»Manchmal bin ich so müde«, sagte sie. Er nickte langsam. Sie war sicher, dass er sie für verrückt hielt – spätestens jetzt, wenn nicht schon, seit er das Foto in der *Post* gesehen hatte. Aber sie musste mit jemandem reden, und weil sie weder ihrem miesen Therapeuten noch ihrem Mann erzählen konnte, wie beschwerlich es war, Melora Leigh zu sein, beschloss sie, es Adam Epstein zu erzählen. Adam würde es verstehen. »Ich finde es schwer, morgens aus dem Bett zu kommen. Allein, ins Bad zu gehen, um mir die Zähne zu putzen und mich anzuziehen, kostet mich enorme Kraft. Ich packe nicht mal die einfachsten Dinge. Es ist, als trüge ich riesige Gewichte an meinen Gliedmaßen, wie aneinander gekettete Sträflinge. Vielleicht ist es nur eine Phase. Hormonell bedingt. Viele Probleme werden von Hormonen verursacht. Vielleicht liegt es daran, dass ich bald vierzig werde.«

Er schüttelte schnell den Kopf, wie ein nasser Hund. »Vanessa hat gesagt, du bist siebenunddreißig.«

»Nein, die IMDb hat recht. Ich werde im Oktober vierzig.« Seine osteuropäische Haut wurde einige Nuancen blasser. »Ist das ein Problem?«

»Überhaupt nicht. Es ist nur … weißt du, wenn man immer von etwas ausgegangen ist und dann erfährt man, dass es gar nicht stimmt? Es ist nur … komisch, weißt du?« Er nippte an seinem Wein und betrachtete mit Interesse den Grund seines Glases. Dann sah er sie an. »Erzähl weiter. Gewichte an den Füßen.«

Sie war sicher, dass sie es vermasselt hatte. Er fand sie zu alt für die Rolle, obwohl im Drehbuch eindeutig stand, dass Rosie einundvierzig war. Es hatte keinen Sinn zu bleiben. Doch sie hatte angefangen, ihm die Wahrheit zu erzählen, und wenn man erstmal angefangen hatte, war es sehr schwer aufzuhören. Melora wollte ihm vertrauen. Er hatte so eine mitfühlende Stirn. Deshalb arbeiteten Frauen gern mit ihm. Sie hatten das Gefühl, ihn bemuttern und betütern zu können. »Na ja, jahrelang dachte ich, dass es an mir liegt«, fuhr sie fort, »dass mit mir was nicht stimmt. Aber vor ein paar Tagen dachte ich plötzlich, dass vielleicht nicht ich es bin, die zu langsam ist, sondern dass alle anderen es zu eilig haben. Und dass die Menschen, die mir das Gefühl geben, verrückt zu sein, es nur deshalb tun, weil sie davon profitieren, sei es nun mein Therapeut oder mein Mann oder mein Sohn oder meine Agentin. Kennst du *Das Haus der Lady Alquist*?«

»Der gehört zu meinen Top Ten!« rief er aufgeregt. Endlich war sie zu ihm durchgedrungen. Sie wartete, dass er noch etwas sagen würde, aber es kam nichts.

»Also, ich habe das Gefühl, ich bin Ingrid Bergman«, sagte sie zögernd. »Und es ist, als wüsste ich, dass sich alle verschworen haben, mich in den Wahnsinn zu treiben, aber das Problem ist, ich kann niemanden finden, der mir glaubt. Ich durchschaue ihr Spiel. Doch statt befreit fühle ich mich … deprimiert. Ich meine, auf wen kann ich mich in dieser Welt verlassen? Auf wen kann ich mich verlassen, wenn ich so ein Bild in der *New York Post* sehe? Auf wen kann ich mich noch verlassen?«

Adam sah aus, als fühlte er sich in die Enge getrieben, allerdings sah er mit seinen nach unten gezogenen Augenwinkeln immer ein bisschen so aus. Wie würde er reagieren? Würde er die Rolle einer anderen geben, oder hatte sie noch eine Chance, seine Meinung zu ändern, wenn sie mit offenen Karten spielte? Sie erinnerte sich an eine Geschichte in Barbara Walters Memoiren, wo Barbra Streisand kaugummikauend und in schlampigen Secondhand-Klamotten zu einem Vorsingen erscheint. Barbra nahm das Kaugummi aus dem Mund, klebte es unter einen Stuhl und riss sie dann mit ihrer Stimme völlig vom Hocker. Nachdem sie gegangen war, sah der Besetzungschef unter dem Stuhl nach, aber es war kein Kaugummi da. Es war nur ein Trick gewesen, um die Erwartungen der anderen herunterzuschrauben und sie dann umso mehr zu beeindrucken.

Melora kam sich vor wie Barbra Streisand, ohne die Stimme. »Hör zu«, sagte sie. »Ich weiß, dass du die *Post* liest, und ich weiß, dass ich schlimm aussehe.«

»Du hast nie besser ausgesehen.« Wollte er sie einwickeln? War er nur ein Schwätzer? Sie fand es beleidigend, dass er ihr ins Gesicht log.

»Adam! Das Haar ist nicht echt!« Sie hob die Extensions an, um sie ihm zu zeigen. »Gestern Abend wollte mir jemand die Zigarette anzünden und mein Haar hat Feuer gefangen. Weißt du warum? Martinis und Ativan vertragen sich nicht! Frag Lily Allen! Weißt du, wann ich an den meisten Tagen anfange zu trinken?« Zur Betonung nahm sie einen tiefen Schluck aus ihrem Weinglas, und Adam nahm ebenfalls einen, als wollte er sich für das wappnen, was sie als Nächstes sagen würde. »Manchmal um elf Uhr. Morgens. Früher habe ich mich gezwungen, bis sechs Uhr abends zu warten. Dann habe ich es auf fünf vorverlegt, und inzwischen fange ich an, wann ich will. Bin ich stolz darauf? Nein. Will ich für immer so weitermachen? Scheiße, nein! Aber ich kann nicht zurück, Adam! Ich bin zu alt! Die Leute, die Leute! Ich ertrage sie einfach nicht!«

Er blinzelte sie schweigend an, ohne eine Miene zu

verziehen. Sie fragte sich, wie es war, mit ihm zusammenzuleben, ob er seine Frau je anschrie. »Also trinke ich. Und manchmal nehme ich Tabletten. Die wirken direkt auf den Angstkreislauf im Gehirn und stoppen zwanghaftes Grübeln. Angeblich ist zu frühes Töpfchentraining verantwortlich für zwanghaftes Grübeln, aber ich rede nicht mehr mit meiner Mutter, deshalb weiß ich nicht, wann ich trocken war. Kennst du Benzodiazepin?«

Er nickte langsam. Sie fuhr fort. »Das hab ich mir gedacht. Dein Volk ist von Natur aus sehr neurotisch. Du bist wahrscheinlich selbst auf Antidepressiva, wenn man die Scheidung deiner Eltern bedenkt. Und wenn die Frotteurismus-Szenen in *Hochstand* autobiografisch sind, bist du wahrscheinlich auch auf Anti-Konvulsiva.«

Sie war gekommen, um über eine Filmrolle zu reden, und jetzt masturbierte sie öffentlich. Sie beschuldigte ihn, depressiv zu sein. Dabei wollte er ihr eine Rolle geben. Sie hatte nicht erwartet, dass es so schnell bergab gehen würde.

»Übrigens«, sagte sie schnell, »ich liebe die Werbespots für den Umweltbund, die du gedreht hast. Sehr New Wave.«

»*Adweek* fand sie manieriert«, sagte er.

»Nein!« sagte sie. »Die Großaufnahme von der Hand des sterbenden Mannes sagt alles. Ich rege mich immer so auf, wenn ich an die Erderwärmung denke. Ich meine, ich versuche, meinen Teil beizutragen. Gerade bin ich der Prospect Park Lebensmittelkooperative beigetreten.« Er zeigte keine Reaktion. Aber vielleicht war er gar nicht unhöflich. Vielleicht war er kein Mann großer Worte. Es war unmöglich, eine enge Beziehung zu jemandem herzustellen, aus dem man nicht schlau wurde.

»Aber darüber wollte ich gar nicht mit dir reden.« Sie musste wieder auf den Film zurückkommen. Wenn sie ihn überzeugen konnte, dass sie sein Drehbuch verstand, musste er sie nehmen. »Ich wollte mit dir über den wunderschönen Film reden, den du geschrieben hast, den Film über die Trostlosigkeit, die jeder Ehe innewohnt.«

»Davon denkst du, handelt der Film?«

»Nun, ja.«

»Hm.«

»Denkst du denn nicht, dass er davon handelt?«

»Mich interessiert mehr, was du denkst.«

»Ach komm, Adam! Lass den Scheiß! Was denkst du, wovon der Film handelt?«

Er schwieg und trank einen tiefen Schluck Wasser. »Von der Macht der Liebe.«

Er war nicht ganz dicht. Genauso gut konnte man *Szenen einer Ehe* den romantischsten Film aller Zeiten nennen. Wenn er die eigene Arbeit nicht verstand, musste sie sie ihm erklären. »Der Film handelt nicht von Liebe, Adam! Keiner deiner Filme handelt von Liebe! Den Scheiß kannst du vielleicht irgendwelchen Hedgefonds-Typen auf die Nase binden, die deine Filme finanzieren sollen. Aber nicht mir.«

Sie hatte hart daran gearbeitet, sich gewählt auszudrücken, seit sie Orion adoptiert hatte, aber jetzt kam sie in Fahrt.

»Verzeih mir, dass ich dir diesen Scheiß auf die Nase binden wollte«, sagte er. Sie hatte erwartet, dass Adam undurchschaubar war, aber nicht so. Sie hatte keine Ahnung, ob sie den richtigen Nerv traf oder ob sie es gerade so verbockte, dass er hinter ihrem Rücken über sie herziehen und sie zum Gespött der ganzen Branche machen würde.

»Ich weiß, andere Schauspielerinnen haben eine bessere Presse, aber was du mit mir bekommst – und seien wir ehrlich, falls dieses Treffen irgendwann eine reine Formalität war, haben die letzten vierundzwanzig Stunden das geändert –, ist jemand, der richtig für die Rolle ist, der Rosie versteht. Vanessa hat mir erzählt, dass Kate Hudson auf die Rolle scharf ist, und ich will ja nicht stutenbissig sein, aber wenn ich mir Kate Hudson als *Die gelbe Rosie* vorstelle, krieg ich das Kotzen.«

»Wieso das?«

»Erstens ist sie meines Wissens zehn Jahre zu jung. Kate Hudson als Viggo Mortensens Ehefrau? Er ist fünfzig! Zweitens, tut mir leid, das sagen zu müssen, aber das Mädchen kann nicht schauspielern! In *Almost Famous* hat sie sich wirklich Mühe gegeben, aber Dramen sind nicht ihre Stärke. Ich sag dir, das ständige Blondieren geht aufs Gehirn, Adam!« Mit flatternden Lidern blickte er auf Meloras Mähne. »Glaubst du, ich bin gefärbt? Ach Adam, ich bin eine echte Blondine.« Sie stand auf und begann den Reißverschluss ihrer Jeans aufzuziehen, doch er hob die Hand.

Sie setzte sich wieder. »Nur dass du's weißt«, sagte sie, »ich bin auch bereit zu Nacktszenen. Tatsächlich denke ich, das Einzige, was diesem Film fehlt, ist ein authentischer Fünfziger-Jahre-Busch. Und weil ich dem Method Acting verpflichtet bin, Adam, lass ich ihn bereits wachsen. Betrachte mich als Mösen-Robert-De-Niro.« Die Kellnerin brachte das Essen und eilte dann hastig weiter, als fürchtete sie, Melora sei ansteckend.

Mösen-Robert-De-Niro? Hatte sie das wirklich gesagt? »Entschuldigung«, sagte Melora leise. »Ich habe in letzter Zeit viel Stress gehabt.«

»Ich verstehe«, sagte er.

»Um ehrlich zu sein … meine Mutter leidet an Demenz.«

»Ich dachte, du redest nicht mehr mit ihr.«

»Deshalb ist es ja so schmerzhaft.«

Seine Augen waren traurig und verständnisvoll. Vielleicht hätte sie gleich diese Strategie fahren sollen.

»Adam«, sagte sie und faltete die Hände auf dem Tisch, »wenn du mir diese Rolle gibst, kann ich dir eines versprechen: Du bekommst die Wahrheit. Ich hatte Anfang der Achtziger bei Stella einen russischen Schauspiellehrer. Mischa Slowinsky. In Mischa Slowinskys Klasse spielten wir unsere Szenen, und nach jeder, egal wie gut sie war oder wer sie gespielt hatte, sagte er: ›Icccch kann nicccht glauben.‹ Und dann erklärte er, was unglaubwürdig gewesen war und warum. Seine Kommentare trafen immer ins Schwarze, und hinterher fragte man sich: ›Woher weiß er das alles?‹

»Na ja, eines Tages habe ich die Szene aus *Hooters* gespielt, wo die hausbackene Ronda darüber redet, wie es ist, nicht schön zu sein. Mischa hat gern gegen den Typ besetzt, deshalb ließ er Ricki Lake die Cheryl spielen, den heißen Feger, und mich Ronda. Ich habe die Szene also gespielt, und es war einer dieser magischen Moments, wo es Klick macht, selbst in diesem schäbigen Klassenzimmer mit spärlichen Requisiten und ohne Schminke. Am Ende der Szene saßen Ricki und ich nebeneinander auf zwei Stühlen – man musste mit dem Gesicht zur Klasse sitzen, während er einen kritisierte –, und er lehnte sich auf seinem Stuhl zurück, faltete die Hände und sagte: ›Iccch kann glauben.‹ Adam, wenn du mir die Rolle gibst, wirst du mir glauben.«

Adams Augenbrauen schienen ihm ins Gesicht gesackt zu sein. Hatte sie ihn deprimiert oder dachte er nur angestrengt nach?

»Ich glaube dir«, sagte er. Sein Tonfall war so ruhig und bedächtig, dass sie nicht wusste, wie er das meinte. Drückte er damit sein Vertrauen aus oder blankes Entsetzen?

Wenn er ihr nach all dem die Rolle noch gab, war es ein Wunder. Einem Teil von ihr war es inzwischen egal. Natürlich wollte sie die Rolle, aber es lag nicht mehr in ihrer

Hand. Sie hatte eine Gelegenheit bekommen, die man bei solchen Treffen nur selten bekam – ihm zu zeigen, wer sie war. Wenn er nicht sah, dass sie die Richtige für Rosie war, hatte er selbst den Schaden. Dann kapierte er es nicht. Mit einer Kühnheit, an der es ihr gemangelt hatte, als Robert Downey Jr. sie mit Nancy Travis betrogen hatte oder als sie herausgefunden hatte, dass Sarah Jessica Parker ihr die Rolle der SanDeE* in *L. A. Story* vor der Nase weggeschnappt hatte, war Melora davon überzeugt, dass Adam ihr die Rolle geben würde.

Gierig stach sie mit der Gabel in ihren Salat und schaufelte ihn in den Mund. Sie spülte ihn mit einem großen Schluck Wein runter und bekleckerte dabei ihr WHERE IS THE OUTRAGE-T-Shirt.

AKZEPTIERT

WAR es möglich, dass das Gespräch mit Tina Savant nie stattgefunden hatte? Auf dem Weg zu Meloras Villa spulte Karen es im Kopf immer wieder ab, überzeugt, dass sie alles nur geträumt hatte. Doch wenn sie in ihrem Handy nachsah, stand unter Eingehende Anrufe Tinas Nummer.

Es war um halb eins gewesen, als sie mit Darby gerade auf dem Sprung war, Annika und Orion abzuholen. Tina Savant hatte angerufen, um ihr mitzuteilen, dass ihr Gebot von $761.000 akzeptiert worden war.

Karen war fast das Telefon aus der Hand gefallen, als sie das Wort »akzeptiert« hörte. So oft hatten sie knapp daneben gelegen, dass sie fast davon ausgegangen war, bei der Carroll Street 899 würde es nicht anders sein. Aber es geschah wirklich. Sie hatten ihre Karten richtig gespielt. Im Herbst würden sie in North Slope wohnen, in einer Wohnung mit genug Zimmern zum Schwangerwerden.

Als sie Matty im Büro anrief, um ihm die guten Neuigkeiten zu überbringen, schwieg er zunächst, aber schließlich sagte er, es sei gut, dass sie so aggressiv gewesen sei, denn im Grunde gefalle ihm die Wohnung auch. Dann entschuldigte er sich für den Streit am Vorabend und schlug vor, mit einer Flasche Champagner zu feiern, wenn er nach Hause kam.

Sie war ganz aufgeregt, dass er feiern wollte, denn am Morgen, nach der vom ersten Kaffee ausgelösten morgendlichen Verdauung, hatte sie eiweißartigen Schleim entdeckt – was bedeutete, dass sie erst heute und nicht gestern ihren Eisprung hatte, und somit immer noch die Chance bestand, schwanger zu werden, wenn sie und Matty abends Sex hatten. Sie hoffte, dass er einen hochkriegte. Die Qualität seiner Erektion schien sich umgekehrt proportional zu positiven Nachrichten von der Wohnungsfront zu verhalten.

An der Ecke Ninth Street und Seventh Avenue kam sie an einem Zeitungskiosk vorbei und blieb wie immer stehen, um sich die Titelseiten der Boulevardblätter anzusehen. Weiter unten auf dem Ständer stach ihr das Titelfoto der *New York Post* ins Auge. Es war eine Frau, die sich übergab, und die Schlagzeile lautete MEL AM ENDE. Karen schlug Seite elf auf und las den dazugehörigen Artikel, wobei sie sich die Hand vor den Mund hielt, um sich nicht solidarisch ebenfalls zu übergeben.

Während sie las, regte sich ihr Mitgefühl. Russell Crowe und Sean Penn konnten nach Herzenslust saufen und prügeln, ohne an Beliebtheit einzubüßen, aber für eine Lindsay oder eine Britney oder eine Melora galten andere Maßstäbe. So war Hollywood. Entweder war man als Frau unsichtbar oder man wurde als Zimtzicke, Botox-Junkie oder gar Rabenmutter abgestempelt.

Sie fragte sich, ob das Foto irgendetwas mit der Brieftasche zu tun hatte, die sie aus Meloras Nachtschrank genommen hatte. Sie hatte so ein Gefühl. Melora steckte in Schwierigkeiten, aber Karen konnte sie retten. Karen wusste, wie es war, wenn die Mauern des Lebens um einen herum einstürzten. Nur jemand, der das Gefühl kannte, konnte helfen.

Karen klappte die Zeitung zu und schob Darby die

Seventh Avenue Richtung Norden zum Garfield Place. Etwa auf Höhe der Seventh Street fiel ihr ein großer, schlanker Schwarzer auf, der aus einem Lieferwagen stieg. Auf dem Rücken trug er eine Gitarre, in der Hand eine kleine Reisetasche. Eine Weile ging er neben ihr und schien sie anzusehen. Sie fürchtete schon, es sei ein Perverser oder ein Taschendieb, doch dann sprach er sie an: »Karen, stimmt's?«, und zeigte mit einem breiten Lächeln auf sie.

»Was?« fragte sie, obwohl sie ihn sofort erkannte.

»Ich habe mir gleich gedacht, dass du es bist. Erinnerst du dich nicht an mich? Brooklyn Tech? Abschlussjahrgang '94?«

Es war Jean Pierre-Louis. Der Brooklyn-Tech-Trompeter und Räuber ihrer Unschuld. Er hatte seit damals mindestens vierzig Pfund abgenommen und war zu einem auffallend hübschen Mann herangereift. Seine Haut war dunkel wie Seals, und er hatte die richtige Kopfform für rasierte Haare. Sie konnte nicht fassen, wie attraktiv er war.

»Richtig, richtig«, sagte sie, bemüht, ruhig und entspannt zu klingen. »Natürlich erinnere ich mich an dich, Jean.«

»Ich nenne mich jetzt Jay. Mein Bühnenname ist J.P., aber alle meine Freunde nennen mich Jay.«

»Jay«, wiederholte sie. Er hatte sogar seinen Namen geändert. Sie konnte sich nur schwer vorstellen, dass dies derselbe pummelige Junge war, der so plump an ihrem BH rumgefummelt hatte. »Wozu brauchst du einen Bühnennamen?« fragte sie.

»Ich bin in einer Band. Als wir uns kannten, habe ich Trompete gespielt, aber am Oberlin bin ich auf Gitarre umgestiegen.« Er deutete auf das Futteral auf seinem Rücken. »Ich komme gerade aus New Hampshire zurück.

Das war unser Tourbus. Meine Frau glaubt, ich komme erst morgen wieder. Ich will sie überraschen.«

»Oh«, sagte sie. Er hatte eine Frau. »Dann bist du also verheiratet.«

»Ja. Sie heißt Lizzie. Seit zweieinhalb Jahren. Wir wohnen am Park Place. Ich bin nur zwei Straßen weiter aufgewachsen, aber das Viertel hat sich total verändert.« Sie hatte nicht einmal gewusst, dass er aus Prospect Heights stammte. »Was ist mit dir? Wohnst du auch hier?«

»Ja, wir wohnen ein paar Straßen weiter in die Richtung«, sagte sie und wedelte gen Süden. »Um ehrlich zu sein, haben wir gerade eine Wohnung in der Carroll Street gekauft. Wir ziehen im Herbst um.«

»Wie schön.«

Sie bemerkte, dass Darby Jay anstarrte, und sagte: »Das ist Darby. Darbs, das ist Mamas Freund Jay.«

»Hi, Darby«, sagte Jay und strich ihm über den Kopf. »Ich habe auch so einen wie dich zu Hause. Mance. Er ist anderthalb.«

Karens Herz pochte dumpf. Sie wusste, sie hätte sich für ihn freuen sollen, doch die Neuigkeit irritierte sie. Sie hätte es angemessen gefunden, wenn der Sex mit ihr ihn fürs Leben gezeichnet hätte, so wie sie, und dass er ein gesundes Kind hatte, ließ nicht gerade darauf schließen. Für Männer war alles leichter. »Glückwunsch! Ist es dein erstes Kind?«

»Ja. Ich find's herrlich, Vater zu sein. Ich meine, es ist harte Arbeit, aber ich find's herrlich.«

Jetzt holte er ein Foto hervor. Das Kind hatte helle Haut. Die Mutter war also weiß. Es überraschte sie nicht. Wahrscheinlich war er nie mit einer Schwarzen zusammen gewesen. Sie fragte sich, wie die Mutter wohl aussah, ob sie dick oder dünn war, hübsch oder klein.

Während Karen das Foto betrachtete, dachte sie nicht

zum ersten Mal daran, wie ihr eigenes Kind ausgesehen hätte. In den Monaten nach der Abtreibung hatte sie von dem Baby geträumt. Geträumt, dass es ein Junge war und sie ihn aus Versehen im Schlaf erstickt hatte. Sie stellte sich vor, dass Mances Halbbruder im Himmel war und auf Mance herabsah und sich danach sehnte, mit ihm zu spielen.

Ihr Sohn wäre jetzt sechzehn. Sie wäre die Mutter eines Sechzehnjährigen.

»Das ist ein interessanter Name, Mance«, sagte sie. »Woher kommt er?«

»Ein alter Bluessänger. Mance Lipscomb. Ist das nicht verrückt?« sagte Jay, als sie nebeneinander hergingen. »All die Jahre habe ich dich nicht gesehen, und dann treffen wir uns in der Seventh Avenue. Irgendwann zieht wohl jeder, der Kinder hat, nach Slope, hm?«

»Ich dachte, du wohnst in Prospect Heights.«

»Ist doch dasselbe«, sagte er grinsend, als sei es albern, einen Unterschied zu machen. Doch es war nicht albern. Prospect Heights war ganz anders als Park Slope. Es lag nicht mal am Park.

»Weißt du«, sagte sie, »ich liebe dieses Viertel, auch wenn die Leute sich darüber lustig machen. Ich habe viele Freunde gefunden.«

»Du solltest Lizzie kennenlernen. Sie könnte ein paar Freunde gebrauchen.« Sich mit der Mutter von Jean Pierre-Louis' Kind anzufreunden, war so ungefähr das Letzte, was Karen wollte, doch sie lächelte nur vage, um ihm zu verstehen zu geben, dass sie keinen Bedarf an neuen Freunden hatte.

»Arbeitest du oder…«, fragte er.

»O nein, ich kümmere mich um Darby. Eigentlich geht er in den Kindergarten, aber im Moment sind Sommerferien.«

»Lizzie ist auch zu Hause«, sagte er. »Aber sie tut sich schwer damit. Vorher hat sie bei einem Verlag gearbeitet. Was hast du gemacht, bevor du Mutter geworden bist?«

»Ich war eine Weile Sozialarbeiterin an einer Schule in der South Bronx.« Sie hatte das Bedürfnis, ihn zu beeindrucken, wenn schon nicht mit ihrem Beruf, dann wenigstens mit ihrem politischen Engagement für benachteiligte Kinder. Sie wollte, dass er sie in Gedanken inmitten all dieser schwarzen Problemkinder sah und sie für taffer und nobler hielt als die gutbürgerliche Durchschnittsweiße. »Aber nachdem Darby geboren war, fanden wir es besser, wenn einer von uns zu Hause bleibt. Mein Mann ist Anwalt und arbeitet viel. Ich habe *Der weibliche Makel* gelesen, ein schlimmes Buch. Da heißt es, jede Frau solle arbeiten gehen, aber das ist kompletter Schwachsinn. Die Menschen sind verschieden. Man kann doch nicht alle Frauen pauschalisieren.«

Sie plauderten noch ein paar Blocks, und am Garfield Place, wo Karen rechts abbog, sagte Jean, er würde sie noch ein Stück begleiten. Er erzählte ihr von seiner Band und ihrem überraschenden Erfolg. Er erzählte ihr von Mances Geburt in einer Badewanne im Brooklyner Geburtshaus und dass seine Mutter immer noch in Prospect Heights wohnte.

Karen fragte sich, wie ihr Leben jetzt aussehen würde, wenn sie ihm damals eine Chance gegeben hätte, nachdem das Schreckliche passiert war. Nach jenem fatalen Abend hatte er sie angerufen, weil er mit ihr Pizza essen gehen wollte, doch Karen hatte dankend abgelehnt. Sie waren zu verschieden. Sie hatten sich nichts zu sagen, und außerdem war ihr sein Übergewicht peinlich. Sie selbst war damals schlank gewesen und hatte das Gefühl, wenn sie mit ihm ging, würden die Leute denken, dass sie nicht nur keinen Weißen kriegen konnte, sondern auch nicht mal einen schlanken Schwarzen.

Jetzt dachte sie an das Foto von Barack Obama als Kind am Flughafen von Honolulu am Tag, als er seinen Vater traf. Auf dem Bild sah er ganz schön pummelig aus, aber heute war er schlank und attraktiv, ein Fitnessjunkie.

Der erwachsene Jean erinnerte sie an den erwachsenen Obama. Nichts verriet das dicke Kind, das er einmal war. Vielleicht war seine Band bald so berühmt wie Lenny Kravitz oder John Legend.

Karens Eltern hätten es nicht gern gesehen, wenn sie mit einem Schwarzen ausgegangen wäre. Zu Hause nannte ihr Vater Schwarze manchmal »Neger«, zu Karens großem Kummer. Aber vielleicht hätten er und ihre Mutter die Meinung geändert, wenn sie Jean kennengelernt hätten. Karen hätte das Kind natürlich trotzdem nicht behalten, doch vielleicht hätte sie Jean davon erzählt und er hätte sie zu dem Termin begleitet und der Verlust hätte sie zusammengeschweißt, wie in dem Film *Juno*, nur dass Juno das Kind bekommen hatte. Vielleicht hätte die Erfahrung sie einander so nahe gebracht, dass sie während des Studiums eine Fernbeziehung geführt und danach geheiratet und ein Kind bekommen hätten, ein Kind, das möglich war, weil sie beim ersten schlau gewesen waren.

Aber das war natürlich Quatsch. Über die offensichtlichen Unterschiede (Prospect Heights/Park Slope, haitianische Abstammung/irische Abstammung, schwarz/weiß) hinaus hätte sie nie einen Musiker geheiratet. Wenn man eine Familie gründen wollte, brauchte man Stabilität. Angesichts der finanziellen Unsicherheit war es mutig von Jeans Frau, ein Kind mit ihm zu haben, ganz zu schweigen von den Versuchungen, denen er auf Tournee ausgesetzt war. Ein gut aussehender Mann wie er hatte wahrscheinlich in jeder Stadt Groupies.

Sie waren jetzt am Prospect Park West Ecke Garfield Place. Karen sah die Paparazzi vor dem Haus gegenüber und fragte sich, ob es wegen des Fotos war.

»Was ist da los?« fragte Jay.

»Da wohnt meine Freundin. Sie ist Schauspielerin. Melora Leigh.«

»Was hat sie getan?«

»Ach, die wollen nur ein paar Schnappschüsse. Ich muss da durch, um zu klingeln.« Sie fand es erhebend, vor seinen Augen durch einen Pulk Paparazzi zu gehen, auch wenn die nicht ihretwegen hier waren.

Karen wollte gerade die Straße überqueren, als er sagte: »Weißt du, es gibt da etwas, das ich dir schon immer sagen wollte, aber es hat sich nie die Gelegenheit ergeben.«

Sie wusste, was er sagen würde und wollte ihn stoppen. »Du warst für mich die Erste«, fuhr er fort. »Ich hab gelogen. Wahrscheinlich wusstest du das.«

»Nun…« Es war unerträglich. Sie senkte das Gesicht, um das Gespräch zu beenden, doch er interpretierte die Geste als Kommentar zu seinem Stehvermögen.

Er lachte. »Damals war ich nicht besonders gut. Wie peinlich. Jetzt bin ich viel besser. Ich meine, nicht dass … ich … du weißt schon.« Und dann grinste er. Der Unterschied zwischen seinem damaligen und heutigen Selbst war so groß, dass er über sich selbst lachen konnte.

Karen fand seine falsche Bescheidenheit beleidigend. Männer sorgten sich um ihr Stehvermögen, während Frauen sich mit Schwangerschaft und Abtreibung herumschlagen mussten – ganz zu schweigen von Geschlechtskrankheiten, die Frauen sich leichter einfingen als Männer.

Dass Jean sich genierte, war nur Beweis seiner totalen Ignoranz. Er hatte keine Ahnung, was er ihr angetan hatte, wie sie gelitten hatte, nicht nur mit sechzehn, sondern all die Jahre danach. An die tausend Mal hatte sie die Nacht in ihrem Kopf Revue passieren lassen und sich gewünscht, sie hätte es nie so weit kommen lassen.

Einmal war sie bei ihrer Koop-Schicht in der Kinderbetreuung mit einem spindeldürren Vater ins Gespräch gekommen. Darby war damals ungefähr eins, und als sie sich beklagte, dass er immer noch nicht laufen gelernt hatte, witzelte der Mann, sie brauche dringend ein zweites Kind, dann hätte sie andere Sorgen. Mit Blick auf seine vierjährige Tochter, die mit der Eisenbahn spielte, hatte sie erwidert: »Du hast doch auch nur ein Kind.«

»Wir hätten gern mehr gehabt«, sagte er.

Sie wollte den Leuten nicht erzählen müssen, dass sie gern mehr gehabt hätte, doch wegen Jean Pierre-Louis würde sie das vielleicht müssen. Weil sie Jean nichts davon sagen konnte, hasste sie ihn umso mehr. Wegen dieses fast Fremden nahm sie jeden Morgen nach dem Aufwachen, noch bevor sie pinkeln ging, die Basaltemperatur und notierte sie auf einer Tabelle in ihrer Nachttischschublade. Wegen Jean Pierre-Louis aß sie jeden Abend Ben & Jerry's, weil Eis angeblich die Chance, schwanger zu werden, erhöhte, obwohl so auch der geringfügigste Effekt der Masai-Barfuß-Technologie-Schuhe zunichte gemacht wurde.

Sie hasste diesen Mann, der sich körperlich, namentlich und sogar instrumental neu erfunden hatte. Ihr Sex hatte keine nennenswerten Spuren hinterlassen. Er hatte keine Ahnung, was er ihr angetan hatte.

»Ich muss los«, sagte sie und tätschelte ihm die Schulter.

»Es war schön, dich wiederzusehen«, sagte er.

»Dich auch«, sagte sie. Sie sah ihm eine Weile nach, während er Richtung Norden verschwand, die Gitarre auf dem Rücken. Er schien sogar größer zu sein als damals. Dann richtete sie ihren Blick auf die Paparazzi, die auf Melora warteten. Sie griff in ihre Bowlingtasche und streichelte die Brieftasche. Vielleicht hatte Melora gemerkt, dass sie verschwunden war und drehte deshalb durch. Selbst wenn Karen nie ein zweites Kind haben würde, Melora Leigh brauchte sie. (Obwohl Melora das noch nicht wusste.)

Karen überquerte die Straße und zwängte sich durch die Menge, die sie halbherzig fotografierte und ihre Wichtigkeit offensichtlich nicht erkannte. Sie klingelte. Annika kam an die Tür und zog Karen hinein.

»Was ist los?« fragte Karen.

»Es war ein Foto in der *Post.* Eine Katastrophe. Ich habe versucht, dich anzurufen, um dir zu sagen, dass wir uns im Park treffen, aber du bist nicht ans Telefon gegangen.« Karen sah auf ihr Handy. Sie war so von ihrer Unterhaltung mit Jean gefangen gewesen, dass sie es nicht hatte klingeln hören. »Warte kurz, ich hol Orion«, sagte Annika.

»Ich glaube, Darby hat letztes Mal ein Spielzeug hier vergessen«, sagte Karen. »Das kleine Lightning-McQueen-Auto von *Cars.*«

»Ich hab mein Lightning McQueen hier vergessen?« sagte Darby geknickt.

»Ich suche später danach«, sagte Annika schnell. »Orion! Wir wollen los!«

»Ich will es jetzt!« schrie Darby, und zum ersten Mal war Karen dankbar, dass er so verzogen war.

Annika schien es nicht wohl dabei, aber schließlich nickte sie. »Vielleicht kannst du es suchen«, sagte sie zu ihm. »Warte hier«, sagte sie zu Karen und ging mit Darby nach oben.

»Natürlich«, sagte Karen. Als Annika verschwunden war, drehte Karen sich schnell um und schnappte sich einen Schlüsselbund vom Haken. Sie wartete noch ein paar Minuten, dann nahm sie das Auto aus ihrer Tasche. »Hier ist es!« rief sie nach oben. »Ich habe es auf dem Teppich im Wohnzimmer gefunden!« Dann stopfte sie den Schlüsselbund tief in ihre Tasche.

Mona Pierre-Louis hatte ihre Einkäufe bezahlt und wollte am Ausgang gerade ihren Kassenzettel vorzeigen. Sie war jetzt vierundsechzig und kaufte seit 1978 bei der Koop. Sie war schon so lange Mitglied, dass sie nicht wie die meisten eine fünfstellige Mitgliedsnummer hatte, sondern die 122. In den letzten Jahren ging sie immer weniger gern dort einkaufen. Es war immer so voll, und die Weißen waren so aggressiv, rammten einem Einkaufs- und Kinderwagen in die Hacken und entschuldigten sich nicht einmal. Früher, als François noch lebte, waren die Mitglieder entspannter, vielleicht weil sie meistens stoned waren.

Sie hatte nichts gegen Weiße per se. Ihre Schwiegertochter Lizzie war weiß, und obwohl es Mona manchmal schwerfiel zu akzeptieren, dass Jean keine Haitianerin geheiratet hatte, versuchte sie Weiße in einem andern Licht zu sehen, seit sie einen halbweißen Enkel hatte. Das war einer der Gründe, warum sie zur Koop gekommen war, um für ihren Enkel Mance, auf den sie heute Abend aufpasste, Biokekse zu kaufen.

Mona war überrascht gewesen, als ihre Schwiegertochter angerufen hatte, hatte aber zugesagt. Monas Sohn Jean, ein Musiker – obwohl er seinen Namen zu Jay geändert hatte, weigerte sie sich, ihn so zu nennen –, war oft mit seiner Band unterwegs. Mona versuchte, Lizzie zu helfen, doch das Mädchen verhielt sich ihr gegenüber abweisend. Am Tag zuvor hatte sie ihr einen Sonnenhut für Mance gegeben, der Lizzie offensichtlich nicht gefallen hatte.

Die Frau am Ausgang war eine verbiesterte Weiße mit grauem

Haar, das sie im Nacken zu einem Dutt gebunden hatte. Sie unterhielt sich mit einem Bekannten, ehe sie dessen Kassenzettel prüfte.

Das war noch so ein Problem bei der Koop. Die Mitglieder dachten nur noch an sich selbst. Kassierer plauderten mit Bekannten oder flirteten, ohne Rücksicht auf die Leute, die in der Schlange warteten. Im Laufe der Zeit hatten die Mitglieder aus den Augen verloren, wofür die Koop stand.

Mona trat vor und reichte der Frau den Bon, auf dem vermerkt war, wie viele Einkaufstüten sie hatte. Nachdem die Frau Monas Tüten gezählt und mit dem Bon verglichen hatte, sagte sie: »Darf ich bitte in Ihre Handtasche sehen?«

»Nein, dürfen Sie nicht«, sagte Mona.

»Neue Vorschrift. Wir sollen die Taschen durchsuchen.« Die Frau zeigte auf ein Schild, auf dem stand DIE KOOP HAT DAS RECHT, IHRE MITGLIEDER STICHPROBENARTIG ZU DURCHSUCHEN.

Und wenn schon. »Aber den Mann vor mir haben Sie nicht durchsucht! Ihren Bekannten haben Sie nicht durchsucht!« Ein paar Leute drehten sich um.

»Wir machen nur Stichproben«, sagte die Frau und zeigte wieder auf das Schild. »Es hat ein paar Taschendiebstähle gegeben.«

Taschendiebstähle? *Die Frau hatte Nerven. Ein Schwarzer war Präsidentschaftskandidat der Demokraten für die Vereinigten Staaten, und Mona sollte sich das bieten lassen? »Ich bin kein Taschendieb!«*

»Da bin ich sicher. Sie brauchen mir nur Ihre Handtasche zu geben, damit ich hineinsehen kann, und dann können Sie gehen.« Hinter Mona hatte sich eine Schlange gebildet, und sie spürte die Blicke der Leute, die dachten, sie würde aus einer Mücke einen Elefanten machen. Aber es war keine Mücke. »Ma'am, Sie können gern mit dem Schichtleiter sprechen, wenn Sie …«

»Sie wollen mich durchsuchen, weil ich schwarz bin!«

Hinter sich sah sie eine weiße Frau die Augen verdrehen. Monas Wangen brannten.

»Damit hat das nichts zu tun!« schrie die Frau und stand auf, als hätte Mona ihr *unrecht getan, und nicht andersherum. »Ich sagte doch, wir machen nur Stichproben.«*

»Mit Stichprobe hat das nichts zu tun. Sie nehmen an, dass ich ein Dieb bin, weil ich schwarz bin.«

Der Schichtleiter, ein schmaler, bärtiger Mann tauchte hinter der Frau auf. »Ma'am«, sagte er zu Mona, »wenn Sie mich begleiten wollen, können wir die Sache klären.«

»Ich werde Sie keineswegs begleiten!«

Mona stellte ihre Einkaufstaschen ab und rannte auf die Straße. Sie ging so schnell sie konnte zur Union Street, setzte sich auf einen Stuhl vor Taste D-Lite, bedeckte ihr Gesicht und weinte. Der Met Food in der Vanderbuilt war inzwischen sowieso besser geworden, Obst und Gemüse waren frischer als früher, und in der Flatbush gab es einen Delikatessenladen für alles, was man im Met nicht bekam. Die 40 Prozent, die sie bei der Koop sparte, waren es nicht wert, so gedemütigt zu werden.

Sie wollte gerade nach Hause gehen, als ihr bewusst wurde, dass sie es nur noch schlimmer machte, wenn sie jetzt aufgab. Es war leicht davonzulaufen, das Erlebnis zu verdrängen, dabei hatte sie die Chance, etwas zu verändern. Von der Koop wurde bei solchen Belangen eine gewisse Sensibilität erwartet, und wenn die richtigen Leute davon erfuhren, konnte sie vielleicht etwas dagegen unternehmen. Sie ging zurück, vorbei an der Rezeption, und stieg die Stufen zum Büro hoch. So erfuhr sie vom Arbeitskreis für Minderheitenschutz.

NOTTING HILL

Am Nachmittag, während Abbie Mittagsschlaf machte und Sonam die Küche aufräumte, wählte Rebecca Lizzies Nummer. Rebecca war bei der Sache mit den Swingern nicht wohl, wollte es sich aber nicht mit Lizzie verderben. Vielleicht bekam sie sogar Material für ihren neuen Roman, der in Park Slope spielen sollte. Außerdem hatte sie Angst, Lizzie würde sonst ausrasten und ihr die Glenn Close machen, nur in lesbisch.

»Hi«, sagte Rebecca. »Ich habe deine Nachricht bekommen.«

»Hast du eine Affäre?«

Rebecca hielt das Telefon vom Mund weg, damit Lizzie ihren schweren Atem nicht hörte. Dann sagte sie: »Wie kommst du denn darauf?«

Lizzie erzählte ihr, was sie im Park gesehen hatte. Rebeccas Mund wurde trocken, und sie hatte plötzlich Angst, dass Lizzie es Theo erzählen würde. Sie musste die Sache runterspielen. Schließlich hatten sie und Stuart nicht Händchen gehalten.

»Warum hast du nicht Hallo gesagt?« fragte Rebecca.

»Es sah so aus, als würdet ihr lieber allein sein. Ich glaube, du hast eine Affäre. Das find ich echt daneben.«

Genau deshalb durfte man sich anderen Müttern nicht anvertrauen. Die hatten garantiert noch mehr Probleme als man selbst. Rebecca hätte ihr nie erzählen dürfen, dass sie Stuart kennengelernt hatte. Lizzie war eifersüchtig, dass sie ihr eigenes Leben lebte, dass sie zum ersten Mal seit anderthalb Jahren flachgelegt wurde, die längste Dürreperiode, seit sie ihre Unschuld verloren hatte. Warum hatte Rebecca sich nicht eine normale Mutter als Freundin ausgesucht, die ihr gegönnt hätte, dass sie mit einem Filmstar vögelte, die sie gefragt hätte, wie er im Bett war?

»Ach komm«, sagte Rebecca. »Was sollte ein Typ wie der ausgerechnet von mir wollen? Du hast zu oft *Notting Hill* gesehen.«

»Aber ihr seid so … Ihr habt so vertraut gewirkt«, sagte Lizzie.

Rebecca freute sich wahnsinnig, dass es so ausgesehen hatte, denn es bedeutete, dass ihre Gefühle beidseitig waren. Man selbst konnte die eigene Beziehung schließlich nicht von Außen beurteilen. »Nein, so ist er zu jedem.«

Das verloren gegangene Kondom fiel ihr wieder ein und sie hob die Sofakissen, um danach zu suchen, fand jedoch nur ein paar Cent und eine Pistazienschale. Wo war das verdammte Ding? Hatte Stuart es absichtlich verschwinden lassen, weil er es ohne machen wollte? Törnte ihn das an? Sie hockte sich auf alle Viere und sah unters Sofa. Sie fand eines von Abbies seit Langem vermissten Spielzeugen, einen lila Hello-Kitty-Ball.

»Warum warst du mit ihm im Park?«

»Wir sind uns in der Seventh Avenue über den Weg gelaufen, und er erwähnte die Cherry Esplanade. Ich bot an, sie ihm zu zeigen. Er sagte, er habe sie noch nie gesehen.«

»Aber sie wohnen seit zwei Jahren hier!«

»Du kennst doch Promis. Die schlagen keine Wurzeln. Also, wann wollen wir uns heute Abend treffen?« Rebecca zog das Sofa von der Wand, und das unbenutzte Kondom fiel wie eine verwelkte Blume zu Boden. Es war zwischen Sofa und Wand eingeklemmt gewesen. Sonam kam aus der Küche und fegte. Rebecca wickelte das Kondom in ein Taschentuch und stopfte es unter eine dreckige Windel in den Müll.

»Du willst immer noch mitkommen?« Lizzie klang überrascht.

»Natürlich. Schon wegen des Kicks. Wir machen doch nichts … stimmt's?«

»Stimmt.«

»Also, wo treffen wir uns?«

»Komm um halb acht ins Loki, dann können wir noch was trinken, bevor wir ins Gate gehen.«

Bei Lizzie im Hintergrund war Lärm zu hören und dann ein aufgeregter Schrei. Lizzie sagte: »Jay ist früher nach Hause gekommen. Ich muss Schluss machen.« Und einfach so legte sie auf.

Lizzie schien sich zu freuen, dass ihr Mann zu Hause war, und Rebecca beneidete sie, aber nur kurz. Viele Frauen freuten sich, wenn ihr Ehemann zur Tür hereinkam, doch Rebecca hatte etwas Aufregenderes als einen Ehemann.

BEGLEIT-SERVICE

ALS Melora nach dem Meeting in der Limousine saß, schluckte sie noch eine Ativan. Während Ringo sich in den Nachmittagsverkehr einfädelte, lehnte sie sich in ihrem Sitz zurück. Wahrscheinlich telefonierte Adam gerade mit Kate Hudson oder sogar mit Julia. Na, super. Ausgerechnet Julia Roberts würde Melora um ihren dritten Oscar bringen. Ihr Telefon klingelte. Vanessa. »Wie ist es gelaufen?«

»Äh … ganz gut, glaube ich.« Was sollte Melora sagen? Wenn sie erzählte, was sie gesagt hatte, würde Vanessa ausflippen. Am besten hielt sie sich bedeckt.

»Mehr nicht?« fragte Vanessa.

»Er sagt, die *New York Post* ist ihm egal.«

»Scott Rudin ist die *New York Post* nicht egal, und der muss Adams Entscheidung absegnen.«

»Hast du schon mit Scott gesprochen?«

»Ich habe ihm eine Nachricht hinterlassen.«

Melora sah das nächste Jahr schon vor sich. Adam würde sich weigern, ihr die Rolle zu geben, weil Amy Winehouse neben ihr noch ausgeglichen wirkte, CAA würde sie fallen lassen, die anderen Agenturen würden sie ablehnen, und sie würde bei irgendeinem dubiosen Manager landen, der so verzweifelt war, dass er jeden nahm. CAA würde sie in der ganzen Branche schlechtmachen, und innerhalb weniger Jahre würde sie wie Lindsay Wagner Dauerwerbesendungen moderieren oder, noch schlimmer, in Dokumentationen wie *Searching for Debra Winger* mitspielen.

Ihr Handy klingelte. Stuart. »Schatz, wie ist es gelaufen?«

»Ich wünschte, ich wüsste es.«

»Wie meinst du das?«

»Er lässt sich nicht in die Karten schauen.«

»Natürlich nicht. Das ist deren Masche. Aber er muss doch irgendeine Andeutung gemacht haben.«

»Nein.«

»Hat er am Schluss nichts gesagt, das vielleicht…«

»Er hat nur gesagt, dass es ihn gefreut hat, mich kennenzulernen.«

»Hm.« Er klang besorgt, aber nicht ihretwegen. Es ging ihm nur darum, Adam Epstein *Atlantic Yards* zuzuspielen, und wenn sie die Rolle nicht bekam, war die ganze Leigh-Ashby-Sippe bei Epstein untendurch.

»Dir kann es doch egal sein, ob ich die Rolle bekomme oder nicht.«

»Wie kannst du nur denken, dass es mir egal ist? Es ist das beste Drehbuch, das man dir seit *Posen* angeboten hat.«

»Ich weiß nicht«, sagte sie düster. »Ich finde es verquast.«

»Bist du high?« fragte er. »Hast du vor dem Meeting was genommen?«

»Was? Nein!«

»Du lallst. Wenn du da völlig zugedröhnt aufgetaucht bist…«

»Na und? Und wenn schon!«

»Weißt du, ich hätte dir dieses Gift wegnehmen sollen. Du bist eine Gefahr für dich selbst.«

Lynn rief auf der anderen Leitung an, und Melora

drückte Stuart weg, ohne sich zu verabschieden. »Wie war's?« fragte Lynn.

»Vielleicht steht er auf schräg.«

»Du bist nicht schräg, Melora! Sylvia Miles ist schräg!«

»Ich habe alles gegeben. Ich hab's ehrlich versucht.«

»Mehr kannst du nicht tun, Schätzchen.« Vor ihren Augen tauchte das Bild auf, wie sie ihre Jeans aufgeknöpft hatte. Sie war kurz davor, Lynn davon zu erzählen, hielt sich aber zurück. Lynn war eine alte Frau. Melora wollte sie nicht schockieren. »Also, ich weiß ja nicht, was du heute vorhast, aber ich bin entschieden der Meinung, dass du zu deiner Schicht gehen solltest.«

»Was?«

»Bei der Koop. Sie fängt in fünfundvierzig Minuten an.«

Melora hatte Lynn ihren Schichtplan gemailt, nachdem sie der Koop beigetreten war, doch bei dem ganzen Irrsinn mit der Brieftasche, hatte sie das völlig vergessen. »Ogott«, sagte sie. »Ich will nur noch nach Hause und ins Bett.«

»Schätzchen, wenn du zur ersten Schicht nicht erscheinst, wird das die Gerüchte nur anheizen. Irgendjemand wird herausfinden, dass du geschwänzt hast und es mit der Kotzerei in Zusammenhang bringen. Adam könnte davon Wind bekommen.«

»Ich bin bestimmt nicht die Erste in der Geschichte der Koop, die eine Schicht schwänzt.«

»Deshalb bist du Mitglied geworden. Um gesehen zu werden.«

»Du weißt nicht, wie ich im Moment aussehe.«

»Doch. Toni hat mir ein Foto von seinem Handy geschickt. Niemand würde darauf kommen, dass die Hälfte deiner Haare fehlt.«

Melora knirschte mit den Zähnen und warf noch eine Zoloft ein.

Der Verkehr nach Brooklyn war so dicht, dass sie ein paar Minuten zu spät zu ihrer Schicht bei der Koop kam. Auf dem Weg hinein drängte sich eine ältere, zornige schwarze Frau an ihr vorbei. Noch ein Grund, warum sie ihre Mitgliedschaft bereute: Die anderen Mitglieder.

Sobald sie die Einkaufshalle betrat, schnürte sich ihr die Kehle zu und sie hatte das Gefühl, keine Luft mehr zu bekommen. Ogott. Sie musste hier raus. Musste an die Luft. Vielleicht hatten sie die Videobänder schon gesichtet und sie erkannt. Vielleicht wartete die Polizei nur darauf, dass sie an den Ort des Verbrechens zurückkehrte, um sie gleich hier zu verhaften. Sie blickte sich um. Jeder konnte ein Spion sein.

Vielleicht stand in der Koop-Zeitung etwas Neues über den Taschendiebstahl. Sie eilte zu der Ablage neben den Kassen, aber es war noch die alte Ausgabe mit der Titelgeschichte über Menschen, die sich in der Koop ineinander verliebt hatten.

Sie dachte an den Trick mit Schrödingers Katze, wo die Katze erst tot ist, wenn man die Kiste öffnet. Sie befand sich in der Phase, in der die Kiste noch geschlossen und alles in Ordnung war, weil niemand Bescheid wusste. Diese Überlegung hob ihre Stimmung kurz, bis ihr der Lunch wieder einfiel. Im Grunde war es egal, ob sie erwischt wurde, weil Adam Epstein ihr die Rolle sowieso nicht geben würde.

Als sie sich zum Empfang umdrehte, sah sie über den Türen ein großes gelbes Schild. VORSICHT TASCHENDIEBE – ACHTEN SIE AUF IHRE WERTSACHEN! Sie schauderte und senkte den Blick. Alle beobachteten sie. Früher oder später würde man sie kriegen, das wusste sie.

Am Empfang trug sie sich ein und stellte sich dem Schichtleiter Craig vor, einem kleinen Mann mit adrettem Bart. »Kann ich an die Kasse?« sagte sie, ein wenig außer Atem. Sie würde vorher ihr Make-up auffrischen müssen.

»Die Kassenplätze sind schon alle weg. Du bist als Begleitung vorgesehen.«

Sie widerstand der Versuchung, einen Begleitdamenwitz zu reißen, etwas in der Richtung, dass Nutten wenigstens bezahlt wurden, und fragte stattdessen: »Was macht eine Begleitung?«

»Du begleitest die Leute mit ihren Einkaufswagen zu ihren Autos oder nach Hause und bringst die Wagen dann zurück zur Koop.«

Solche Begleiter hatte sie im Viertel schon gesehen. Sie waren in Park Slope ebenso allgegenwärtig wie Lesben mit Hunden, trugen orange Westen und schwatzten mit den Kunden, Block um Block. Melora hatte zwar keine Lust, aber wenigstens war sie dann an der frischen Luft. Draußen konnte sie keine Dummheiten machen.

»Halt dich an Julie. Sie wird dir alles erklären.« Er deutete auf eine große, blasse Mittvierzigerin mit intensivem, irrem Blick.

Julie reichte Melora eine orange Weste und dirigierte sie in die glühende Hitze der Seventh Avenue. Bald würde sie jeden Tag einen orangen Overall tragen und sehnsüchtig an die orange Weste zurückdenken. »Es ist ganz einfach«, sagte Julie. »Du wartest hier, und wenn jemand um Hilfe bittet, begleitest du sie. Du bist verpflichtet zu fragen, wohin sie wollen, und darauf zu achten, dass es nicht zu weit ist.« Julie reichte ihr einen gelben Zettel, auf dem die Grenzen eingezeichnet waren, etwa zehn Blocks in jede Richtung. »Wenn sie dich bitten, unterwegs irgendwo anzuhalten, erklärst du ihnen höflich, dass das nicht erlaubt ist. Außerdem darfst du ihnen die Einkäufe nicht die Treppen hochtragen.« Sie setzten sich nebeneinander auf eine Bank. Schweiß lief Melora den Hals hinunter und löste auch das restliche Make-up auf.

Nach wenigen Minuten bat eine chassidische Mutter Julie, sie zu begleiten. Als sie fort waren, erwog Melora, die Weste auszuziehen und einfach nach Hause zu gehen. Dort würden die Paparazzi auf sie warten. Irgendjemand gab ihnen wahrscheinlich in diesem Moment einen Tipp. Wie würde es ankommen, wenn Phil Parnell sie mit Einkaufswagen ablichtete? Wäre das gute oder schlechte Publicity? Wenigstens würde es dann nicht so aussehen, als würde sie davonlaufen, falls sich herausstellte, dass auf dem Video zu sehen war, wie sie die Brieftasche geklaut hatte. Sie könnte sagen, es sei eine Doppelgängerin, eine Nachahmerin. Doch im Viertel gab es keine dünnen Blondinen. Die Frauen hatten alle noch ihre Babypfunde drauf, sogar die, deren Kinder schon zur Schule gingen.

Eine pummelige rothaarige Frau in unvorteilhaften Karotten-Jeans und einem zerknitterten »718«-T-Shirt kam mit einem gigantischen grauen Einkaufswagen aus der Koop. Dann verschwand sie wieder und kam mit einem blonden Jungen in einem Maclaren zurück. »Können Sie mich begleiten?« sagte sie und stutzte dann, als sie Melora erkannte.

»Wo müssen Sie denn hin?« fragte Melora.

»Richtung Fourth Avenue. Omeingott. Entschuldigen Sie. Es ist nur … Omeingott, Sie sind es wirklich.« Melora sah auf ihren Plan. Es hätte schlimmer kommen können. Die Fourth Avenue war nur acht Blocks entfernt. Es hätten ja auch zehn oder zwölf sein können. »Es tut mir so leid«, sagte die Frau kopfschüttelnd.

»Was?« fragte Melora.

»Dieses Bild. Heute Morgen in der *Post.* Schrecklich. Ich meine, es sah überhaupt nicht aus wie Sie. Ich habe mir gleich gedacht, dass es manipuliert war, wie diese

Aufnahme von Mischa Bartons Hintern.« Warum war Melora diesem gottverdammten Laden nur beigetreten? »Waren das wirklich Sie? Auf dem Bild, meine ich?«

Melora schwieg. Sie blickte vom Einkaufswagen zur Kinderkarre und dachte an ihren schmerzenden Knöchel. Sie überlegte, dass das Kind wahrscheinlich weniger wog als die Einkäufe. Sie legte die Hände an den Kinderwagengriff und begann, Richtung President Street zu schieben. Nach ein paar Schritten drehte der Junge sich um, entdeckte Melora und brüllte. »Nein, Mama, NEEEEEEEIN!!!!!!!«

»Schon gut, Jones. Ist schon gut.« Seine Abu-Ghuraib-artigen Schreie sagten etwas anderes. Die Frau wandte sich schuldbewusst an Melora. »Es ist vielleicht besser, wenn ich ihn schiebe und Sie den Einkaufswagen.«

Melora gab nach. Sie ging ein paar Schritte voraus, um einem Gespräch auszuweichen, doch die Frau holte sie ein und sagte: »Warum haben Sie sich übergeben? Die Presse vermutet immer gleich, dass Drogen im Spiel sind, dabei gibt es viele Gründe, sich zu übergeben, die überhaupt nichts mit Drogen zu tun haben.« Melora erwog die Möglichkeit, sie mit dem Einkaufswagen einfach stehen zu lassen, aber sie war genau die Sorte Frau, die sie auf Gawker als Koop-Versagerin anprangern würde. Sie versuchte, sich die Überschrift auszumalen: GRÜN IM GESICHT, ABER NICHT IM HERZEN.

»Ich hatte eine Lebensmittelvergiftung«, antwortete Melora müde.

»Was haben Sie gegessen?«

»Muscheln.«

Die Frau nickte, als sei sie nicht überzeugt, ließ es aber auf sich beruhen. »Ist Ihnen die Szene in *Posen* schwergefallen?« Melora blickte stur geradeaus. Sie waren in der President zwischen Seventh und Sixth Avenue. »Sie wissen schon, die, wo Sie an einer Überdosis Schlaftabletten sterben? Ich meine, war es nicht gruselig, so zu tun, als sei man tot?«

Wie sollte sie darauf antworten? So, als würde sie mit James Lipton reden? Würde die Frau gleich eine Karte mit der nächsten Frage zücken? Zunächst entschied sich Melora dafür, gar nichts zu sagen, doch diese Frau gehörte zu den Menschen, die sich durch Schweigen ermutigt fühlen. »Es war eine Herausforderung«, sagte Melora, »aber es hat sich gelohnt.«

Meloras Hände zitterten vom Ativan, vom Vicodin und der sengenden Hitze.

»Gestern habe ich Stuart und Ihren Sohn auf dem Spielplatz gesehen. Er war sehr süß. Orion, meine ich. Stuart natürlich auch. Sie sind beide sehr süß. Er hat sich mit einer Bekannten von mir unterhalten, Rebecca Rose?«

War ja klar. Er liebte es, sich mit Frauen zu unterhalten, und genoss es, erkannt zu werden. Melora stellte sich vor, dass die Mutter Asiatin war. In Park Slope gab es Millionen asiatischer Mütter, die alle mit kleinen hässlichen Juden verheiratet waren.

»Rebecca sagte, er sei im Ferienlager in Vermont ihr Betreuer gewesen«, sagte die Frau. Stuart war nie Betreuer in einem Ferienlager in Vermont gewesen. Wollte die Frau sie verarschen? »Er sagte, es sei ein Wunder, dass sie ihn danach wieder ins Land gelassen haben.«

Lief Stuart durch die Gegend und tischte den Spielplatzmüttern irgendwelche Lügen auf? Sie musste ihn zur Rede stellen, wenn sie ihn sah.

Sie gingen die Sixth Avenue entlang. Melora blieb stehen, um ein paarmal tief Luft zu holen. »Geht es Ihnen gut?« fragte die Frau.

Melora nickte. Sie durfte nicht wieder kotzen, nicht in der Öffentlichkeit, und wenn sie es runterschlucken musste. Doch es war so heiß und der Einkaufswagen so schwer. Wenn nur der blöde Schichtleiter nicht so ein Nazi gewesen wäre. Jemanden zu zwingen, bei dieser Hitze stundenlang draußen rumzulaufen, grenzte an Sklaverei. Die Schauspielergewerkschaft würde so etwas nie zulassen.

Melora fühlte die Schweißperlen auf ihrer Unterlippe. Sie wischte sie mit dem T-Shirt ab. »Stuart war auf dem Spielplatz ganz reizend zu Orion. So fürsorglich und lieb. Sie können sich glücklich schätzen, einen Mann wie ihn zu haben. Ich schenke den Gerüchten keinen Glauben, Sie wissen schon, dass Ihre Ehe angeblich kaputt ist. Ich glaube, das sagen die Leute nur, weil er nicht im Kaufvertrag steht.«

Sie hatten die Carroll Street erreicht und warteten darauf, die Straße überqueren zu können. Was dann passierte, fühlte sich an wie eine Actionszene in Zeitlupe. Melora blickte wie ein Geist von oben darauf herab. Ihre Hände lösten sich vom Griff des Einkaufswagens, und der rollte elegant auf die Straße, ein zu schneller, weißer Lieferwagen krachte hinein und die Einkäufe wurden herausgeschleudert. Eine Tüte blaue Maischips mit Sesam explodierte auf einer Windschutzscheibe und bedeckte sie mit runden, dunklen Tacos. Der Fahrer des Lieferwagens fluchte, trat auf die Bremse und stieg aus, um den Schaden zu begutachten. Resigniert humpelte Melora nach Hause.

SWINGTOWN

JAY war am Nachmittag unerwartet nach Hause gekommen, und obwohl Lizzie sich freute, war sie gleichzeitig sauer, dass er ohne Vorwarnung hereinplatzte. Ihre Zickigkeit schien ihn anzumachen und endete mit Sex auf dem Wohnzimmerboden, während Mance in seinem Bettchen spielte.

Er meinte, wenn Lizzie abends sowieso ausginge, würde er in den Living Room gehen, wo Freunde von ihm spielten. Wenn er geahnt hätte, was sie vorhatte, worauf sie aus war.

Als Mona um Viertel vor sieben kam, bot Lizzie ihr etwas zu essen an, doch sie lehnte wortkarg ab und meinte, sie hätte schon gegessen. Lizzie trug Mance auf der Hüfte, während sie versuchte, sich zu Ende anzuziehen, und Mona sagte: »Komm, gib ihn mir.«

»Das geht schon«, sagte Lizzie schroffer als beabsichtigt. Mona sah stirnrunzelnd zu, wie Lizzie versuchte, mit Mance auf dem Arm ihre Schuhe anzuziehen. Lizzie hatte so ein schlechtes Gewissen, dass sie ihn seiner Großmutter auf den Schoß setzte.

Sie rechnete damit, dass er quengeln würde, doch stattdessen griff er nach Monas großen Ohrringen. Mona wirkte mit ihm zehn Jahre jünger, als fehlte ihr die Mutterrolle. »Na, hallo«, sagte sie und gab ihm einen Nasenstupser. Er lachte. Manchmal wirkte er bei anderen Leuten glücklicher als bei Lizzie, und sie fragte sich, ob es die richtige Entscheidung gewesen war, nicht arbeiten zu gehen.

»Ich habe ihn schon gefüttert«, sagte sie. »Und im Kühlschrank steht ein Milchfläschchen. Du solltest ihn gegen halb acht baden und ihm gleich danach das Fläschchen geben. Man macht es im Wasserbad warm, auf keinen Fall in der Mikrowelle.«

»Ich weiß, dass man es nicht in die Mikrowelle stellen darf«, sagte Mona säuerlich.

»Und vielleicht musst du ein paar Minuten bei ihm sitzen bleiben. Du kannst den Schaukelstuhl aus dem Wohnzimmer neben das Bettchen stellen. Wenn er keine Ruhe gibt, kannst du ihn auch in unser Bett legen. Das stört mich nicht.«

»Das wird nicht nötig sein«, sagte Mona mit tadelndem Unterton.

»Du hast ja meine Nummer, falls irgendwas ist«, sagte Lizzie und hoffte, dass Mona nicht in einer verfänglichen Situation anrief, wenn es überhaupt so weit kam. »Wahrscheinlich bin ich spätestens um elf wieder da und ruf dir dann ein Taxi. Ich hoffe, das ist okay.«

»Geh nur. Amüsier dich. Wo gehst du hin?«

»Was trinken mit einer Freundin. Auch eine Mutter.«

»Wie schön, zwei Mütter auf dem Swutsch.«

»Rebecca heißt sie. Eine tolle Frau.«

»Na, dann wünsche ich dir und Rebecca einen schönen Abend.«

»Dir auch.« Sie küsste Mance und rechnete mit Tränen, aber nichts geschah. Als sie draußen war, hörte sie die beiden lachen und hatte das ungute Gefühl, dass Mona einen Witz über sie gemacht hatte.

Lizzie fand Rebecca an der Bar im Loki, in buntem Leinenrock und grüner Bluse mit U-Boot-Ausschnitt. Sie nippte bereits an einem Glas Wein, was nur bedeuten konnte, dass sie versuchte, sich in Stimmung zu bringen. Lizzie fühlte sich beschwingt.

»Du siehst toll aus«, sagte Lizzie und küsste sie flüchtig auf die Wange.

»Danke, du auch.«

Lizzie war sehr zufrieden mit ihrem Outfit: ein hautenges, ärmelloses schwarzes Vintagekleid, das ihre Kurven genau an den richtigen Stellen betonte. Ihre kurzen Nägel hatte sie knallrot lackiert. Sie holte das Kästchen mit den Ohrringen hervor und stellte es mit einem breiten Lächeln vor Rebecca hin.

»Was ist das?«

»Nur eine Kleinigkeit.«

Rebecca machte das Kästchen auf. »Das sind Ohrringe«, sagte sie finster.

Sie war so undankbar. Lizzie tat, als hätte sie nichts bemerkt. Es sollte ein perfekter Abend werden. »Steck sie an.«

Rebecca steckte sie an und zeigte sie Lizzie. »Vielen Dank«, sagte sie. In diesem Licht strahlte sie geradezu.

Lizzie hatte alles genau geplant. Auch wenn das Pärchen nicht auftauchte, wollte sie versuchen, Rebecca so betrunken zu machen, dass sie mit ihr knutschte. Vielleicht konnte sie Rebecca sogar überreden, mit zu ihr zu kommen. Sie würde Mona nach Hause schicken und in ihrem eigenen Bett mit Rebecca schlafen. Jay kam sowieso erst spät nach Hause.

Und wenn das Pärchen tatsächlich kam, wäre es noch einfacher. Dann konnten sie mit ihnen flirten, um sich anzutörnen, und dann gehen. Was auch geschah, es konnte nur gut werden. Selbst wenn Rebecca es nicht wusste, sie wollte Lizzie auch. Sonst wäre sie nie gekommen. Und wenn sie erst einmal richtig zusammen waren, würde sie Stuart Ashby vergessen.

Das Gate lag nur einen Block vom Loki entfernt, und auf dem Weg dorthin machte Lizzie Witze über Andys Größe und schütteres Haar und überlegte laut, ob sie Alexandra von irgendeinem Spielplatz kannte. Rebecca blieb stumm, und Lizzie begriff, dass sie mehr Alkohol brauchte.

Bevor sie die Third Street zum Gate überquerten, zögerte Rebecca. »Was ist los?« fragte Lizzie.

»Bist du sicher, dass du das machen willst?«

»Natürlich bin ich sicher, *Tess*.«

»Vielleicht solltest du lieber allein gehen.« Rebecca benutzte sie nur, ganz klar. Wie konnte sie Lizzie nach all dem einfach sitzen lassen?

»Du weißt doch gar nicht, was passiert. Wahrscheinlich kreuzen sie gar nicht auf.«

»Aber vielleicht doch. Und ... ich weiß nicht, mir ist nicht wohl dabei.«

»Warum? Sie werden uns nicht erkennen. Sie halten Ausschau nach einer Blondine und nach einer Rothaarigen. Wenn wir uns weiter streiten, fallen wir noch auf.«

Rebecca nickte, und sie überquerten die Straße. Als sie die Bar betraten, saß an der Bar ein attraktives Paar, auf das Andys Beschreibung passte, doch Lizzie traute sich nicht hinzusehen. Das Gate war eine düstere Kneipe der alten Schule mit Fernsehern über der Bar und Bier vom Fass aus aller Herren Länder. Die Frauen setzten sich an einen Tisch an der Wand hinter dem Pärchen und gafften. »Omeingott«, flüsterte Lizzie, nachdem sie genauer hingesehen hatte.

»Das sind die heißen Schnitten«, sagte Rebecca. Die Swinger waren das einzige attraktive Pärchen des Viertels.

Andy hatte jüdisch gebräunte Haut, wilde Locken und den Torso eines Surfers, durchtrainiert, aber nicht zu muskulös. Alexandra war ein schlanke Frau mit langen Heidi-Zöpfen.

Lizzie sah flüchtig zu Rebecca, deren Mund offenstand und zu einem leichten Lächeln verzogen war. Das war gut. Je geiler Rebecca war, desto besser standen Lizzies Chancen.

Andy sah über die Schulter zu den Mädchen, und sie hielten die Köpfe gesenkt. »Ich glaube, sie sind uns auf die Schliche gekommen«, sagte Rebecca.

»Wir sollten uns vielleicht was zu trinken bestellen, um normal zu wirken.«

Lizzie ging an die Bar und bestellte zwei Wodka Tonic. »Jetzt sind sie uns garantiert auf die Schliche gekommen«, sagte Rebecca, als sie die Drinks auf den Tisch stellte.

Lizzie trank einen großen Schluck Wodka Tonic und sah zu, wie Rebecca dasselbe tat.

»Verflucht nochmal, was sollen wir tun?« sagte Rebecca. »Er hört nicht auf, uns anzustarren.«

»Keine Ahnung. Mit ihnen reden, denke ich.«

»Ich dachte, das Ganze ist ein Bluff.«

»War es ja auch, aber…«

Andy stand auf und kam zu ihnen herüber. Er sagte: »Wenn man sich verabredet, sollte man bei der Beschreibung nicht schummeln.«

»Wovon reden Sie?« sagte Rebecca im selben Moment, als Lizzie sagte: »Wir wollten euch erstmal angucken.« Rebecca warf Lizzie einen strafenden Blick zu.

»Ihr seid beide sehr hübsch«, sagte er. Rebecca trank einen großen Schluck von ihrem Drink. »Wer von euch beiden ist Tess?«

»Sie.« Lizzie zeigte auf Rebecca. Er musterte sie beide.

Seine Frau stand auf. Sie ging mit auswärts gedrehten Beinen wie eine Balletttänzerin und trug einen hoch geschlossenen cremefarbenen Pullover im Stil der Siebziger und einen Faltenrock. Nur jemand, der so attraktiv war, konnte sich diesen Streberlook leisten. Sie sah aus, als hätten sie bei *Swingtown* mitgespielt und beschlossen, die Klamotten zu behalten.

»Ich bin Alexandra«, sagte die Frau, und die beiden setzten sich gegenüber von Lizzie und Rebecca, die sich mit ihren falschen Namen vorstellten, an den Tisch. »Schöne Ohrringe«, sagte Alexandra zu Rebecca. Lizzie triumphierte heimlich.

»Warum bestellen wir nicht noch eine Runde«, sagte Andy.

DONNELLYS DUELL

ZUR *Donnelly*-Premiere ging Melora in beiger Gabardine-Hose von Marni, silbernen Manolos und einem hautengen Chloé-Top, das für den nötigen Glamour sorgte. Toni war um sechs Uhr gekommen, um Meloras Gesicht neu zu machen, und als Melora sich im Spiegel sah, war sie angenehm überrascht, wie geordnet und geleckt sie wirkte, das Gegenteil ihres Gemütszustands. Stuart sah in seinem cremefarbenen Tumi-Shirt und Rogan-Jeans fantastisch aus.

Die Paparazzi standen noch immer vor dem Haus, aber an Stuarts Arm machte ihr das fast nichts aus. Ringo wartete mit offener Tür, und Stuart schob sie schnell hinein und schlug den Fotografen die Tür vor der Nase zu. »Bestien«, sagte er. »Erst die arme Michelle Williams, jetzt wir. Wissen die nicht, dass dies eine reine Wohngegend ist?«

Als sie vor dem Loews in der Nineteenth Street ausstiegen, wartete Lynn schon auf sie. »Schätzchen«, sagte sie und küsste Melora. »Du siehst hinreißend aus.«

Melora sah von allen Seiten Blitzlichter. Sofort kamen die ersten Fragen der Reporter: »Ist es wahr, dass ihr euch trennt?« – »Melora, machst du einen Entzug?« und: »Ist es wahr, dass deine Mutter an Demenz leidet?« Melora lächelte zuckersüß, doch am liebsten hätte sie geschrien, dass sie sich um ihren eigenen Kram kümmern sollten, dass sie die Welt zugrunde richteten. Sie waren schrecklich. WHERE IS THE OUTRAGE?

»Keine Fragen«, sagte Lynn und dirigierte Melora und Stuart zur Reporterin von *Access Hollywood*, eine hübsche Schwarze mit glatten Haaren.

»Melora«, sagte die *Access-Hollywood*-Reporterin und hielt ihr ein Mikro vors Gesicht. »Wie fühlt es sich an, hier in New York einen Film zu feiern, der in New York gedreht wurde?«

Melora begann sich zu beruhigen. Unverfängliche Fragen. Lynn hatte sie gebrieft. »Es ist wundervoll, wirklich, und ich bin einfach froh, das ganze Team hier wiederzusehen.« Stuart drückte ihr ermutigend den Arm.

Über seine Schulter sah Melora sie kommen. Zwei korpulente, weiße Polizisten. Sie hatten es extra so inszeniert, um größtmögliches Aufsehen zu erregen. Sie würden ihr hier auf dem roten Teppich vor all den Schaulustigen und Paparazzi Handschellen anlegen.

Doch sie justierten nur die Barrikaden, die die Menge vom Teppich zurückhielten. Gütiger Gott! Sie gehörten nur zum Sicherheitspersonal! Am liebsten hätte Melora die beiden umarmt.

Etwas weiter sah sie Kate Hudson und Vince Vaughn Reporterfragen beantworten. Es mussten um die fünfzig sein, auch europäische, die in zweiter und dritter Reihe standen.

»Im Film geht es um eine schwierige Geschwisterbeziehung. Können Sie das nachempfinden?« fragte die Reporterin.

Melora hatte es fast geschafft. »Nun, ich bin Einzelkind, aber natürlich kann ich mich in eine Schwester hineinversetzen, die ihren Bruder beschützen möchte.«

»Wie war die Zusammenarbeit mit Vince? Viele sagen, sie wären das perfekte Geschwisterpaar.«

»Er ist ein echter Schatz, wissen Sie? Und als Schauspieler sehr spontan und offen.«

»Patricia Field hat die Kostüme für den Film entworfen. Wie war die Zusammenarbeit mit ihr?«

»Pat ist ein Genie. Eine lebende Legende. Wie sie den Charakter jeder Figur erfasst, ist einfach ... Ich kann Pat Field gar nicht genug loben.«

»Toll. Haben Sie und Stuart irgendwelche Pläne für den Sommer?«

»Wir wollten eigentlich verreisen, aber im Moment machen wir es uns zu Hause gemütlich.« Melora überlegte, ob sie »in Brooklyn« sagen sollte, entschied sich aber dagegen, um nicht auch noch die letzten beiden Paparazzi in Manhattan, die ihr PR-Debakel nicht mitbekommen hatten, auf ihr Haus aufmerksam zu machen.

»Stuart, woran arbeiten Sie im Moment?«

»Ich habe eine Rolle im neuen Kevin Smith, der im September rauskommt, glaube ich. Ich spiele einen australischen, sexsüchtigen Geschäftsmann. Ich nehme an, die Rolle passt zu mir.« Die Reporterin lächelte dankbar, und Lynn schob sie weiter. Weise, dachte Melora, Stuart das letzte Wort haben zu lassen. Er war schlagfertiger.

Im Kino führten Lynn und ein Betreuer Melora in ein Zimmer neben der Bühne, wo sie mit Kate und Vince warten sollte, bis Arnon Michan sie dem Publikum vorstellte. Früher waren Premieren nicht solche Mega-Events. Man stellte sich der Presse und dann konnte man sich verdrücken. Jetzt wurde man dem Publikum vorgestellt und ein Riesenbrimborium veranstaltet.

Stuart hatte gesagt, er würde in der Limousine auf sie warten, und nach ihrem Auftritt wollten sie in der Bar Blanc etwas essen, bevor sie auf die Party im Gramercy gingen. Melora sah sich ihre eigenen Filme nie an, und sie hatte nicht vor, jetzt damit anzufangen.

In der Garderobe plauderten Vince und Kate angeregt, während ihre Presseagentinnen wie wild auf ihren Blackberries herumtippten. Melora begrüßte sie.

»Du siehst echt hinreißend aus, Baby«, sagte Vince.

Kate küsste sie auf beide Wangen und sagte: »Wie kommt es, dass du keine Fragen beantwortet hast?«

»Ich habe mit *Access Hollywood* geredet.«

»Verstehe«, sagte Kate. »Ich würde nach diesem furchtbaren Foto auch keine Fragen beantworten. Ich meine, ich hasse Murdoch sowieso, aber das war … grausam.«

»Die ›Stars ohne Make-up‹-Geschichte von dir im *Star* war auch ziemlich grausam.«

Kate wandte sich ab. Melora setzte sich auf ein Sofa auf der gegenüberliegenden Seite des Zimmers neben Lynn. »Du hättest es einfach ignorieren sollen«, sagte Lynn vorwurfsvoll.

»Sie hat mich provoziert«, sagte Melora.

»Ich weiß, aber du darfst dich nicht auf ihr Niveau herablassen. Sie hat Beziehungsprobleme.«

»Was ist mit Lance Armstrong? Ich dachte, die beiden sind ein Herz und eine Seele.«

»Ach, was. Tausend Dollar, dass sie es nicht mal bis Weihnachten schaffen.«

Als Melora sah, wie sich Kates Mund bewegte, war sie überzeugt, dass Kate mit Vince über sie herzog und ihm erzählte, dass Adam Epstein sie schon angerufen hatte, um ihr die Rolle in seinem Film zu geben. Es war die reinste Folter, mit ihrer Rivalin in einem Raum eingesperrt zu sein. Melora begann, an Lynns Urteilsvermögen zu zweifeln. Erst hatte sie die Koop vorgeschlagen und jetzt das. Vor zwei Jahren hatte Melora die Möglichkeit gehabt, zu Stuarts Agentin Ina Treciokas zu wechseln, war jedoch aus Loyalität bei Lynn geblieben.

Sie brauchte dringend eine Pille unter der Zunge. Sie griff in die Majorelle, fummelte zwei Ativan aus dem Fläschchen und hustete, um sie sich heimlich in den Mund zu stecken. Sie hatte das Gefühl, dass Kate es bemerkte.

Die Tür öffnete sich, und der Betreuer winkte sie auf die Bühne. Vince und Kate machten sich für ihren Auftritt bereit, indem sie ein letztes Mal in den Spiegel blickten. Kate warf affig die Haare zurück und wandte Melora den Rücken zu. Vince richtete seinen Hemdkragen und ging als Nächstes, offenbar bemüht, die Frauen auseinander zu halten. Melora folgte, so schnell sie konnte, doch die schwere Metalltür fiel vor ihr ins Schloss. Sie versuchte, sie wieder zu öffnen, während der Betreuer von der anderen Seite am Knauf drehte. Vince und Kate winkten dem jubelnden Publikum schon zu, als eine benommene, leicht wankende Melora den Platz neben ihnen einnahm.

KOMM INS BETT

WIESO dauert das *so lange*? Karen lag im Bett und wartete auf Matty. Sie hatten mit Couscous-Huhn und einer Flasche Chandon brut gefeiert, dann hatte er Darby gebadet und ins Bett gebracht, gesagt, er müsse noch arbeiten und war im Wohnzimmer verschwunden. Karen vermutete, dass er sich vorm Sex drücken wollte, nachdem sie beim Abendessen vorgeschlagen hatte, sie könnten es sich doch noch »gemütlich machen«, wenn Darby im Bett war. Ihren Gebärmutterschleim hatte sie nicht mal erwähnt.

Als sie auf die Uhr sah, stellte sie fest, dass er bereits seit anderthalb Stunden verschwunden war. Die Zeit war wie im Flug vergangen: Sie hatte ein paar E-Mails wegen der Park-Slope-Kampagne zur Wählerregistrierung auf dem Markt am Grand Army Plaza schreiben müssen, die sie mitorganisierte, und sich dann an einem Jennifer-Weiner-Roman festgelesen, und jetzt war es schon halb zehn. Sie konnte die Augen kaum noch offen halten.

Karen zog ihren Bademantel an und ging ins Wohnzimmer. Das Sofa stand mit dem Rücken zum Flur, und als sie näher kam, bemerkte sie heftige Bewegungen, fremd und vertraut zugleich, und ihr erster Gedanke war, dass er weinte.

Lautlos betrat sie das Wohnzimmer und mit einem Schlag begriff sie. Seine Hand bewegte sich vor seinem Laptop auf und ab, vor einer großen Nahaufnahme von irgendetwas, das sich in einer rasierten Vagina rein und raus bewegte. Dann wurde der Penis herausgezogen und von einer Hand gestreichelt, die Vagina herumgedreht, und darüber, am selben Körper, dem Körper einer vollbusigen Asiatin mit eindeutig falschen Brüsten, war *noch ein* steifer Penis. Die Vagina war gar keine Vagina. Es war ein … Arschloch. Die Frau war ein Mann.

Die Frau, oder was immer es war, stöhnte: »Ah, gib's mir.« Dann drehte sie der Mann – der ursprüngliche Penis – zur Kamera, und die Frau mit den Brüsten steckte ihren Penis in seinen … das konnte nur sein …

Es war Karens stummer Schrei, der Matty herumfahren ließ. Er knallte den Laptop zu, sprang auf und zog seinen Reißverschluss hoch. »Herrgott, du hast mich erschreckt!« sagte er wütend, als sei sie schuld und nicht er.

Karen war übel. Nicht, dass sie so etwas nicht vermutet hätte. Alle Männer taten es, besonders die mit stressigen Jobs. Aber das war nicht das alte Rein-und-Raus. Was hatte sie gesehen? Sie wagte nicht, es zu benennen. Sie hatte eine vage Vorstellung von Pornographie, aber das war etwas anderes. Eine Frau mit den Brüsten einer Frau und einem Penis, keinem falschen, sondern einem echten mit Haaren und Adern? Von so etwas war in *Einfach schlau sein, einfach Frau sein* nicht die Rede.

Hieß das, dass er Männer mochte oder was auch immer dieses … Ding … gewesen war? Dieser Minotaurus? Wie konnte er sich erdreisten, sich so etwas anzusehen, wenn Darby jeden Moment aufwachen und hereinspazieren konnte?

»Ich habe im Bett auf dich gewartet«, sagte sie.

»Ich dachte, du schläfst schon«, sagte er. *Schwachsinn.*

»Ich glaub's nicht«, sagte sie.

»Ich bin nur zufällig auf der Seite gelandet. Ich hatte keine Ahnung, wie …«

»Hör auf.«

Er kam um das Sofa herum und versuchte, sie anzufassen, aber sie wich zurück. »Tut mir leid«, sagte er. »Ich weiß gar nicht, wie das passieren konnte.«

Ihre Gedanken wanderten zurück zu dem schockierenden Bild auf dem Computerbildschirm, dem Bild, auf das sie sich keinen Reim machen konnte. Mit wem war sie verheiratet? Wie konnte Matty sich von dem, was er auf dem Bildschirm sah, angezogen fühlen und gleichzeitig von Karen Bryan Shapiro? Wenn ihn das antörnte, konnte das nur bedeuten, dass er sie verabscheute.

»Ich habe keine Geheimnisse vor dir«, sagte sie, doch dann fiel ihr die Brieftasche ein und ihr wurde sofort klar, dass das nicht stimmte.

»Ich liebe dich über alles«, sagte er hilflos.

»Du hast alles kaputtgemacht«, sagte sie. »Heute gab es so gute Neuigkeiten. Es sollte ein ganz besonderer Abend werden. Und jedes Mal, wenn ich daran zurückdenke, werde ich…«

Sie ging ins Schlafzimmer und schlug die Tür hinter sich zu. Ihr Ehemann war ihr ein Rätsel. Er hatte sich vor ihr versteckt, und er hatte es getan, weil sie ihm nicht genügte.

Wer wusste, was er hinter ihrem Rücken alles trieb? Sie kannte die Anzeigen hinten in den kostenlosen Pendler-Zeitungen. Wie sollte sie wissen, dass er sein Geld nicht für Sex mit diesen … Kreaturen … ausgab?

Sie wollte ihm genug sein. Deshalb heiratete man schließlich: weil man jemanden gefunden hatte, der einen brauchte. Matty brauchte sie nicht um abzuspritzen, und er wollte auch kein zweites Kind mit ihr. Er brauchte ihre Hilfe nicht, um Vater zu werden, weil er nicht noch einmal Vater werden wollte.

Doch es gab jemand anderen, der sie brauchte. Jemand, dessen Leben sie verändern konnte. Sie nahm ihre

Bowlingtasche vom Fuß des Bettes. Sie würde Matty auf das Sofa verbannen, und wenn sie sicher war, dass er schlief – wovon ihn noch nie ein Streit abgehalten hatte –, würde sie sich ein Taxi an einen unberührten und idyllischen Ort nehmen. Die Goldküste.

BADLY DRAWN BOY

»Darf ich euch noch eine Runde ausgeben?« fragte Alexandra die Frauen. Sie waren an einen Tisch im Hinterzimmer des Gate umgezogen, wo es schummriger und leiser war als vorn an der Bar.

»Ich nehme einen Dirty Martini, zwei Oliven«, sagte Lizzie. Mit Sarah hatte sie, während der lesbischen Jitterbugwelle, als Mitte der Neunziger die Gap-Werbung herauskam, eine Martini-Phase gehabt. Je mehr sie trank, desto mehr würde Rebecca trinken.

»Ich arbeite noch an dem hier«, sagte Rebecca und zeigte auf ihren Wodka Tonic. Lizzie hatte den Eindruck, dass Rebecca von dem Pärchen nicht gerade angetan war. Wie war das möglich? Besser wurde es in Park Slope nicht.

Während Alexandra an die Bar ging, um Lizzies Drink zu holen, setzte sich Andy den Frauen gegenüber und blickte von einer zur anderen wie der Fuchs in den Emma-Ententropf-Geschichten, die Lizzie Mance vorlas.

»Woher kennt ihr beide euch eigentlich?« fragte er.

»Wir sind Schwestern«, sagte Lizzie unvermittelt. Rebecca starrte Lizzie an.

»Ihr seid Schwestern?« Andy wurde munter.

»Ja.«

»Wer ist älter?«

Lizzie zeigte auf Rebecca. »Ich war nicht sicher, ob

euch das stört, deshalb habe ich nichts gesagt«, sagte Lizzie. »Ich hoffe, ihr habt damit kein Problem.«

»Nur um das klarzustellen«, sagte Rebecca schnell, »wir machen gern was zusammen, aber wir machen es nicht zusammen.«

»Oh«, sagte Andy.

»Außer, wenn wir was getrunken haben«, sagte Lizzie.

»*Sie* vielleicht«, sagte Rebecca und warf Lizzie einen bedeutungsschwangeren Blick zu, »aber ich nicht. Damit muss sie leben. So ist das bei Schwestern eben. Wie alt sind eigentlich eure Kinder?« Rebecca war ein fleischgewordenes Verhütungsmittel. Es war, als versuchte sie, so unsexy wie möglich zu sein. Wozu war sie überhaupt gekommen?

»Zwei und vier«, sagte Andy. »Jungs.«

»Sind sie zu Hause?«

»Oh, ja. Mit ihrem Babysitter. Sie weiß, dass es spät werden kann.« Er zog die Augenbrauen hoch und sah dabei aus wie Groucho Marx. »Und eure? Wie alt sind eure?«

»Cyrus ist anderthalb«, sagte Lizzie, »und die Tochter von Tess … Sunshine … ist genauso alt. Wir machen gern alles gleichzeitig.«

Rebecca sah Lizzie mit zusammengekniffenen Augen an. Offenbar gefiel ihr der Name Sunshine nicht.

»Deine Tochter heißt Sunshine?« sagte Andy. »Was für ein süßer Name.«

»Tja, so ist sie. Ein Sonnenschein, meine ich.« Rebecca trank einen großen Schluck von ihrem Drink.

Alexandra kam mit Lizzies Martini und zwei Schnäpsen. Sie setzte sich neben Andy, gegenüber von Lizzie. Sie und Andy stießen an und kippten den Schnaps runter.

»Sie sind Schwestern«, sagte Andy. Seine Frau runzelte ungläubig die Stirn.

»Wie lange macht ihr das eigentlich schon?« fragte Rebecca.

»Was?« sagte Andy.

»Ähm … euch mit Leuten treffen.«

»Noch nicht lange«, sagte Alexandra. Sie schien sich unwohl zu fühlen, und ihr unglückliches Gesicht machte sie gleich viel unattraktiver. »Es hat bei einem Urlaub auf Aruba mit zwei sehr guten Freunden angefangen, und da haben wir Lust bekommen.«

»Dann sind wir die Ersten, die ihr … nach euren Freunden trefft?« fragte Lizzie.

»Nein, wir haben einige Paare über Craigslist kennengelernt, aber die waren anders als wir«, sagte Andy. »Nicht vom selben Schlag wie ihr, wenn ihr versteht, was ich meine. Deshalb haben wir es auf Park Slope Parents versucht.«

»Wie viele Antworten habt ihr bekommen?« fragte Rebecca.

»Einschließlich der Morddrohungen?« fragte Alexandra.

»Stimmt!« rief Lizzie. »Die sind vollkommen ausgerastet!«

»Alex hat nicht damit gerechnet«, sagte Andy, »ich schon. Niemand in Park Slope hat Humor.«

»Wir haben eine Antwort von einem Pärchen bekommen, die ernst gemeint schien«, sagte Alexandra, »aber in ihrer E-Mail standen ein paar Sachen, die uns nervös gemacht haben, deshalb haben wir uns nie mit ihnen getroffen.«

Lizzies Neugier war geweckt. »Was zum Beispiel?«

»Der Typ meinte, er und seine Frau stünden auch auf Abnormitäten. Das Wort hat mir nicht gefallen.«

»Ihr habt das Richtige getan«, sagte Lizzie.

»Ich kapier das nicht«, sagte Rebecca. Ihre Zunge war

schwer, und sie sah sogar noch übellauniger aus als sonst.

»Was kapierst du nicht?« fragte Alexandra misstrauisch.

»Warum macht ihr das? Soll das ein Witz sein? Ihr könnt es uns ruhig sagen. Wir sind nicht beleidigt.«

»Für uns ist das kein Witz«, sagte Andy vorsichtig.

»Aber wozu? Ich meine, ihr zwei seid heiß. Wahrscheinlich habt ihr ein erfülltes Sexleben. Was wollt ihr noch?«

»Wir glauben, dass eine offene Beziehung uns noch näher bringt«, sagte Andy.

»Ach komm, jetzt Mal im Ernst«, sagte Rebecca. »War einer von euch untreu, und das ist jetzt der Kompromiss?«

»Bist du Psychologe?« sagte Alexandra knapp. Rebecca drohte, den ganzen Abend zu ruinieren, dachte Lizzie. Was ihre Motive auch sein mochten, sie wollten nicht darüber reden. Rebecca hatte die falsche Tür geöffnet.

»Sie versucht zu sagen, dass sie euch beide süß findet«, sagte Lizzie schnell.

»Das beruht auf Gegenseitigkeit«, sagte Andy und lachte dann, ein nervöses, tuntiges Lachen, das im Gegensatz zu seinem Adoniskörper stand. Vielleicht war ihm gar nicht klar, wie attraktiv er war. Lizzie vermutete, dass Alexandra, eine neurotische Ex-Ballerina, ihn betrogen hatte und er unter ihrer Fuchtel stand.

»Ihr seht euch gar nicht ähnlich«, sagte Andy.

»Das sagen alle«, sagte Lizzie schnell. Sie konnte nicht abschätzen, ob Andy tatsächlich glaubte, dass sie Schwestern waren, oder nur mitspielte, um zu sehen, wie weit sie gehen würden.

»Willst du dich auf meinen Schoß setzen?« fragte er Lizzie.

Sie schluckte schwer. Was erwartete er von ihr? Was,

wenn jemand, den sie kannte, eine Mutter aus dem Viertel, hereinkam und Jay davon erzählte? Er würde Lizzie umbringen. Lizzie wollte nicht mit diesem schrägen Pärchen in dieser lauten Bar sein, egal wie attraktiv sie waren. Sie wollte mit Rebecca allein sein, ihre Haare streicheln, sie wieder so küssen wie neulich…

Es lief ein Song der britischen Popband Badly Drawn Boy. Lizzie hatte ihn vor vielen Jahren zuletzt gehört und liebte ihn: »The Shining«. Ein langsamer, wunderschöner Song, bei dem man sich sofort verliebte, egal in wen. »Ich liebe diesen Song«, sagte Lizzie.

»Das freut mich«, sagte Andy. »Willst du tanzen?«

Sie nickte. Es war nicht zum Aushalten. Vor Sarah hatte sie nur mit zwei Typen geschlafen, einer in der Schule und einer am College. Sie fragte sich, was Jay sagen würde, wenn er wüsste, dass sie mit einem Swinger-Pärchen unterwegs war. Würde er sauer sein oder es mit einem Lachen abtun, weil es Eltern waren? Wieso hatte er nie Angst, dass sie ihn mit einem anderen betrog?

Lizzie und Andy tanzten. Ein paar Hipster an den anderen Tischen guckten pikiert. Alexandra sah mit rotem Gesicht (entweder vor Wut oder vom Alkohol) vom Tisch aus zu.

»Ihr zwei solltet auch tanzen«, sagte Lizzie, als sie und Andy an den Frauen vorbeischwoften.

»Ich kann mich beherrschen«, sagte Rebecca. Doch Alexandra stand auf und nahm Rebeccas Hand. Rebecca zögerte und stand dann auf. Die Frauen fassten sich an wie Achtklässler auf ihrer ersten Engtanzfete, Rebeccas Arme lagen auf Alexandras Schultern, Alexandras Arme an Rebeccas Taille. Lizzie erkannte sofort, dass Alexandra sich nicht die Bohne für Frauen interessierte und das Ganze nur für Andy tat. Die beiden taten ihr leid.

»Ist euer älterer Sohn auf der P.S. 321?« hörte Lizzie Rebecca fragen.

»Wir gehören zur 39.«

»Welche ist das nochmal?«

»Eighth Street Ecke Sixth Avenue.«

»Ach ja, stimmt«, sagte Rebecca. »Ich habe gehört, es wird immer schwieriger, Ausnahmen zu beantragen.« Es war, als versuchte sie, bloß keine Romantik aufkommen zu lassen.

Andy war mit seinen Händen zu Lizzies Hintern gewandert und knabberte an ihrem Hals. Sie fühlte sich schrecklich und hatte Angst. Dabei war es ihre eigene Idee gewesen. Alexandra fing an, Rebecca zu küssen, und Rebecca wich zurück. Einige der Hipster flüsterten miteinander.

Andy begann Lizzie zu betatschen und Hals und Gesicht zu küssen. Seine Hände waren überall. Lizzie gefiel das nicht. Er war ungeschickt und sexistisch und plötzlich fand sie ihn gar nicht mehr attraktiv. Sie wollte mit Rebecca abhauen und zusammen mit ihr über ihn lachen, lachen, bis sie übereinander fielen.

»Vielleicht sollten wir eine Pause machen«, sagte Lizzie und eilte zum Tisch zurück. Die anderen folgten. Andy saß ihr gegenüber und sah sie lüstern an. »Habt ihr Gras dabei?« fragte Lizzie.

Andy nickte. »Aber wir sollten lieber rausgehen«, sagte er.

Sie standen alle auf der Third Street, nur ein paar Häuser entfernt von einem Haus, wo Lizzie vor zwei Monaten mit Mance einen Spielkameraden besucht hatte. Andy holte den Joint raus. »Glaubst du, hier ist gut?« sagte Lizzie.

»Solange wir schnell machen.«

Andy zündete den Joint für Lizzie an, die inhalierte

und hustete. »Bist du sicher, dass du das willst?« sagte Rebecca. Und dann zu Andy: »Sie stillt noch.«

»Nur ein bisschen«, sagte Lizzie. Sie warf Rebecca einen tödlichen Blick zu und reichte ihr den Joint. Bei so etwas sprach man nicht vom Stillen. Auch wenn Lizzie nicht wusste, worüber man sonst sprechen sollte.

»Ich dachte, dein Sohn ist anderthalb«, sagte Andy.

»Ist er auch«, sagte Rebecca laut. Rebecca wollte sie in Verlegenheit bringen, um sich für den Abend zu rächen. Lizzie hätte ihr am liebsten eine gescheuert.

Als sie wieder drin waren, setzte Andy sich neben Lizzie und sagte: »Du bist wunderschön.« Dann küsste er sie überall und befummelte sie. Lizzie sah Rebecca, die schadenfroh zu grinsen schien, über den Tisch hinweg an. Auf Andys Stichwort küsste Alexandra Rebecca und strich ihr das Haar aus dem Gesicht. »Lass mal«, sagte Rebecca. »Ist schon okay.«

Das war Lizzies letzte Chance. Vielleicht fing das Gras an zu wirken und Rebecca würde endlich mit ihr knutschen. Sie löste sich von Andy und wandte sich zu Rebecca. Als ihr Mund auf Rebeccas traf, wich Rebecca zurück und griff in ihre Handtasche. Sie untersuchte ihr Telefon und lachte laut. Dann stand sie auf und sagte: »Ich muss gehen.«

Nachdem Rebecca gegangen war, wusste Lizzie nicht recht, was sie tun sollte. Sie war zu stoned, um richtig wütend zu sein. Das Gras machte sie einsam. Sie hatte sich so auf diesen Abend gefreut, das Make-up, die Klamotten, der Geruch. Und jetzt war es nicht mal neun Uhr und sie hockte allein mit zwei Park-Slope-Eltern im Gate, zwei Park-Slope-Eltern, die letzten Endes zwar attraktiv, aber weder besonders interessant noch clever waren.

»Das war gar nicht deine Schwester, stimmt's?« sagte Andy.

»Nein.« Zwanzig Minuten später lag Lizzie in ihrem Doppelbett zwischen ihnen und hatte keine Ahnung, was sie da tat. Aber ihr fehlte die Kraft oder vielleicht die Willenskraft, einfach zu gehen.

DIE AFTERPARTY

DIE Afterparty im Private Roof Garden des Gramercy Park Hotels wurde von NARS gesponsert. Melora posierte für Fotos mit François Nars persönlich, und nachdem das Blitzlichtgewitter aufgehört hatte, beäugte er ihren Schmiss und sagte, er habe einen viel besseren Concealer.

An ihrem Tisch bestellte Melora bei der Kellnerin Weißwein und erwartete, dass Stuart sie maßregeln würde. Stattdessen bestellte er selbst einen Whiskey. Der ganze Stress schien ihm an die Nieren zu gehen.

Das Stimmung beim Essen in der Bar Blanc war steif und unterschwellig aggressiv gewesen. Beide hatten reichlich gebechert, während Melora ihr Treffen mit Adam schilderte, und Stuart hatte zusehends verzweifelt gewirkt. Sie hatte fast das Gefühl, als schämte er sich für sie.

Kate und Vince saßen ein paar Tische entfernt und lachten fröhlich mit ihrer Entourage, zu der auch Mischa Barton, Luke Wilson, Adrien Brody und Lucy Liu gehörten. Bei Melora saßen Stuart und Lynn und sonst niemand.

Irgendjemand hatte Melora und Kate absichtlich getrennt, und obwohl Melora erleichtert war, dass sie keinen Smalltalk mit Kate machen musste, war sie neidisch auf den anderen Tisch, wo es so lebhaft zuging, während sie ihren Mann und ihre Agentin am Hals hatte. Selbst Stuart blickte sehnsüchtig hinüber, als würde er lieber bei Vince und Kate am Tisch sitzen als bei seiner Frau.

Früher einmal hätten sie und Stuart bei so einem Anlass ein Dutzend Freunde dabeigehabt. Heute hatten sie nicht einmal daran gedacht, Cassie und David einzuladen. Nachdem die Kellnerin die Getränke gebracht und Melora etwas Wein getrunken hatte, begann sie, den Lunch in ihrem Kopf Revue passieren zu lassen. Vielleicht hatte Vanessa etwas gehört und nur noch keine Gelegenheit gehabt, sie anzurufen. Dort war es erst halb sieben. Sie wählte die Nummer von CAA und ließ sich mit Vanessas Büro verbinden. Sie sah, wie Stuart sich versteifte, als fieberte er mit ihr, was sie nur noch nervöser machte. Vanessas Assistent Ryan meldete sich. Es waren immer Männer mit Namen wie Ryan, Tim oder Dan. Traditionell und kernig. Sie waren hetero, taten aber schwul und blieben nie länger als sechs Monate. »Hey, Ryan«, sagte sie leise, bemüht heiter und souverän, als sei sie ein Jahr außer Landes gewesen und habe noch nie von der *Post* gehört. »Hier ist Melora.«

»Hey, Melora«, sagte er aufgeräumt, ohne dass seine Stimme etwas von den Ereignissen des vergangenen Tages verriet. »Ich schau mal, ob ich sie erwische.«

Sie zählte die Sekunden an ihren Fingern ab. Bei sieben wusste sie, was kam. »Sie ist nicht an ihrem Platz«, sagte er. »Kann ich ihr etwas ausrichten?«

»Sag ihr einfach, sie soll mich anrufen.«

»Hast du sie erreicht?« fragte Stuart. Es war offensichtlich, dass Melora sie nicht erreicht hatte. Warum musste er ihr diese Demütigung noch unter die Nase reiben. »Bestimmt war der Lunch gar nicht so schlimm, wie du denkst«, sagte er, doch seine Worte klangen hohl und entmutigend.

Hatte sie wirklich versucht, Adam Epstein ihre Schamhaare zu zeigen? Oder war das alles nur ein schlechter Traum? War sie zu ihrer Koop-Schicht gegangen? War der Einkaufswagen wirklich auf die Straße gerollt? Ihr fiel die schreckliche Mutter wieder ein, die ihr all diese Fragen gestellt hatte. »Warst du mal Betreuer in einem Ferienlager?« fragte sie Stuart.

»Meine Güte, wie kommst du denn darauf?«

Melora sah Kate und Lucy Liu aufstehen. Erst dachte sie, die beiden wollten zur Toilette, doch sie kamen lächelnd direkt auf Meloras Tisch zu. »Entschuldige unsere Aufdringlichkeit, Stuart«, sagte Kate, »aber Lucy will dich schon seit Ewigkeiten kennenlernen, und da habe ich angeboten, sie dir vorzustellen.«

Lucy, in einem hautengen cremefarbenen Kleid, das nichts der Fantasie überließ, streckte die Hand aus. »In *Ende des Tages* warst du einfach umwerfend«, sagte sie zu ihm, ohne Melora zu beachten.

Melora sah, wie sich Stuarts Miene aufhellte. »Es war ein brutaler Dreh, aber ich bin stolz auf das Ergebnis.«

»Ich würde gern mal mit dir zusammenarbeiten. Ich habe gehört, dass du an etwas schreibst...«

»Ach, das ist noch zu früh.«

»Ich hab gehört, es spielt in New York. Ich würde gern mal in New York arbeiten. Ich bin hier aufgewachsen, weißt du?«

»Natürlich weiß ich das.«

»Tja, wenn du irgendeine Rolle für mich hast, schick sie mir bitte.« Lucy schüttelte ihm erneut die Hand.

Melora konnte sich nicht beherrschen. Sie wandte sich an Kate und sagte: »Hast du heute Morgen Scott Rudin angerufen?« Melora sah, wie Lynn mit der Hand ihr Gesicht bedeckte.

»Wovon redest du?« fragte Kate. Lucy Liu schien Melora zum ersten Mal zu bemerken.

»Weil ich will, dass du weißt, dass ich dir so etwas nie antun würde. Ich profitiere nicht von den Missgeschicken anderer Leute. Ich bin seit dreißig Jahren im Geschäft und hatte oft Gelegenheit, anderen Frauen ins Gehege zu kommen, aber das ist nicht meine Art.«

»Meine auch nicht.«

»Du lügst! Du bist eine verdammte Lügnerin«, sagte Melora. Lucy Liu schnappte nach Luft.

»Hey«, sagte Stuart.

»Schätzchen«, sagte Lynn und legte beschwichtigend den Arm um Melora.

»Lass mich in Ruhe!« schrie Melora. Und dann stürzte sie sich auf Kate und versuchte, ihr die Augen auszukratzen. Doch sie war eine Sekunde zu langsam. Stuart packte Melora von hinten und riss sie zurück, während Kate sie entsetzt anstarrte und Lucy sie hastig mit sich fort zog.

»Du hast sie wohl nicht mehr alle!« schrie Lucy.

»Blöde Kuh!« rief Kate.

»Lass uns gehen«, sagte Stuart. Lynn dirigierte sie zur Treppe, und zu dritt eilten sie nach draußen zur Limousine. Stuart und Melora sprangen hinein, während die Paparazzi ihre schuldbewussten Gesichter fotografierten.

»Was hast du dir dabei gedacht?« schrie er sie an, nachdem sie losgefahren waren. Melora spürte die Blitzlichter, die ihren Streit fotografierten. Die Kameras gingen heutzutage auch durch getönte Scheiben. Sie sahen sogar durch Kleider hindurch. Deshalb war die Kerry-Tochter in Cannes überhaupt nur in die Bredouille geraten. Technik kannte keine Moral.

»Du hast es heute Morgen doch mitgehört!« kreischte Melora. »Sie versucht, meine Rolle zu kriegen!«

»Sie könnte dich wegen versuchter Körperverletzung anzeigen!«

»Sie hat mich provoziert!«

»Du bist eine Gefahr für deine Umwelt. Wenn du dein Leben ruinieren willst, bitte, aber lass mich aus dem Spiel.«

»Ich hab's gewusst!« sagte sie. »Dir ist nur deine eigene Karriere wichtig! Du wolltest unbedingt heiraten, nachdem *Posen* so erfolgreich war. Und jetzt hast du Angst, dass ich deinem Film im Weg stehe.«

»Das ist nicht wahr«, sagte er ruhig. »Du warst es, die heiraten wollte. Du hast gesagt, die ganze Welt soll wissen, wie sehr du mich liebst.«

Sie konnte sich nicht erinnern. Ständig beschuldigte er sie, Dinge gesagt zu haben, die sie nie gesagt hatte, und er tat es mit derselben gönnerhaften, über jeden Zweifel erhabenen Art wie Charles Boyer. »Das hab ich nie gesagt!« sagte sie.

»Hast du doch!«

Es gab keinen Ehevertrag, und sie fing allmählich an, das zu bedauern. Ihr Steuerberater hatte darauf gedrängt, doch Stuart war dagegen gewesen (»Nur in Amerika plant man schon das Scheitern der Ehe, bevor man sie überhaupt geschlossen hat.«), und sie hatte nicht weiter insistiert. Wenn sie sich jetzt trennten, bekam er die Hälfte von allem, was sie seit der Hochzeit verdient hatte, und die Hälfte vom Erlös des Hauses, obwohl sie es auf ihren Namen gekauft hatte.

»Du lügst!« schrie Melora und fühlte Wein und Ativan in ihrem Hirn schwappen. Sie hatte das Gefühl, als würde ihr Kopf explodieren. »Du willst nur, dass ich diese Rolle kriege, damit du Adam Epstein in den Arsch kriechen kannst, und du weißt, wenn er Kate nimmt, wird er dein Drehbuch nie lesen.«

»Das ist lächerlich. Adam und ich haben gemeinsame Freunde. Wenn ich wollte, hätte ich es ihm längst zeigen können.«

»Er ist seit Paul der erste Regisseur, mit dem ich arbeite, der Produktionserfahrung hat. Du wolltest mich benutzen, um an ihn ranzukommen. Vor dem Foto in der *Post* war dir ganz egal, wie es mir geht.«

»Du spinnst. Du weißt nicht, was du redest.«

»Ich spinne nicht!«

Seine Gesichtszüge wurden weicher. »Hör zu«, sagte er. »Ich will dir helfen, Lor. Aber du musst mir sagen, was los ist. Heute Morgen sagtest du, dass du etwas getan hast. Was hast du getan? Du musst es mir sagen, sonst kann ich dir nicht helfen.«

»Ich kann nicht. Es ist zu schrecklich«, sagte sie, und dann brach alles über ihr zusammen und sie begann zu schluchzen.

»Was hast du getan? Hast du jemanden umgebracht?«

»Warm.«

»Wie meinst du das? Soll das ein Witz sein?«

»Denk an die Zehn Gebote.«

»Ehebruch?«

Sie schüttelte den Kopf. Und dann erzählte sie es ihm. Alles. Wie sie den Zwang verspürt hatte, die Brieftasche zu klauen. Vom Artikel in der Koop-Zeitung und dass sie wahrscheinlich ins Gefängnis musste. Nur dass die Brieftasche aus ihrem Nachtschrank verschwunden war, verschwieg sie, weil sie nicht wie ein Vollidiot dastehen wollte.

Als sie fertig war, nahm er sie in den Arm, und sie heulte sich an seiner Schulter aus. Sie war so erleichtert, dass sie es ihm erzählt hatte, dass sie sich ihm anvertraut hatte. Sie waren ein Team. Wie dumm sie gewesen war zu glauben, dass er sie nur benutzte. Dabei wollte er ihr nur helfen.

»Ich verstehe das nicht«, sagte er. »Wir brauchen kein Geld. Es besteht gar kein Grund zu klauen.«

Vergeblich hatte sie gehofft, er würde es verstehen. Er kapierte nicht, dass dieser Moment wie ein Orgasmus für sie gewesen war. Sie hatte es getan, und danach war sie ganz ruhig gewesen. Wenn sie sich doch nur noch einmal so fühlen könnte. »Natürlich geht es nicht ums Geld«, sagte sie und löste sich von ihm.

Sie hatte den Fehler begangen, jemanden zu heiraten, der ausgeglichener war als sie, jemanden, der so bescheiden, so anspruchslos und so dankbar für seinen Erfolg war, dass er nicht verstand, wie man zugleich erfolgreich und unglücklich sein konnte. Sie hätte ihre große Klappe halten sollen.

Er klopfte an die Trennscheibe, die daraufhin heruntergefahren wurde. »Warten Sie bitte, bis sie im Haus ist, okay?« sagte er zu Ringo. »Ich steige hier aus.«

»Was ist los?«

»Das ist mir alles zuviel. Ich brauche eine Auszeit.«

Er verließ sie? Ohne Vorwarnung? »Was? Wovon redest du?«

»Ich komme später nach. Ich brauch nur ein bisschen Abstand.« Das war das Schlimmste, was man zu einer Frau sagen konnte.

Sie befanden sich in der First Avenue Ecke Eleventh Street. »Wohin gehst du? Bitte, verlass mich nicht.«

Ringo brachte den Wagen zum Stehen, und Stuart stieg aus. Sie sah ihm durch die Scheibe nach, als würde sie ihn nie wiedersehen.

CROSBY STREET

Rebecca bog in die Fifth Avenue und ging Richtung Norden. Sie wählte im Gehen seine Nummer, dann versteckte sie sich in einem Ladeneingang und hielt Ausschau nach Lizzie. Sie war froh, der peinlichen Szene im Gate entronnen zu sein. Das Pärchen war ganz niedlich, aber bei weitem zu durchgeknallt für Rebeccas Geschmack.

»Ich kann nicht aufhören, an dich zu denken«, sagte Stuart. »Können wir uns sehen?« Er machte den ersten Schritt. Und sie sprang sofort darauf an. Das hatte sie mindestens genauso vermisst wie den Sex: die Schmeicheleien. Wenn man frisch verliebt war, machte man sich ständig Komplimente. Dann heiratete man und warf einander den Rest seines Lebens Beleidigungen und Vorwürfe an den Kopf. Ehe war in Worte gefasste Enttäuschung.

»Ja, ich glaub schon«, sagte sie. »Ich kann aber nicht so lange.« Theo war egal, wo sie war. Wahrscheinlich schlief er längst tief und fest, an Abbie gekuschelt wie an den meisten Abenden.

»Ich auch nicht.« Sie fragte nicht nach. Sie wollte nichts von Melora oder Orion wissen. Sie wollte, dass er allein für sie existierte. »Ein Freund von mir hat eine Wohnung in SoHo. Kannst du dorthin kommen?«

»Wer ist der Freund?«

»Das sag ich dir nicht.«

»Ist er berühmt?«

»Jeder, den ich kenne, ist berühmt.«

»Oh-oh«, sagte sie. »Gehört die Wohnung Russell? Oder Guy Pearce?« Er gab ihr die Adresse und legte auf.

Ecke Carroll und Fifth bekam sie ein Taxi und lehnte sich im Sitz zurück, während der Wagen die Brooklyn Bridge überquerte. Sie nahm Lizzies Ohrringe ab und stopfte sie in ihre Handtasche. Nicht ihr Stil, nicht ihr Geschmack. Lizzies plumpe Gefühlsduselei war ihr peinlich.

Rebecca starrte aus dem Taxi auf die über der Bowery aufragenden Luxushotels und dachte an die Gebäude, die dafür abgerissen worden waren. Durch die Scheibe sah sie die reichen Europäer und Treuhandfonds-Kids, die SoHo und die Lower East Side erobert hatten, doch im Gegensatz zu sonst regte sie sich nicht darüber auf. Sie war in romantischer Stimmung. New York war groß genug für alle. Die Skyline würde das schon überstehen.

Als sie in die Crosby Street fuhren, sah sie Stuart schon warten, und dann kam er ans Taxifenster und zahlte die Fahrt. Rebecca fand das nicht sexistisch, sondern romantisch. Er behandelte sie nicht wie eine Hure. Er behandelte sie wie eine Prinzessin, auch wenn es eine Gratwanderung war. Ohne ein Wort führte er sie durch ein Tor und einen ruhigen Hof in ein schickes modernes Gebäude, wo sie in einem minimalistischen Foyer auf den Fahrstuhl warteten. Sie wechselten kein Wort, aber im Fahrstuhl warf sie sich in seine Arme. Sie spürte, wie er hart wurde. Er stöhnte in ihr Ohr: »Ich will mit dir zusammen sein.«

»Ich auch«, sagte sie. »Ich denke an nichts anderes.«

Der Fahrstuhl öffnete sich zu einem großzügigen, makellos sauberen Loft mit modernen Möbeln. Es strahlte die Atmosphäre eines Hotelzimmers aus, keine privaten Fotos, nicht der Hauch von Individualität. Wer wohnte hier? George Clooney? Brad Pitt? Sie meinte, im *Observer* gelesen zu haben, dass Lenny Kravitz eine Wohnung in der Crosby Street hatte. Wahrscheinlich war es seine, obwohl Lenny Kravitz deutlich mehr Stil hatte, als diese Wohnung verriet. Brachte Stuart alle seine Mädchen hierher? Brachte er Nutten her? Hatte Stuart noch andere Affären in ebendieser Wohnung?

»Ich komme mir vor wie in *Das Apartment*«, sagte sie. Sie ging zum Fenster und blickte auf die Straße, wo ein engumschlungenes Pärchen aus einer Bar getorkelt kam. »Ich habe das Gefühl, als müsste jeden Moment Jack Lemmon reinkommen.«

»Du erinnerst mich tatsächlich an Shirley MacLaine«, sagte er, als er sich hinter sie stellte und die Arme um sie schlang.

»Du meinst, ich bin lebensmüde?«

»Lebensmüde ist sehr sexy. Was trinkst du?«

»Jameson auf Eis.« Sie hatte, seit sie mit Theo zusammen war, keinen Whiskey mehr getrunken, aber wenn man eine Affäre hatte, gehörte Schnaps dazu.

Sie begutachtete das Vitsoe-Regalsystem und versuchte, anhand der Bücher zu erraten, wem das Loft gehörte, doch die Titel waren alle austauschbar – Design, Bücher über Indie-Filme und James Frey. Alle Stars lasen James Frey. Sie öffnete verstohlen eine Schublade, doch das Einzige, was darin lag, war ein leeres Notizbuch.

Er reichte ihr den Drink und holte sich selbst ein Bier aus dem schicken Kühlschrank aus rostfreiem Stahl.

»Fantastisch«, sagte sie. »Musst du dir dein Rendezvous schöntrinken?«

»Natürlich nicht. Mein Rendezvous ist ganz von allein schön.«

Er tätschelte ihr den Hintern und dirigierte sie einen

Korridor entlang zu einer Treppe, die nach oben führte. Wenige Minuten später waren sie auf dem Dach, SoHo zu ihren Füßen. Auf dem Dach war ein professionell angelegter, prächtiger Garten, und sie atmete den süßen Duft der Stadt ein. Die Luft war kühl, und sie war glücklich, obwohl ihr Herz raste. Sie setzten sich auf zwei Liegestühle, und Rebecca lehnte sich zurück und sah in den leuchtenden Nachthimmel. Statt sich geehrt oder geschmeichelt zu fühlen, dass sie mit einem Filmstar auf einem Dach in SoHo saß, hatte sie das Gefühl, dass alles genau passte. Nur eine ganz besondere Frau konnte einer berühmten Schauspielerin den Mann ausspannen, und sie war etwas ganz Besonderes.

Denselben selbstgefälligen Stolz, den all die VOZMUs bei ihrem Nachwuchs verspürten, verspürte sie jetzt bei Stuart. Sie hatte ein Drittel ihres Lebens gebraucht, um herauszufinden, worin sie gut war, aber jetzt wusste sie es: Es war ihre Bestimmung, Stuart Ashby zu vögeln.

Alles, was sie mit Theo seit Abbies Geburt durchgemacht hatte, war es wert gewesen, weil es sie direkt auf diese Dachterrasse in der Crosby Street geführt hatte. Alles würde gut werden. Ob die Affäre weiterging oder nicht, ob sie mit Theo zusammenblieb oder nicht, es würde alles gut werden.

Aber sie wollte mit Stuart zusammen sein und hatte sich seit dem Tag, an dem sie ihm in der Koop begegnet war, ein Leben mit ihm ausgemalt. Sie würde sich von Theo scheiden lassen, Stuart würde Melora verlassen, und dann würden sie und Abbie in eine traumhafte Eigentumswohnung mit ihm ziehen, vielleicht sogar in der Crosby Street. Sie würden ständig Sex haben, drei oder vier Mal am Tag, und Stuart würde glänzend mit Abbie auskommen, so wie er auch mit Orion glänzend ausgekommen war, und wenn er drehte, würden sie ihn begleiten. Durch seine Beziehungen würde sie einen prominenten Literaturagenten und einen Verleger für ihren Roman finden, und dann würden sie und Stuart ihn gemeinsam verfilmen und damit so viele Oscars abräumen, dass Meloras daneben piefig aussahen.

Stuart legte sich auf sie und hob ihren Rock an. »Ich liebe deinen Körper«, sagte sie und schlang die Arme um ihn.

»Ich liebe deinen. Ich wollte dich schon, als du mich angelernt hast. Ich habe dich vor mir gesehen, in dieser Pose. Dahingegossen. Ohne Hose.« Er küsste ihren Oberkörper durch den Stoff und begann dann, ihre Bluse aufzuknöpfen und seinen Kopf zwischen ihren Brüsten zu vergraben. Alles, was sich bei Lizzie falsch angefühlt hatte, fühlte sich mit Stuart richtig an.

»Ich hab ein Kondom dabei«, sagte er. »Du scheinst sie ja gern mal zu verschusseln.« Er holte eins aus seiner Tasche. Sie fühlte sich geschmeichelt, dass er daran gedacht hatte. Dann streifte er es über, rasch und mühelos, und war in ihr, küsste ihren Hals und ihre Wange. Während er sie vögelte, gab sie sich ganz diesem schönen Mann in ihr hin. Für einen Moment hatte sie keinen Ehemann und kein Kind. Sie war einfach eine schöne Muschi. Sie war Sex, sie beide waren Sex, und sie beide wussten es. Er schien genau zu wissen, wie er sich bewegen musste, um ihr Genuss zu bereiten, und innerhalb weniger Minuten kam sie, und dann er.

»Ich wünschte, wir könnten jeden Tag so zusammen sein«, sagte sie.

»Du meinst, zweimal?«

»Ja, zweimal. Ich muss dich zweimal täglich sehen. Du bist meine Medizin. Ohne dich fühle ich mich krank.«

Er zog ihn raus, wandte sich ab, und einen Moment später war das Kondom verschwunden – wohin? – und er lag angezogen neben ihr und trank einen Schluck von seinem Bier. Er war die Art Mann, der ein Kondom in Nichts auflösen konnte.

Während sie sich wieder anzog, erzählte sie ihm, dass sie sein Drehbuch gelesen hatte. Sie hatte es an diesem Nachmittag im Wohnzimmer in einem Rutsch gelesen, während Sonam um sie herum gestaubsaugt hatte. Sie war beeindruckt gewesen. Die Dialoge waren besser, als sie von einem Schauspieler erwartet hatte, und die Story war intelligent und spannend.

»Ja?« fragte er gespannt und ein bisschen nervös. Es schmeichelte ihr, dass ihm ihre Meinung wichtig war. »Wie hat es dir gefallen?«

»Gut. Ich fand es packend und düster, aber authentisch. Ich habe ein paar Ideen zu Lucy.«

»Welche? Ich weiß, die Figur ist noch nicht rund, und es liegt mir viel daran, eine starke Frauenrolle zu schreiben.«

»Ich finde, sie sollte ein Kind mit ihrem Exmann haben. Einen Sohn. Sie hat ein sehr distanziertes Verhältnis zu ihrem Sohn, bis sie am Ende den Terroranschlag auf die Atlantic Mall vereitelt, nachdem der Typ vom Muffinladen ihren Exmann umgebracht hat. Und dann, statt mit dieser Kranaufnahme seiner Beerdigung zu enden, an der sie in Uniform teilnimmt, sollte sie ihren Sohn zu sich nehmen. Und zwischen ihnen entsteht eine ganz neue Nähe, und als letzte Einstellung zeigst du, wie sie Blumen auf Jimmys Grab legen, ihre Hand auf der Schulter des Kindes.«

»Das ist nicht schlecht! Das ist sogar verflucht brillant! Genau so etwas brauche ich. Es gibt da jemanden, dem ich es zeigen möchte. Er schreibt selbst echt starke Frauenrollen. Er wird es lieben.«

»Wer ist es?«

»Ein Produzent, aber er schreibt auch. Die Idee mit dem Sohn ist perfekt. Darauf wäre ich nie gekommen.«

»Es war wie eine Eingebung«, sagte sie.

Rebecca genoss sein intellektuelles Interesse fast so sehr wie sein sexuelles Interesse. Sie kam sich wichtig vor. Sie war mehr als eine unveröffentlichte Schriftstellerin, die sich um ein Kleinkind kümmerte. Sie war Beraterin bei einem Independent-Film, einem, der vielleicht tatsächlich realisiert wurde. Sie sah sich selbst schon an Stuarts Arm an der Premiere. Selbst wenn sie bei Erscheinen des Films nicht mehr zusammen waren, wurde er vielleicht für den Oscar nominiert und würde ihr in seiner Rede für ihre Inspiration danken. Vielleicht würde er ihr sogar Punkte geben wie Spielberg Harrison Ford für *Indiana Jones*.

»Wir müssen uns irgendwann mal zusammensetzen und deine Ideen besprechen«, sagte er. »Nackt.« Er küsste sie, und sie legte ihre Hand zwischen seine Beine.

»Oh, ich habe noch einen Vorschlag«, sagte sie aufgeregt. »Du weißt doch, die Verfolgungsjagd auf dem Prospect Park Carousel?«

»Ja?«

»Die Szene musst du ändern. Karussells sind abgedroschen. Verfolgungsjagden mit Clowns, Karussells oder Regenschirmen sind ein Klischee.«

»Aber ich versuche, ein bisschen Lokalkolorit reinzubringen.«

»Dann dreh die Szene im Torbogen vom Grand Army Plaza.«

»Da kann man rein?«

»Ja, Abbie und ich waren da beim Marionettentheater. Es ist dunkel, mit engen Wendeltreppen. Sehr beklemmend. Wie Fosses' Weimar.«

»Ich ruf im Büro des Bürgermeisters an und erkundige mich«, sagte er und tippte etwas in sein Handy.

»Alles in allem ist das Skript total spannend«, sagte sie, »allerdings ist es wenig glaubwürdig, dass all diese Intrigen hier im Viertel passieren. In Park Slope passiert nie etwas.«

»Ich weiß. Ich sag immer, es ist ein Film über Park Slope, wenn Park Slope interessant wäre.«

»In den Siebzigern war das Viertel ein bisschen derber, als noch mehr Iren und Schwarze hier lebten. Wusstest du, dass Laurence Fishburne aus Slope stammt?«

»Ja. Wir sind bei der Premiere von *Thurgood* ins Gespräch gekommen.«

Natürlich kannte er Laurence Fishburne. Sie musste ihm etwas erzählen, das er noch nicht wusste. »Wusstest du, dass 1960 eine United-Airlines-Maschine über dem Sterling Place abgestürzt ist? Sie ist über Staten Island mit einer anderen Maschine zusammengestoßen und dann auf eine Kirche gestürzt. Hundertvierunddreißig Menschen sind gestorben. Jetzt steht dort ein Wohnhaus. Ich glaub nicht, dass die Leute, die darin wohnen, Bescheid wissen. Es gibt kein Schild oder so.«

»Vielleicht könnte ich den Flugzeugabsturz irgendwie einbringen«, sagte er und tippte wieder etwas in sein Handy.

»Heutzutage passiert so etwas in Park Slope nicht mehr«, sagte sie. »Es ist so öde. Ich glaub nicht, dass ich es noch länger ertrage.«

»Was?«

»Die Mütter. Die Väter. Es ist so aufgesetzt. Alle tun so sozial, dabei denkt jeder nur an sich. In der Nähe meiner Wohnung wurde ein Mann ausgeraubt, und alles, was den Leuten dazu einfällt, ist, dass er die Immobilienpreise verdirbt. Park Slope vereint die schlechtesten Eigenschaften der Upper East Side mit den schlechtesten von Berkeley. Ich meine, das sind wenigstens echte

Hippies. In Park Slope sind es Yuppies, die so tun, als wären sie Hippies.«

»Ach komm«, sagte er. »Es ist ein tolles Viertel. Wo würdest du sonst wohnen wollen?«

»Vielleicht in Philadelphia. Meine Eltern wohnen da und könnten uns helfen. In der Innenstadt werden ständig neue Lofts gebaut. Und Theo könnte pendeln.«

»Du willst doch gar nicht wegziehen. Mit den Worten von Kyra Sedgewick in *Singles*: Ich sage, dass du a) eine Nummer abziehst und dass b) deine Nummer ist, Park Slope zu hassen.«

»Das ist keine Nummer. Ich hasse Park Slope wirklich. Es gibt nichts, das mich hier hält. Abbie ist noch zu klein, um Freunde zu haben. Ich wollte Park Slope mögen, weil es hübsch ist und die öffentlichen Schulen gut sind und es eine Koop gibt, aber ich schaffe es nicht. Ich würde bleiben, wenn es einen richtig guten Grund gäbe.«

»Und?« sagte er und nahm ihre Hand.

Sie versuchte, sich auf die Zunge zu beißen, aber es musste raus. Sie war trunken vor Liebe und konnte sich nicht zurückhalten. »Du bist das Einzige, was mich hier hält. Ich dachte immer, wenn mir was Aufregendes passieren soll, muss ich es irgendwo anders suchen. In Manhattan oder so. Ich hab nicht damit gerechnet, dass es zu mir kommt. Du bist wie das Flugzeug, das auf den Sterling Place gestürzt ist.«

Auf der Taxifahrt zurück nach Brooklyn knutschten sie die ganze Zeit rum. Rebecca stieg in der Carroll Street Ecke Eighth Avenue aus und konnte nicht aufhören, ihm Abschiedsküsse zu geben. »Ich ruf dich an«, sagte Stuart, und sie stieg schweren Herzens aus.

Als sie sich von der Straßenecke ihrem Haus näherte, sah sie eine Gestalt auf dem Treppenabsatz sitzen. Erst dachte sie, es sei Jason, der Junge von oben mit den schwulen Vätern, doch als sie näher kam, erkannte sie, dass es Lizzie war.

Sie hatte das Kinn in die Hand gestützt und starrte sie an. »Das war er im Taxi, stimmt's?«

»Wer?«

»Ach, komm! Du hast mich für einen Schauspieler mit diesen beiden Psychos sitzen lassen! Wie konntest du nur? Ich hab meine Schwiegermutter als Babysitter angeheuert. Ich hab meine Nägel geschnitten. Ich hab dir Ohrringe gekauft!« Lizzie sah, dass Rebecca sie nicht trug. »Du hast sie rausgenommen! Sie gefallen dir nicht mal.«

»Doch. Ich … Sie sind nur nicht mein Stil.«

»Ich habe noch nie jemanden kennengelernt, der so selbstsüchtig ist. Warum bist du überhaupt gekommen?«

»Du hast gesagt, es sei ein Witz.«

»Es war ein Witz.«

»Warum regst du dich dann so auf?«

»Du bist echt gestört, weißt du das? Erst dachte ich, du bist traurig. Ich meine, diese attraktive Frau, und ihr Mann will nicht mit ihr schlafen. Aber jetzt verstehe ich ihn. Du bist gemein.« Genau das sagte auch Theo immer. War es wahr? Bestrafte er sie dafür, dass sie so kalt war? Jetzt war es egal. Jetzt hatte sie Stuart und alles andere war egal. »Du hast ihn nur geheiratet, weil du ein Kind wolltest«, fuhr Lizzie fort, »und als du dein Kind hattest, gab es für dich keinen Grund mehr, nett zu sein. Da hat er kapiert, dass du ihn nie geliebt hast, und jetzt bestraft er dich dafür. Das kann man ihm kaum übel nehmen.«

Vielleicht hatte Lizzie recht und sie hatte ihn nie geliebt. Vielleicht reichte es nicht, jemanden nur dafür zu lieben, dass man sich geliebt fühlte.

»Du kennst ihn doch gar nicht«, sagte Rebecca.

»Abbie wird deinetwegen in Therapie gehen müssen.«

»Und Mance? Mance wächst mit einer verkappten Lesbe als Mutter auf. Glaubst du, das geht spurlos an ihm vorbei?«

»Ich bin nicht lesbisch. Ich bin bisexuell.«

»Gib's auf«, platzte es aus Rebecca heraus. »Du bist eine Lesbe. Dieser Andy war heiß, und du hast ihn kaum wahrgenommen. Du stehst auf Tussen. Du hast nur geheiratet, weil du dich nicht getraut hast, eine lesbische Mutter zu sein. Das war dir zu riskant, zu verwegen. Deshalb hast du lieber Jay geheiratet. Aber es hat nicht funktioniert. Du bist immer noch lesbisch.«

»Wenn du Schwarze so sehr hasst, solltest du deine Tochter nicht mit einem schwarzen Kind spielen lassen.«

»Sie spielen nicht wirklich miteinander. Sie spielen nicht einmal nebeneinander«, sagte Rebecca.

Lizzie starrte sie mit versteinerter Miene an. Und dann bedeckte sie ihr Gesicht mit den Händen und fing an, wie ein kleines Kind zu weinen. »Alles lief so gut«, sagte sie durch die Hände. »Alles lief so gut, bis du aufgetaucht bist.«

»Das ist nicht wahr«, sagte Rebecca und strich ihr behutsam über den Rücken. »Bestimmt war es vorher schon ziemlich schlimm.«

DIE BIZARRE UNGERECHTIGKEIT VON SPIELPLATZVERABREDUNGEN

ZUNÄCHST war Karen verwirrt, als sie anhand der Tastatur auf ihrem Telefon versuchte, Meloras Alarmcode zu entschlüsseln, weil sie dachte, die Nummer würde ORION ergeben. Doch nachdem sie die Bewegungen von Annikas Hand einige Male nachgeahmt hatte, begriff sie, dass der Code OSCAR war. Natürlich. Als Sicherheitscode wählte man ein Wort, das sich jeder im Haus merken konnte, das aber nicht so offensichtlich war wie ein Geburtstag. Deshalb hatte sie Oscar genommen, von Melora zweimal gewonnen, von Stuart heiß begehrt.

Karen verspürte beim Tippen einen Adrenalinstoß, denn sie hatte sich nicht überlegt, was sie tun würde, wenn sie sich irrte und die Alarmanlage losging. Aber dann piepste es zweimal schnell hintereinander und sie schlüpfte hinein und schloss die Haustür hinter sich.

Im Haus war es still, als sie Treppen hinaufstieg. Sie hoffte, dass niemand einen leichten Schlaf hatte und fragte sich, wie viele Leute hier wohnten – Annika, aber auch die Köchin? Gab es Assistentinnen? Hausmeister? Es konnten Dutzende von Leuten hier schlafen, ganze Dienstbotenunterkünfte, die Annika ihr nicht gezeigt hatte.

Im ersten Stock ging sie am Kinderzimmer vorbei zum Schlafzimmer. Sie öffnete die Tür und fand Melora allein. Mit einem Exemplar von *Eat Pray Love* auf der

Brust schien sie tief zu schlafen. Ihre Haut war bleich. Wo war Stuart? Es war, als hätte sie Karen erwartet. Über Meloras rechtem Auge war eine Schnittwunde. Karen hoffte, sie hatte nicht versucht, sich etwas anzutun. Vielleicht hatten sie Ehekrach gehabt, und deshalb war Stuart nicht da.

Karen näherte sich dem Rand des Bettes. Meloras Finger waren lang und schlank wie die eines Pianisten, aber auch knochig. Auf Websites wie Jezebel.com wurde oft darüber hergezogen, dass Meloras Hände ihr wahres Alter zeigten.

Karen entdeckte einen Eames-Stuhl neben der Kommode und stellte ihn leise neben das Bett. Sie kam sich vor wie eine Hospiz-Schwester, die sich um einen sterbenden Patienten kümmert. Das wäre auch eine Möglichkeit, wenn sie je wieder arbeiten ging: den Menschen beim Sterben zu helfen. Sie könnte die richtigen Dinge tun und sagen, damit sie in Frieden dahinscheiden konnten. Wenn sie so etwas tat, wenn sie anderen Menschen Gutes tat, würde Gott sie vielleicht mit einem zweiten Kind belohnen.

Melora sah so hinreißend aus, wenn sie schlief, wie in der Traumsequenz in dem Jane-Austen-Film, wo ihr Verehrer aus dem wirklichen Leben sie in einem makellosen englischen Garten mit einem Kuss auf die Lider weckt. Karen nahm ihre Hand und streichelte sie langsam. Melora rührte sich und schlug dann mit bebenden Lidern die Augen auf. Einen Moment lang war sie verwirrt, doch dann sah sie Karen, begriff, dass sie eine Fremde war, und setzte sich im Bett auf. »Wer sind Sie?«

»Schon gut«, sagte Karen. »Keine Angst. Ich bin Karen. Ich will dich schon so lange kennenlernen, aber du bist nie da.«

Melora wirkte verdutzt und ein bisschen ängstlich, als sei sie nicht sicher, ob sie Karen irgendwoher kannte.

»Ich … hab viel zu tun«, sagte Melora lallend. Sie hatte etwas eingenommen – wer wusste schon, was? Dann hatte die *Post* also recht gehabt. Karen fragte sich, was sie genommen hatte – Beruhigungsmittel oder vielleicht etwas Schlimmeres, wie Heroin. Heutzutage nahmen alle Stars solche Sachen, und auch um Heath hatte es Gerüchte gegeben, obwohl die Autopsie ergeben hatte, dass es Schlaftabletten waren. Es war gut, dass Karen hergekommen war. Wenn sie Melora nicht geweckt hätte, wäre das arme Ding noch im Schlaf gestorben, ein weiteres prominentes Todesopfer Brooklyns.

»Ich weiß«, sagte Karen. »Wir haben alle viel zu tun. Es ist nicht leicht, Mutter zu sein. Von uns wird immer soviel erwartet, und wir haben nie Zeit für uns selbst. Hast du Durst? Du siehst durstig aus.« Melora nickte. »Ich hol dir Wasser.«

Karen ging ins angrenzende Bad und füllte ein Glas, das auf der Marmorverkleidung der beiden Waschbecken stand. Die Toilette war abgetrennt. Melora konnte ungestört und ungehört aufs Klo gehen, während Stuart in der Badwanne mit Klauenfüßen saß. Bei all diesem Luxus war es ein Wunder, dass die Scheidungsrate in Hollywood so hoch war.

Ein teures Glas wie dieses hätte Karen nie ins Bad gestellt, weil sie befürchtet hätte, dass Darby es zerbrach. Doch Karen nahm an, dass Orion dieses Bad niemals betrat. Dafür bezahlte Melora die Leute.

Karen kam zurück und reichte Melora das Wasser. Als sie trank, lief ihr etwas davon übers Kinn. Karen tupfte es mit einem Zipfel ihres T-Shirts ab. Sie hatte das Bedürfnis, Melora zu beschützen. Wo war Stuart? Warum lag er nicht neben ihr im Bett und war für sie da, wenn sie ihn brauchte? Hatte er die *Post* nicht gelesen? »Wo ist dein Mann?« fragte sie.

»Keine Ahnung.«

»Ist alles in Ordnung?« Melora antwortete nicht. Sie steckten also doch in einer Beziehungskrise. Es stimmte. »Wie hat dir das Buch gefallen?« fragte Karen und deutete auf das Taschenbuch. Melora schwieg. »Wir haben es in der Büchergruppe gelesen. Es gab eine erhitzte Debatte. Manche der Frauen fanden es unredlich, dass Gilbert den Buchvertrag in der Tasche hatte, ehe sie überhaupt zu ihrer Reise aufgebrochen war. Ich sage: Was soll's.

Ich hab ein ganz anderes Problem damit. Sie hat sich scheiden lassen, weil sie im Gegensatz zu ihrem Mann keine Kinder will. Ich verstehe das nicht. Ich wollte schon als ganz junges Mädchen Kinder haben. Ich kann mir gar nicht vorstellen, keine Mutter zu sein. Muttersein ist so kreativ. Ich meine, es ist nicht vergleichbar mit *deinem* Beruf, aber trotzdem ist es ein kleines Wunder. Ich möchte gern noch ein Kind, aber es klappt einfach nicht.«

Melora starrte vor sich hin. Karen fuhr fort: »Ich habe über Adoption nachgedacht, aber ich habe zu große Angst. Wer weiß, was man sich da ins Haus holt. Ich wette, du hattest keine Angst. Du bist so mutig. Und so großzügig. Die Welt braucht Menschen wie dich. Ich wünschte, ich könnte sein wie du. Ich weiß nicht, warum ich nicht schwanger werde. Ich glaube, es liegt daran, dass Matty zuviel masturbiert.«

»Bitte verlassen Sie mein Haus«, sagte Melora. Ihre Stimme klang weniger drohend als verzweifelt, und Karen empfand Mitleid mit ihr. Doch sie hatte keine Angst. Sie fühlte sich stark. Es war so ein furchtbarer Tag gewesen. Jean Pierre-Louis mit seiner Unbedarftheit, Matty mit seinem Verrat hatten an ihr gezehrt. Jetzt gab Melora ihr neue Kraft.

Sie war im Schlafzimmer des Filmstars, und dank einer glücklichen Fügung war Stuart nicht da. Das war ein Zeichen. Eine göttliche Fügung. Die ganze Zeit hatte sie auf ihre Chance gewartet, doch erst vor zwei Tagen hatte das Schicksal sie zusammengeführt, als sie auf dem Spielplatz Annika begegnet war. Sie war Annika begegnet, um Melora zu begegnen.

»Hab keine Angst vor mir«, sagte Karen. »Ich bin hier, um dir zu helfen.« Melora zuckte zusammen, und Karen legte beschwichtigend die Hand auf Meloras. Sie war warm und pulsierte. »Ich wollte dich schon immer mal kennenlernen«, sagte Karen, »aber, wenn ich herkomme, bist du nie da.«

»Sie waren das also.«

»Wie meinst du das?«

»Sie haben es geklaut.«

»Unsere Söhne sind ganz vernarrt ineinander«, sagte Karen. Sie störte sich an Meloras Wortwahl. Sie hatte es nicht geklaut wie ein Dieb, wie Melora von Neal Harris. Sie hatte es zu Meloras Schutz an sich genommen, damit niemand anderes es fand. »Du hättest sehen sollen, wie sie auf dem Spielplatz Freundschaft geschlossen haben. Darby hat viele Freunde, aber ich habe noch nie erlebt, dass er ein anderes Kind so lieb hat. Ich bin immer etwas nervös, wenn er neue Freundschaften schließt, denn aus irgendeinem Grund kann ich die Mütter von Darbys Freunden meist nicht leiden. Entweder arbeiten sie und behandeln mich herablassend oder es sind Klatschtanten oder ihre Wohnung sieht aus wie ein Saustall. Die bizarre Ungerechtigkeit von Spielplatzverabredungen. Aber als ich Darby und Orion zusammen gesehen habe, war ich so froh, weil ich dich mag. Obwohl wir uns nicht kennen, wusste ich, dass ich dich mag. Schon als ich *The Main Line* gesehen habe, wusste ich es. Den hab ich im College ausgeliehen. Ich weiß gar nicht, warum. Es war ein Samstagabend und alle meine Freunde waren auf einer Party, aber ich war müde und bin zu Hause geblieben. Ich wollte *Die üblichen Verdächtigen* sehen, aber der war ausgeliehen, und unter Drama fand ich *The Main Line*. Du warst darin so gut. So glaubwürdig. Ich wusste gleich, dass wir Freunde sein könnten, obwohl du darin ja praktisch noch ein Kind warst. Ich meine, für mich sind *The Main Lin*e und *I Am the Cheese* mit Robert MacNaughton die besten Jugenddramen der letzten fünfzig Jahre. Vergiss *Anna Paquin*. Paquin Schmaquin.

Und dann, nach all den Jahren, ziehst du nach Park Slope. Von allen Vierteln in Brooklyn wählst du meines. Nur sechzehn Blocks von mir. Deshalb war ich froh, dass unsere Söhne sich verstehen. Und gespannt, dich kennenzulernen. Ich dachte, du wärst zu Hause, als Annika mich eingeladen hat, aber das warst du nicht. Dann ist mir klar geworden, warum. Du versteckst dich vor deiner Familie, weil du leidest. Warum hast du es getan?«

Melora sank so tief ins Kissen zurück, als wollte sie darin verschwinden. »Ich meine«, fuhr Karen fort, »es kann nicht ums Geld gehen. Wolltest du erwischt werden, so wie Winona? War es ein Hilferuf?«

Melora blickte lustlos aus dem Fenster. Der Schein einer Straßenlaterne schimmerte durch die dünnen Vorhänge. »Ich wollte irgendetwas tun«, sagte Melora nach einer Weile. »Nie tue ich noch irgendetwas.«

»Natürlich tust du das. Du sorgst für ein Kind, und du arbeitest – ich habe keine Karten für das Neil-LaBute-Stück bekommen, aber ich habe gehört, es war wundervoll – und bestimmt liest du auch Drehbücher.«

»Eigentlich nicht«, sagte Melora.

»Du armes Ding«, sagte Karen und Melora tat ihr leid. »Du weißt nicht, wie wundervoll du bist. Du bist besser als Gwyneth oder Hilary oder Kate oder Cate. Sie alle verblassen neben dir. Du bedeutest mir soviel. Ich will nicht, dass du alles hinwirfst. Deshalb verwahre ich die Brieftasche für dich. Es ist wirklich besser so. Du darfst nicht riskieren, dass Stuart sie findet. Du kannst froh sein, dass ich sie rechtzeitig an mich genommen habe, ehe er sie gefunden hat.«

Je mehr Karen redete, desto mehr ereiferte sie sich. »Aber wenn ich etwas von dir habe«, fuhr sie fort, »ist es nur gerecht, wenn ich dir auch etwas von mir gebe. Und was ich dir von mir geben möchte, das, nun ja, das bin ich. Wenn normale Leute umziehen, lernen sie ihre Nachbarn kennen. Aber du nicht. Du hast nie mit anderen Müttern auf dem Spielplatz geplaudert, keine Einweihungsparty gefeiert und, wie ich von einigen Berkeley-Carroll-Müttern weiß, warst du bei keinem einzigen Bazaar oder Klassenfest. Nur Stuart geht hin. Das darf nicht sein. Jeder ist Teil der Gemeinschaft, Melora, selbst Menschen wie du.

Deshalb werde ich dir dabei helfen. Du hast Glück, dass ich im Herbst umziehe. In die Carroll Street. Um genau zu sein, haben wir heute den Zuschlag bekommen. Und ich möchte das Gefühl haben, dass ich jederzeit vorbeikommen und dich um eine Tasse Zucker bitten kann. Oder deine Köchin. Deshalb werde ich diesen Schlüssel behalten und ab und zu vorbeischauen. Du kannst den Leuten, die hier arbeiten, sagen, dass ich eine Freundin bin, denn das bin ich. Ich meine, ich wäre es gern.« Karen hatte nicht daran gedacht, wie sie Annika die Freundschaft erklären sollte, aber ihr würde schon was einfallen. »Und versuch nicht, das Schloss auszuwechseln, denn dann müsste ich etwas tun, was ich wirklich vermeiden möchte.«

»Nur weil du sie hast«, sagte Melora mit heiserer, schwacher Stimme, »heißt das nicht, dass ich sie geklaut habe. Wenn du mit der Brieftasche zur Polizei gehst, wird man glauben, dass du sie geklaut hast. Dein Wort steht gegen meins.«

Karen holte ein kleines, digitales Aufnahmegerät von RadioShack aus der Tasche. »Das glaube ich kaum.« Sie kam sich vor wie bei *Law & Order*, einer ihrer Lieblingsserien.

Meloras Lippen waren so weiß, dass sie fast tot aussah. »Ach, Süße«, sagte Karen. »Sieh es nicht als Last, denn das ist es nicht. Es wird ganz wundervoll. Wir werden unter dem japanischen Ahorn sitzen und reden. Wir werden im Stonepark und im Applewood essen gehen, und die Minuten werden nur so verfliegen. Ich möchte, dass du mit mir redest wie mit einer Freundin. Und bitte glaub mir, dass ich deine Geheimnisse niemals an die Presse verkaufen würde. Du kannst mir vertrauen wie Drew Barrymore Nancy Juvonen vertraut. Am besten gibst du mir deine Handynummer, damit wir uns immer erreichen können. Wie lautet sie?«

Meloras Mund stand offen und Speichel lief aus einem der Mundwinkel. Karen tupfte ihn mit ihrem Ärmel ab. Melora ratterte die Zahlen runter. Karen tippte sie ein und wählte. »Dann hast du meine Nummer auch und siehst, wann ich anrufe.« Einen Augenblick später klingelte das iPhone auf dem Nachttisch. Ein altmodischer Klingelton wie aus den Vierziger Jahren. »Super Klingelton«, sagte Karen. »Hast du den selbst programmiert?«

»Der war beim Telefon dabei«, sagte Melora kraftlos. Kein Grund, zickig zu werden. Woher sollte Karen das wissen? Nicht jeder konnte dreihundert Dollar für ein Handy ausgeben. Aber vielleicht würde sie das eines Tages können, wenn der Wert ihrer Wohnung so gestiegen war, dass sie eine Hypothek darauf aufnehmen konnten.

Meloras Lider fielen allmählich wieder zu. Karen stand auf und steckte die Decke um Meloras Füße fest. Melora starrte Karen mit aufgerissenen Augen an. Sie brauchte

Hilfe, sie hatte Angst. In ihren Augen erkannte Karen das Baby, das sie vielleicht nie haben würde.

»Schschsch«, flüsterte sie. »Schon gut.« Sie strich mit der Hand über Meloras Stirn und ging zur Tür.

SCHÄTZCHEN

Melora hörte die Bettdecke rascheln. Sie fürchtete, die Fremde würde sich zu ihr ins Bett legen, doch als sie die Augen aufschlug, war die Frau fort und Stuart kuschelte sich an sie. Er streichelte ihre Schultern.

Sie wusste nicht, wie spät es war oder ob die Frau real gewesen war. Sie musste geträumt haben. Die ganzen Medikamente. Man bekam Halluzinationen davon. »Tut mir leid wegen vorhin«, sagte er.

»Wo warst du?« fragte sie.

»Ist doch egal. Tut mir leid wegen vorhin.«

»Glaubst du wirklich, dass Kate mich wegen versuchter Körperverletzung anzeigt?«

»Darüber reden wir morgen. Schlaf jetzt, Süße.«

Sein Körper fühlte sich so schön warm an, und er nannte sie »Süße«. Vielleicht war all das gar nicht passiert, nicht die Frau an ihrem Bett, nicht Kate Hudson, nicht Adam Epstein. Vielleicht hatte Melora nicht mal die Brieftasche geklaut. Morgen früh würde sie aufwachen und feststellen, dass die letzten anderthalb Wochen nur ein langer, böser Traum gewesen waren, wie in *Unsere kleine Stadt*, bei dessen Wiederaufführung im Lincoln Center sie die Emily gespielt hatte.

Es war alles ein böser Traum gewesen, der ihr zu Bewusstsein gebracht hatte, was passieren würde, wenn sie sich nicht änderte. Und jetzt, wo sie das eingesehen hatte, würde Stuart sie wieder so lieben wie am Anfang. Sie würden einander wieder respektieren. »Begreifen die Menschen jemals das Leben, während sie's leben«, hatte Emily gesagt, »jeden, jeden Augenblick?«

Wenn Stuart sie »Süße« nannte, dann liebte er sie. Er gehörte ihr. Sie hatte ein schlechtes Gewissen, dass sie ihn ständig anzickte. Wenn er bei ihr war, schrie sie, weinte oder schlief. Sie benahm sich wie ein kleines Mädchen. Er wollte eine Frau.

»Ich will dir einen blasen«, sagte sie.

Sie drückte ihn aufs Bett, zog ihm die Hose runter und umschloss ihn mit dem Mund. Sie fühlte sich wie die alte Melora, jedenfalls in dieser Beziehung. Die alte Melora hatte keine Angst vor Sex. Sie liebte Sex, genoss ihn. Sie war gut im Bett. Zunächst schien es, als wollte Stuart sie stoppen, doch dann ließ er sie gewähren, und ein paar Minuten später belohnte er sie.

Als sie einschlief, hatte sie ihn noch im Mund. Mit den ganzen Drogen im Blut war das leicht.

DER KOOP-KURIER

Taschendieb kooperativ überführt

Von Alison Wein

Nach der Sichtung der Videobänder des Verkaufsbereichs im Beisein von Polizeibeamten und mit einiger Detektivarbeit hat die Koop den mutmaßlichen Täter der beiden Diebstähle am Abend des fünften Juli gefasst.

Das Video zeigt, wie sich ein Mann an der Tasche von Hochschulprofessor Laird Goldwasser (39) zu schaffen macht. Das gesamte Personal bekam das Video zu sehen, damit es nach dem Täter Ausschau halten konnte, falls er – oder sie – die Koop wieder betreten sollte. Als der Mann – kein Mitglied – am 16. Juli durch den Ausgang hereinkam, erkannte ihn ein Mitarbeiter, der nicht im Dienst war, und verständigte den Schichtleiter, der die Polizei verständigte. Der Mann wurde vor der Koop festgenommen und leistete keinen Widerstand. Es stellte sich heraus, dass er der Polizei wegen Drogen- und Diebstahldelikten seit Langem bekannt ist.

Goldwassers Brieftasche wurde später bei ihm sichergestellt. Der mutmaßliche Dieb, ein zweiundvierzigjähriger Bewohner des Obdachlosenasyls in South Brooklyn, wird wegen Taschendiebstahls angeklagt. Das Videoband konnte jedoch nicht klären, wer für den zweiten Taschendiebstahl verantwortlich ist, der sich am selben Tag zugetragen haben soll.

Der mutmaßliche Taschendiebstahl wurde nicht aufgezeichnet, weil die betreffende Kamera keine Videokassette enthielt. Das Mitglied des audio-visuellen Teams, das für das Auswechseln der Bänder zuständig ist, hatte seine Pflichten seit mehreren Monaten vernachlässigt.

Laut Filialleiterin Vivian Shaplansky war das Mitglied zu seiner Schicht erschienen, hatte aber früher Schluss gemacht, ohne den Schichtleiter zu informieren, so dass besagtes Band nicht gewechselt wurde.

Dem Mitglied des audiovisuellen Teams, das es versäumt hat, seinen Pflichten nachzukommen, drohen disziplinarische Maßnahmen. Seine Einkaufsprivilegien sind bereits ausgesetzt.

Shaplansky meint: »Dieser Vorfall zeigt, warum es so wichtig ist, dass jeder seinen Beitrag leistet«, und fügt hinzu, dass das Auswechseln der Videobänder in Zukunft von Angestellten der Koop übernommen werde.

Taschendiebstahlopfer und Mitglied Neal Harris dazu: »Ich wünschte, ich hätte meine Brieftasche wieder. Mein Dieb läuft noch frei herum, ich kann also nur jedem raten, gut auf seine Sachen aufzupassen.«

Shaplansky empfiehlt Mitgliedern ebenfalls, gut auf ihre Habseligkeiten achtzugeben und Verdächtiges sofort einem Schichtleiter zu melden. Die Koop hat inzwischen stichprobenartige Taschenkontrollen an den Ausgängen eingeführt und ein entsprechendes Schild aufgestellt, um alle Mitglieder über diese Maßnahme zu informieren.

»Uns wäre auch lieber, wenn es nicht so weit gekommen wäre«, sagt Shaplansky, »aber wir wollen, dass unsere Mitglieder sich sicher fühlen. Wir hoffen, dass die Kontrolle auf Diebe abschreckend wirkt und wir irgendwann wieder von dieser Maßnahme Abstand nehmen können. Doch im Moment geht es nicht anders.«

DUMMES MÄDCHEN

Die Demonstranten auf der Seventh Avenue waren laut und erregt. Es waren etwa zwanzig und auf ihren Plakaten stand GEGEN RASSENDISKRIMINIERUNG, BOYKOTTIERT DIE PPLK und RASSISMUS IST NICHT KOOPERATIV! Es war halb zehn Uhr morgens an einem Mittwoch Anfang August, die Haupteinkaufszeit der Koop-Mitglieder, die ihre Kinder im Kindergarten abgeliefert hatten oder noch schnell vor der Arbeit Besorgungen machten.

Rebecca las die Zeitung der Koop normalerweise nicht, auch nicht, wenn die Schlange lang war, weil die politisch korrekten Kontroversen sie langweilten. Doch in der vergangenen Woche, während sie in einer sich endlos schlängelnden Schlange an der Expresskasse stand, hatte sie sich eine Zeitung gegriffen und erfahren, dass die Mitglieder des Arbeitskreises für Minderheitenschutz planten, die Koop wegen seiner als diskriminierend empfundenen Taschendurchsuchungen zu boykottieren. Offenbar wurden mehr schwarze als weiße Kunden durchsucht, und das passte den schwarzen Kunden nicht.

Die Demonstranten waren hauptsächlich schwarz, aber es gab auch ein paar Babyboomer, die zu bedauern schienen, dass es nicht mehr 1969 war, und die Gelegenheit, mal wieder zu protestieren, begeistert begrüßten. Die Rassen standen in getrennten Gruppen und grenzten einander aus, obwohl es bei ihrem Protest doch gerade um das Miteinander ging.

Rebecca gab sich alle Mühe, die Demonstranten zu ignorieren. Am College hatte es auf den Stufen der Lehman Hall jeden Tag Demos von irgendwelchen transsexuellen oder anti-israelischen Studentengruppen gegeben. Doch als sie gerade hineingehen wollte, schrie eine junge, lesbisch aussehende weiße Frau: »Gemeinsam sind wir stark!« direkt in ihr Ohr.

Rebecca wurde speiübel. Ihr war schon die ganzen letzten Tage irgendwie schlecht gewesen, doch sie hatte es darauf geschoben, dass ihr das Ende der Affäre zu schaffen machte. Nach dem Abend auf dem Dach vor drei Wochen hatte Stuart sich nie wieder gemeldet. Sie hatte überlegt, ihn anzurufen oder ihm eine SMS zu schreiben, um herauszufinden, ob er verletzt war oder bei Filmaufnahmen, doch sie wusste, wenn man anfing sich einzureden, der andere sei vom Auto überfahren worden, war es aus und vorbei.

War es, weil sie gesagt hatte, dass sie ihn jeden Tag sehen wollte? Er hatte behauptet, er wolle sie auch sehen. Und nach dem Abend auf dem Dach hatte sie nicht einmal versucht, ihn zu erreichen.

Konnte ein Mann sich von einem Tag auf den anderen wieder in seine Frau verlieben? Welche Probleme er und Melora auch haben mochten, Rebecca konnte sich kaum vorstellen, dass sie sich so plötzlich lösen ließen. Die einzige halbwegs plausible Erklärung, war, dass sie sein Drehbuch zu kritisch beurteilt und seinen Stolz verletzt hatte.

Sie stützte sich an der Hauswand ab, um sich nicht zu übergeben, und ihr kam in den Sinn, dass die Übelkeit vielleicht gar nichts mit dem Ende der Affäre zu tun hatte. Ogott. Ihre Brüste waren in der vergangenen Woche empfindlich gewesen, aber sie waren immer empfindlich, bevor sie ihre Tage bekam, deshalb hatte sie sich keine Gedanken gemacht. *Nein nein nein.* Das eine Mal. Als Rakhman sie unterbrochen hatte.

Aber von einem Mal? Und Stuart hatte ihn raus gezogen. Sie glaubte nicht, dass man beim Koitus interruptus schwanger werden konnte, obwohl ihre Lehrerin beim Aufklärungsunterricht in der achten Klasse versucht hatte, sie vom Gegenteil zu überzeugen.

In der Crosby Street hatten sie und Stuart verhütet. War es möglich, dass sein Sperma so superpotent war, dass ein winziger Lusttropfen genügt hatte, um sie zu schwängern? Warum hatte sie sich nur mit einem Alphamann eingelassen? Warum hatte sie sich nicht irgendeinen Beta-Hutzelmann mit geringer Spermienzahl und geringer Mobilität ausgesucht?

In der Koop zog sie ihre Karte durch und machte einen Umweg über Gang Zwei, wo sie sich neben den Tampons aus Biobaumwolle einen Dreierpack Schwangerschaftstests aus dem Regal griff, und eilte dann zur Toilette neben der Obst- und Gemüseabteilung. Es fiel ihr nicht leicht, auf das Stäbchen zu pinkeln und gleichzeitig Abbie davon abzuhalten, die Toilettentür zu entriegeln. Mit einem Arm hielt sie Abbie fest, mit dem anderen das Stäbchen. Als Abbie sah, was Rebecca tat, versuchte sie, nach dem Messstab zu greifen, und Rebecca musste sie mit den Oberschenkeln daran hindern.

Sie hatte lange keinen solchen Test mehr gemacht, zuletzt vor zweieinhalb Jahren, ehe sie Abbie bekam. In all ihren Jahren als Single, trotz gerissener Kondome und gefährlich knapper Koiti interrupti, hatte es nie Grund zur Sorge gegeben.

Sie zählte bis fünf, während sie pinkelte, und fragte sich, was wohl passierte, wenn man länger oder kürzer pinkelte. Dann schloss sie die Augen und hielt das Stäbchen von ihrem Körper weg, weil auf der Gebrauchsanweisung stand, dass das Ergebnis sonst verfälscht wurde. Während sie zählte, schlug sie ihre Havaianas aneinander und sagte ganz leise: »Ich kann nicht schwanger sein, ich kann nicht schwanger sein«, wie ein Gebet oder Mantra.

»Nicht schwanger«, wiederholte Abbie.

Es klopfte an der Tür. »Einen Moment noch!« rief Rebecca. In der Koop konnte niemand eine gottverdammte Sekunde warten. Das war auch der Grund, warum sie den Laden hasste.

Sie öffnete die Augen und sah auf das Stäbchen. Auf der Anzeige war ein tiefviolettes +. Stäbchen, Stäbchen, dummes Mädchen. Wie dumm musste man sein, sich von einem Mann schwängern zu lassen, der nicht der eigene war. Sie schloss die Augen, doch als sie sie wieder öffnete, war das + immer noch da, ein unerbittliches farbiges Mahnmal neben der einsamen horizontalen Kontrolllinie.

Warren Tofsky radelte morgens gern durch den Prospect Park, obwohl er eigentlich in Brooklyn Heights wohnte. Er arbeitete als Buchhalter für die Stadt, und nach einer Runde im Park fuhr er über die Brooklyn Bridge in sein Büro in der John Street. Der Park beruhigte ihn, tat ihm wohl, und obwohl es heiß war, raffte er sich jeden Morgen auf, weil er die Pfunde wieder loswerden wollte, die er zugelegt hatte, als er, seine Frau Judy und seine zweijährigen Zwillinge Leila und Maya zwei Wochen im Hudson Valley Urlaub gemacht hatten. Sie hatten viel gekocht, und er und Judy hatten jeden Abend gutgelaunt und entspannt eine Flasche Wein getrunken, und so war er ein paar Pfund schwerer in die Stadt zurückgekehrt.

Warren hatte Judy erst spät kennengelernt, nachdem beide schon eine gescheiterte, kinderlose Ehe hinter sich hatten, und jetzt war er mit einundfünfzig Vater zweier Kleinkinder, woran er sich immer noch nicht recht gewöhnt hatte. Er war erst Vater, dabei war er alt genug, Großvater zu sein.

Judy selbst war auch nicht mehr die Jüngste gewesen, als sie sich kennenlernten, und hatte sich sehnlichst Kinder gewünscht. Jahre der Hormonbehandlungen lagen hinter ihnen, als sie mit Hilfe einer Eispenderin endlich mit Leila und Maya schwanger wurde.

Die Zwillinge waren sein Ein und Alles. Wenn er allabendlich sein Fahrrad vor der Wohnung in der State Street abstellte, kamen die Mädchen auf ihren kleinen Beinchen die Treppen heruntergerannt, um ihn zu begrüßen. Dann warfen sie die Arme um ihn und schrien: »Papa! Papa!« Dieser Moment war das Highlight jeden Tages.

An diesem Donnerstagmorgen freute Warren sich schon auf seine Radtour, weil er hoffte, dass wegen des schwülen Wetters im Park weniger los war. Je weniger Menschen auf den Straßen, desto lieber. Er fuhr auch nie am Wochenende Fahrrad, weil er die Sprüche klopfenden Sonntagsfahrer mit ihren italienischen Radlerhosen verabscheute. Sein eigenes Fahrrad war ein altes Raleigh Sturmey-Archer, das er vor ein paar Jahren gebraucht gekauft hatte, und er war stolz auf seine Rostlaube.

Er fuhr die Fifth Avenue bis zur Carroll und bog dann links ab. Er nahm lieber die Carroll Street zum Park als die Union, weil sie nicht so stark befahren war. Er trat wegen des steilen Berges vor der Kreuzung Eighth Avenue kräftig in die Pedale, als die Ampel gerade rot wurde. Er sah auf die Uhr. Leila hatte an diesem Morgen ihre Cornflakes umgekippt, und er hatte sie aufgewischt und war deshalb spät dran. Es war schon zwanzig nach acht und um neun sollte er an seinem Schreibtisch sitzen. Er beschloss, die Avenue noch zu überqueren, trat auf der Kreuzung noch kräftiger in die Pedale und warf einen flüchtigen Blick über die Schulter. Für den Bruchteil einer Sekunde sah er den großen, dunklen Geländewagen, dann hörte er ein Quietschen und einen Knall. Das Letzte, was er dachte, ehe er das Bewusstsein verlor, war, dass Gott ihm und Judy deshalb Zwillinge geschenkt hatte: damit sie immer füreinander da sein konnten.

DER MITTLERE PFAD

FÜR August – ein toter Monat für die oberen Zehntausend der New Yorker Gesellschaft – war im Waverly Inn viel los, und Melora genoss es. Adam und seine Frau Jessica Chafee hatten sie und Stuart zum Essen eingeladen, und sie freute sich darauf, ihren Regisseur nach dem Reinfall im Sant Ambroeus in entspannter Atmosphäre richtig kennenzulernen.

Die Beleuchtung war schummrig und warm, und Adam redete davon, wie glücklich er über die Kostüme war, die Ann Roth für Rosie entworfen hatte, und wie perfekt Melora in einem kaugummirosa A-Linien-Seidentaftkleid aussehen würde, das sie in der Eröffnungssequenz tragen sollte, in der sie beim Abwasch verloren aus dem Küchenfenster blickt.

Er hatte Melora zwei Tage nach ihrem Treffen angerufen, um ihr zu sagen, dass sie die Rolle bekam, nicht weil sie die beste Schauspielerin für die Rolle war, sondern die beste Schauspielerin für die Rolle, die größer war als einsachtundsiebzig. Er erwähnte weder ihr Verhalten im Sant Ambroeus noch die Fotos, die am nächsten Morgen sowohl in der *Post*, als auch in der *News* erschienen waren, und in der Woche darauf in *Us Weekly*, *Star* und *Life & Style*, auf denen sie im Gramercy Hotel auf Kate Hudson losging. Er sagte nur, dass er sich Rosie immer größer als die Viggo-Mortensen-Figur vorgestellt hatte und sonst der ganze Film nicht funktionieren würde.

Auf dem Fragebogen der Versicherung, den Melora im Juli ausgefüllt hatte, musste sie angeben, welche Medikamente sie momentan nahm und warum sowie die Ärzte, bei denen sie in Behandlung war. Für ihre früheren Rollen hatte sie immer »keine« geschrieben, doch da sie eine Urinprobe befürchtete, hatte Melora diesmal ehrlich geantwortet: dass Dr. Michael Levine ihr gegen ihre Phobien Ativan verordnete. Es stellte sich heraus, dass es keine Urinprobe gab. Die Versicherung hatte sie akzeptiert, ohne auf Körperflüssigkeiten oder gar einen Aufpasser zu bestehen.

Am 21. August ging es nach Sofia, wo Orion eine anerkannte internationale Schule besuchen sollte. Nachdem Annika gefeuert war, hatte Melora eine NYU-Absolventin aus dem Mittleren Westen namens Suzette engagiert, die sich als ebenso unverwüstlich entpuppte, wie Annika anstrengend gewesen war. Stuart hatte versprochen nachzukommen, sobald die Wahlkampfveranstaltungen für Obama in Florida vorbei waren, auf denen er gemeinsam mit George Clooney auftrat. Er hatte noch nie angeboten, sie so lange am Set zu besuchen, und sie war sicher, dass dies einen Wendepunkt in ihrer Beziehung verhieß.

Seit Adam sie engagiert hatte, liebten sie sich fast jeden Abend. Danach war sie so glücklich und ruhig, dass sie nur noch ein Milligramm Ativan brauchte, um einschlafen zu können. Das war praktisch nichts. Hauptsächlich Placebo. Bald würde sie versuchen, ganz ohne einzuschlafen, doch sie wollte erst ihren Rhythmus finden, nach allem, was sie im Juli durchgemacht hatte.

Zoloft hatte sie ganz aufgegeben und setzte stattdessen auf Sonnenlicht, Sport und Omega-3-Zusätze aus dem Reformhaus. (Die ganze Familie war nach der Aussage der Frau, die Melora an jenem verhängnisvollen Nachmittag begleitet hatte, vom Disziplinarausschuss aus der Koop ausgeschlossen und für die beschädigten Waren und den Einkaufswagen haftbar gemacht worden.)

Während sie auf die Vorspeise warteten, nippte Melora an einem Glas Prosecco. »Ich bin so verflixt eifersüchtig, dass du die Rolle gekriegt hast«, sagte Jessica, die ihr schwarzes Haar zum Bob geschnitten hatte, mit ihrer tiefen, heiseren Stimme. Sie hielt den Kopf gesenkt und sprach ein Zwischending aus amerikanischem und britischem Englisch, obwohl sie aus Sunnyvale in Kalifornien stammte. »Ich wollte, dass Adam mich nimmt«, fuhr Jessica fort, »aber er findet, dass wir nach *Eva und Andie* eine Pause brauchen. Jetzt bereue ich, dass ich nicht mehr darum gekämpft habe. Denk an meine Worte, Melora. Ich glaube, der Oscar ist dir sicher.«

»Nicht doch!« sagte Melora, die aus Aberglauben ungern über Preise diskutierte.

»Mach dich nur nicht an meinen Mann ran«, sagte Jessica.

Stuart lachte. »Darauf trinke ich«, sagte er und hob das Glas. Melora betrachtete die Menschen an ihrem Tisch, Menschen, die sie respektierten und fanden, dass sie hierher gehörte, in dieses elitäre Restaurant mit dem Edward-Sorel-Wandgemälde. Zum ersten Mal seit P. T. Anderson angerufen hatte, um ihr die Rolle in *Posen* zu geben, hatte sie das Gefühl, dass ihr Leben rund lief. Sie hob ihr Glas. Das Trio prostete ihr erwartungsvoll zu. Es war der perfekte Moment. Sie hatte ihre kleine Rede geplant, als sie sich für das Dinner fertiggemacht hatte, und sich genau überlegt, wie sie anfangen würde.

»Wisst ihr«, sagte sie, »ich habe den künstlerischen Prozess immer als eine Anhäufung von Geschenken betrachtet, die von einem zum anderen gereicht werden.« Das hatte sie bei Mischa Slowinsky geklaut, aber es bestand kaum Gefahr, dass sie aufflog. »Am Anfang steht der Autor mit seinem Text, den er wie ein Geschenk an den Regisseur weiterreicht. Der gibt es den Schauspielern, die es schließlich an das Publikum weitergeben. Deshalb trinke ich auf das Geschenk, das du mir gemacht hast, auf das Geschenk, das ich hoffentlich eines Tages an das Publikum weitergeben kann.«

Wie erhofft, schien Adam von ihrer Eloquenz beeindruckt, und Jessica nickte begeistert. Nachdem alle ihr Glas abgestellt hatten, sah Melora Adam an und sagte: »Stuart ist auch Drehbuchautor, weißt du?«

»Schatz«, sagte Stuart und legte seine Hand auf ihre.

Sie hatte Stuart nichts verraten, doch sie hatte ihn heute Abend mitgenommen, um das Gespräch auf sein Drehbuch zu lenken, weil sie ihren Erfolg mit Stuart teilen wollte. Sie hatte mit Dr. Levine über den Mittleren Pfad gesprochen, die Vermeidung von Extremen, den man praktizierte, wenn man sich weder gehen ließ noch selbst kasteite. Es war maßlos egoistisch von ihr gewesen, Stuart nicht an ihrem Erfolg teilhaben lassen zu wollen, aus Angst, er könnte sie überflügeln. Selbst wenn er sie überflügelte, würde er sie nicht verlassen. Er liebte sie. Er hatte ihr in der schlimmsten Krise ihres Lebens beigestanden, und es hatte sie nur noch enger zusammengeschweißt, etwa so, als hätten sie zusammen einen Flugzeugabsturz überlebt. Jetzt, wo sie wieder an den Reglern saß, wollte sie ihre neu gewonnene Macht mit dem Mann teilen, den sie liebte.

»Er ist so bescheiden«, sagte sie, »aber es ist wirklich gut. Es spielt in Brooklyn.«

»In Slope«, sagte Stuart, »aber auch in Downtown. Es heißt *Atlantic Yards*.«

»Guter Titel«, sagte Adam. »Wovon handelt es?«

»Nun ja, das Genre ist … man könnte es wohl ein düsteres Action-Abenteuer nennen. Es geht um Terrorismus und die Angst vor den Arabern. Außerdem um eine Polizistin, die mit ihrem Mutterdasein hadert und am Ende lernt, diese Rolle anzunehmen.«

»Klingt interessant«, sagte Adam. »Heutzutage macht niemand mehr ehrliche Filme über Rassismus. *L.A. Crash* fand ich furchtbar. In welcher Welt wären diese Leute Freunde?«

»Genau!« rief Stuart.

»*Das Leben ist schön* als Rassismusfilm«, fuhr Adam fort, während Jessica an seinen Lippen hing. »Ich war so aufgebracht, als *L.A. Crash* so hochgejubelt wurde, dass ich versucht habe, einen Freund zu überreden, in *Film Comment* eine Kritik zu schreiben, aber er hatte Angst, es sich mit Paul Haggis zu verderben. Meinte, er hätte ein Drehbuch, das er ihm irgendwann zeigen wolle.«

Stuart lachte leise, trank einen Schluck Bordeaux und sagte: »In meinem Film geht es eigentlich eher um den elften September als um Rassismus. Niemand hat bis jetzt einen Film darüber gemacht, wie dieser Tag die New Yorker verändert hat, wie er ihr Miteinander verändert hat. In gewisser Weise war *Do the Right Thing* der beste Film über den elften September, obwohl er lange vorher entstanden ist.«

Adam nickte begeistert und wiederholte: »Lange vorher.« Dann sagte er: »In welcher Phase bist du gerade? Schreibst du noch oder …«

»Finanzierung. Ich brauche zwanzig Millionen Dollar. Der Film funktioniert nur, wenn an Originalschauplätzen gedreht wird. Die Hälfte habe ich schon zusammen.«

»Er will auch Regie führen«, sagte Melora.

»Spielst du die Polizistin?« fragte Adam Melora.

»Ja«, sagte Stuart und sah sie zärtlich an. »Ich kann mir niemand anderen in der Rolle vorstellen.« Er legte seine Hand auf Meloras Knie.

Das war ihr neu. Seit ihrem Streit in der Limousine hatten sie nicht mehr über *Atlantic Yards* gesprochen. Aber Melora war nicht überrascht, dass er ihr die Rolle geben wollte, nach allem, was sie gemeinsam durchgemacht hatten. Man konnte alles erreichen, was man wollte, im Beruf wie im Leben. Man musste es nur richtig anstellen.

»Ich seh's mir gern mal an, wenn du eine zweite Meinung brauchst«, sagte Adam zu Stuart.

»Wirklich?« Unter dem Tisch drückte Melora Stuarts Hand.

»Ja. Ich interessiere mich immer für Filme, die in New York City spielen. Und du bist der Ehemann meines Stars. Ich brauche dich auf meiner Seite.«

»Ich bin auf deiner Seite, Kumpel. Ich bin ein Riesenfan.«

Adam kritzelte etwas auf eine Serviette. »Das ist unsere Privatadresse.«

Das war besser, als Melora es sich hätte träumen lassen. All die Jahre hatte sie sich danach gesehnt, dass Stuart sie wieder so brauchte wie ganz am Anfang. Jetzt endlich war es soweit. Dass er ihre Hilfe annahm, war ein Zeichen dafür, wie sehr er sich geändert hatte. Um Hilfe von jemandem anzunehmen, musste man ihm vertrauen.

Nachdem die Vorspeise gekommen war, klingelte ihr Handy leise in ihrer Tasche. Im Waverly herrschte striktes Handyverbot, aber Melora hatte ihres extra angelassen. Sie griff verstohlen in ihre Majorelle, um den Ton auszuschalten und zu sehen, wer der Anrufer war.

Als sie die Nummer sah, erstarrte sie. »Entschuldigt mich«, sagte sie, hielt das Telefon in der Tasche umklammert und stürmte nach draußen, um den Anruf anzunehmen.

Alles in ihrem Leben hatte Melora im Griff, mit dieser einen Ausnahme. Sie hatte im *Koop-Kurier* gelesen, dass der Dieb noch auf freiem Fuß war, und sie vermutete, dass auch Karen es gelesen hatte. Karen hatte die Brieftasche noch immer – und den Kassettenrekorder mit Meloras Geständnis.

Die ganzen letzten Wochen hatte Melora darauf gewartet, dass Karen anrief, doch das hatte sie nicht getan, und Melora hatte gehofft, dass sich die Sache von selbst erledigen würde. Sie konnte sich nicht einmal mehr richtig erinnern, wie Karen aussah, und wenn sie übergewichtigen Mütter begegnete, sah sie in die andere Richtung, voller Angst, dass eine von ihnen sie am Arm packen würde und fragen, warum sie sich nicht gemeldet hatte. Jedes Mal, wenn ihr Handy klingelte, erschrak sie und sah auf die Nummer. Und nie war es Karen. Sie schien nochmal davongekommen zu sein. Bis heute.

»Hallo?«

»Ich wollte mich längst melden«, sagte Karen. »Wie geht es dir?«

»Gut«, sagte Melora.

»Können wir uns im Stone Park Café treffen?«

»Heute Abend?«

»Ja. Matty passt auf Darby auf, und ich habe endlich mal Zeit … Passt dir zehn Uhr?«

Das war in anderthalb Stunden. Sie würden gerade erst beim Hauptgang sein, wenn Melora ins Taxi springen musste. Sie würde Stuart mit Adam Epstein und Jessica alleinlassen müssen und den ganzen Spaß verpassen. Sie würde nicht dabei sein, wenn sie über Lucy redeten und davon schwärmten, wie Melora der Rolle Leben einhauchen würde.

»Ich denke schon.«

»Kannst du anrufen und unter deinem Namen einen Tisch reservieren? Ich habe es unter meinem Namen versucht, aber sie behaupten, sie sind schon voll.«

Melora versprach es, wählte seufzend die Nummer des Restaurants und bekam den Tisch. Wenn diese Irre nichts weiter gewollt hätte, als dass sie ihr Zutritt zu angesagten Restaurants, Knicks-Spielen oder Broadwaypremieren verschaffte, hätte sie damit kein Problem gehabt. Aber sie wollte Gesellschaft, und das machte Melora Angst. Sie ließ das Telefon in ihre Tasche gleiten und trottete zurück ins Restaurant, während sie krampfhaft nach einer plausiblen Ausrede suchte, warum sie früher gehen musste.

JEMAND, DER EINEN ERINNERT

KAREN hatte Melora schon früher anrufen wollen, aber in den vergangenen Wochen war einfach die Hölle los gewesen. Die Präsidentschaftswahl war nur noch drei Monate hin, und sie hatte ständig irgendwelche Partys oder Spendenaufrufe für Obama organisiert. Darüber hinaus musste sie sich um die neue Wohnung kümmern. Ihr Anwalt, ein Freund von Matty, hatte sich den Vertrag angesehen und bezüglich der Klimaanlage und der Jalousien noch ein paar Veränderungen vorgenommen, aber davon abgesehen war alles in Ordnung. Karen hatte sich einen Gutachter geholt, der Bedenken wegen einer undichten Stelle in der Schlafzimmerdecke geäußert hatte, und so hatten sie den Preis noch um zweitausend Dollar auf $759.000 drücken können, was ihnen wie ein Schnäppchen vorkam. Karen und Matty hatten den Vertrag unterschrieben zurückgegeben. Zehn Prozent waren bis Vertragsabschluss hinterlegt, und die fünfzehn Prozent Anzahlung wurden erst nach Zustimmung der Eigentümergemeinschaft fällig.

Als Melora das Restaurant betrat, strahlend schön, aber in einem hochgeschlossenen cremefarbenen Baumwolltop und Röhrenjeans dezent gekleidet, saß Karen an der Bar und winkte aufgeregt. Melora lächelte gequält und ging auf sie zu.

Karen warf die Arme um sie, und Melora hüstelte, als

Karen ihr versehentlich die Kehle abdrückte. »Du siehst hinreißend aus«, sagte Karen. »Wo kommst du her?«

»Von einem Essen«, sagte Melora leicht gereizt.

»Wo?«

»Ach, im Waverly.«

»Omeingott! Da wollte ich schon immer mal hin, aber es ist unmöglich, dort einen Tisch zu bekommen. Ich wünschte, du hättest etwas gesagt. Ich hätte dich dort abgeholt. Mich zu euch gesetzt. Warst du mit jemand Berühmtem dort?«

»Nein.« Melora senkte missmutig den Blick.

Karen glaubte ihr nicht. Konnte sie nicht ein bisschen freundlicher sein? Karen wollte ihr nicht jedes Wort einzeln aus der Nase ziehen müssen. »War Graydon Carter da?«

»Nein.«

»Komm schon, irgendjemand Berühmtes muss doch da gewesen sein. Außer dir, meine ich.«

»Gwyneth Paltrow saß an einem Nachbartisch.«

»Wie ist sie so? Ist es wahr, dass sie in der Schule dicke Mädchen gehänselt hat?«

»Ich kenne sie nicht besonders gut«, sagte Melora, den Blick in die Ferne gerichtet.

Karen hatte kapiert. Melora wollte nicht über andere Stars tratschen. Vielleicht war sie mit Gwyneth befreundet. Und darum ging es ja bei der Freundschaft mit Melora auch gar nicht. Karen wollte nur mit ihr zusammen sein, ihr zuhören.

»Gott, ich würde gern mal dorthin gehen«, sagte Karen. »Denkst du, du könntest das arrangieren?«

»Ich kann es versuchen.«

»Das wäre wirklich toll«, sagte Karen.

Der Oberkellner fragte, ob sie soweit seien, und führte sie zu einem Tisch am Fenster. Eine Kellnerin brachte ihnen die Speisekarten, und Melora studierte ihre traurig, klappte sie zu und sagte, sie habe keinen Hunger. Ihre düstere Miene gefiel Karen nicht. Fast hatte sie ein schlechtes Gewissen, als würde sie Melora mit ihrer Einladung zum Essen foltern. Doch diese Art Freundschaft war neu für Melora, und Karen musste nachsichtig sein. Melora war es nicht gewohnt, sich zu öffnen, ihre Verletzlichkeit zu zeigen.

Karen blickte zur Tür. Es war Donnerstagabend, und im Restaurant herrschte Hochbetrieb. Sie wollte von einer Mutter aus der Nachbarschaft gesehen werden, doch was sollte sie sagen, wenn die Frau fragte, woher sie sich kannten. Es war schwer, eine plausible Erklärung dafür zu finden, warum sie und Melora Leigh spät abends zusammen im Stone Park Café aßen. Wenn niemand kam, den sie kannte, konnte sie vielleicht auf dem Spielplatz ganz nebenbei fallenlassen, dass sie sich mit Melora angefreundet hatte.

Aber das wäre falsch. Bei einer echten Freundschaft redete man nicht über den anderen, wenn er nicht dabei war. Bei einer echten Freundschaft war man diskret und verschwiegen. Beim Rosh-Hashanah-Gottesdienst im Garfield Tempel hatte der Rabbi einmal über *lashon hara* gesprochen, die böse Zunge, und gesagt, dass es nach rabbinischem Gesetz verboten war, über jemanden zu reden, der nicht da war, selbst wenn man Gutes über ihn sagte.

»Mit wem warst du denn nun essen?« fragte Karen.

»Adam Epstein?«

»Adam Epstein? Arbeitet ihr zusammen? *Hochstand* war nicht übel, wenn auch etwas drastisch für meinen Geschmack.« Melora erzählte Karen, dass sie in seinem neuen Film, *Die gelbe Rosie*, die Hauptrolle spielte und deshalb bald nach Bulgarien flog.

»War sonst noch jemand beim Essen dabei?«

»Stu. Und Adams Frau Jessica Chafee.«

»Sie ist hinreißend. Aber irgendwie ist es nach *Eva und Andy* ruhig um sie geworden. Ich glaube, sie hat sich nie ganz davon erholt, dass sie danach diese Nutte gespielt hat. Erinnerst du dich? In dem Film mit Ed Harris? Ich kann mich nicht an den Titel erinnern.«

»Laufbursche.«

»Genau!« Melora war wahrscheinlich auch für eine Rolle im Gespräch gewesen, doch Karen fragte nicht, falls Jessica sie ausgebootet hatte. »Nutten zu spielen, geht Frauen an die Substanz. Sieh dir nur an, was mit Elisabeth Shue nach *Leaving Las Vegas* passiert ist. Sie bekommt kaum noch Rollen.«

»Sie hat Kinder«, sagte Melora.

»Mira Sorvino hat eine Nutte gespielt, und die bekommt auch keine Rollen mehr.«

»Sie hat auch Kinder.«

Karen merkte, dass Melora das Thema nicht behagte. Wahrscheinlich kam es der Wahrheit zu nahe. Es klang nach einer guten Rolle für sie. Wer hätte das gedacht? Vielleicht schaffte sie sogar ein Comeback.

Die Kellnerin kam, um ihre Bestellung aufzunehmen, und Karen nahm Tempura mit frittierten Austern und Osterlamm und ein Glas Riesling. Melora bestellte ein Mineralwasser mit Limone.

Nachdem die Kellnerin gegangen war, wartete Karen, ob Melora auch etwas über sie wissen wollte, aber als nichts kam, nahm Karen die Sache selbst in die Hand. »Darby und ich waren heute bei Old Navy«, sagte Karen. »Ich musste ihm Sachen für den Schulanfang kaufen. Die Schlangen an der Kasse waren der reinste Irrsinn. Ich hätte nicht gedacht, dass es an einem Wochentag im August so schlimm sein würde, aber die Schwarzen gehen echt gern einkaufen! Die Atlantic Mall ist immer so stressig, aber Darby liebt die Busfahrt. Er steht gerade total auf Laster und Busse. Mag Orion Busse?«

»Ja«, sagte Melora und blickte interessiert nach draußen. Karen drehte sich um, aber die Straße war leer.

»Old Navy, also. Wir haben ihm ein paar Hosen und langärmelige T-Shirts gekauft, weil … Weißt du, das ist komisch. Bei GapKids hat er normalerweise 4T, aber bei Old Navy nur 3T. Diese Stadtkinder sind so fett, dass alles größer ausfällt. Nicht dass ich den Eltern einen Vorwurf mache. Wenn man Michael Pollan gelesen hat, weiß man, dass die Regierung seit Nixon ein persönliches Interesse daran hat, Soja und Mais billig zu halten, und die beiden Nahrungsmittel sind nun mal das Rückgrat des Fast Food. Diese Menschen haben keinen Zugang zu frischen Lebensmitteln, obwohl mir aufgefallen ist, dass der Markt am Grand Army Plaza jetzt Essensmarken akzeptiert, was ein Schritt in die richtige Richtung ist. Wo war ich stehen geblieben?«

»Du wolltest erzählen, warum Darby neue Sachen brauchte.«

»Richtig. Ich wollte Darby was Hübsches zum Anziehen kaufen, weil ich nicht weiß, ob er zu dem Vorstellungsgespräch bei der Eigentümerversammlung mitkommen soll, also gehe ich lieber auf Nummer sicher. Ich weiß nicht, wie die Vorschriften für Kinder sind. Du?«

»Man braucht sie nicht mitzubringen.«

»Puh. Er kann gegenüber Erwachsenen nämlich ziemlich unberechenbar sein. Der Termin ist noch eine Weile hin. Voraussichtlich am fünfundzwanzigsten September. Ich hatte gehofft, er wäre früher, aber solche Dinge ziehen sich immer ewig. Ich bin ein bisschen nervös wegen einer der Eigentümerinnen. Ich weiß nicht, ob sie auch da sein wird.« Karen erzählte Melora die Geschichte von der Frau in Apartment Drei und wie sie Karen angeschrien hatte. »Denkst du, ich sollte sie anrufen, um gut Wetter zu machen?«

»Nein. Du kannst nur hoffen, dass sie sich nicht an dich erinnert.«

»Das glaube ich kaum. Die hatte einen Stock im Arsch. Ich glaube, sie hat es auf mich abgesehen. Jemand, der Rebecca heißt, muss einfach eine Zicke sein. Erinnerst du dich an die Folge von *Sex and the City*, wo Charlotte und Trey zur Sextherapie gehen und Charlotte ihre Vagina Rebecca nennt? Matty fand es antisemitisch, aber ich glaube, er ist zu empfindlich.«

Melora lächelte schwach. »Die wollen alles Mögliche für diesen Termin von uns haben«, fuhr Karen fort. »Ein ganzes Finanzpaket. Sie nehmen es sehr genau. Man muss sogar die leeren Seiten der Fondsberichte mitschicken – und man braucht drei Empfehlungsschreiben.«

Melora schien sich nicht sonderlich dafür zu interessieren, was Karen sagte. Doch jetzt merkte sie auf. Ihr Blick war warm und aufmerksam. »Ich könnte dir eins schreiben«, sagte sie.

Karen konnte es nicht glauben. Die ganze Zeit hatte sie sich eine echte Freundschaft mit Melora gewünscht, und jetzt war es soweit. Gleich bei der ersten Verabredung. Melora war aus freien Stücken großzügig. Sie nutzte ihre Berühmtheit, um jemand anderem zu helfen, wozu Berühmtheit ja auch in erster Linie gut war. Karen konnte ihr also nicht egal sein.

»Echt?« sagte Karen. »Bist du sicher, dass es dir nichts ausmacht?«

»Für Jerry und Jessica Seinfeld habe ich auch eine Empfehlung geschrieben, als sie sich für das Beresford beworben haben.«

Das war fast zu schön, um wahr zu sein. »Aber was sagst du, woher du mich kennst?«

»Das ist denen egal. Ich kann sagen, dass unsere Söhne befreundet sind. Das stimmt doch, oder?«

»Natürlich. Das wäre unglaublich.«

Melora wirkte zum ersten Mal an diesem Abend optimistisch.

»Ogott, ich hoffe, es klappt!« rief Karen. »Ich glaube, in einer größeren Wohnung wären wir soviel glücklicher. Ich will Platz für ein zweites Kind, und ich habe irgendwie die Vorstellung, dass ich endlich schwanger werde, wenn wir ein Zimmer mehr haben. Je mehr Fruchtbarkeit erforscht wird, desto deutlicher wird der Stressfaktor. Matty und ich wollen es in diesem Zyklus nochmal versuchen, heute in einer Woche.«

»Wie schön.« Melora schien gar nicht richtig zuzuhören.

»Mir bleibt nicht mehr viel Zeit. Ich habe dieses Buch gelesen, *Creating a Life*, und darin heißt es, dass die Fruchtbarkeit der Frau schon mit siebenundzwanzig nachlässt. Ich bin zweiunddreißig!«

»Aber wenn es nicht klappt, spricht doch nichts dagegen, nur ein Kind zu haben. Es ist außerdem einfacher.«

»Woher willst du das denn wissen? Du hast rund um die Uhr Hilfe. Du würdest auch mit sechs Kindern spielend fertig werden.« Annika hatte Karen am Tag nach Karens Tête-à-tête mit Melora angerufen und ihr erzählt, dass sie gefeuert war. Dann hatte sie angefangen, Karen auf Schwedisch zu beschimpfen. Danach hatte Karen nie wieder von ihr gehört, aber sie nahm an, dass Melora jemand Neues engagiert hatte.

»Das ist wahr«, sagte Melora langsam, »aber ich will keine sechs Kinder. Ich will eins. Einzelkinder sind sehr selbständig. Ich bin ein Einzelkind. Es hat viele Vorteile. FDR war Einzelkind.«

»Und Roy Cohn.«

»Du solltest dir nicht so viele Sorgen machen«, sagte Melora. »Wenn es sein soll, wirst du noch ein Kind bekommen.«

Karen dachte, was für ein wundervoller Mensch Melora war, wie anders als andere Stars, wie herzlich, und wie glücklich sie sich schätzen konnte, Melora zu kennen. Der arme Neal Harris mit seiner Brieftasche tat ihr leid. Doch auf gewisse Weise war der Diebstahl ein Glück gewesen. Sie verdankte es Neal Harris' gestohlener Brieftasche, dass sie mit Melora im Stone Park saß. »Du bist lieb«, sagte Karen. »Du bist wirklich ein ganz besonderer Mensch. Ich meine, du sorgst dich um mich. Das ist wirklich süß von dir.« Karen beugte sich vor und drückte Meloras Hand.

»Alles wird gut«, sagte Melora. »Du wirst schon sehen.« Melora fand genau die richtigen Worte, um sie zu trösten. Sie sagte nicht viel, aber was sie sagte, war erste Sahne. Melora lächelte wie Mona Lisa, als berge sie ein süßes Geheimnis. Karen wusste, was es war: Sie freute sich, Karen helfen zu können. Karen war glücklich, dass Melora glücklich war.

»Ich weiß«, sagte Karen, »aber manchmal braucht man jemanden, der einen daran erinnert.«

GEISTERFAHRRAD

DIE Gedenktafel war schon aufgestellt, dabei war der Mann erst einen Tag tot. Rebecca hatte den Unfall am Morgen zuvor gehört – einen Knall und dann ein wildes Durcheinander von Polizei- und Krankenwagensirenen, die immer näher kamen und dann verstummten. Sie konnte die ganzen Rettungsfahrzeuge vom Fenster aus sehen. Später, als sie mit Abbie nach draußen gegangen war, hatte sie das umgekippte Fahrrad gesehen und schräg gegenüber, an der nordöstlichen Ecke von Carroll und Eighth, einen riesigen Geländewagen. Die Eighth Avenue war mit gelbem Polizeiband abgesperrt, und Polizisten leiteten den Verkehr zum Prospect Park West um. Als Rebecca das Fahrrad sah, wusste sie sofort, dass der Mann tot war.

Heute lagen an der Stelle Blumen und Zeitungsartikel und ein handgeschriebener Zettel, auf dem stand: *»Stell dir vor, es gäbe keine Autos.«* Auf einem Foto sah der Mann rund und glücklich aus. In den Zeitungsausschnitten hieß es, er habe Zwillinge. Zwei Mädchen. Einfach so war es vorbei. Seine Frau hatten wahrscheinlich andere Dinge geängstigt, als er am Morgen aus dem Haus gegangen war – Terroranschläge, aber keine Fahrradunfälle. Abbie streckte die Hand nach den Blumen aus, und Rebecca schob sie schnell weiter, als brächte es Unglück, etwas zu berühren, das dem Tod so nah war.

Eine Straße weiter hatte jemand ein weiß angemaltes Fahrrad an ein Straßenschild angeschlossen. Sie wurden Geisterfahrräder genannt und stammten von Fahrrad-Aktivisten. Rebecca wusste, dass sie nur auf Sicherheitsrisiken aufmerksam machen wollten, aber sie hasste es, jedes Mal, wenn sie die Wohnung verließ, dieses morbide Symbol sehen zu müssen. Sie hatte nichts getan, und doch würde für immer und ewig ein Geisterfahrrad in ihrer Straße parken.

Rebecca ging die Carroll Street Richtung Osten zur öffentlichen Bücherei, um Stuart zu suchen. Sie hatte ihn schon mehrmals angerufen und immer nur die Mailbox erreicht, und so sah sie keinen Sinn darin, ihn weiter mit Anrufen zu belästigen. Sie hatte beschlossen, ihn persönlich aufzusuchen.

In den zwei Tagen nach dem Test hatte sie ein halbes Dutzend weitere Tests gemacht, um sicher zu gehen. Sie war nicht schlauer als in der Koop-Toilette, aber sie hatte das Bedürfnis, mit ihm zu reden. Sie hatte wegen etwas Kummer, etwas, das mit einem anderen Menschen zu tun hatte, und es schien nur logisch, sich an diesen Menschen zu wenden.

Seit zwei Tagen betete sie, dass sie eine Fehlgeburt hatte, obwohl das verwerflich und falsch war, aber es war noch früh, und das Baby war noch gar kein Baby. Wenn sie das Kind verlor, würde sie nicht entscheiden müssen, ob sie es behalten wollte. Sie hatte sogar versucht, sich selbst in den Bauch zu boxen, brachte es aber nicht über sich, fest genug zuzuschlagen.

Es zu behalten, bedeutete haufenweise Probleme. Sie würde sich überlegen müssen, ob sie Theo die Wahrheit erzählen sollte oder – was noch gruseliger war, als es ihm zu erzählen – ihm weismachen, dass es von ihm war. Und dazu müssten sie …

Wer wusste, wie er reagieren würde, wenn sie ihm von Stuart erzählte? Sie konnte den Gedanken, dass er sie verließ, nicht ertragen. Vielleicht würde er sogar versuchen, ihr Abbie wegzunehmen.

Es war nur logisch abzutreiben. Aber erst wollte sie es Stuart erzählen. Sie würde ihn in ihren Plan einweihen, und er würde ihr seinen Segen geben, und dann würde sie wissen, dass sie das Richtige tat.

Der erneuerte Platz vor der Bücherei war voller Menschen. Kinder spielten in den Brunnen neben den Stufen. Wäre Rebecca nicht so gestresst gewesen, hätte sie Abbie dazugesetzt. Stattdessen nahm sie die Rampe für Rollstuhlfahrer, wandte sich nach links zu den Fahrstühlen und stieg im ersten Stock aus.

In der Abteilung für Gesellschaft, Wissenschaft & Technologie flitzte sie an den Neuerscheinungen über Wege aus der Schuldenfalle und Wohnungsrenovierungen vorbei. Suchend sah sie sich nach Stuart um, sah jedoch nur hauptsächlich schwarze College-Studenten über dicken Lehrbüchern hocken.

Sie machte kehrt, und als sie schon fast wieder draußen war, kam Stuart ihr entgegengeschlendert. Er hatte seinen Laptop unterm Arm und blickte stirnrunzelnd auf sein Telefon. »Ich habe mir gedacht, dass ich dich hier finde«, sagte sie.

Er zuckte instinktiv zusammen, als sei sie ein Fan, ehe er sie erkannte und erneut zuckte, aber diesmal anders. »Woher wusstest du, dass ich hier bin?«

»Du hast mir erzählt, dass du hier arbeitest.«

»Ach ja, richtig«, sagte er distanziert, als habe das Gespräch nicht vor wenigen Wochen, sondern vor Monaten stattgefunden. Er erinnerte sich nicht daran. Sie erinnerte sich an jedes einzelne Wort zwischen ihnen, aber er erinnerte sich nicht mal an dieses kleine Detail.

»Können wir reden?« fragte sie. Er zögerte. »Können wir irgendwo hingehen? Es ist wichtig. Im obersten Stockwerk ist ein Restaurant, in dem normalerweise nicht viel los ist. Bitte?«

»Ich hol nur schnell meine Sachen«, sagte er nach einem Augenblick des Zögerns. Er ging zu einem der Arbeitsplätze und griff nach seiner Laptoptasche.

Der Weg zum Restaurant war lang, erst der Fahrstuhl, dann leere, endlos verwinkelte Gänge mit historischen Schwarzweiß-Fotografien von Brooklyn an den Wänden. Keiner sagte etwas. Vor gar nicht langer Zeit hätte Rebecca es sexy gefunden, mit Stuart einen langen, verwinkelten Gang entlangzugehen, doch jetzt fand sie es trostlos.

Im Restaurant wimmelte es von Nannys mit ihren Schützlingen. Niemand nahm von Stuart und Rebecca Notiz. Ihr kam der Gedanke, dass dies der perfekte Ort für ein Treffen mit einem Liebhaber war, und sie wünschte, sie wäre mit Stuart schon im Juli hergekommen, als alles noch anders war.

Sie setzten sich an einen Tisch am Fenster mit Blick auf den Prospect Park. Der Himmel war strahlend blau, die Sonne brannte durchs Fenster.

»Also, worüber willst du reden?« fragte er.

»Was ist passiert?« platzte sie heraus.

»Was meinst du?«

»Du bist einfach verschwunden«, sagte sie. Sie hatte nicht vorwurfsvoll klingen wollen, doch ihre Stimme hörte sich überspannt und schrill an. »Du warst wie vom Erdboden verschluckt. Und gestern bist du nicht zu deiner Koop-Schicht erschienen.«

»Das ist eine lange Geschichte. Ich wollte dich anrufen. Ich hab viel an dich gedacht.«

Das Herz schlug ihr bis zum Hals. Vielleicht war alles

ein großes Missverständnis. Irgendetwas hatte ihn davon abgehalten, sie anzurufen – seine Mutter war gestorben, Orion war schwer krank – und jetzt, wo alles unter Kontrolle war, konnten sie wieder zusammen sein und das Baby bekommen. »Hast du?«

»Du bist das Beste an diesem Viertel.« Er lächelte schief. »Es ist nur … Bei mir ist im Moment viel los. Beruflich. Es ist kein guter Zeitpunkt. Aber ich wollte dich anrufen.« Er legte seine Hand auf ihre. »Die Nacht auf dem Dach war der Hammer.«

Sie war nicht sicher, was dieses Gerede von »Bei mir ist viel los«-sollte, aber er sagte, dass er an sie gedacht hatte. Sie war ihm nicht egal. Zwischen ihnen war etwas, größer als Sex, wenn auch kleiner als Liebe. Er würde ihr beistehen, sie zu dem Termin begleiten. Und im Wartezimmer dann würde er seine Meinung vielleicht ändern und…

»Als wir uns in der Koop begegnet sind«, sagte er, »hatte ich das Gefühl, endlich zu verstehen, warum ich nach Brooklyn gezogen bin. Um dir zu begegnen. Aber dann kam alles ins Rollen, schneller, als ich gedacht hätte, mit meinem Film und …«

»Du meinst, du hast dein Drehbuch diesem Produzenten gezeigt?«

»Das werd ich noch. Ich bin gerade dabei, es zu überarbeiten. Und die Sache ist, dass dieser Produzent, ich kenne ihn nur durch … durch sie. Deshalb muss ich vorsichtig sein. Ich meine, ich kann nicht das Risiko eingehen, dass sie … Sonst kann ich es vergessen. Es ist ihre Connection. Ich muss am Ball bleiben. Aber du darfst nicht denken, dass du mir egal bist. Denn das bist du nicht.«

Melora half ihm also, und er hatte zuviel Schiss, sie zu betrügen. Es war so feige und gemein. Rebecca bedauerte die Schauspielerin. Rebecca behandelte Stuart mies, aber seine Frau behandelte er noch viel mieser.

»Jedenfalls tut es mir leid, dass ich nicht angerufen habe. Also, was ist los? Worüber wolltest du mit mir reden?« sagte er.

»Ich bin schwanger«, sagte sie. Ihre Kehle war trocken, ihre Stimme nur ein Krächzen.

Drei Reaktionen ließen sich deutlich an seinem Gesicht ablesen: Bestürzung (wie konnte das passieren?), Sorge (um sich selbst) und schließlich – was sie am meisten ärgerte – die Überzeugung, nicht verantwortlich zu sein. »Was?« sagte er ausdruckslos. »Bist du sicher?«

»Ich habe vier Tests gemacht.«

»Die könnten falsch sein.«

»Ich war auf PeeOnAStick.com. Da heißt es, falsche positive Ergebnisse sind bei Schwangerschaftstests viel seltener als falsche negative.«

»Woher weißt du, dass es von mir ist?«

»Glaub mir«, sagte sie leise. »Das ist es.«

»Woher soll ich das wissen?«

»Ach komm schon! Was glaubst du? Dass in diesem Viertel Millionen von Männern auf der Suche nach Affären sind? Dann wäre ich wohl kaum so notgeil gewesen, als wir uns begegnet sind.«

»Was ist mit deinem Mann?«

»Wir haben seit über einem Jahr keinen Sex mehr gehabt.« Sie wollte erst anderthalb sagen, schämte sich aber zu sehr. Sie konnte nicht glauben, dass sie ihr nicht vorhandenes Sexleben beschönigte, um weniger erbärmlich zu wirken, aber nur weil man eine persönliche Krise hatte, brauchte man sich noch lange nicht zu erniedrigen.

»Woher soll ich wissen, dass das stimmt?« sagte er.

»Willst du eine eidesstattliche Erklärung von ihm?«

Er legte beide Hände auf den Tisch und blickte aus dem Fenster auf den Park. Dann sah er sie wieder an. »Willst du schwanger sein?« fragte er leise.

Sie war nicht sicher, aber da sie jetzt wusste, dass er Melora benutzte, um an diesen Produzenten heranzukommen, schämte sie sich, dass sie sich Hoffnungen gemacht hatte. Er war zu egoistisch und zu gefangen in seiner Welt. »Natürlich nicht«, sagte sie.

»Dann ist gut. Kluges Mädchen.«

»Der Film *Beim ersten Mal* war irgendwie witziger«, sagte sie.

»Achtzehn Minuten kürzer wäre er noch besser gewesen.« Er griff nach ihrer Hand und drückte sie. »Tut mir leid. Das ist wirklich furchtbar.«

»Ich hätte vorsichtiger sein müssen«, sagte sie. »Ich hätte dich nie … Ich weiß nicht, was ich mir dabei gedacht habe. Aber wenn man so selten Sex hat wie ich, verliert man leicht den Überblick.«

»Aber hab ich ihn nicht …?«

»Ja, hast du. Ich wusste auch nicht, dass so was passieren kann. Ich meine, ich hatte nie einen Unfall. Vielleicht bin ich seit Abbie superfruchtbar. Das kommt manchmal vor, nach dem ersten Kind. Der Körper wird auf Schwangerschaft konditioniert oder so.« Sie starrten sich schweigend an, während zwei junge schwarze weibliche Büchereiangestellte am Nachbartisch Smalltalk machten.

»Ich weiß nicht, was ich tun soll.« Ihr war zum Heulen, aber sie war so angespannt, dass nichts kam, als sie versuchte zu schluchzen. Sie hatte nicht gewusst, dass keine Tränen schlimmer sein konnten als Tränen.

»Ich dachte, du hättest gesagt, was du tun wirst«, sagte er.

»Hab ich auch. Ich dachte nur, du solltest es wissen. Ich dachte, bevor ich etwas unternehme, solltest du es wissen.«

Er griff in seine Tasche. »Brauchst du etwas …«

Sie schüttelte den Kopf. Kapierte er es nicht? Es ging

nicht um Geld. Sie wollte, dass er mitkam oder ihr wenigstens anbot mitzukommen, doch er sagte nichts. Wenn sie das Beste am ganzen Viertel war, warum bot er dann nicht seine Hilfe an? War er nicht ihr Freund? Selbst wenn er das Kind nicht wollte, verdiente es niemand, das allein durchstehen zu müssen. Und es dann vor Theo verbergen zu müssen. Sie wusste nicht mal, wie das möglich sein sollte, mit den Blutungen oder was auch immer danach noch kam.

»Danke«, sagte er. Und dann nahm er ihre Hand in seine, beugte sich so weit vor, dass ihre Gesichter sich fast berührten, und sagte: »Vielleicht irgendwann einmal … Wenn das alles vorbei ist. Du bedeutest mir viel, Rebecca. Das weißt du.« Er küsste sie auf die Wange. »Du bist stärker, als du denkst.« Es klang wie aus einem schlechten Film. Sie fragte sich, ob sie nur der Recherche gedient hatte, wie »echte« Menschen lebten. Sie fragte sich, ob er in dem Moment, wo sie sich ihm nah gefühlt hatte, nur eine Rolle gespielt hatte. »Du schaffst das schon«, sagte er und ging.

Nachdem er fort war, dachte sie an den Moment zurück, als Rakhman sie unterbrochen hatte. Warum hatte sie nicht länger nach dem Kondom gesucht? Hatte sie es unbewusst darauf angelegt?

Sie hatte solche Angst vor einer Scheidung gehabt. Vielleicht war das ihre Art, ihrer Ehe zu entkommen. Indem sie etwas Unverzeihliches tat, brachte sie Theo dazu, sie zu verlassen, und konnte ihm so die Schuld an der Scheidung geben.

Aber sie wollte nicht alleinerziehend sein. Sie fand es schon schwer genug, verheiratete Mutter mit nur einem Kind zu sein. Wie sollte sie es als allein erziehende Mutter mit zwei Kindern schaffen?

Schon in der Schreckenssekunde im Koop-Klo hatte

sie sich ausgemalt, das Kind mit Stuart großzuziehen. Wie naiv sie gewesen war. Sie war ein Barnard-Mädchen, und trotzdem hatte sie die beiden ältesten Fehler gemacht, die eine Frau machen konnte: heiraten, um mehr Sex zu haben, und schwanger werden, um einen Mann zu halten.

Sie nahm ihr Handy und rief ihre Mutter in ihrem Haus in Beach Haven an. »Hallo, Süße!« rief ihre Mutter fröhlich. Obwohl sie ihre Eltern vor einem Monat besucht hatte, rief Rebecca nicht sehr oft an. Seit der Sexflaute war sie immer verschlossener geworden, als fürchte sie, wenn sie sich öffnete, irgendwann etwas auszusprechen, was sie dann nicht mehr zurücknehmen konnte.

Sie hatte ein schlechtes Gewissen, dass sie sich so selten bei ihrer Mutter meldete, sie nicht an ihrem Leben teilhaben ließ. Sie hatte ein schlechtes Gewissen, dass sie so selten nach Philadelphia fuhr, obwohl es nur neunzig Meilen entfernt war. Eines Tages würde ihre Mutter tot sein und dann war es zu spät.

»Wie geht es dir?« fragte ihre Mutter.

»Ganz gut«, sagte Rebecca und schluckte schwer. »Abbie wollte dir Hallo sagen.« Sie hielt Abbie das Telefon ans Ohr, doch das Kind sagte nichts und griff stattdessen danach. »Eben hat sie noch ›Omama‹ gesagt, aber jetzt ist sie schüchtern.«

»Das macht doch nichts. Ist es heiß bei euch? Ich hab gehört, es ist ein schrecklicher Sommer.«

»Eine Bullenhitze. Ich wünschte, ich wäre bei euch.«

»Ich hab dir doch gesagt, du bist jederzeit willkommen. Es ist einsam hier, nur so zu zweit. Papa ist mit dem Fahrrad unterwegs.«

Für ihre Eltern war alles so einfach gewesen. Sie waren sich begegnet, hatten sich verliebt und zwei Kinder bekommen. Hatte es bei ihnen je sexuelle Durststrecken gegeben? War ihre Mutter je fremdgegangen? Schwer vorstellbar, dass damals überhaupt irgendjemand sexuelle Durststrecken gehabt hatte. Selbst in den Siebzigern waren die Geschlechterrollen traditioneller verteilt. Von Männern wurde erwartet, dass sie immer wollten, und von Frauen, dass sie auf Befehl die Beine breit machten. Dabei gab es weder Viagra noch Cialis. Damals schienen die Menschen trotz Wirtschafts- und Ölkrise glücklicher gewesen zu sein. Rebecca fragte sich, ob es so etwas wie zuviel Freiheit gab.

Sie wollte ihrer Mutter alles erzählen, was passiert war, wusste aber nicht, wo sie anfangen sollte. Ihre Mutter würde sie für verrückt erklären, wenn sie von der Schwangerschaft erfuhr. Sie würde ihr wahrscheinlich raten abzutreiben. Ihre Mutter war gnadenlos pragmatisch.

Abbie griff nach dem Telefon. Rebecca versuchte erneut, es ihr an den Mund zu halten, doch Abbie blieb stumm. »Ich wünschte, ich wäre wieder Kind und würde in der Brandung toben.«

»Ist alles in Ordnung?«

»Jaja«, sagte sie. »Gib Papa einen Kuss von mir, wenn er zurückkommt.«

Rebecca drehte ihr Gesicht zum Fenster und sah nach unten. Sie sah zwei frischgebackene Mütter in den Park gehen. Man erkannte sie an den tragbaren Autositzen, dem schlendernden Gang und dem übertrieben zur Schau gestellten Interesse. Junge Mütter waren ihr immer verhasst gewesen, aber von hier oben wirkten sie einfach nur unsicher. Sie sah ihnen nach, bis die Bäume sie verschluckten.

DER BOYKOTT

DAS Leben war nicht dasselbe ohne Rebecca. Lizzie besuchte all ihre gemeinsamen Lieblingsplätze – den Spielplatz in der Third Street, die Tea Lounge – doch von Rebecca keine Spur. Es war fast, als habe sie nie existiert.

Es war vier Uhr an einem schwülen Freitagnachmittag, und Lizzie war auf dem Weg zur Reinigung in der Seventh Avenue. Zuvor machte sie einen Zwischenstopp in der Sixth Avenue, um bei Boing Boing Brustwarzensalbe zu kaufen. Mance hatte eine Beißphase und kaute beim Stillen mit triumphierendem Blick auf ihren Nippeln herum. Sie hatte alles versucht – ablenken, schimpfen, Entzug –, aber nichts hielt ihn davon ab, beim nächsten Mal wieder zuzubeißen, und so hatte sie beschlossen, die Symptome zu behandeln statt die Ursache und zu hoffen, dass die Phase vorbeiging.

Seit sie Rebecca nicht mehr traf, wollte Mance wieder öfter an die Brust. Lizzie hatte das Gefühl, dass er spürte, wenn sie sich schämte, und da nun niemand mehr da war, vor dem sie sich schämen musste, war auch er entspannter.

Der Streit auf Rebeccas Treppe war drei Wochen her, und seither hatten sie keinen Kontakt. Am Anfang war Lizzie sauer auf Rebecca gewesen, weil sie sie im Gate hatte sitzen lassen, dann kam sie sich albern vor, weil sie sich eingebildet hatte, es könnte je etwas zwischen ihnen laufen.

Es war offensichtlich, dass beide Küsse nur dem Alkohol geschuldet waren. Das hatte Rebecca praktisch zugegeben, als sie Lizzie von den Problemen mit ihrem Mann erzählt hatte. Lizzie war erleichtert, dass sie sich nicht mehr nach Rebecca sehnte, nicht mehr die ganze Zeit an sie dachte, wie in diesen wenigen kurzen Wochen. Manchmal versuchte Lizzie, nur zur Probe, ihr anfängliches Interesse an Rebecca erneut heraufzubeschwören, aber das Herzflattern war vorbei.

Allerdings vermisste sie Rebeccas Sarkasmus und Intelligenz. Keine der Vollzeitmütter auf dem Underhill-Spielplatz mokierte sich so über ihre Kinder wie Rebecca. Sie bedauerte, dass Rebecca offensichtlich nicht mehr mit ihr befreundet sein wollte, aber Lizzie konnte sie nicht zwingen.

Jedes Mal wenn sie an den entsetzlichen Abend mit den Swingern zurückdachte, schämte sie sich für den kläglichen Dreier. Wie hatte sie nur mit den beiden nach Hause gehen können – mit einem Pärchen, dem sie jeden Tag auf dem Spielplatz begegnen konnte, mit ihren Kindern! Bisher war sie ihnen nicht über den Weg gelaufen, aber dafür gab es einen Grund: Das Pärchen wohnte Sixth Avenue Ecke Eighth Street, und Lizzie mied South Slope seither. Man scheißt nicht dort, wo man isst. Wahrscheinlich waren sie und Rebecca deshalb die Einzigen gewesen, die auf die Anzeige geantwortet hatten.

Wie vermutet hatte Jay keine Ahnung, was passiert war. Sie war vor ihm zu Hause gewesen, hatte Mona in ein Taxi gesetzt und noch Zeit gehabt zu duschen, ehe er kam. Sie hatte genau einen Tag lang ein schlechtes Gewissen, bis sie sich albern vorkam, weil er es sowieso nie erfahren würde.

In den vergangenen Wochen war er abwesender denn je. Es stellte sich heraus, dass es eine neue Late-Night-

Talkshow auf Comedy Central geben sollte, die in New York aufgenommen wurde, mit einem jungen Jon-Stewart-mäßigen Comedian. Sein Name war David Keller, und er suchte noch eine Hausband. Offenbar war er an One Thin Dime interessiert. Heute Abend spielte Jay in L.A. und David Keller und ein paar Leute vom Sender hatten sich angekündigt. Lizzie drückte ihm die Daumen, denn wenn er den Job bekam, würde er nicht mehr auf Tour gehen, doch die Erfahrung hatte sie gelehrt, sich nicht zu früh zu freuen.

Sie kaufte die Brustwarzensalbe und bog dann links in die Union zur Seventh. An der Seventh ging sie rechts und sah eine Menschenmenge vor der Koop. Es mussten um die fünfzig sein, etwa zwei Drittel schwarz. Sie hielten zornige Plakattafeln und standen in einer Reihe, die fast bis zur nächsten Straßenecke reichte. Während sie so standen, durchbrachen vereinzelte Menschen die Reihe, um in der Koop einkaufen zu gehen. Andere blieben stehen, lasen die Transparente und machten kehrt. Eine korpulente Weiße mittleren Alters mit WNYC-Tragetasche betrachtete das Ganze skeptisch.

»Was ist los?« fragte Lizzie.

»Sie boykottieren den Laden«, sagte die Frau. »Wegen Rassendiskriminierung.« Dann sah sie Mance, und ihre Miene versteinerte.

»Wieso Rassendiskriminierung?«

»Bei den Taschendurchsuchungen.«

Lizzie fragte sich, wie Mance sich fühlen würde, wenn später irgendjemand seine Taschen durchsuchte, nur weil er schwarz war. Seit ein Schwarzer die Chance hatte, Präsident zu werden, stellte sie sich oft vor, wie Mance sein würde, wenn er groß war. Sie wollte, dass er ebenso hoch griff wie Barack Obama, doch sie wusste, egal was aus ihm wurde, irgendwann würde auch er Opfer von Rassismus und Missverständnissen sein. So schnell änderte sich Amerika nicht.

Vielleicht war die Koop tatsächlich rassistisch und diese Demonstranten hatten recht. Sie sahen wie ganz normale Leute aus, nicht übertrieben politisiert, nur zornig. Lizzie wollte gerade an ihnen vorbeigehen, als sie Jays Mutter Mona in der Menge entdeckte. Obwohl beim Babysitten neulich alles glatt gelaufen war, hatte Lizzie sich danach nicht wieder bei ihr gemeldet.

Lizzie blieb stehen, um sie zu begrüßen. »Ich wusste gar nichts davon«, sagte sie. »Was ist passiert?«

»Ach, es ist schrecklich«, sagte Mona. »Ich habe es dir nicht erzählt, aber sie haben mich ohne Erlaubnis durchsucht.« Mona erzählte ihr, was passiert war und wie sie dem Arbeitskreis für Minderheitenschutz beigetreten war, der diese Demonstration organisiert hatte.

Lizzie war empört über das, was Mona widerfahren war. »Warum hast du mir nichts erzählt?«

»Ich stand noch unter Schock. Ich hab es Jean erzählt. Es wundert mich, dass er es nicht erwähnt hat.« Mona beugte sich zu Mance, strich ihm liebevoll über den Kopf und murmelte etwas auf Französisch, das Lizzie nicht verstand, obwohl sie in der Schule Französisch gelernt und am College drei Kurse belegt hatte. Auch deshalb fühlte Lizzie sich in Monas Gegenwart nie recht wohl. Sie und Jay sprachen immer Französisch miteinander.

»Wo ist sein Hut?« sagte Mona.

»Was?«

»Der Hut, den ich ihm gekauft habe. Wie kommt es, dass er ihn nicht trägt?«

Während Lizzie noch überlegte, was sie darauf antworten sollte, erregte etwas am anderen Ende der Straße, auf Höhe der President, ihre Aufmerksamkeit. Polizisten, Dutzende Polizisten in Kampfausrüstung, die Gesichter von den Visieren der Helme verdeckt. So rasch und entschlossen wie sie näher kamen, erinnerten sie Lizzie an Nazis. »Was soll das?« fragte sie Mona. Mona drehte sich um.

Danach geschah alles so schnell, dass Lizzie keine Zeit hatte zu begreifen, was passierte: Innerhalb von Sekunden hatten die Cops die Gruppe Schulter an Schulter in einem großen Halbkreis umstellt. Dann legten sie Handschellen an. Jemand schrie: »Sie haben die Menge nicht aufgefordert, sich zu zerstreuen!« Schaulustige protestierten, als die Polizisten jeden in der Reihe festnahmen. Andere Passanten sahen die Polizisten und gingen schnurstracks auf die andere Straßenseite, um nicht in irgendetwas verwickelt zu werden.

Ein kleiner, italienisch aussehender Polizist mit dunklen Augenbrauen drehte Lizzie um, vom Kinderwagen weg, und filzte sie. Sie konnte es nicht fassen. Seine Hände tasteten ihren Körper ab, betatschten Brüste, fassten ihr zwischen die Beine. »Das ist ein Missverständnis«, sagte sie. »Ich bin nur zufällig hier vorbeigekommen.« Sie deutete auf eine weiße Mutter, die ihr weißes Baby vorbeischob, doch der Polizist ignorierte sie.

»Sie hat nichts damit zu tun«, sagte Mona.

»Das können Sie dem Richter erzählen«, sagte er, und dann legte er Lizzie Plastikhandschellen an, die ihr in die Haut schnitten. Ein anderer Polizist legte Mona Handschellen an, und sie schrie: »Sie tun mir weh!«

»Seien Sie nicht so grob zu ihr!« rief Lizzie.

Bei *Law & Order* wurden einem immer die Rechte vorgelesen, wenn man verhaftet wurde, doch der Polizist sagte kein Wort. Die Plastikhandschellen waren eng, und es gefiel ihr gar nicht, Mance den Rücken zuzukehren. »Das ist ein Missverständnis!« schrie sie. »Ich bin nicht mal Mitglied der Koop. Ich kaufe bei FreshDirect.« Sie ließ sich neben dem Kinderwagen auf die Knie sinken. »Ich kann doch mein Kind nicht alleinlassen!«

»Ist hier jemand, der ihn mitnehmen kann?« fragte er, als bemerkte er Mance zum ersten Mal. Sie versuchte noch einmal, ihm zu erklären, dass sie hier niemanden kannte, doch sein Gesicht war hart und unerbittlich. Er tat nur seine Pflicht. Lizzie begann zu weinen, überzeugt, dass sie Mance an irgendeinen grauenvollen Ort bringen würden, wie das Jugendamt. Sie hatte von einer Dänin gelesen, die ihren Kinderwagen auf der Straße hatte stehen lassen, während sie am St. Marks Place zu Abend aß, und der man das Kind weggenommen hatte.

»Was soll ich nur tun?« sagte Lizzie zu Mona.

»Ruf jemanden an!« rief Mona, während sie abgeführt wurde.

Lizzie blickte suchend in die Menge. Sonst traf sie immer jemanden, den sie kannte, auf der Seventh Avenue, eine andere Mutter oder eine Freundin vom College oder einen Nachbarn aus Prospect Heights, der zur Koop gehörte, doch heute erkannte sie niemanden.

»Ich kann ihn nehmen«, sagte die WNYC-Frau. Lizzie dachte daran, wie herablassend die Frau geklungen hatte, als sie »Rassendiskriminierung« gesagt hatte. Lizzie mochte sie nicht, aber sie wirkte vertrauenswürdig, und ihr Gesicht schien weicher als vorhin. Sie war alte Schule Park Slope und sah aus, als hätte sie vielleicht selbst Kinder großgezogen. Und wer das öffentlich-rechtliche Radio unterstützte, konnte kein schlechter Mensch sein.

»Ich habe eine Freundin«, erklärte Liz ihr. »Sie wohnt ein paar Straßen weiter. Sie kann ihn nehmen. Rufen Sie sie an.« Und dann ratterte Lizzie die Nummer herunter, die sie auswendig konnte, seit Rebecca sie ihr gegeben hatte.

Der Polizist stand genervt daneben, als habe Lizzie

kein Recht, für die Betreuung ihres Kindes zu sorgen, jetzt, wo sie verhaftet war. Lizzie wiederholte die Nummer zur Sicherheit dreimal, dann beugte sie sich zu Mance hinunter und flüsterte: »Mami ist gleich wieder da«, obwohl sie nicht sicher war, dass das stimmte. Der Beamte zerrte Lizzie fort und führte sie ab. Die weiße Frau verschwand mit Mance aus ihrem Blickfeld.

NEUES SPIEL

MAN hat sie also ohne Grund verhaftet?« fragte Theo. »Es fällt mir schwer, das zu glauben.« Es war fast sieben Uhr abends, obwohl es draußen noch hell war, und er und Rebecca standen bei den Schaukeln auf dem Lincoln-Berkeley-Spielplatz und gaben Abbie und Mance Anschwung.

Als die Frau von der Koop gegen halb fünf angerufen hatte, war Rebecca mit Abbie gerade in der Third Street. Sie machte sich sofort auf den Weg, und die erste Entscheidung, die sie treffen musste, war, was sie mit Mances Kinderwagen anfangen sollte. Zwar war es keine weltbewegende Entscheidung, aber sie war stolz, sie getroffen zu haben. Sie hängte ihn an einen Haken in der Koop und trug Mance dann zu sich nach Hause, während sie Abbie mit der anderen Hand schob. Sie fütterte beide Kinder mit Tiefkühlpizza (sie hatte keine Ahnung, wann Mance zuletzt gegessen hatte) und ließ sie eine Weile in der klimatisierten Wohnung spielen, ehe sie Mance in die Babytrage setzte und mit den beiden auf den Spielplatz ging.

Gegen sechs hatte Lizzie vom achtundsiebzigsten Revier angerufen, um zu hören, wie es Mance ging. Sie klang besorgt, aber hauptsächlich um ihren Sohn. Rebecca sagte, es ging ihm bestens, und versprach, ihn in Abbies Bett schlafen zu lassen, falls Lizzie nicht rechtzeitig freikam. Rebecca bot an, eine Anwältin zu organisieren – eine College-Freundin –, aber Lizzie meinte, einer der Demonstranten habe bereits Sarah Kunstler kontaktiert.

»Ich bin so froh, dass er bei dir ist«, sagte Lizzie. »Ich bin froh, dass diese Frau dich erreicht hat.«

»Ach was«, sagte Rebecca. »Du hättest für mich bestimmt dasselbe getan.«

»Wahrscheinlich. Aber ich bin dir trotzdem dankbar.«

Später hatte Jay angerufen. Er war in Los Angeles und wollte versuchen, noch einen Nachtflug zu erwischen. Er sagte, er würde direkt vom Flughafen kommen.

Um halb sieben hatte Theo angerufen, der gerade aus der Bahn gestiegen war, weil er sich mit Rebecca auf dem Spielplatz treffen wollte. Er kam nur selten vor halb neun nach Hause, aber er hatte so getan, als sei er krank, um noch mit Abbie draußen spielen zu können, ehe es dunkel wurde.

In den Wochen seit ihrer Nacht auf dem Dach mit Stuart war Theo ungewöhnlich lieb zu Rebecca gewesen. Doch sie war wegen der Affäre so verstört gewesen, dass sie ihm die kalte Schulter gezeigt hatte. Als Theo auf den Spielplatz kam, war er geschockt, dass sie nicht ein, sondern zwei Kleinkindern Anschwung gab. Sie hatte ihm den Ablauf der Ereignisse laut Koop-Dame schon mehrfach geschildert, doch er schien immer noch nicht zu begreifen, wie traumatisch das Ganze für Lizzie gewesen sein musste.

»Es war eine Demonstration gegen Rassismus, oder?«

»Na und?«

Theo deutete mit dem Kinn bedeutungsvoll auf Mance. »Dann war Lizzie daran beteiligt.«

»Nein, war sie nicht! Sie ist nicht mal Mitglied. Sie kam nur zufällig vorbei und wollte ihrer Schwiegermutter Hallo sagen. Man hat sie festgenommen. Das ist alles

Bloombergs Schuld. Seit dem Parteitag der Republikaner ist die Polizei total durchgedreht. Man hätte sie nie im Leben verhaftet, wenn ihr Kind weiß wäre.«

»Findest du das nicht ein wenig paranoid? Wir haben einen schwarzen Präsidentschaftskandidaten.«

»Na und? Das bedeutet nicht, dass niemand mehr diskriminiert wird.« Er konnte so ein Idiot sein. Sie wusste, dass er für Obama war – sie hatten darüber geredet –, und manchmal hatte sie das Gefühl, dass er solche Sachen nur sagte, um sie zu provozieren, um zu testen, wie viel politische Korrektheit vom Barnard College noch übrig geblieben war.

Theo spielte das Pfeifspiel mit Abbie, bei dem er unschuldig pfiff und so tat, als würde er in die andere Richtung sehen, und sie dann mit Monstergeheul erschreckte. Rebecca hasste das Spiel – sie war genervt von seinem unermüdlichen Einsatz für Abbies Vergnügen –, doch Abbie schrie: »Nochmal!«

»Das musst du mal mit ihr machen«, sagte er. »Sie liebt es.«

»Ach, wir haben unsere eigenen Albereien.«

»Wirklich? Welche?«

Rebecca machte keine Albereien mit Abbie. Sie verstellte nicht gern die Stimme, zog Fratzen oder spielte gar irgendwelche Fingerspiele, aber sie wollte nicht wie eine schlechte Mutter klingen. »Das ist unser Geheimnis. Stimmt's, Ab?« Abbie nickte. Theo begann wieder zu pfeifen, und Abbie klatschte begeistert.

Wenn sie zu dritt waren, sah Rebecca zu, wie er diese albernen Spiele mit ihr spielte und fragte sich, warum er sich nicht mal locker machen konnte. Ihr Anschwung geben und sich dabei mit Rebecca unterhalten. Vor allem ihr mal von *hinten* Anschwung geben, Herrgottnochmal.

Doch heute störte es sie nicht, weil sie sich auf Mance

konzentrieren konnte. Sie war stolz, wie gut sie allein mit zwei Kleinkindern zurechtgekommen war. Diese Krise war leichter zu meistern, als die, über die sie seit zwei Tagen zwanghaft nachgrübelte.

Sie schwang Mance hoch in die Luft und rannte, plötzlich ungewöhnlich energiegeladen, unter der Schaukel hindurch auf die andere Seite. Mance quietschte vor Vergnügen. »Nochmal?« fragte sie und machte dasselbe noch ein paarmal. Theo sah sie neugierig an, weil er diesen demonstrativen Frohsinn von ihr nicht gewohnt war. »Willst du noch höher?« gurrte sie. Mit Kindern übers Schaukeln zu reden, war, wie über Sex reden. »Mehr?« sagte sie. »Willst du *mehr*? Willst du wirklich mehr?« Sie stellte sich vor, wie es wäre, so mit ihrem eigenen Kind zu spielen. Wenn sie zwei hatten, gab es für jeden eins.

Plötzlich vermisste sie Stuart – sein Interesse an allem, was aus ihrem Mund kam, wie seine Augenbrauen zuckten, wenn sie einen ihrer Sprüche brachte, oder wie er ihr Gesicht betrachtete, wenn sie redete, auch wenn das nur ein Trick war, den er auf der Schauspielschule für lange Monologe eines Szenenpartners gelernt hatte. Sie vermisste es, begehrt zu werden.

Vielleicht war ein Baby die Lösung.

Babys waren egoistisch – sie mussten es sein –, aber sie hatte nie Gelegenheit gehabt, Abbies Anhänglichkeit zu genießen, weil Theo Rebecca immer zuvorgekommen war. Er hatte nach Abbies Geburt zwei Wochen Vaterschaftsurlaub genommen, doch es hatte sich angefühlt wie zwei Monate. Beim kleinsten Mucks rannte er zu Abbie, nahm sie aus dem Bettchen, wenn sie aufwachte, und war der Erste, der sie wickelte, weil Rebecca nach dem Kaiserschnitt nicht aufstehen konnte.

Rebecca hatte sich vorher nicht vorstellen können, dass es so etwas wie zuviel Hilfe gab. Doch nachdem sie sich wie eine Versagerin vorkam, weil sie es nicht geschafft hatte, Abbie herauszupressen, wollte sie sich selbst auf andere Art beweisen, dass sie der Aufgabe gewachsen war.

Als Abbies Bauchnabelstummel abgefallen war, hatte Rebecca beschlossen, sie zum ersten Mal zu baden. Sie hatte Babywaschlappen, Badewannensitz und eine der sechs gelben Entenhandtücher, die sie zur Geburt bekommen hatten, bereitgestellt, und als sie gerade anfing, Abbie zu baden, wobei Theo ihr von hinten über die Schulter spähte, rief *Allure* an und bat sie, zwei Tage später Jessica Simpson in Los Angeles zu interviewen, weil jemand ausgefallen war. Sie verließ den Raum und hatte ein langes Gespräch mit der Redaktionsassistentin über Flugpläne, und als sie auflegte, saß Theo auf dem Sofa, Abbie eingewickelt in das Entenhandtuch auf dem Schoß. Er hatte Rebecca einen Meilenstein genommen, auch wenn sie, wie er sich später verteidigte, nicht da gewesen war. Sie hatte sich übervorteilt gefühlt und begriff, dass dieses Gefühl mit dem Tag von Abbies Geburt begonnen hatte.

Ehe bei Rebecca die Wehen einsetzten, in all den Monaten der Kontrolluntersuchungen bei der Hebamme im St. Luke's, hatte sie gedacht, sie sei die Patientin, doch kaum war sie im Krankenhaus, wurde klar, dass auch das Baby Patient war. Vor ihren Augen verschoben sich die Prioritäten aller Beteiligten. Sie lag stundenlang in den Wehen, im Whirlpool und auf dem Schaukelstuhl, und alle zehn Minuten, so kam es ihr wenigstens vor, hielt die Hebamme das Ultraschallgerät an ihren Bauch, um nach dem Baby zu sehen. Rebecca sagte sich, dass alles gut würde, dass der unerträgliche Schmerz mit einer natürlichen Geburt enden würde, doch nach zwei Stunden erfolglosen Pressens runzelte die Hebamme die Stirn und sagte: »Wir müssen Ihnen Oxytocin geben. Die Kontraktionen werden schwächer.«

Schwächer. Prompt fühlte Rebecca sich wie eine Versagerin. Konnte man die Stärke ihrer Kontraktionen beeinflussen? Durfte sie sich ausruhen? Konnte man ihr nicht Vitamine spritzen wie in einem Jacqueline-Susann-Roman oder Steroide wie Sportlern? Gab es denn keinen Weg, das Ganze rumzureißen?

Nachdem man sie an einen Oxytocin-Tropf gehängt hatte, prüfte die Hebamme den Wehenschreiber, und als Rebecca ihren besorgten Gesichtsausdruck sah, verstand sie. Das Leben des Kindes hatte Vorrang vor dem der Mutter. Und so sollte es ja auch sein, so war es seit Menschengedenken. Die Geburt eines Kindes war der Anfang eines langen, brutalen Lernprozesses, dass man selbst nicht mehr der Mittelpunkt der Welt war.

Der Hebamme konnte sie die Verlagerung ihrer Prioritäten verzeihen, nicht aber Theo. Ja, er hatte sie während dreißig Stunden Wehen eifrig massiert. Er hatte ihr den iPod gebracht, obwohl sie ihn angeschrien hatte, er solle das Gerät ausstellen. Er hatte sie mit Eiswürfeln und Wasser gefüttert und sie beruhigt, dass alles gut würde. Und als der Oberarzt kam und einen Kaiserschnitt nahelegte, hatte Theo sich vor ihm aufgebaut und gesagt: »Wenn ihr irgendwas zustößt, bring ich Sie um.«

Doch als das Baby da war und sie einen Schrei hörte und ihr jemand Abbie vors Gesicht hielt – sie konnte das Kind nicht auf den Arm nehmen, weil sie festgeschnallt war –, sagte Theo, er wolle beim Baby bleiben, um sich zu vergewissern, dass es nicht vertauscht wurde. Plötzlich war sie allein.

Der Arzt nähte Rebecca, und danach lag sie in einem Bett im Ruhezimmer, Riesenstrümpfe an den Beinen, um Blutgerinnseln vorzubeugen, neben ihr eine feindselige karibische Krankenschwester, die auf einen Monitor starrte. Dort lag Rebecca drei Stunden, getrennt von ihrem Neugeborenen, getrennt von ihrem Mann, der lieber bei seinem Kind war als bei Rebecca. Seine Loyalität hatte sich, wie die der Hebamme, verschoben. Das Wichtigste war jetzt seine Tochter.

Sie wartete ungeduldig auf Theo, doch ihr erster Besucher war die Hebamme, die sie endlich auf die Station begleitete, wo Theo mit dem Baby angeschoben kam, damit es seine Mutter kennenlernte.

Rebecca wollte eine zweite Chance, diesmal ohne Tauziehen um das Kind. Wenn sie irgendwie einen Weg fand, das Kind mit Theo großzuziehen, als sein eigenes – was diverse logistische Proleme mit sich brachte –, würde sie ihre zweite Chance bekommen. Sie würde immer wissen, dass das Baby ihr gehörte und nicht ihm. Er würde es ihr nie wegnehmen können, und er würde es auch nicht versuchen. Er hatte seines ja schon. Wenn sie die Spieler schon nicht ändern konnte, vielleicht konnte sie dann wenigstens einen hinzufügen und damit das Spiel ändern.

Doch Theo zu überzeugen, dass er der Vater war, erforderte etwas, das in den letzten siebzehn Monaten nicht stattgefunden hatte. Und es würde bald passieren müssen. Es war verrückt, auch nur daran zu denken, doch sie musste es versuchen.

»Wir sollten langsam nach Hause«, sagte sie zu Theo und tätschelte ihm den Rücken. Selbst diese kleine Geste der Zuneigung fühlte sich unaufrichtig an. Sie erwartete, dass er sich misstrauisch umdrehte, doch seine Aufmerksamkeit war ganz bei Abbie, die auf einen Turnschuh im Baum zeigte.

Rebecca hob Mance aus der Schaukel in die Ergo-Trage. Er war leichter als Abbie. Sie gingen nebeneinander, und Mance drehte den Kopf, um seine Freundin sehen zu können.

PALAZZO CHUPI

Obwohl die Klatschpresse später berichtete, dass es Julian Schnabel war, der Melora von der Wohnung im Palazzo Chupi erzählt hatte, war es eigentlich Liv Tyler. Liv und Melora sprachen bei einem Benefizbarbecue für Obama darüber, das David und Cassie in ihrem Garten veranstalteten. Im Moment machte jeder, den Melora in der Branche kannte, Wahlkampf für Obama. Sie bekam jede Woche diverse Einladungen, und obwohl sie sich wünschte, dass er gewann, ging ihr die Obama-Manie allmählich auf den Geist.

Liv und Melora lagen dekorativ auf Liegestühlen, nippten Weißwein, plauderten über Kindererziehung und kamen schließlich auf Wohnungen zu sprechen. Liv beklagte sich, dass es längst kein Vergnügen mehr war, mit Milo auf den Spielplatz in der Bleecker Street zu gehen, weil dort die *Sex-and-the-City*-Reisegruppen Pause machten, nachdem sie bei der Magnolia Bakery die berühmten Cupcakes gekauft hatten. »Früher war das West Village so heimelig«, sagte Liv resigniert, »inzwischen ist es eine Touristenfalle. Seit Milo und ich nicht mehr soviel Platz brauchen, überlege ich, in den Meatpacking District zu ziehen.«

Gerüchten zufolge war die Trennung von Liv und Royston der Grund für Steve Tylers Entzug, doch Melora fand es unpassend, danach zu fragen. »Den Meatpacking

District?« fragte Melora. »Da ist es noch schlimmer. Die ganzen Vorstädter, die in die Clubs wollen?«

»Ich meine nicht die Gegend um die Fourteenth West«, sagte Liv. »Ich meine etwas südlicher, eher so Eleventh West. Es nennt sich WeWeVill, Westlich vom West Village. Gestern habe ich mir eine Wohnung im Palazzo Chupi angesehen.«

»Was ist das?«

»Hast du nicht davon gehört?« fragte Liv. Sie beugte sich vor und stellte ihren Wein auf einen Terrassentisch. »Das Gebäude von Julian Schnabel. Man fühlt sich wie in Venedig. Alle Terrassen haben Blick aufs Wasser. Und es ist hellrot. Richard Gere hat letzten Herbst eine Wohnung gekauft und will sie loswerden. Ich hab sie mir angesehen, obwohl ich sie mir nicht leisten kann.«

Melora fiel es schwer, das zu glauben. Liv musste für den Werbevertrag mit Givenchy Millionen kassiert haben. »Was will er dafür haben?«

»Vierzehn. Willst du umziehen? Ich dachte, euch gefällt Brooklyn.«

»Da bin ich mir nicht mehr so sicher. Ich meine, Stu schon, aber mir ist es zu eng. Und man braucht ewig in die Stadt. Ich möchte irgendwo wohnen, wo man sich heimisch fühlt, aber nicht so weit weg von Manhattan.«

»Du solltest es dir mal ansehen. Terracotta-Terrassen, ein unglaublicher Pool im Keller, überall Fenstertüren, ein Säulengang auf der Nordseite. Und Blick auf den Hudson River.«

»Wie viele Schlafzimmer?«

»Vier. Und vier Badezimmer. Aber nach der Villa ist es vielleicht zu klein für euch. Es ist nur ein Stockwerk.«

Melora versuchte, es sich vorzustellen. Ihr gefiel der Gedanke, aufs Wasser zu sehen. Es war das Einzige, was sie seit Los Angeles vermisste. Wasser sorgte für einen klaren Kopf. Es war ein natürliches Antidepressivum. Seit dem Umzug nach Brooklyn waren sie, Stuart und Orion ein paarmal zu Fairway in Red Hook gefahren, aber der Supermarkt-Blick auf die Freiheitsstatue war nicht dasselbe, wie am Hudson zu wohnen.

Der Preis war hoch, und ihr Finanzberater würde wahrscheinlich nicht gerade begeistert sein, vor allem wegen der Immobilienflaute. Trotz begeisterter Kritiken hatte *Posen* hauptsächlich als DVD Geld eingespielt, und die Tantiemen waren geringer als die für Kinoeinnahmen. Und die ganzen Indie-Filme und das Neil-LaBute-Stück hatten sie gezwungen, an ihre Ersparnisse zu gehen. Stuart würde mindestens eine Million zur Anzahlung beisteuern müssen, und sie würde ihr Haus in Silver Lake verkaufen müssen. Selbst zusammen mit dem Geld für die Villa in Brooklyn, die, wie sie hoffte, mindestens sechs Millionen brachte, war es kaum machbar.

Orion würde nicht mehr auf die Berkeley Carroll gehen können, aber er war ein anpassungsfähiges Kind. Sie konnte ihn bei der Little Red oder City & Country anmelden.

Allerdings fürchtete sie Stuarts Widerstand. Er liebte das Viertel noch immer, trotz allem, was Melora in der Koop durchgemacht hatte. Die wenigen Male, die sie über ihre »Pechsträhne im Juli«, wie sie es nannten, gesprochen hatten, meinte er, ihr mentaler Zustand sei schuld daran, was passiert sei. Anders als für sie bedeutete Brooklyn für ihn Stabilität, Geborgenheit und Normalität.

Ihr war das Viertel immer fremd geblieben. Der Gedanke gefiel ihr, ins West Village zurückzukehren, Orion in der Nähe der Charles Street großzuziehen, wo sie selbst aufgewachsen war, auch wenn alles anders war, auch wenn die ganzen Tante-Emma-Läden und Eckkneipen verschwunden waren.

Doch es gab noch einen anderen Grund, warum sie unbedingt aus Brooklyn rauswollte, und das war eine Frau von einsdreiundsechzig mit einem vierjährigen Kind. Melora hatte überlegt, der Polizei einen anonymen Hinweis zu geben, wer die Brieftasche gestohlen hatte. Doch Karen hatte die verfluchte Tonbandaufnahme. Sie hatte den Beweis.

Karen hatte sie schon angerufen, um sich wieder zu verabreden, diesmal im al di là, und obwohl Melora sie auf Montagabend vertröstet hatte, graute ihr davor. Sie musste irgendwie an die Brieftasche und das Tonband kommen. Deshalb hatte sie angeboten, die Empfehlung zu schreiben. Zähneknirschend hatte sie die fette Schreckschraube darin als hoch moralischen Mensch und »Gewinn für jede Eigentümergemeinschaft« beschrieben. Melora hoffte, wenn Karen ihr vertraute, könnte sie sie überreden, ihr beides auszuhändigen, doch noch war es nicht soweit. Ein hässliches Dilemma: um Karens Vertrauen zu gewinnen, musste sie Zeit mit ihr verbringen. Gottseidank ging es bald nach Sofia.

Melora entschuldigte sich und verzog sich in eine Ecke des Gartens, um zu telefonieren. Sie rief Michael Levine an. Als Dr. Levine aus den Berkshires zurückgekommen war, hatte Melora eine zweistündigen Sitzung vereinbart und ihm erklärt, wenn er weiterhin ihr Therapeut sein wolle, müsse er jederzeit verfügbar sein. Sie sagte, sie würde ihm $1.500 für jeden Anruf zahlen und dass sie sich bemühen würde, dieses Vorrecht nicht zu missbrauchen, sondern nur die Gewissheit brauchte, ihn immer erreichen zu können. Zur Abmachung gehörte, dass er sein Telefon stets anließ, und wenn es während einer seiner Sitzungen klingelte, musste er den Anruf annehmen und die Sitzung notfalls beenden.

Als sie ihm den Vorschlag unterbreitete, wirkte er

zunächst gekränkt und sagte, er müsse darüber nachdenken. Aber ein paar Tage später hatte er angerufen und gesagt, für $2.000 würde er es machen. Er behauptete, nur so könne er rechtfertigen, dass er seine anderen Patienten vernachlässige. Sie war geschockt, dass ein Buddhist versuchte, mit ihr zu feilschen, aber er war eben ein Upper-East-Side-Buddhist.

Es dauerte nur wenige Minuten, bis er zurückrief. »Melora«, sagte er. Es war das erste Mal, dass sie von dieser Standleitung Gebrauch gemacht hatte, und sie konnte hören, dass er nervös war.

»Ich denke darüber nach, Brooklyn zu verlassen«, sagte sie.

»Das verstehe ich nicht. Sie meinen, Stu zu verlassen?«

»Ich habe von einer Wohnung in WeWeVill gehört, und ich werde versuchen, sie mir anzusehen, bevor ich nach Bulgarien fahre.«

»Wo ist WeWeVill?«

»Westlich vom West Village. Was denken Sie darüber?«

Er schwieg. »Ich weiß, dass Sie in Brooklyn schon seit einiger Zeit nicht mehr glücklich waren.«

»Ich glaube, das könnte der Schlüssel sein, Michael. Ich wäre endlich alles los, diese Leute, dieses bedrückende Viertel, die Koop und … sie.« Michael hatte ihr geraten, Karen wegen Erpressung anzuzeigen, aber Melora fürchtete den Skandal. »Ich ertrage es nicht mehr. Ich muss hier raus. Ich glaube, Brooklyn war der Grund für all meine Probleme.«

»Orte verursachen keine Probleme.«

»Und ob! In SoHo war alles gut. Ich meine, relativ gut. Gerade läuft alles so super. Ich habe einfach das Gefühl, dass mir ein Neuanfang gut tun würde.« Ihre Stimme wurde lauter, und sie sah Livs neugierige Blicke vom anderen Ende des Gartens. »Jedenfalls werde ich mir die

Wohnung wohl ansehen. Es könnte mir helfen, wieder der Mensch zu werden, der ich vorher war. Ein Mensch, der keine Angst hat. Ich glaube, ich brauche einen Ortswechsel.«

»Das klingt plausibel.«

»Danke, Michael.« Sie legte auf. Vielleicht war der Anruf keine $2.000 wert gewesen, aber immerhin war sie jetzt sicher, dass sie sich die Wohnung ansehen wollte, bevor sie nach Bulgarien fuhr.

Sie flüsterte »Palazzo Chupi« vor sich hin, während sie zu Liv Tyler zurückging. Schon der Name klang kapriziös und heiter. Wie ging noch der Slogan – »Du bist, wie du wohnst«? Wer in einem Palazzo Chupi wohnte, dem musste das Schicksal gewogen sein.

IN GEWAHRSAM

Lizzie wurde mit einem Dutzend anderer Demonstranten in einem Transporter auf das achtundsiebzigste Revier gebracht. Sie begann sich selbst als Demonstrantin zu fühlen, so empört war sie über ihre Verhaftung. Der Transporter hatte keine Sitze, und alle hockten auf dem Boden. Lizzie saß neben Mona.

»Wir haben den Eingang nicht blockiert«, sagte Mona immer wieder und weinte.

Lizzie hatte zu ihrer Schwiegermutter immer Distanz gehalten, doch jetzt tat es ihr leid, dass sie in ihrem Alter noch so etwas durchmachen musste. Sie wusste nicht, was schlimmer war – dass die Polizei eine Sechzigjährige so grob behandelt oder dass sie eine Mutter von ihrem Kind getrennt hatten.

Beim Polizeirevier angekommen, wäre Lizzie am liebsten weggerannt. Sie war nur ein paar Straßen von ihrer Wohnung entfernt, und doch durfte sie nicht gehen. Auf der Wache wurden alle durchsucht und bekamen Bescheinigungen für ihre Habseligkeiten. Dann wurden Fingerabdrücke genommen und Fotos gemacht, und sie wurden nach Geschlecht getrennt in verschiedene Zellen gesperrt.

Die Frauenzelle war etwa drei mal drei Meter, ein Käfig wie in *Barney Miller*. Es gab eine Bank. Die Frauen ließen sich grimmig nieder, die älteren auf der Bank, Lizzie und die restlichen jüngeren auf dem Boden.

»Die stecken doch alle unter einer Decke«, sagte eine hübsche junge Schwarze mit kurzen Rastalocken. »Bloomberg, die Koop, die Bullen.«

Lizzie wünschte, Mona wäre das hier erspart geblieben. Sie bedauerte, dass sie ihr Mance nach jenem Abend nicht mehr überlassen hatte.

Wenn Mona den Tag mit Mance verbracht hätte, wäre sie vielleicht gar nicht erst zur Demonstration gegangen. Mance gehörte nicht nur Lizzie, auch wenn sie ihn zur Welt gebracht hatte. Er gehörte auch seinem Vater und seiner Großmutter. Mona sah nicht aus wie Lizzie, doch sie gehörte zu Mances Familie wie Barack Obamas weiße Großmutter zu dessen Familie gehörte. Es tat niemandem weh, wenn sie Mona ein oder zwei Abende pro Woche auf Mance aufpassen ließ. Dann kam Lizzie endlich mal wieder raus, konnte einen Wein trinken gehen, ihre College-Freundinnen treffen und sogar zum Sport gehen.

»Ich wollte neulich Abend nicht zickig sein«, sagte Lizzie. Mona nickte, zu verstört, um ausgerechnet jetzt, in einer Gefängniszelle, darüber zu reden.

Ein freundlicher, hellhäutiger Latino bot Lizzie an, das Münztelefon zu benutzen. Sie nahm Mona mit.

Nachdem Lizzie Rebecca angerufen hatte, versuchte sie, Jay zu erreichen. Erst beim dritten Versuch nahm er ab. Als sie ihm erzählte, dass sie verhaftet worden war, schwieg er, und als sie sagte, Mona sei bei ihr, glaubte er ihr nicht, bis sie Mona ans Telefon holte. Mona fing wieder an zu weinen, während sie auf Französisch mit ihm redete.

Als sie Jay wieder dran hatte, erklärte Lizzie ihm, dass Mance bei ihrer Freundin Rebecca war und gab ihm Rebeccas Handynummer. »Wie ist das passiert?« sagte er.

»Es war nicht meine Schuld. Es ging alles ganz schnell und … Ich gehörte nicht mal dazu. Niemand hat die Demonstranten vorher aufgefordert sich zu zerstreuen.«

»Das ist New York«, sagte er. »Du solltest es besser wissen.«

»Ich bin nur stehen geblieben, weil ich Mona gesehen habe.«

»Hätte ich gewusst, was sie vorhat, hätte ich sie davon abgehalten.«

»Alles wird gut«, sagte sie. »Ich kümmere mich um sie. Und Mance geht es gut. Wirklich. Er ist in guten Händen. Wann ist dein Auftritt?«

Nach einer weiteren Stunde in der Zelle brachte der freundliche Polizist ihnen Pizza. Um neun Uhr wurden sie in Handschellen zum Untersuchungsgefängnis in der Schermerhorn Street verfrachtet.

Im Vergleich zum Untersuchungsgefängnis war das achtundsiebzigste Revier ein Palast. Der Boden der Frauenzelle war mit Erdnussbuttersandwiches übersät und stank nach Urin. Auf einem Schild stand BITTE STELLEN SIE SICH DARAUF EIN, ERST AM FOLGENDEN TAG ENTLASSEN ZU WERDEN. Da wusste Lizzie, dass sie hier die Nacht verbringen würde. Eine weiße Cracknutte schlief auf einem Kissen aus Sandwiches. Ein schwarzes Mädchen, nicht älter als sechzehn, stand am Münztelefon und keifte, sie hätte nicht einmal am Steuer gesessen.

Lizzie half Mona, es sich auf einer Turnmatte bequem zu machen, legte sich dann unter eine Bank und betete, dass Mance nie einen Ort wie diesen kennenlernen würde. Sie hatte Durst, aber es gab kein Wasser. Die ganze Nacht hindurch hockten Frauen über dem Klo. Lizzie versuchte zu schlafen, und während sie sich mit schmerzendem Rücken hin und her wälzte, fiel ihr auf, dass es die erste Nacht seit der Geburt war, die sie von Mance getrennt war.

Annika wohnte bei ihrer Freundin Eva, während sie einen neuen Job suchte. Eva, eine schwedische Nanny, die sie über die schwedische Nanny-Mafia kennengelernt hatte, arbeitete für eine Familie in Williamsburg, der eine Bar gehörte, und sie hatte im obersten Stock des Hauses eine kleine Wohnung. Im August reiste Eva mit der Familie durch Europa, und Annika durfte so lange bleiben.

Seit Annika von Melora gefeuert worden war, schlief sie nicht gut. Nie hätte sie diese blöde Karen ins Haus lassen dürfen. Sie war ihr von Anfang an nicht geheuer gewesen. Karen musste etwas aus Meloras Zimmer geklaut haben, und deshalb hatte Melora Annika gefeuert. Geld wahrscheinlich. Annika hatte es Karen sofort angesehen. Aber sie hätte nie gedacht, dass Melora bemerken würde, wenn Geld fehlte. Sie war immer weggetreten, vom Valium oder was auch immer in den Tabletten war. Sie konnte sich kaum je etwas merken. Annika verstand nicht, wie jemand so viele Pillen schlucken konnte. In Schweden löste man seine Probleme ohne Drogen. Annika verstand nicht, warum ausgerechnet Amerikaner, die ihre Unabhängigkeit immer an die große Glocke hängten, so viele Krücken brauchten. Je reicher man war, desto schwächer schien man zu werden.

Annika war einsam. Sie vermisste Martin. Obwohl sie sich seit Monaten nach ihm sehnte, hatte sie sich immer noch kein Herz gefasst und ihn angerufen. Es kam ihr falsch vor. Seine Frau erwartete ein Kind, und es gehörte sich nicht, etwas mit einem Mann anzufangen, dessen Frau schwanger war.

Doch sie hatte Angst, nicht einschlafen zu können. Sie wollte mit ihm reden. Sie machte sich Sorgen, dass sie keinen neuen Job finden würde, auch wenn Stuart ihr ein Empfehlungsschreiben angeboten hatte.

Annika kippte den Wodka runter, den sie in Evas Gefrierfach gefunden hatte. Sie wählte die Nummer von Martins Handy. Sie hörte Lärm, als er antwortete, und wusste, wo er war – in dem dominikanischen Tanzschuppen in Washington Heights, wohin er sie mal mitgenommen hatte. Erst klang er reserviert, aber dann sagte sie, dass sie sich nach seinen Küssen sehnte, und ehe sie wusste, wie ihr geschah, wollte er sich mit ihr treffen.

Sie vermisste seinen Körper, seinen riesigen dunklen Schwanz. Wenn sie miteinander schliefen, kam sie sich jedes Mal vor wie in einem Pornofilm, so sehr unterschied sich Martin von den langweiligen Svens, mit denen sie in Täby ausgegangen war.

Während sie auf Martin wartete, legte sie Vipe Out auf. Sie liebte Indie-Rock, aber sonst hatte sie immer Kopfhörer aufsetzen müssen, weil Melora allergisch gegen Lärm war. Es hatte auch sein Gutes, arbeitslos zu sein. Vielleicht fand sie einen Job als Fitnesstrainerin. Das Leben als Nanny war einfach zu anstrengend, trotz freier Kost und Logis.

Sie drehte die Musik voll auf, boxte in die Luft und fragte sich, wie lange Martin brauchen würde. Washington Heights war weit, und er fuhr mit der Bahn, weil er kein Geld fürs Taxi hatte. Sie duschte und zog enge schwarze Jeans und ein weißes T-Shirt an. Sie hatte kleine Brüste und den Körper eines zwölfjährigen Jungen, doch Martin schien das nie zu stören.

Er nahm sie gern von hinten. Als sie ihm erzählt hatte, Analsex sei in Schweden der letzte Schrei, weil die Mädchen ihre Unschuld nicht verlieren wollten, war er ganz begeistert gewesen. Er sagte, Schweden klang wie für ihn gemacht.

Als Martin kam, roch sie den Alkohol in seinem Atem. Johnnie Walker Black Label war sein Lieblingsdrink. Er sah besser aus, als sie ihn in Erinnerung hatte – er war klein, nur einssechzig, aber muskulös. Sie liebte es, ihn boxen zu sehen. Er war schnell und agil, und im Ring hatte er ein völlig anderes Gesicht – hart und tough.

Sie strich mit den Händen über seine Arme. »Du hast mir gefehlt«, sagte sie.

Er grinste und fragte, ob sie etwas zu trinken hätte. Sie gab ihm Wodka. Er nahm ihn pur, sie auf Eis, und sie tranken ihn nebeneinander auf dem Sofa. Sie redeten über das Fitnessstudio und seine neuen Klienten, und Annika erzählte ihm, dass sie jetzt im Kingsway trainierte. Sie erzählte ihm von Melora, und er sagte, es täte ihm leid, aber sie fände sicher bald einen neuen Job. Ihre Beziehung hatte nie auf sprachlicher Ebene stattgefunden. Manchmal war eine Sprachbarriere von Vorteil.

Er lächelte sein strahlend weißes Lächeln und legte seinen Arm um sie, dann drehte er sie auf den Bauch und legte sich auf sie. Sie bat ihn, in ihr zu kommen. Vor der Trennung hatten sie manchmal auch normalen Sex gehabt, und genau das wollte sie jetzt, aber sie vermutete, dass er wegen seiner Frau ein zu schlechtes Gewissen hatte.

Ein anderes Mal. Sie hatten Zeit.

Danach zappten sie durch die Programme und bestellten was beim Mexikaner. Es tat so gut, nicht reden zu müssen, auf so unkomplizierte Weise mit jemandem zusammen zu sein. Als sie sich von ihm verabschiedete, wusste sie, dass sie wieder zusammen waren, und es machte sie glücklich.

LYSISTRATA

Als Mance in Abbies Bettchen und Abbie neben Theo im Ehebett tief und fest schliefen, ging Rebecca ins Bad, um zu duschen. Sie rasierte sich kurz und verpasste sich eine Katzenwäsche. Wenn sie zu lange im Bad blieb, würde Theo Verdacht schöpfen und Hemmungen kriegen.

Sie trocknete sich ab, ging ins Schlafzimmer und zog ein weißes, durchsichtiges T-Shirt an und ein grauschwarzes Seidenhöschen für zweihundert Dollar, das sie vor Jahren bei La Petite Coquette gekauft hatte. Sie wollte aufreizend, aber nicht zu aufreizend aussehen, und Theo mochte eher knabenhafte Feinripp-Unterwäsche, die ihn an alte Kataloge erinnerte.

Sie legte sich neben ihn ins Bett und nahm sich ein Buch über Altenpflege der eigenen Eltern, das sie zur Recherche für einen *Elle*-Artikel über die Sandwich-Generation las. Die Wörter verschwammen vor ihren Augen. Theo tippte auf seinem Computer, die Lesebrille auf der Nase. Mit seiner Buddy-Holly-Brille sah er richtig gut aus. Nur war sie in den vergangenen anderthalb Jahren zu frustriert gewesen, um zu sehen, was sie an ihm hatte.

Unter der Decke legte sie eine Hand auf ihren Bauch. Er wurde schon dicker. Das Baby machte sich früh bemerkbar, als kämpfte es um sein Überleben. Bald würde man es sehen. Davon hatte sie gehört – dass man die zweite Schwangerschaft früher sah, weil die Muskeln von der ersten gedehnt waren. Ihr blieb nicht mehr viel Zeit. Sie hatte ausgerechnet, dass der Stichtag genau drei Wochen und einen Tag zurücklag. Es war sowieso gewagt zu glauben, dass sie Theo das Kind unterjubeln konnte. Wenn sie noch länger wartete, war es zu spät. Sie würde zu früh zu weit sein, und dann wüsste er Bescheid. Sie musste sich überlegen, was sie dem Arzt erzählen sollte.

Sie sah Abbie beim Schlafen zu. So süß, die Hände unter dem Kinn verschränkt, das Kinn gereckt, als würde sie beten. Kinder sahen so verletzlich aus, wenn sie schliefen, Erwachsene dagegen hässlich und zerknittert.

»Ist sie nicht unglaublich?« sagte Theo. Er streichelte Abbie über den Kopf.

»Kaum zu glauben, dass sie bald zwei ist. Unsere Tochter wird zwei!«

»Ich wünschte, sie würde immer so bleiben«, sagte er. »Eines Tages wird es ihr peinlich sein, mit mir gesehen zu werden.«

»Daran darf man nicht denken, sonst dreht man durch.« Rebecca kuschelte sich Nase an Nase an Abbie.

»Das hast du gut hingekriegt«, sagte Theo.

»Du warst auch beteiligt.«

»Ja, aber in dir ist sie gewachsen. Du hast alles richtig gemacht.«

Er war selten so lieb zu ihr. Er war so lieb zu ihr, weil er gesehen hatte, wie liebevoll sie Abbie angesehen hatte.

Sie versuchte sich zu erinnern, wann sie das letzte Mal lieb zu ihrem Mann gewesen war. Bisher hatte sie geglaubt, das sei ein paar Monate nach Abbies Geburt gewesen, ehe er begonnen hatte, so abweisend zu sein. Doch jetzt fiel ihr ein, wie eifersüchtig und sauer sie auf ihn gewesen war, nachdem er Abbie zum ersten Mal gebadet hatte, und da konnte Abbie nicht älter als anderthalb Wochen gewesen sein. Vielleicht war Rebecca schon fies zu ihm gewesen, ehe er aufgehört hatte, sie anzufassen, weil sie es nicht ertrug, vom Thron gestoßen zu werden. Es war so schwer, aus dieser eingefahrenen Situation wieder herauszukommen.

Rebecca erkannte, was sie die ganze Zeit falsch gemacht hatte: Sie hatte versucht, mit der Tür ins Haus zu fallen, während er es lieber hatte, wenn sie sich auf Umwegen näherte. Der Weg zu ihm führte durch die Tür, auf der »Vater« stand, denn die, auf der »Ehemann« stand, war verschlossen.

»Ogott«, sagte sie. »Ich war so hysterisch, als ich schwanger war. Ich hab weder Paracetamol genommen noch Sushi gegessen – und wie war das noch mit Käse? Von Schimmelkäse kann man Lysistrata kriegen?«

»Listeriose«, sagte er lachend, obwohl sie wusste, dass es Listeriose hieß und nur »Lysistrata« gesagt hatte, um ihn zum Lachen zu bringen.

»Tut mir leid, dass ich so zickig bin«, sagte sie. »Manchmal fühle ich mich so überfordert und dann lasse ich es an dir aus. Du arbeitest so viel. Tut mir leid, dass ich dann auch noch beleidigt bin, wenn du nicht mit mir ausgehen willst.«

Seine Gesichtszüge wurden milder. »Ich gehe gern mit dir aus, aber manchmal bin ich einfach zu müde. Ich will mich nicht verpflichtet fühlen, verstehst du? Manchmal scheint es einfacher…«

»… zu Hause zu bleiben.«

Abbie rührte sich im Schlaf, und Theo streichelte sie beruhigend. Er wusste immer, wie er sie beruhigen konnte. Rebecca nicht. Sie rückte näher an ihr Kind und legte ihre Hand über Abbie hinweg auf Theos Arm, bemüht, es eher wie ein Gute-Nacht-Tätscheln aussehen zu lassen als wie einen Annäherungsversuch. Er legte seinen Arm auf ihren, über Kreuz. Sie rückte höher, so dass sein Arm auf ihrem Po lag.

»Gefällt mir«, sagte er und fuhr mit der Hand über das geschmeidige Höschen. Wenn es klappte, musste sie der Boutiquebesitzerin einen Brief schreiben: »Mein Mann hat mich siebzehn Monate nicht angefasst, bis ich eines Ihrer Höschen angezogen habe…«

»Hab ich ganz unten in meiner Schublade gefunden«, sagte sie. »Das kommt davon, wenn man nie Zeit hat aufzuräumen.«

Neulich Abend, als sie aus dem Southpaw kam, hatte er mit ihr schlafen wollen – bis Abbie aufgewacht war. Da hatte er sie gewollt. Aber nur weil er Stuarts Interesse gerochen hatte? Weil er Verdacht geschöpft hatte? Männer hatten einen besseren Instinkt, als Frauen ihnen zugestanden. War er noch interessiert, wenn es keinen Stuart mehr gab? *Lieber Gott. Lieber Gott. Bitte lass es funktionieren.*

Sie schloss die Augen, und er nahm die Hand von ihrem Po. Sie hörte, wie er sich bewegte, wie er sich umdrehte, um zu schlafen.

Sie massierte seine Schulter. »Das tut gut«, sagte er. Er trug ein weißes Unterhemd, und sie versuchte durch den Ausschnitt an seine nackte Haut zu kommen. Das war nicht leicht, besonders mit Abbie dazwischen, deshalb kletterte sie über ihre Tochter hinweg, drehte ihn auf den Bauch und setzte sich auf seinen Rücken.

»Womit hab ich das verdient?« sagte er.

Sie steckte ihre ganze Energie in diese Massage – als ob ihr Leben davon abhinge, was es ja auch tat – und schaffte es, ihm ein Maß an Aufmerksamkeit zu schenken, das sie sonst, wie er stets bemängelte, vermissen ließ. Theo stöhnte vor Wonne, doch erst nach gut fünfzehn Minuten wagte sie, sich auf ihn zu legen und mit ihren Brüsten über seinen Rücken zu streichen. Er drehte sich um, sah zu ihr auf und legte die Hände auf ihre Schultern. Er war hart, aber nur halb.

Scheiße Scheiße Scheiße. Er hatte Lunte gerochen. Sie musste offen zu ihm sein. Wenn sie ihm ihr Interesse nicht erklärte, würde er misstrauisch werden. In vielerlei Hinsicht hatten sich die Geschlechterrollen in ihrer Beziehung seit Abbies Geburt umgekehrt. Er sehnte sich nach Zärtlichkeit, sie nach Sex. Ihr war nie in den Sinn gekommen, dass eine Verbindung zwischen Zärtlichkeit und Sex bestand. Sie war so sauer auf ihn gewesen, weil er ihr den Sex versagte, dass sie keinerlei Verlangen hatte, ihn zärtlich zu berühren.

»Abbie braucht ein Geschwisterkind«, sagte sie und küsste ihn.

Sein Körper versteifte sich, doch sie vermutete eine gewisse Erregung dahinter. Sie saß auf ihm, das Höschen noch an. Theo trug seine Calvin-Klein-Boxershorts.

»Ich glaube, ich könnte nie jemanden so lieben wie sie«, sagte er.

»Das denkt jeder beim ersten Kind.«

»Ich mein's ernst«, sagte er.

»Und wenn schon«, sagte sie, »willst du nicht, dass es jemanden gibt, der für sie da ist, wenn wir mal nicht mehr sind?«

Ihr plötzlicher Gesinnungswandel schien ihm nicht geheuer. In der Vergangenheit hatte sie, wenn sie auf das Thema kamen, düster bemerkt, dass man Sex haben musste, um ein Kind zu bekommen, oder gesagt, sie sei schon mit einem überfordert. »Ich dachte, du willst nur eins«, sagte er.

»Sie braucht jemanden zum Spielen.« *Bitte bitte bitte.* »Und ich will nicht, dass sie allein ist, wenn wir alt sind. Es wäre ihr gegenüber nicht fair.«

»Zwei Kinder sind anstrengender als eins. Und Abbie ist so süß. Was, wenn das zweite ein Quälgeist ist? Ein Junge?«

»Dann stutzt sie ihn schon zurecht.« Ihr Herz klopfte so laut, dass sie fürchtete, er würde es hören und ihr auf die Schliche kommen. »Stell dir vor, was für eine tolle große Schwester sie wäre. Sie liebt ihre Puppen.«

»Eine Puppe ist kein Baby«, sagte er lachend.

Er liebte Abbie zu sehr, um Platz für ein Zweites zu schaffen. Es funktionierte nicht. Sie würde entweder die Schwangerschaft oder die Ehe beenden müssen.

»Ich weiß, aber du solltest sie auf dem Spielplatz sehen. Sie ist so süß zu kleineren Kindern.« Rebecca rieb ihre Hüften an seinen. »Sie gibt ihnen auf der Schaukel Anschwung. Und wenn sie ein Baby sieht, geht sie hin und streichelt ihm den Kopf. So niedlich. Willst du denn nicht, dass sie einen Spielkameraden bekommt?«

Sie bückte sich, um ihn erneut zu küssen. Bei anderen Männern wäre der Spruch ein Lustkiller, bei Theo wirkte er wie ein Aphrodisiakum. Sein Penis war direkt mit seinem Herzen verbunden, und sie war blind dafür gewesen.

»Ich liebe dich«, sagte sie. »Ich liebe dich dafür, dass du so ein guter Vater bist. Dafür, dass du Abbie so lieb hast und so gut für uns sorgst.« Sie zog ihm die Hose runter und besorgte es ihm ein paar Minuten mit dem Mund. Worte waren ein Anfang, aber eine kleine Rückversicherung konnte nicht schaden. Und dann zog sie das Höschen aus, das ihm so gefiel, und setzte sich auf ihn, während Abbie selig schlummerte. Rebecca betete, dass sie nicht wieder aufwachte. Wäre sie vorausschauender gewesen, hätte sie Abbie etwas Diphenhydramin verabreicht. Mit Grausen fiel ihr ein, dass Mance in Abbies Zimmer jeden Augenblick aufwachen konnte. Bei zwei Kindern war die

Chance, dass einem alles vermasselt wurde, doppelt so groß.

Doch in Abbies Zimmer war es still. Theo drehte Rebecca auf den Rücken und nahm sie in der Missionarsstellung. Sie murmelte »Ich liebe dich« in sein Ohr. Das hörte er gern beim Sex. Sie liebte ihn ja auch – dafür, dass er keine Ahnung hatte, was sie getan hatte, dass er ihr ein Kind machen wollte, dass er den Mut aufbrachte, nach all der Zeit mit ihr zu schlafen.

Und obwohl es länger dauerte, als sie in Erinnerung hatte, erbebte er nach einer Weile (zwanzig Minuten? fünfundzwanzig?) und kollabierte mit einem tiefen Seufzer auf ihr. »Da hatte sich einiges aufgestaut«, sagte er.

»Ich weiß«, flüsterte sie. Er dachte an seine Spermadichte. Daran, was für einen guten Schuss er gelandet hatte.

Er stieg ab, und sie lagen atemlos nebeneinander auf dem Rücken. »Woran denkst du?« sagte er und legte seine Hand auf ihr Handgelenk.

»An die Nacht, als Abbie geboren wurde.«

»Welchen Teil?«

»Du hast mich einfach allein gelassen. Ich lag die ganze Zeit da unten, und es war so kalt, und du bist nicht gekommen, um zu sehen, wie es mir geht.«

»Sie haben mich nicht gelassen«, sagte er.

»Wovon redest du? Ich dachte, du bist bei Abbie und passt auf, dass sie nicht vertauscht wird.«

»Das war ich erst auch, aber dann habe ich gefragt, ob ich zu dir darf, und es hieß, du darfst noch keinen Besuch haben. So sei es Vorschrift. Das hab ich dir doch erzählt.«

»Hast du nicht.« Oder hatte sie es verdrängt? Er hatte sie gar nicht im Stich gelassen. Er war die ganze Zeit da gewesen.

Sie drehte sich um und stellte die Beine an die Wand über dem Kopfteil des Bettes, so wie sie es getan hatte, als sie versucht hatten, Abbie zu zeugen. Während sie so da lag, die Hände über dem Bauch verschränkt, konnte sie fast fühlen, wie sie schwanger wurde.

TOLERANZ

Du bist eine Eiskönigin«, sagte Viggo zu Melora. Sie drehten seit einer Woche, aber Adam hatte sich die Szene, in der Rex, gespielt von Viggo, Rosie nach zwanzig Jahren Ehe verlässt, bis zur letzten Woche aufgespart.

Melora und Viggo standen unter den heißen Scheinwerfern auf einer Tonbühne irgendwo außerhalb von Sofia. Sie trug ein gestärktes Sommerkleid mit aufwändigem Korsett darunter und scheuerte den Küchentresen, während er ihr eröffnete, dass er sie verließ. Es war die sechste Aufnahme, und diesmal wollte Melora es schaffen. Nach jedem der ersten fünf Versuche hatte Adam ihr Regieanweisungen gegeben, und jedes Mal hatte sie geglaubt, alles richtig zu machen, aber wenn er dann »Cut« rief, runzelte er die Stirn, fuhr sich mit der Zunge über die Lippen und kam aufs Set.

Melora sollte den Chromwasserhahn schrubben, während Viggo die Ehe beendete, und Adam wollte Tränen. Sie hatte auch geweint, doch nach der letzten Aufnahme hatte Adam gemeint, ihre Tränen seien zu übertrieben, Seifenoper-Tränen, und sie solle sich auf ihr Inneres konzentrieren. Und das tat sie jetzt: sich auf ihr Inneres konzentrieren. Was auch immer das hieß.

»Ist es wegen Annie?« fragte sie Viggo und meinte seine Sekretärin.

Viggo bestritt wortreich, dass er eine Affäre hatte. Das

war der Moment, wo Melora anfangen sollte zu weinen. Sie versuchte die Erinnerung an einen schlimmen Streit mit Fisher Stevens im Odeon abzurufen. Sie versuchte, sich an den Geruch des Restaurants zu erinnern, in der Hoffnung, die entsprechenden Gefühle auszulösen, aber der Geruch war ihr entfallen, und obwohl Tränen flossen, wusste sie, dass Adam sagen würde, es sehe zu gespielt aus.

»Cut«, sagte Adam und nahm sein Headset ab. Sie blickte auf. Viggo seufzte und verließ das Set, um sich eine Zigarette anzustecken.

Adam legte seinen Arm um Melora und führte sie nach draußen in die sengende Hitze. »Lag es am Tränenwegwischen?« sagte sie verzweifelt. »Das kann ich auch weglassen.«

»Es lag nicht am Tränenwegwischen. Lass das drin.«

Er führte sie durch einen schmalen Gang, während Kelly, der schwule zweite Regieassistent, der Ähnlichkeit mit dem Komiker Carrot Top hatte, etwas in sein Headset murmelte. Kelly wirkte frustriert. Melora verstand nicht, wieso ihr der zweite Regieassistent nicht am Arsch vorbeiging, aber er tat es nicht. Sie hielt alle auf, und sie hasste dieses Gefühl. Seit sie zehn war, bezog sie ihr Selbstvertrauen daraus, Regieanweisungen umsetzen zu können, daraus, gut und effektiv zu arbeiten.

Sie wollte die Szene mit Adam durchgehen, um es richtig hinzukriegen. Es blieben ihnen nur noch acht Drehtage, und alle anderen Szenen waren leicht: ein paar Nachdrehs und verpatzte Nahaufnahmen.

Er führte sie neben die Tonbühnen, wo sie sich auf eine Kante in die pralle Sonne setzten. Er sah sie an. »Erinnerst du dich an unser Treffen im Sant Ambroeus?« sagte er.

»Ja.« Es behagte ihr nicht, dass er davon anfing. Sie

dachte nicht gern an diese Zeit zurück. So viel hatte sich seither verändert.

»So will ich dich in dieser Szene. Diese Frau sollst du sein. Eben habe ich gesehen, was nicht stimmt. Du musst in der Szene Klasse zeigen, trotz der Tränen. Du kommst wie ein Opfer rüber. Das mag ich nicht. Das ist Hollywood. Ich weiß, ich verlange viel von dir. In *Hochstand* gibt es eine ähnliche Szene mit Patty Clarkson, als sie den Anruf vom Pflegeheim bekommt und erfährt, dass ihre Mutter gestorben ist. Deine Tränen sollten Tränen der Befreiung sein. Er verlässt dich, aber du bekommst endlich die Chance auf ein eigenes Leben. Ich will zwei Gefühle bei dir sehen: Du begreifst, dass du frei bist, und gleichzeitig bist du verletzt, dass er den ersten Schritt getan hat. Klingt das einleuchtend?«

»Irgendwie schon.« Regisseure waren unmöglich, je mehr New York in ihnen steckte, desto schwerer waren sie zu entschlüsseln. Dafür konnte ein Genie wie Adam Epstein sie auf den Schultern zur Oscarverleihung tragen.

»Ich habe dir die Rolle nicht gegeben, weil du groß bist, Melora«, sagte er, »sondern weil du stark bist. Du hältst dich für schwach, aber du bist stärker als irgendjemand sonst am Set. Das warst du schon als Kind und du bist es immer noch. Du bist das Mädchen, das ich in *Jeannie wohnt hier nicht mehr* gesehen habe. Dieses Mädchen will ich durch die Kamera sehen. Ich wollte es vorhin nicht sagen, weil ich dachte, es macht dich nervös und du vermasselst am Ende den ganzen Film.« Wie beruhigend. »Aber wir brauchen diese Szene. Du musst dich zusammenreißen. Ich will, dass du so stark bist wie an jenem Tag im Sant Ambroeus.«

Was für ein Druck. Sie hätte es vorgezogen, wenn er sie in dem Glauben gelassen hätte, dass sie die Rolle wegen ihrer Größe bekommen hatte.

Hätte sie nur einen Schauspielcoach mitgenommen. Sie hatte Harold Guskin angerufen und ihn gebeten, sie nach Sofia zu begleiten, aber der war sechs Monate in Dublin, um Rachel McAdams beim neuen Sam-Mendez-Film zu unterstützen.

Melora entdeckte Viggo am Ende der Straße, wo er mit Kelly, dem zweiten Regieassistenten, rauchte und plauderte. Sie spürte die Ungeduld ihres Co-Stars. Melora hasste es, die Komplizierte am Set zu sein. Das war sie nicht gewohnt. Sie wollte es hinkriegen. Sie musste es hinkriegen. Es war die Schlüsselszene des Films – der Oscar-Moment –, und wenn sie es nicht packte, war der ganze Film ruiniert.

Bis zu diesem Moment war alles perfekt gelaufen: Stuart und Orion wohnten mit ihr im Hotel, und Orion machte sich in der internationalen Schule prima. Sie hatte Suzette, die Nanny, mitgenommen, die super mit Orion klarkam. Und vor zwei Wochen hatte Richard Gere ihr Angebot von zwölf Millionen Dollar akzeptiert. Jetzt mussten sie nur noch das Haus verkaufen. Stuart sagte, er wäre lieber in Brooklyn geblieben, verstand aber, dass Melora nach Manhattan zurückwollte. Er liebte die Wohnung im Palazzo Chupi und erklärte, der Blick aufs Wasser sei genau das, was er zum Schreiben brauchte, und als sie ihn fragte, ob er sich am Kaufpreis beteiligen könne, erklärte er sich bereit, eine Million beizusteuern, wenn sein Name im Kaufvertrag stand. Jetzt mussten sie nur noch das Haus verkaufen.

Zwar hatte Kate Hudson Melora in einem *People-Interview* als »Bekloppte« bezeichnet, sie aber nicht wegen versuchter Körperverletzung angezeigt. Das war gut, denn Melora hatte den Vertrag für die Rolle der Lucy in *Atlantic Yards* unterschrieben und wollte das Projekt um keinen Preis gefährden.

Adam hatte Stuarts Drehbuch (das Stuart während einer stressigen Woche in der Bücherei umgeschrieben hatte) so gut gefallen, dass er als Co-Produzent eingestiegen war und Scott Rudin mit an Bord geholt hatte. Sie hatten Kal Pann aus den *Harold & Kumar*-Filmen als Muffinbäcker-Terrorist engagiert, woraufhin ein indischer Geschäftsmann weitere fünf Millionen investierte. Die Dreharbeiten sollten im März beginnen.

Zweitausendneun würde ein tolles Jahr werden. Sie konnte es fühlen. *Die gelbe Rosie* würde ihr einen dritten Oscar bescheren, und wenn nicht, dann spätestens *Atlantic Yards*. Nach dem Oscar würde sie noch ein paar Jahre anspruchsvolle Filme drehen und dann die Hauptrolle in einer schwarzhumorigen Fernsehserie auf Showtime oder AMC ergattern. Wenn Glenn und Julianna und Kyra das konnten, warum nicht auch sie? Sie konnte darauf bestehen, die Serie selbst zu produzieren, womit man das eigentliche Geld verdiente, und dann vielleicht ihre eigene Modelinie und noch ein Parfüm auf den Markt bringen. Doch damit das alles möglich war, musste sie die Rosie-Szene hinkriegen.

»Verstehst du, was ich meine?« fragte Adam, nahm ihre Hände in seine und sah sie an. Er war so nah, dass es aussah, als wollte er sie küssen. »Denn wenn nicht, musst du es mir sagen.«

»Ich verstehe vollkommen«, sagte sie. »Stärke. Kannst du mir ein paar Minuten in meinem Wohnwagen geben?«

»Wir sind schon hinter dem Zeitplan«, sagte er.

»Zehn Minuten. Ich schwör's. Gib mir nur zehn Minuten.« Er nickte. Sie rannte die Straße hinunter, vorbei an Viggo und Kelly, zu ihrem Wohnwagen.

Es dauerte fast fünf Minuten, bis Dr. Levine zurückrief. Sie tobte. »Warum hat das so lang gedauert?«

»Alec Baldwin«, sagte er. Baldwin war einmal aus

Levines Praxis gekommen, als Melora im Wartezimmer saß, und sie und Levine hatten lange darüber gesprochen, was diese Begegnung für Emotionen in ihr ausgelöst hatte. Levine hielt nicht besonders viel davon, die Privatsphäre seiner anderen Patienten zu schützen, auch so ein Buddhistending, wo alle eine große Gemeinschaft waren.

»Ach, Michael«, sagte sie am Telefon. »Es funktioniert nicht!« Sie brach in Tränen aus und erzählte ihm, wie unklar Adam sich ausdrückte. »Ich glaub, er feuert mich.«

»Bestimmt nicht.«

»Woher wollen Sie das wissen?«

»Ich weiß es eben.« Manchmal war er ekelerregend selbstgefällig, eher wie ein Prophet als wie ein Therapeut. Wenn diese Anrufe nicht bald etwas brachten, musste sie sich einen Life Coach nehmen. Die kosteten genauso viel und redeten nicht wie Glückskekse.

»Da bin ich mir nicht sicher, Michael! Es ist die Schlüsselszene des Films, und er scheint sich wirklich Sorgen zu machen, dass ich sie nicht hinkriege. Ich glaube, er wird mich feuern und Kate Hudson nehmen. Oder Maggie Gyllenhaal. Ich kapier nicht, was er von mir will. Ich bin einfach nicht gut genug.«

Dr. Levine schwieg lange, dann sagte er: »Sie können die Frustration tolerieren.«

»Was?«

Unergründlich wie Yoda wiederholte er: »Sie können die Frustration tolerieren.«

»Das kapier ich nicht.«

»Doch das tun Sie.«

Levine war schlimmer als Adam Epstein. Die beiden konnten den Club verrätselter Juden gründen. »Tut mir leid, Michael, aber ich versteh's einfach nicht.«

»Die Frustration wird Sie nicht verschlucken. Sie ist nicht größer als Sie. Es ist okay, frustriert zu sein.«

»Ich weiß, dass es okay ist. Ich *bin* frustriert! Was ich nicht weiß, ist, wie ich die Szene spielen soll!«

»Wenn Sie die Frustration tolerieren, können Sie die Szene spielen.« Der Typ konnte als Drehbuchautor für Kevin Costner anfangen. »Denken Sie darüber nach.«

Es klopfte an die Tür. »Einen Moment noch!« Melora legte auf und setzte sich auf die Bettkante. Sie starrte an die Wand, auf die gerahmten Schwarzweiß-Fotos, die Stuart von Orion auf dem Slavejkov-Platz gemacht hatte, und versuchte, Levines Worten Sinn einzuhauchen.

Tolerieren. Ihr fiel ein Jerry-Seinfeld-Gag über Laktose-Intoleranz ein. »Ich dulde das einfach nicht.« Was bedeutete es, etwas zu tolerieren? Es war nicht das Gleiche, wie etwas zu bewältigen oder zu überwinden. Etwas zu tolerieren bedeutete, es zu ertragen, es durchzustehen. Levine hatte versucht, ihr zu sagen, dass nichts, mit dem sie fertig werden musste, größer war als sie selbst: die schwierige Szene, Adams Unfähigkeit zu kommunizieren, ihre Versagensängste.

Frustration. Sie hatte Michael erzählt, dass sie Angst hatte zu versagen, und statt ihr zu sagen, dass sie die Angst oder den Stress tolerieren konnte, hatte er von Frustration gesprochen, was so klang, als läge es an Adam und nicht an ihr. Levine hatte recht. Es war frustrierend, dass Adam nicht verständlich machen konnte, was er wollte, dass er nicht zufrieden mit ihr war und dass er sie dieselbe Szene immer wieder spielen ließ. Es war frustrierend, dass er sie vor aller Augen beiseite genommen hatte und das Viggo ihr die Schuld an dem langen Tag gab und dass sie am Verhungern war, aber keine Pause machen konnte, ehe man es ihr ausdrücklich erlaubte.

Nicht Melora Leigh frustrierte Adam Epstein. Adam Epstein frustrierte *sie*. Bei der nächsten Aufnahme würde sie an Adam und seine Unfähigkeit zu kommunizieren denken.

Du kannst die Frustration tolerieren. Sie verließ den Wohnwagen und trat in die Sommersonne. Viggo blickte auf. »Alles okay?« *Du kannst die Frustration tolerieren.*

Sie nickte. Seit *Herr der Ringe* war er so eingebildet und sein ganzes Renaissance-Mensch-Gehabe mit seinem Verlag, seinen Gemälden und Gedichten nervte sie. Es war zum Kotzen. Warum konnte er sich nicht mit der Schauspielerei zufrieden geben? Er hatte es bei diesem Film leicht, weil seine Figur nur die Projektionsfläche für ihre war. Aber das war okay. Sie musste ihn nicht mögen. Sie musste nur die Szene mit ihm spielen. *Du kannst die Frustration tolerieren.* Es gab jede Menge Schauspieler, die sie lieber in der Rolle ihres fremdflirtenden Ehemanns gesehen hätte, aber Viggo tat es auch. Er war gut genug.

Auf der Tonbühne redete Adam eindringlich auf Scott Rudin ein, der gerade angekommen zu sein schien. Melora hatte ihn jedenfalls heute noch nicht gesehen. Scott begrüßte sie mit einem Kuss auf jede Wange, doch sein Blick war besorgt. Sie wusste, dass die beiden über sie geredet hatten. Warum musste Rudin ausgerechnet heute am Set auftauchen?

Sie ging in sich, Dr. Levines Stimme im Ohr. *Du kannst die Frustration tolerieren.*

»Wie geht es dir?« fragte Adam. Seine Stimme war weich, aber gönnerhaft.

»Ich bin so weit«, sagte sie.

Die Visagistin kam, um ihr den Schweiß von der Stirn zu tupfen. Nach der siebten Aufnahme gab es keine achte.

PROSTAGLANDINE

HABT ihr noch irgendwelche Fragen an uns?« fragte Theo das Pärchen, während Rebecca sich fragte, wann die Veranstaltung endlich zu Ende war. Es war die letzte Septemberwoche. Die Eigentümerversammlung fand in Theo und Rebeccas Wohnzimmer statt, und Karen und Matty hatten ihre Begeisterung darüber bekundet, als Teil ihrer Miteigentümerpflichten zweimal die Woche den Müll runterzutragen. Es war das übliche Schleimscheißergespräch, wo ein aufgerüschtes Pärchen versuchte, einen guten Eindruck zu machen, und die Eigentümer peinliche Fragen stellten wie: »Habt ihr noch irgendwelche Fragen an uns?«

Protokollführer Peter Boland, ein zwergenhafter zweifacher Vater, machte Notizen. Kassenwart Chris James aus Apartment Vier nahm sich noch einen Vollkornschokoladenkeks aus der Schale, die Rebecca auf den Wohnzimmertisch gestellt hatte. Chris kümmerte die Zukunft des Hauses nicht, weil er seine Wohnung bereits verkauft hatte – für $725.000 an ein junges, verheiratetes Pärchen – und er, Jason und Fred nach Kensington zogen. Tina und Steve, die laut Hausordnung an dem Treffen teilnehmen durften, lächelten angespannt und forschten in den Gesichtern der anderen Eigentümer, wie Karen und Matty ankamen.

Rebecca konnte Karen immer noch genauso wenig

leiden wie an jenem Tag, als sie bei ihr geklingelt hatte – sie hatte was Penetrantes, Aufdringliches. Aber sie war zu erschöpft, um die beiden in die Mangel zu nehmen.

Sie war so erschöpft, dass sie sich über gar nichts mehr aufregte, schon gar nicht über eine Eigentümerversammlung. Vor lauter Erschöpfung und Übelkeit, die in den vergangenen sieben Wochen keine Spur nachgelassen hatte, schaffte sie es kaum, sich um Abbie zu kümmern – trotz Sonams Hilfe. Und abends fühlte sie sich immer, als sei sie von einem Laster überrollt worden.

Theo war geschockt gewesen, dass Rebecca so schnell schwanger geworden war, aber auch erfreut und stolz. Vor einer Woche hatte Theo Rebecca zu ihrem ersten Besuch bei einer neuen Frauenärztin begleitet, eine Französin in SoHo, und sie hatte den Herzschlag auf dem Ultraschall gesehen. Das Gefühl der Gewissheit, dass dieses Ding in ihr wirklich wuchs, war beängstigend gewesen.

Als die Ärztin sie nach ihrer letzten Periode fragte, war sie vorbereitet und log: »Vierundzwanzigster Juli«, mit demselben abgebrühten Gesicht, das sie als Teenager an der Kasse aufgesetzt hatte, um alkoholische Getränke zu kaufen. Sie fürchtete, dass die Maße später nicht mit dem Datum übereinstimmen würden, andererseits würde ein zu großes Baby die Ärzte weniger beunruhigen als ein zu kleines. Und bestimmt gab es im Internet irgendwo ein Forum für Frauen, die dasselbe getan und Tipps für sie hatten.

Theo freute sich so sehr, als sie ihm erzählte, dass sie schwanger war, dass er es sofort seiner Mutter und seinem Stiefvater erzählen wollte, aber Rebecca hielt ihn zurück. Sie sagte, sie wolle die ersten drei Monate abwarten. »Ich will nicht, dass sie sich aufregen«, sagte sie, »falls, du weißt schon…«

»Es ist so schön zu sehen, wie du dich auf das Baby

freust«, hatte er gesagt. Und dann hatte er gesagt, am liebsten hätte er noch ein Drittes.

»Mir fällt keine Frage ein«, sagte Matty auf der Eigentümerversammlung. Er fragte Karen: »Hast du irgendwelche Fragen?« und legte beschützend den Arm um sie.

»Nein, ich glaube nicht.« Dann kicherte sie und sagte: »Ich habe in einem Ratgeber gelesen, dass man mit Nein antworten soll, wenn man das gefragt wird.« Wieder lachte sie. Ihr Mann wirkte nervös.

»Tja, ich glaube, das war's«, sagte Theo. »Wir haben über Selbstverwaltung und wechselnde Aufgabenverteilung gesprochen. Ich weiß nicht, ob ihr Gelegenheit hattet, einen Blick ins Protokoll zu werfen, aber wir haben gerade die Fassade renovieren lassen und stehen finanziell sehr gut da. Besser jedenfalls als Lehman.« Der Aktienmarkt steckte in der Krise. Lehman hatte Konkurs angemeldet, und die Regierung pumpte Hilfsgelder in AIG. Vor zwei Wochen waren die Kurse an einem Tag um fast achthundert Punkte gefallen, nachdem das Abgeordnetenhaus das Finanzpaket abgelehnt hatte. Theo hatte versucht, Rebecca das alles zu erklären, aber sie kapierte es trotzdem nicht. Durch einen Schleier aus Übelkeit und Erschöpfung sah sie jeden Abend die *Rachel Maddow Show*.

»Ach, eine Frage hätte ich noch«, meldete sich Peter Boland zu Wort. Er trug den Abe-Lincoln-Bart, der bei Park-Slope-Vätern immer angesagter wurde. »Ich habe gesehen, dass eines eurer Empfehlungsschreiben von Melora Leigh ist. Woher kennt ihr sie?«

Rebeccas Mund wurde trocken. Auch sie hatte das Empfehlungsschreiben in den Bewerbungsunterlagen gesehen und sich gefragt, was Melora Leigh mit einer übergewichtigen Otto-Normal-Verbraucherin zu schaffen hatte. Die Vorstellung, dass jemand, der um nur zwei

Ecken mit Stuart zu tun hatte, unter ihr einzog, gefiel ihr gar nicht. In albtraumhaften Visionen erzählte Melora Karen sogar, dass sie alles über Stuarts Affäre wusste.

Rebecca dachte ständig an Stuart und daran, was er in der Bücherei gesagt hatte. Vielleicht hatte er seinen Film verkauft und brauchte Melora nicht mehr. Er würde Rebecca anrufen, und sie konnte Theo verlassen und für immer mit ihm und Abbie und dem neuen Baby zusammen sein.

Einmal hatte ihr Handy spät abends noch geklingelt, und sie war ins Wohnzimmer gerannt, aber es hatte sich nur jemand verwählt, eine Frau mit spanischem Akzent, die wissen wollte, ob Luis da sei. Enttäuscht legte Rebecca auf.

In den vergangenen anderthalb Monaten hatte sie heimlich gehofft, Stuart zufällig über den Weg zu laufen. Doch die Vorhänge der Villa waren zugezogen und die Fenster staubig, und es schien niemand zu Hause zu sein. Der Vorgarten mit den Lilien war gepflegt, doch das hatte nichts zu sagen. Dafür gab es Angestellte. Rebecca hatte seinen Namen sogar bei der IMDb eingegeben und herausgefunden, dass er in einem Christopher-Nolan-Film mitspielen sollte, der sich jedoch erst in der Vorbereitung befand.

Auch Orion oder Melora sah sie nie, nicht mal die Nanny. Vielleicht hatten Melora und Stuart sich getrennt. Rebecca fragte sich, ob diese Karen wusste, was passiert war.

»Wir haben uns auf dem Spielplatz kennengelernt«, sagte Karen. »Unsere Söhne sind befreundet.« Rebecca kaufte ihr das nicht ab, hielt aber den Mund.

»Wie ist sie so?« fragte Peter.

»Ach, ganz normal. Wie du und ich.«

»Als Prinzessin Xaviera war sie klasse«, sagte Peter.

»Ich werde es ihr ausrichten«, sagte Karen.

Man schüttelte sich die Hände und tauschte unbeholfen Höflichkeiten aus. Rebecca begleitete das Paar zur Tür. Matty scherzte laut mit Theo, und Rebecca fand sich neben Karen wieder. Karen senkte die Stimme und sagte: »Ich wollte vor den anderen nichts sagen, aber bist du schwanger?«

Woher wusste sie das? Es war unheimlich. Man sah fast noch nichts, und Rebecca trug eine so weite Bluse, dass kein normaler Mensch darauf gekommen wäre. Und wer fragte eine wildfremde Frau so etwas? Sie konnte sich ja auch irren. »Äh, erst ganz kurz«, sagte Rebecca. »Deshalb …«

»Das hab ich mir gedacht«, sagte Karen.

»Woher…«

»In so was bin ich gut. Herzlichen Glückwunsch. Darby liebt Babys. Toll, dass so viele Kinder im Haus sind. Geht denn deine Tochter schon in den Kindergarten?«

»Äh, ja. Beansprouts.«

»Ach, davon habe ich viel Gutes gehört.«

Nachdem Karen und Matty gegangen waren, lehnten sich Tina und Steve Savant auf dem Sofa zurück und lächelten angespannt. Im Juni war ein Deal gescheitert, und jetzt waren die Armen nervös, besonders da die Immobilienblase offiziell geplatzt war. »Was denkt ihr?«

»Ich mag sie nicht«, sagte Rebecca. »Ich meine, ich weiß, ich sollte das nicht erzählen, aber …« Sie berichtete, wie Karen schon vor der Wohnungsbesichtigung aufgekreuzt war. »Ich weiß nicht, ob jemand, der so aufdringlich ist, in dieses Haus passt.« Tina Savant durchbohrte sie mit Blicken.

Theo legte seine Hand auf Rebeccas Knie und sagte: »Dann ist sie eben penetrant. Wen kümmert's? Sie zahlen siebenhundertneunundfünfzig. Hast du eine Vorstellung, wie sich das auf den Grundstückswert auswirkt?«

Chris sagte, ihm seien die beiden recht, und Peter sagte, seine Fragen seien beantwortet. Rebecca war es egal, ob diese Frau einzog. Sie hatte sowieso nicht vor, mit ihr zu reden. Sie hatte Wichtigeres zu tun, als neuen Nachbarn ihren Segen zu geben.

»Alle dafür?« fragte Theo. Ein Chor von Jastimmen. Tina sah aus, als würde sie vor Freude platzen.

Nachdem alle fort waren, räumte Rebecca die Vollkornkekse ab und warf sie in den Müll. Von allen Sachen, die sie sonst liebte, wie Süßes, wurde ihr jetzt übel. Ende August waren sie und Theo eine Woche in Greenport gewesen, und ihr war ständig hundeelend gewesen. Sie hatte die ganze Zeit vor ihrem Häuschen am Strand gelegen, unfähig zu lesen oder sich auf irgendetwas zu konzentrieren.

Nachdem sie das Geschirr abgeräumt hatte, wollte sie eigentlich an einer Geschichte über Sex am Arbeitsplatz für die *Mademoiselle* arbeiten, aber als sie ihren Computer endlich angeschaltet hatte, war sie zu müde zum Schreiben. Sie musste ihren Redakteur um eine Verlängerung der Abgabefrist bitten, doch sie fürchtete, er könnte sie für schwierig halten und beim nächsten Mal zögern, ihr einen Auftrag zu geben. Obwohl es noch zu früh für solche Prognosen war, fürchtete sie eine Rezession, unter der die ohnehin geschwächte Medienbranche besonders leiden würde. Dann waren gute Beziehungen gefragt.

Alles an der Schwangerschaft war schwierig, und Rebecca hoffte nur, dass das Kind nicht ebenso schwierig würde. Es war noch nicht zu spät, ihre Meinung zu ändern, doch das würde nur noch mehr Lügen nach sich ziehen, und sie war schon gestresst genug.

Im Schlafzimmer zog sie sich aus und schlüpfte unter

die Decke. Sie schlief jetzt meistens nackt, seit sie und Theo sich nicht mehr stritten. Theo, der noch Baseball gesehen hatte, kam ein paar Minuten später. »Ich muss eigentlich noch arbeiten«, sagte er, »aber ich wollte dir erst gute Nacht sagen.« Er kam ins Bett und kuschelte sich an sie. »Wir bewerben uns um ein Projekt, das ich unbedingt machen will.«

»Und was?«

»Eine Wohnung in dem Gebäude von Julian Schnabel. Die Eigentümer wollen ein Fitnessstudio mit Blick auf den Hudson.«

»Ich drück dir die Daumen«, sagte Rebecca gedankenverloren. Er arbeitete immer soviel, und sie hatte Angst, dass er ihr bei dem neuen Baby nicht so viel helfen konnte wie damals bei Abbie. Damals hatte sie seinen Vaterschaftsurlaub als selbstverständlich betrachtet, ihm seine Anwesenheit geradezu übelgenommen, aber jetzt konnte sie sich nicht vorstellen, wie sie es ohne ihn schaffen sollte.

»Ich liebe dich über alles«, sagte er und küsste ihren Hals. »Während der Versammlung habe ich dich angesehen und gedacht, wie schön du bist.«

Genau das hatte sie die ganze Zeit von ihm gewollt, dieses Auf-Händen-getragen-werden. Und doch empfand er nur so, weil sie schwanger war. Es war alles eine große Lüge. Sie wollte, dass er sie begehrte, wie Stuart sie begehrt hatte.

Wenn sie Stuart doch nur einmal zufällig begegnen würde! Er würde ihren kleinen Bauch sehen, begreifen, dass sie das Kind behielt, und mit ihr zusammen sein wollen. Wenn er sah, wie sie in der Schwangerschaft aufblühte, würde er das Kind mit ihr gemeinsam großziehen wollen. Er liebte Melora nicht. Er benutzte sie nur wegen ihrer Beziehungen. Das hatte er an dem Tag in der Bücherei praktisch zugegeben. Ein Teil von ihm hatte dieses Kind gewollt – deshalb hatte er es mit dem Kondom in ihrer Wohnung nicht so genau genommen. Einem Mann, der sich nicht binden wollte, wäre Verhütung doch nicht so egal gewesen, oder?

Und selbst wenn er sich nicht von Melora trennte, könnte Rebecca wenigstens mit ihm reden, ihm von dem Baby berichten. Vielleicht konnte er irgendwie Anteil am Leben des Kindes nehmen, und sie würden einen Weg finden, Freunde zu sein.

Theo war hart und presste sich an sie. Sie stellte sich blöd und gab übertriebene Laute der Erschöpfung von sich. Warum lief es zwischen ihnen nicht besser, seit sie wieder Sex hatten? Vorher war sie überzeugt gewesen, dass Sex all ihre Probleme lösen würde. Dass sie nicht mehr genervt und er nicht mehr distanziert sein würde. Doch irgendwie war der Sex unentspannt.

Sie konnte nicht aufhören, sich wegen Schwangerschaft und Geburt Sorgen zu machen, und fürchtete, das Kind zu behalten, sei die falsche Entscheidung gewesen. Eines Nachts, als sie sich schlaflos hin und her wälzte, hatte sie kurz befürchtet, das Baby könnte rote Haare haben, bis ihr einfiel, dass rote Haare ein rezessives Merkmal waren und dafür beide Eltern das entsprechende Gen in sich tragen mussten.

»Ich finde, wir sollten eine natürliche Geburt versuchen«, sagte Theo in ihr Ohr. »Ich weiß, du kannst es schaffen. Du bist so stark. Und du hast soviel durchgemacht. Du solltest dir keinen zweiten Kaiserschnitt zumuten.«

»Das entscheiden wir später.« Sie wollte nicht über die Geburt nachdenken. Selbst nachdem sie in der Arztpraxis den Herzschlag gesehen hatte, kam ihr das Ganze noch unwirklich vor.

Er versuchte, in sie einzudringen. »Ich dachte, du musst arbeiten«, sagte sie.

»Das kann warten.«

»Ich bin müde.«

»Das macht nichts. Tu einfach so, als ob du schläfst.« Wo war dieser selbstbewusste Mann all die Monate gewesen, der Mann, dessen Verlangen so groß war, dass es ihm egal war, ob sie Lust hatte? Wer war dieser neue Mann in ihrem Bett? Vielleicht hatte er auch eine Affäre gehabt.

»Ich weiß nicht, ob…« Aber er war schon in ihr. Die Schwangerschaft törnte Theo an. Er war der Brad Pitt unter den Park-Slope-Vätern.

»Weißt du, was ich am besten finde?« sagte er in ihr Ohr. »Dass wir nicht verhüten müssen.«

»Aber es ist noch so früh«, appellierte sie an seine väterliche Sorge um das Ungeborene, wenn ihre Gefühle ihm schon egal waren. »Wir könnten es verletzen.«

»Ach, Quatsch«, sagte er. »Bei Abbie war dir das auch egal. Die Prostaglandine tun dem Baby gut.« Er drehte sie auf den Bauch und sie den Kopf zur Seite, um atmen zu können.

UNION STREET BRIDGE

Karen und Matty gingen den Prospect Park West nach Hause, als Matty den Anruf von Steve Savant bekam. Karen sah an Mattys begeistertem Nicken, dass es gute Neuigkeiten waren.

Nachdem er aufgelegt hatte, sprang sie aufgeregt auf und ab, und sie umarmten sich lange. Sie würden ein zweites Kind kriegen. Karen wusste es. Seit dem kläglichen Streit vor dem Computerbildschirm hatte er nie wieder etwas davon gesagt, dass er nur ein Kind wollte, und sie hatten es an ihren fruchtbaren Tagen zweimal gemacht, ohne zu verhüten. Zwar hatte es nicht geklappt, aber Karen war zuversichtlich. Sie würde sich sowieso erst nach dem Umzug in die Carroll Street richtig entspannen können.

Karen fand es perfekt, dass sie die Zusage bekamen, als sie ausgerechnet gerade den Prospect Park West, die Goldküste, entlanggingen. Sie war so sicher gewesen, Rebecca würde trotz des Empfehlungsschreibens von Melora gegen sie stimmen, dass sie nicht gewagt hatte, sich Hoffnungen zu machen.

Matty hatte ihr erst nicht geglaubt, dass Melora ihre Freundin war, doch sie sagte, sie sei mit ihr auf dem Spielplatz ins Gespräch gekommen. Matty hielt den Brief für zuviel des Guten, aber Karen hatte ihn überzeugt, dass es in diesem Fall kein zuviel des Guten gab.

Die beiden Frauen hatten sich noch zweimal getroffen, im Little D und im al di là, bevor Melora nach Bulgarien gefahren war, und Karen freute sich schon auf ihre Rückkehr. Melora hatte sie beide Male wie selbstverständlich eingeladen, sagte aber nicht viel. Das würde sich hoffentlich ändern, wenn sie erst richtige Nachbarn waren. Sie würden einander besuchen und im Winter zusammen Weihnachtskekse backen, und vielleicht würde Melora sie irgendwann zu einer Party mit legendären Hollywood-Größen einladen.

Zu Hause berichteten Karen und Matty Karens Mutter Eileen, die babygesittet hatte, von der Zusage. Sie umarmte beide. Karen hatte Eileen nicht erzählt, dass sie hoffte, in der neuen Wohnung leichter schwanger zu werden, weil sie wusste, dass ihre Mutter es albern finden würde, aber Karen sah sich schon bei einem spätabendlichen Anruf die guten Neuigkeiten überbringen. Dann würden Fotos von Darby und seinem Geschwisterchen am Kühlschrank neben denen von Patrick, Logan und Kieran hängen. Vielleicht würde Karen sogar noch ein Drittes bekommen.

»Karen war toll«, sagte Matty. »Ich war nervös, aber sie hat ganz locker gewirkt.«

»Ich wusste, dass es klappt«, sagte Eileen. »Ich hab dir doch gesagt, du sollst dir keine Sorgen machen. Wer würde seine Wohnung nicht einer so perfekten Familie verkaufen wollen?« Karen fand nicht, dass man zu dritt eine perfekte Familie war, aber bald waren sie ja nicht mehr zu dritt.

Nachdem Eileens Taxi gekommen war, duschte Karen. Als sie ins Schlafzimmer kam, saß Matty im Bett und arbeitete an seinem Laptop – er arbeitete jetzt oft im Bett statt im Wohnzimmer, als wollte er ihr beweisen, dass er sich gebessert hatte.

Dank Meloras Brief hatte sich alles zum Guten gewendet. Wie viele normale Pärchen konnten schon das Empfehlungsschreiben einer Oscargewinnerin vorweisen? Melora war jetzt eine Freundin.

Karen zog sich neben dem Bett an. »Wo willst du hin?« fragte Matty.

»Ich muss noch mal zum Union Market und Milch holen«, sagte sie. »Bin gleich wieder da.«

»Sei vorsichtig«, sagte er. »Es ist schon spät.«

Sie ging zu ihrer Schublade und nahm das digitale Aufnahmegerät heraus. Die Brieftasche trug sie noch immer jeden Tag in ihrer Bowlingtasche spazieren und berührte sie jedes Mal verstohlen, wenn sie ihren Labello oder Darbys Sonnenmilch suchte.

Draußen ging sie zu einem Taxistand in der Seventh Avenue. »Zur Union Street Bridge«, sagte sie zum Fahrer. »Und wieder zurück.«

Die Brücke war wie ausgestorben, aber auf seltsame Weise schön. Karen stieg aus dem Taxi und stellte sich ans Geländer über dem Gowanus Canal. Auf einem Hausboot wippte ein Schaukelpferd hin und her. Sie fragte sich, wer es dort wohl hingestellt haben mochte.

Sie öffnete ihre Bowlingtasche und warf das Aufnahmegerät in den Kanal. Dann kramte sie Neal Harris' Brieftasche hervor, nahm die dreihundert Dollar Bargeld und die Metrocard (die noch drei Monate gültig war) heraus, steckte beides ein und warf die Brieftasche, so weit sie konnte. Ohne ein Geräusch ging sie unter.

DIE SCHAUKEL

Es war an einem klaren Septembersonntag auf dem Spielplatz in der Third Street, wo es von Wochenend-Vätern wimmelte, die gedankenverloren ihrem Nachwuchs hinterherliefen und dabei versuchten, die Sonntagszeitung zu lesen. Lizzie war mit Mance hierher gelatscht, weil ihr der Underhill-Spielplatz in letzter Zeit immer enger und öder vorkam.

Sie, Jay und Mance hatten lange gefrühstückt, waren über den Flohmarkt gebummelt und dann die ganze Vanderbuilt Avenue zu Fuß nach Hause gegangen. Nach der Verhaftung war Jay zunächst wütend auf sie gewesen, doch seine Wut wich bald der Empörung, als ihm klar wurde, dass Lizzie nie verhaftet worden wäre, wenn Mance nicht schwarz wäre. Am Ende war er sogar dankbar, dass sie Mona beigestanden hatte.

Jays Auftritt in L.A. am Abend der Verhaftung war gut gelaufen: Seine Band hatte für die David-Keller-Show vorgespielt, drei Recalls überstanden und war endlich als Hausband engagiert worden. Er würde $200.000 im Jahr verdienen, für zwanzig Arbeitsstunden in der Woche, und die ganze Familie war über die Schauspielergewerkschaft AFTRA krankenversichert. Jay war abends öfter zu Hause, und wenn er zu Konzerten von Freunden ging, nahm er Lizzie manchmal mit. Dann nahmen sie einen Babysitter und gingen hinterher noch was trinken oder vorher was essen.

Lizzie konnte kaum fassen, wie rasant sich ihr Leben änderte. Sie würde nicht sofort wieder arbeiten müssen, es sei denn, sie wollte, und in letzter Zeit dachte sie immer häufiger darüber nach, in der Vanderbuilt Avenue einen Secondhandladen zu eröffnen, obwohl sie viel Arbeit und Geld würde hineinstecken müssen.

Seit dem Abend der Verhaftung ging Mance jeden Mittwoch von zehn bis fünf zu Mona, und wenn sie ihn am Ende des Tages zurückbrachte, sprudelte sie über mit Geschichten über die Freundschaften, die er geschlossen hatte. Auch wenn Lizzie und Mona sich nach wie vor nicht sehr nahe standen, hatten sie einen brauchbaren Kompromiss gefunden. Lizzie bekam Zeit für sich und Mona Zeit mit ihrem Enkel, wonach sie sich, wie Lizzie klar wurde, seit dessen Geburt gesehnt hatte.

Lizzie überlegte, einen Tag pro Woche zusätzlich einen Babysitter zu engagieren, wenn Jay seinen Job anfing. Es war sonderbar – sie hatte es natürlich nicht absichtlich gemacht, aber seit sie festgenommen worden war, lief alles besser. Endlich gab ihr Jay, was sie brauchte, und sie hatte nicht einmal darum bitten müssen.

Lizzie hob Mance aus der Karre und trug ihn zur Schaukel. Er strahlte, als Lizzie ihm Anschwung gab. Seit dem Sommer war er viel aufgeweckter. Er kannte ein Dutzend Wörter, und sie war jedes Mal gerührt, wenn er in den Himmel zeigte und *»Lugzeug!«* sagte.

Sie war gerade unter der Schaukel hindurch gelaufen und ging gerade auf die andere Seite zurück, um ihm erneut Anschwung zu geben, als sie Rebecca und ihren Mann auf den Spielplatz kommen sah. Theo schob Abbie im Maclaren – Lizzie fiel auf, wie groß sie geworden war –, und Rebecca hatte sich bei Theo eingehakt.

Lizzie hatte seit dem Morgen, als sie aus dem Gefängnis gekommen war und angerufen hatte, um sich zu bedanken, nicht mehr mit Rebecca gesprochen. (Jay hatte Mance abgeholt und morgens vor dem Gerichtsgebäude auf Lizzie und Mona gewartet, nachdem alle Demonstranten vorläufig wieder freigelassen worden waren.) Rebecca hatte am Telefon so herzlich geklungen, dass Lizzie dachte, sie würden sich bald wieder verabreden.

Doch wenn Lizzie anrief, erreichte sie immer nur die Mailbox. Und Rebeccas Festnetznummer hatte sie nicht. Offensichtlich wollte Rebecca nichts mehr mit ihr zu tun haben. Aber das war schon okay. Es lohnte sich nicht, jemandem hinterherzurennen, der nichts mit einem zu tun haben wollte – egal ob Mann, Frau, Geliebte oder Freundin. Lizzie war lange verzweifelt gewesen, und Rebecca nur ein Symptom. Jetzt fühlte sie sich klarer, oder jedenfalls gelassener, und sie wollte, dass dieses Gefühl anhielt. Sie hoffte, dass Jays David-Keller-Job nicht in letzter Sekunde platzte, hatte jedoch das Gefühl, dass auch das sie nicht erschüttern könnte.

Theo war attraktiver, als Lizzie ihn sich vorgestellt hatte – einer der wenigen gutaussehenden Väter des Viertels. Rebecca sah in dunkler enger Jeans und weißer, indianisch angehauchter Tunika sehr stylish aus.

Sie war nicht sicher, ob Rebecca sie gesehen hatte, aber dann kamen sie näher und Rebecca setzte Abbie in die Schaukel neben Mance. Rebecca erkannte als Erstes Mance – selbst schuld, wer in einem weißen Viertel ein schwarzes Kind hatte! – und küsste dann Lizzie zur Begrüßung auf beide Wangen, was sie noch nie zuvor getan hatte. Sie sagte: »Wie geht es dir?« und rüttelte an der Schaukel, um Abbie auf sich aufmerksam zu machen. »Guck mal, Abbie, da ist Mance!«

»Wie geht es euch?« fragte Lizzie.

»Sehr gut«, sagte Rebecca. »Das ist Lizzie«, sagte sie zu Theo.

Er gab Lizzie die Hand. »Theo«, sagte er. »Ich bin froh, dass die Klage abgewiesen wurde.«

»Ogott, ich auch«, sagte sie. »Man hat mir geraten, die Polizei zu verklagen, aber ich bin einfach nur froh, dass es vorbei ist. Ich weiß nicht, was ich getan hätte, wenn sie mir Mance weggenommen hätten und … auf dem Revier festgehalten hätten oder Schlimmeres. Vielen Dank, dass ihr ihn genommen habt.«

»Kein Problem«, sagte er. »Er ist ja ganz pflegeleicht. Und er schläft wie ein Stein. Du kannst dich glücklich schätzen.«

Theo gab Abbie Anschwung. Rebecca lächelte und winkte Mance zu, während Theo irgendein Pfeifspiel mit seiner Tochter machte.

Eine kleine Frau mit einem größeren Kind kam näher und setzte es in die Schaukel auf der anderen Seite von Mance. Lizzie fiel auf, dass der Junge Knieschützer trug, und fragte sich, ob er behindert war. Doch sein Gesicht sah ganz normal aus, und er konnte sprechen, obwohl er für die Babyschaukel schon zu groß schien. Die Frau sah immer wieder zu Rebecca und Theo hinüber und gestikulierte schließlich aufgeregt. »Ich dachte mir gleich, dass ihr es seid! Wie geht es euch?«

»Ganz gut«, sagte Theo. »Glückwunsch zur neuen Wohnung.«

»Ach, wir freuen uns schon so. Wir können es kaum erwarten.«

Die Frau unterhielt sich mit Theo und Rebecca noch eine Weile über Abgabefristen und Kautionen, dann sagte sie: »Ich sagte schon zu Rebecca, wie sehr Darby sich freut, dass ein Baby im Haus wohnt.«

Theo wandte sich stirnrunzelnd an Rebecca und sagte: »Du hast es ihr erzählt? Wir haben es noch nicht mal meinen Eltern gesagt.«

»Sie hat es gesehen«, sagte Rebecca errötend und warf Lizzie einen schnellen Blick zu. Lizzie verstand nicht, worüber sie redeten, und dann sagte Rebecca: »Wir kriegen Nachwuchs. Im April.« Sie sagte es, als sei jemand gestorben. Dann schien ihr bewusst zu werden, dass ihr Tonfall zu düster klang, und sie setzte ein falsches Lächeln auf und schlang den Arm um Theo.

»Tut mir leid«, sagte die dicke Frau. »Jetzt habe ich mich verplappert. Wie dumm von mir.«

Lizzie blickte auf Rebeccas Bauch und entdeckte eine leichte Wölbung. Natürlich war sie schwanger. Sie trug weite Kleidung.

Lizzie fand diese Neuigkeit abstoßend. Alles daran war falsch. Wenn der Schauspieler der Vater war, dann wusste Theo entweder nichts davon oder er wusste es und hatte sich bereit erklärt, es als sein Eigenes anzuerkennen. Oder vielleicht war Theo der Vater und er und Rebecca hatten sich genau zu dem Zeitpunkt versöhnt, als sie etwas mit dem Schauspieler angefangen hatte. Möglicherweise wusste Rebecca selbst nicht, von wem es war. Lizzie konnte sich nicht vorstellen, ein Kind zu bekommen, ohne zu wissen, wer der Vater war. Jede mögliche Konstellation bei dieser Schwangerschaft bereitete Lizzie Unbehagen. Sie wusste mehr, als ihr lieb war.

»Herzlichen Glückwunsch«, sagte Lizzie. »Das ist wundervoll. Ich freue mich für euch beide.« Sie sagte absichtlich »euch beide«, aus Höflichkeit und weil sie Rebecca zu verstehen geben wollte, dass sie über sie hinweg war. Theo küsste Rebecca auf die Wange und tätschelte ihr dann besitzergreifend den Bauch.

Die andere Mutter gab ihrem Sohn weiter Anschwung, und Theo, Lizzie und Rebecca machten eine Weile Smalltalk. Rebecca wirkte nervös, als fürchte sie, Lizzie würde von Stuart Ashby anfangen. Dachte sie wirklich, dass

Lizzie ihre blöde Affäre so zu schaffen machte, dass sie ihrem Mann davon erzählte? Es war so egozentrisch zu glauben, dass alle Welt sich für ihre Geheimnisse interessierte. Rebecca hielt sich für den Mittelpunkt der Welt. Deshalb würde sie nie echte Freunde finden. Man fand keine Freunde, wenn man immer nur um sich selbst kreiste.

Abbie begann zu quengeln, und Theo hob sie aus der Schaukel. »Wollen wir weiter?« fragte er.

Rebecca wandte sich an Lizzie und sagte: »Es war schön, dich zu sehen«, was eindeutig nicht weiter von der Wahrheit hätte entfernt sein können, und folgte Theo, der Abbie zur Wackelbrücke trug.

»Ich bin übrigens Karen«, sagte die kleine Frau.

»Lizzie.«

Karen betrachtete Mance und schüttelte den Kopf. »Was für ein hübscher Junge«, sagte sie. Lizzie war an solche Komplimente von weißen Eltern gewöhnt und wusste inzwischen, wie sie gemeint waren. Es war ein Kommentar zu seiner Hautfarbe, aber da ihnen dafür die Worte fehlten, sagten sie, er sei hübsch. »Wie heißt er?«

»Mance.«

»Mance«, wiederholte Karen und wurde blass. »Was für ein interessanter Name. Woher kommt er?«

»Wir haben ihn nach einem Bluesmusiker benannt«, sagte Lizzie. »Mance Lipscomb. Eine Kurzform für ›Emanzipation‹.«

Karen bekam einen verkniffenen Gesichtsausdruck, als gefiele ihr der Name nicht oder als hätte ein Mann namens Mance ihr das Herz gebrochen. So eine seltsame Reaktion hatte Lizzie noch nie erlebt. »Toller Name.«

»Wie heißt dein Sohn?« fragte Lizzie.

»Darby.«

Lizzie hasste den Namen. Kein Kind konnte in so einen Namen hineinwachsen.

»Woher kennst du Rebecca?« fragte Karen.

»Genau genommen haben wir uns hier auf dem Spielplatz kennengelernt. Unsere Kinder spielen gern zusammen, obwohl sie in diesem Alter wohl eher nebeneinanderher spielen.«

»Warte, bis sie älter werden. Es ist herrlich, wenn sie sich mit anderen Kindern anfreunden und man endlich mal Pause hat.«

Karen wirkte nicht wie die Sorte Frau, die sich auf eine Pause von ihrem Sohn freute, doch Lizzie nickte und sagte: »Ich weiß. Es gibt einiges, worauf ich mich freue. Die Karre abzuschaffen zum Beispiel. Ich kann es kaum erwarten, dass er selbst läuft.«

»Du wirst all das vermissen«, sagte Karen. »Die Windeln, nachts aufstehen, stillen. Die Zeit vergeht so schnell. Ich kann mir immer noch nicht vorstellen, dass Darby dieses Jahr in die Vorschule kommt. Er geht zur Garfield-Schule. Wohnst du in der Nähe?«

»Nicht weit. Prospect Heights. Und du?«

»Wir ziehen bald um, aber noch wohnen wir nicht weit von der Ninth Street.«

»Geht ihr manchmal auf den Harmony-Spielplatz? Da bin ich oft mit Mance.«

»Hast du von der Vergewaltigung gehört?« fragte Karen.

»Das ist schon eine Weile her.« Lizzie fröstelte.

»Angeblich haben sie ihn«, sagte Karen.

Obwohl Lizzie sich immer wieder gesagt hatte, dass der Mann in ihrer Straße nicht der Vergewaltiger gewesen war, spürte sie eine gewisse Erleichterung. »Echt?«

»Stand im *Brooklyn Paper*. Ein Typ aus der Karibik, dem noch drei weitere Vergewaltigungen vorgeworfen werden.«

»Und man ist sicher, dass es derselbe ist?«

»Er hat gestanden. Es war definitiv derselbe.« Sie

schwiegen eine Weile, während sie den Jungs weiter Anschwung gaben, dann sagte Karen: »Was machst du so? Oder…«

»Um ehrlich zu sein, arbeite ich noch nicht wieder.« Lizzie hatte verschiedene Antworten auf diese Frage ausprobiert und war bei »Ich arbeite noch nicht wieder« geblieben, mit Betonung auf dem »noch«.

»Ich auch nicht«, sagte Karen. »Wir haben überlegt, uns eine Nanny zu nehmen, aber das ist Quatsch. Ich war Sozialarbeiterin, und nach Abzug der Steuer würden nur fünftausend Dollar übrigbleiben.«

»Genau!« sagte Lizzie. »Ich war bei einem Verlag, und ich liebe meinen Job, aber nicht genug, um extra jemanden anzustellen, der sich dann an meiner Stelle den ganzen Tag um ihn kümmert.«

»Weißt du, egal wofür man sich entscheidet, Hauptsache, man ist damit glücklich. Hier im Viertel lästern viele Frauen, wenn man sich dagegen entscheidet zu arbeiten, und das find ich unfair. Jede Frau sollte tun, was das Richtige für sie ist. Und die anderen sollten sich um ihren eigenen Kram kümmern. Ich lese gerade ein wunderbares Buch, *Die Lust, Mutter zu sein* von Daphne DeMarneffe, und die sagt, dass Frauen erstens den angeborenen Trieb haben, Mutter zu werden, und dass daran zweitens nichts falsch ist.«

»Seh ich genauso«, sagte Lizzie. Lizzie fand Karen intelligenter als erwartet. Ja, sie hatte ihren Sohn Darby genannt, was sogar noch schlimmer war als Jackson, aber Lizzie mochte sie irgendwie. Obwohl sie sich nicht wirklich vorstellen konnte, mit ihr befreundet zu sein, freute sie sich, jemanden kennengelernt zu haben, den sie vielleicht bei ihrem nächsten Abstecher in die Third Street wiedertraf. Manchmal war es so langweilig, wenn man niemanden hatte, mit dem man reden konnte, so endlos.

Karen half Darby von der Schaukel, und er rannte davon. Sie schenkte Lizzie ein breites, herzliches Lächeln und streckte ihre Hand aus, die sich klein, aber fest anfühlte, als Lizzie sie schüttelte. »Hat mich wirklich gefreut. Also, pass gut auf deinen hübschen Jungen auf.«

»Mach ich«, antwortete Lizzie lächelnd. Karen rannte hinter Darby her. Lizzie hätte sich gern länger mit ihr unterhalten, weil Karen zuhörte und Lizzie das Gefühl hatte, bei ihr ganz sie selbst sein zu können. Bei Rebecca hatte sie dagegen immer das Gefühl gehabt, sich anstrengen zu müssen. Karen wirkte schon älter und war nicht gerade eine Modepuppe, aber das war Lizzie auch gar nicht mehr so wichtig. Das Leben als Mutter war keine Modenschau. Man brauchte Freunde, auf die man sich verlassen konnte.

Trotzdem beschloss sie, Karen und Darby nicht nachzulaufen, weil sie nicht aufdringlich wirken wollte. Stattdessen gab sie Mance extra Schwung und beobachtete aus der Ferne, wie Karen Darby vor einer weit ausscherenden, schweren Reifenschaukel in Sicherheit brachte.

ETWAS ANDERES

Als sie kam, stemmte Melora entschlossen ihre Hände an das gepolsterte Kopfteil des Hotelbetts in Sofia. Ihr Orgasmus war so intensiv und herrlich, dass sie fürchtete, Stuart würde merken, dass sie ihn die letzten zwei Jahre nur vorgetäuscht hatte. Wie konnte er glauben, dass die schwachen fünfsekündigen Eruptionen echt waren im Vergleich zu diesem ekstatischen und ungehemmten, scheinbar endlosen kleinen Tod?

Er blickte derart benommen zu ihr auf, dass sie erwartete, des Betrugs beschuldigt zu werden. Stattdessen sagte er nur: »Du bist der Hammer!« und nach ein paar Küssen hob er sie schließlich von sich hinunter.

Seit einiger Zeit war sie wie frisch verliebt in Stuart. Wenn sie ins Hotel zurückkehrte, wo er an *Atlantic Yards* herumlaborierte, war sie aufgeregt wie ein Schulmädchen. Sie hatte ein schlechtes Gewissen, dass sie vorher so abweisend gewesen war, so schnippisch und unversöhnlich. Sie konnte froh sein, so einen Mann zu haben, diese leckere Mischung aus Intelligenz, Muskeln und Humor, die bei Männern in Hollywood so selten war.

»Du warst unglaublich«, sagte sie. In letzter Zeit nahm sie alles stärker wahr – Gerüche, Berührungen. Er fühlte sich größer in ihr an. Das hätte sie nie gesagt, weil es so klang, als hätte er sich vorher klein angefühlt. Aber sie spürte es. Die Antidepressiva hatten nicht nur ihre Lust gedämpft, sondern auch die Lust daran, ihren Mann in sich zu haben. Sie hatte es bei einem ihrer Telefonate sogar Dr. Levine gegenüber erwähnt, und der sagte, dass sich eine Menge änderte, wenn man Antidepressiva absetzte.

»Gott, ich wünschte, ich hätte eine Zigarette«, sagte Melora und ließ sich auf das Kissen neben Stuart fallen. Sie versuchte aufzuhören und kaufte sich keine mehr, hatte aber am Set bei Viggo ein paar geschnorrt.

Stuart nippte an einem Bier und reichte es ihr. Es war gut, aber keine Zigarette. Er legte den Arm um sie und leerte nachdenklich sein Bier. »Du bist unglaublich in letzter Zeit«, sagte er.

»Ich weiß«, sagte sie. »Ich bin einfach … ganz bei der Sache.«

»Und vorher warst du das nicht?«

»Natürlich, aber nicht so. Es fühlt sich so zwingend an, als müsste ich dich unbedingt haben. Du fehlst mir, wenn ich drehe, weißt du? Ich denke die ganze Zeit an dich.« An diesem Morgen hatte sie eines seiner T-Shirts mit in ihren Wohnwagen geschmuggelt, um zwischen den Aufnahmen daran zu riechen.

»Du fehlst mir auch, Süße«, sagte er, doch sie fühlte, dass er mit den Gedanken schon wieder woanders war. Er war die ganze Zeit so aktiv. Je emsiger er wurde, desto abwesender war er.

»Lass uns was zu essen bestellen«, sagte sie. Erst vor einer Stunde waren sie im Restaurant gewesen, aber Melora hatte schon wieder Kohldampf. Sie griff nach der Speisekarte neben dem Bett. »Ich will Brathuhn. Glaubst du, die haben Brathuhn?«

»Bist du etwa schwanger?«

»Mach keine Witze. Willst du auch was?«

»Ich hab keinen Hunger, Süße. Aber bestell dir ruhig was.«

»Ich will mit dir essen«, sagte sie.

»Ich seh dir zu«, sagte er.

Während sie bestellte, klingelte sein Handy. Sie hörte ihn Sachen sagen wie »Filmförderung«, dann lief er im Zimmer auf und ab und sprach so laut, dass sie Mühe hatte, ihre Bestellung (eine Flasche Prosecco und Hühnchen) aufzugeben.

»Eine Sekunde, Adam.« Er drückte die Stummtaste auf seinem Handy und drehte sich zu ihr um. »Wir haben soeben weitere zehn Millionen von einem Ölbaron in Dubai bekommen. Ist das zu fassen?!« Dann drückte er wieder die Taste, und im Handumdrehen saß er an seinem Schreibtisch vor dem Laptop.

Eifersucht stieg in ihr hoch. Inzwischen stand er ihrem Regisseur näher als sie selbst. Manchmal ging Stuart abends zu Adams gemietetem Häuschen, um mit ihm gemeinsam am Drehbuch zu arbeiten. Stuart hatte es sogar geschafft, Adam, der Vegetarier war, mit Ayurveda zu infizieren, und in der Kantine dozierte Adam jetzt ständig über seine Doshas.

Melora fühlte die altvertrauten Ängste: dass Stuart sie verlassen würde, sein eigenes Leben leben würde, auch wenn sie beide den Oscar gewannen … Sie musste die Gedanken verdrängen, ehe sie die Macht übernahmen. *Du kannst die Frustration tolerieren.*

Meloras Handy klingelte. Stuart sah irritiert auf.

Es war Karen. Der Dorn in ihrem Auge. Melora hatte albtraumhafte Visionen, in denen sie mit ihr auf dem Spielplatz in der Bleecker Street stand, wo Liv und die ganzen anderen Hollywood-Mütter sie sahen. Alle würden wissen wollen, was sie mit dieser fetten Kuh zu schaffen hatte, und Melora wusste nicht, was sie dann sagen sollte. Mit nervösem Blick auf Stuart nahm sie ab.

»Ich habe gute Neuigkeiten«, sagte Karen.

»Welche?« fragte Melora lustlos. Früher oder später würde sie ihr erzählen müssen, dass sie umzog, aber sie traute sich nicht.

»Gestern war die Eigentümerversammlung. Sie haben uns akzeptiert.«

»Wie schön.«

»Stör ich?«

»Nicht wirklich.« Karen störte Melora immer, doch das hatte Karen noch nie davon abgehalten, sie eine halbe Stunde vollzuquatschen.

»Tja, das wollte ich dir nur erzählen«, sagte Karen. »Wir werden Nachbarn sein! Und das verdanke ich nur dir.«

»Wieso?«

»Die Empfehlung.« Die hatte Melora schon vergessen. »Der Mann von Apartment Eins schien aufrichtig beeindruckt, dass ich dich kenne. Er meinte, er fand dich als Prinzessin Xaviera klasse.«

»Das finden alle Männer. Wegen des Kegel-BHs.«

»Trotzdem, ich glaube, es hat geholfen. Ich ruf also an, um mich bei dir zu bedanken.«

»Gern geschehen.«

»Außerdem wollte ich dir was sagen.«

»Und was?« Karen würde ihr erzählen, dass sie beschlossen hatte, ihr Wohnzimmer genauso wie Meloras einzurichten, oder sie brauchte Meloras Hilfe, um für Darby einen Platz an der Berkeley Carroll zu kriegen.

»Ich wollte dir sagen, dass ich die Brieftasche nicht mehr habe. Sie liegt im Gowanus Canal. Und das Aufnahmegerät auch.«

Meloras Kehle fühlte sich weit und offen an. Das geschah also, wenn man lernte, die Frustration zu tolerieren. Alle Probleme lösten sich von selbst. Es war wie Händeklatschen, wenn man an Elfen glaubt. Alles war möglich, wenn man nur fest genug daran glaubte.

»Danke«, sagte Melora. »Danke, dass du das getan hast.«

»Mir ist klar geworden, dass ich sie nicht mehr brauche. Weil … wir jetzt Freundinnen sind.«

»Ja.«

»Also, wann kommst du zurück? Wir müssen unbedingt mal wieder schön essen gehen!«

»Ich wollte dir schon längst etwas sagen. Stuart und ich ziehen nach Manhattan.«

»Was?« Karen klang beleidigt. »Wovon redest du? Wo zieht ihr hin?«

»Nach Downtown.«

»Wo genau?«

Melora schwieg. Sie war Karen keine Antwort mehr schuldig. Sie musste nicht mehr nett zu ihr sein.

»Habt ihr das Haus schon verkauft?«

»Noch nicht.«

»Was wollt ihr dafür haben?«

»Wie bitte?«

»Schon gut. Ich schlag's nach. Ich google dich nicht mehr so oft, dass ich … du weißt schon.«

Jemand rief auf der anderen Leitung an. Melora sah aufs Display. Carol Gornick. Die Maklerin von Sotheby Homes. Melora sagte, sie müsse Schluss machen, und Karen verabschiedete sich mit belegter Stimme. Melora würde ihre Handynummer ändern, sobald sie Gelegenheit dazu hatte.

»Tut mir leid, dass ich so spät noch störe«, sagte Carol.

»Was gibt's?«

»Jemand hat ein Angebot gemacht.«

»Wie viel?«

»Sechs zwei. Und offenbar kennt ihr die Käufer.«

»Ach ja?«

»Maggie Gyllenhaal und Peter Sarsgaard.«

»Omeingott«, sagte Melora. Das höchste Gebot bisher war fünf Komma zwei Millionen von irgendeinem französischen Medienbonzen gewesen. Aber das hier war ein echtes Angebot, und sie wusste, es wäre verrückt, auf ein besseres zu warten, vor allem weil die Immobilienpreise gerade einbrachen.

Mit den sechs Komma zwei Millionen für die Villa, den zwei Millionen, die sie für das Haus in Silverlake bekommen hatte, plus Stuarts Million, musste sie nur drei Millionen finanzieren. Das war nicht wenig, aber ihr Parfüm verkaufte sich gut, und die *Usurpia*-DVD fand reißenden Absatz. Wenn sie knapp bei Kasse war, konnte sie in einem Actionfilm mitspielen oder das Gesicht einer Werbekampagne werden, wie Gwyneths für Tod's.

Es fiel ihr schwer, sich das Gyllenhaal-Mädchen in ihrem schönen Haus vorzustellen, sie im Elternschlafzimmer, Ramona in Orions. Jedes Mal, wenn Melora daran vorbeiging, würde sie … Wie kam sie nur auf solche Gedanken? Sie würde nie daran vorbeigehen. Sie würde nie wieder nach Brooklyn zurückkehren, nicht mal, wenn John Turturro sie bat, Kuratorin der Brooklyn Academy of Music zu werden. Wen kümmerte es, wer in dem Haus wohnte? Wenn Maggie und Peter noch ein paar Jahre brauchten, ehe sie zu demselben Schluss kamen wie Melora – dass Brooklyn kein Ort für die Reichen und Berühmten war – bitte schön.

»Die beiden lieben das Haus«, fuhr Carol fort. »Sie meint, sie hat es schon die ganze Zeit aus der Ferne bewundert.«

»Wie schön. Aber ich muss erst mit Stuart reden.«

»Natürlich, natürlich.«

Er blickte nicht mal auf. Gerade sagte er zu Adam: »Aber ich habe nicht das Gefühl, dass sie es wirklich verdient hat.«

Melora legte auf und starrte Stuart bedeutungsvoll an. Sie wollte, dass er verdammt noch mal endlich auflegte, damit sie ihm von dem Angebot erzählen konnte. Es war wichtig. Hier ging es um sie beide. Doch er tat so wichtig, dass er Melora fast an sie selbst erinnerte.

Sie atmete durch den Mund. *Du kannst die Frustration tolerieren.* Er würde es bald genug erfahren. In ein paar Minuten würde er auflegen, und selbst wenn nicht, würde gleich der Zimmerservice kommen und sie konnte ihren Prosecco trinken, ihr Hühnchen essen, und vielleicht *Eat Pray Love* zu Ende lesen. Bei all diesen Dingen, denen sie sich widmen konnte, war es eigentlich egal, ob Stuart telefonierte, und wenn es eine Stunde dauerte.

Nackt stieg sie aus dem Bett, ging zu ihm und strich ihm über die Schultern. Ins Gespräch vertieft, wischte er ihre Hand fort. *Du kannst die Frustration tolerieren.* Sie beschloss zu duschen, während sie auf den Zimmerservice wartete. Es gab immer etwas anderes, das man tun konnte.

Lee Nielsens Schönstes war es, an Herbstabenden das Laub in seinem Vorgarten in Ithaca zusammenzukehren. Marcello tollte neben ihm umher, während er die Blätter in große Tüten füllte, die eigens zu diesem Zweck von der Müllabfuhr zur Verfügung gestellt wurden. Manchmal winkte sein Nachbar, ein Journalist der Daily News *namens Hank, der aus Cobble Hill hergezogen war, von seiner Veranda.*

Lee hätte sich nie träumen lassen, dass er und Kath die Stadt so schnell verlassen würden, doch nach dem Überfall war alles blitzschnell gegangen. Kath war erschüttert, als er ihr davon berichtete, und als die Polizei kam, um die Aussage aufzunehmen, brach sie immer wieder in Tränen aus. Kurz darauf begannen ihre Schlafstörungen, und es wurde so schlimm, dass sie sich vom Hausarzt Schlaftabletten verschreiben ließ. Lee gefiel das gar nicht, weil er sich wegen der Langzeitwirkungen sorgte, aber Kath brauchte sie jeden Abend, um überhaupt einzuschlafen zu können.

Im Sommer hatten sie Freunde in Ithaca besucht, und aus einer Laune heraus hatten sie das Büro eines Immobilienmaklers betreten, das Haus besichtigt und noch am selben Tag ein Angebot gemacht. Ihr Angebot – $599.000 – war wahrscheinlich höher als das, was sie zwei Monate später gezahlt hätten, nach dem Irrsinn an der Börse, als die Immobilienpreise einstürzten, aber sie hatten viel mehr Platz, als sie sich in Brooklyn je hätten leisten können. Jetzt ging Marcello hier in den Kindergarten, der nur $9.000 im

Monat kostete, und Kath schloss ständig neue Freundschaften. Die Schlaftabletten brauchte sie nicht mehr.

Lee hatte nicht für möglich gehalten, dass ein Ort wie Ithaca heutzutage noch existierte. Die Leute, die hier wohnten, waren cool, schick, kreativ und alles andere als typische Vorstädter. Und er hätte sich nie träumen lassen, wie stolz er war, ein eigenes Haus zu besitzen. Er stand in seinem eigenen Garten, hinter sich sein zweistöckiges Zuhause. Er war an der Upper West Side in einem Haus mit Pförtner aufgewachsen, und Treppen fand er bis heute exotisch.

Abends konnte man in Ithaca die Grillen hören. In den vergangenen Wochen war es sein Schönstes gewesen, sich nach dem Abendessen, wenn es begann abzukühlen, auf die Veranda zu setzen und bei einem Bier in den Himmel zu gucken. Marcellos Leben war vielleicht weniger aufregend als Lees Kindheit in Manhattan, aber er würde eine öffentliche Schule besuchen und dort gut zurecht kommen, und Kath fand, das war wichtiger.

Im nächsten Sommer konnten sie den Cass Park Pool nutzen. Von dem ganzen Geld, das sie allein dadurch sparten, dass sie nicht mehr in Slope wohnten, wollten sie sich zwei Wochen ein Ferienhaus in Chatham am Cape Cod mieten. Eine Familie aus Ithaca hatte ihnen Chatham empfohlen, und Marcello freute sich auf die Ferien mit seinem Freund.

»Guck mal, Papa!« rief er jetzt und warf Blätter in die Luft. »Es regnet!« Lee packte die Harke weg, schnappte sich seinen Sohn, der vor Vergnügen quietschte, und warf ihn auf den Laubhaufen.

INZWISCHEN IST ES GAR NICHT MEHR SO SCHLIMM

Zum Glück standen die Demonstranten nicht mehr vor der Koop, als Karen dort an einem frischen Septembermontag, wenige Tage nach der Wohnungszusage einkaufen ging. Nachdem im August ein Haufen Demonstranten festgenommen worden war, weil sie den Eingang blockierten, hatte die Koop die Taschendurchsuchungen eingestellt. Zwar gab es jetzt keine Demonstrationen mehr, aber die schwarzen Leute in der Koop beäugten die weißen feindselig. Wenn Karen an eine schwarze Kassiererin geriet, war diese kurz angebunden und ablehnend, als wäre Karen schuld an dem Taschendiebstahl oder den Taschendurchsuchungen.

Als Karen mit Einkaufen fertig war, stellte sie sich mit Darby an die Kasse. Die Koop war an diesem Morgen so voll, dass sich die Schlange durch drei Gänge bis zur Brotabteilung schlängelte. Sie bewegte sich nur schleichend vorwärts. Darby war bei seiner zweiten Packung Piratenbootys, als Arielle Harris mit ihrem kleinen Sohn und Einkaufswagen auf sie zukam. Karen fiel ein, dass sie die Harrises bei der Carroll Street überboten und nie die Gelegenheit gehabt hatte, es Arielle unter die Nase zu reiben.

»Hi, Karen«, sagte Arielle. »Wie geht's?«

»Ach, ich weiß gar nicht, wo mir der Kopf steht«, sagte

Karen. »Wusstest du, dass wir die Wohnung in der Carroll Street bekommen haben?«

»Nein, das wusste ich nicht.«

»Am fünfzehnten Oktober ziehen wir um.«

Arielle zog ein langes Gesicht, und Karen war überzeugt, dass sie neidisch war, doch statt Karen zu gratulieren, sagte Arielle: »Ach, du armes Ding.«

Karen wurde mulmig, so als wäre Arielle ein Arzt, der ihr eröffnete, dass sie unheilbar krank war. »Wieso ›armes Ding‹?«

»Hast du heute noch nicht die Zeitung gelesen?«

»Nein.« Karen hatte vier Jahre lang versucht, die Zeitung zu lesen, aber Darby war morgens immer so anstrengend – und es war im Lauf der Jahre nicht besser geworden –, dass sie es aufgegeben hatte. Inzwischen hatten sie nicht einmal mehr ein Abo.

»Riesenartikel über die Neueinteilung der Bezirke. Alles östlich der Eighth Avenue und nördlich der First Street gehört jetzt nicht mehr zu Bezirk Fünfzehn, sondern zu Dreizehn.«

»Das verstehe ich nicht.«

»Ihr gehört jetzt nicht mehr zur P. S. 321, sondern zur 282.«

Karen schnappte nach Luft. Die P. S. 282 war noch schlimmer als die P. S. 107. Sie war zu zwei Drittel schwarz und zu einem Drittel lateinamerikanisch hatte Karen von einer Spielplatzmutter gehört, deren Tochter dorthin gehen sollte. Trotzdem galt sie nicht als sozialer Brennpunkt, weshalb es praktisch aussichtslos war, dagegen zu klagen. Es war die schlimmste Sorte Schule überhaupt: zu schlecht, um gut zu sein, aber zu gut, um schlecht zu sein.

»Der Grund war offenbar, dass die 321 zu voll ist«, sagte Arielle. »Die Schulbehörde hat es durchgedrückt. Habt ihr die Wohnung schon angezahlt?«

»Ja«, sagte Karen mit trockener Kehle.

»Könnt ihr nicht zurücktreten?«

»Ich … ich weiß nicht.«

»Als ich den Artikel gelesen habe, war ich so erleichtert, dass wir die Wohnung nicht bekommen haben. Ich meine, wenn wir mehr geboten hätten, wären wir jetzt an deiner Stelle. Und seit der Finanzmarkt so verrückt spielt, bin ich richtig froh, dass wir eine Mietwohnung haben. Neal glaubt, es wird in New York eine schlimme Immobilienkrise geben – schlimmer als in den Achtzigern. Er meint, die Preise werden in den nächsten Monaten um mehr als fünfzig Prozent fallen. Vorher suchen wir gar nicht erst.

Aber mach dir keine Sorgen wegen der Schule.« Sie tätschelte Karen den Arm und sagte die grausamsten Worte, die eine Mutter über die Schule der anderen sagen konnte: »Ich hab gehört, inzwischen ist es gar nicht mehr so schlimm.«

Nachdem Arielle fort war, wusste Karen nicht, was sie tun sollte. Bei einem triftigen Grund konnte man vom Vertrag zurücktreten, aber es gab keinen triftigen Grund. Keine Vorspiegelung falscher Tatsachen. Als sie die Wohnung besichtigt hatten, lag sie in Bezirk Fünfzehn.

Ihr Blick fiel auf Darby, der unschuldig seine Piratenbootys mampfte, und ihr war zum Heulen. In der vierten Klasse würde er einer Gang angehören und mit Jungs wie dem Wischer Freundschaft schließen. Schließlich würde er auf dem Queens College oder am BMCC landen. Er würde nie die korrekte Aussprache des Wortes »Dicker« lernen.

Das war nicht fair. Menschen wie Karen durfte das Schicksal nicht so übel mitspielen. Sie war ein guter Mensch. Sie war eine gute Mutter. Die Wohnung *und* eine Privatschule konnten sie sich nicht leisten, jedenfalls noch nicht.

Plötzlich hasste sie das Viertel. Was wollte sie eigentlich hier, wo die Menschen so widerlich und egoistisch waren? Allein die unhaltbaren Zustände in der Schulbehörde reichten, um jede gute Mutter aus der Stadt zu treiben. Sie hob Darby aus dem Einkaufswagen, wobei der Fußboden mit Piratenbootys übersät wurde, und rannte mit ihm nach draußen.

Beim Abendessen – vom Chinesen, weil sie den Einkaufswagen in der Kühlabteilung hatte stehen lassen – erzählte sie Matty die Neuigkeiten. Er erstarrte, die Gabel in der Luft, und rieb sich die Falte zwischen den Augenbrauen. »Gibt es in Bezirk Dreizehn keine anderen Schulen?«

»Doch, aber es gibt keine Garantie, dass wir da einen Platz kriegen. Wir gehören jetzt zum Einzugsgebiet von Schule 282. P. S. 8 in Heights liegt im Dreizehnten, aber die hat im Arbeitsbericht des Schulsenators mit ungenügend abgeschnitten. Ich denke, wir sollten versuchen, den Wohnungskauf rückgängig zu machen. Können wir nicht einen Anwalt anrufen und uns beraten lassen? Sag ihm, die Voraussetzungen haben sich geändert. Steve und Tina finden bestimmt jemand andern. Ich weiß, dass es andere Gebote gab. Und selbst wenn die Harrises die Wohnung nicht mehr wollen, gibt es wahrscheinlich andere Leute, die…«

»Es reicht«, sagte Matty. Er schluckte seinen Bissen Huhn mit Cashewkernen hinunter und sagte dann: »Wir werden jetzt keinen Rückzieher machen.«

»Aber ich kann ihn doch nicht auf diese Schule schicken!«

»Du wolltest umziehen, und genau das tun wir auch. Wenn wir zurücktreten, behalten sie im besten Fall unsere fünfundsiebzigtausend, im schlimmsten Fall verklagen sie uns. Ist es das, was du willst? Du warst es, die die

Wohnung unbedingt wollte. Und jetzt müssen wir damit leben, und mit der Wirtschaftskrise. Ich wünschte nur, du hättest auf mich gehört.«

»Du wolltest doch auch umziehen.«

»Ich hatte schon im Frühjahr meine Zweifel, als die Aktienkurse zu fallen begannen. Ich weiß nicht, ob ich nächstes Jahr noch einen Job habe, wenn es so weitergeht.«

»Aber du stehst kurz davor, Partner zu werden.«

»Niemand ist sicher. *Niemand ist sicher.* Und du willst einfach unsere Kaution wegwerfen?«

»Nein.«

Sie versuchte, sich die Wohnung vorzustellen. Bei der Besichtigung wirkte sie so groß, aber im Nachhinein kam sie ihr kleiner vor. Sie konnte sich nicht an das Fußbodenmuster erinnern und fürchtete plötzlich, das Wohnzimmer könnte Fischgrätparkett haben. Wie sollte sie damit leben?

»Hör mal«, sagte Matty, »wenn Obama gewählt wird, ändert sich vieles. Vielleicht bekommt die Stadt mehr Geld aus dem Bildungsetat und alles wird wieder rückgängig gemacht. Und selbst wenn nicht, können wir uns später nach einer Privatschule umsehen. In sieben Jahren sehen wir weiter.«

»In sieben Jahren?« kreischte Karen. Es klang wie eine Haftstrafe.

Sie ging ins Bad und wählte Meloras Nummer, doch der Anschluss existierte nicht mehr. Und jetzt lagen die Brieftasche und das Tonbandgerät im Gowanus Canal, wo sie Karen nicht das Geringste nützten.

Sie brauchte jemanden, mit dem sie über all das reden konnte, jemanden, bei dem sie Dampf ablassen konnte, auch wenn es nichts gab, was sie tun konnte. Sie wollte sich einfach nicht so allein fühlen.

Sie nahm das schmale örtliche Telefonbuch aus dem Regal unter dem Nachttisch. Da stand sie, unter seinem Namen am Park Place, genau wie er gesagt hatte.

Sie überlegte eine Sekunde, wie sie erklären sollte, dass sie die Nummer hatte. Dann fiel ihr ein, dass sie sich keine Sorgen zu machen brauchte. Sie konnte sagen, dass Rebecca sie ihr gegeben hatte, da die beiden ja befreundet waren.

»Lizzie?« sagte sie. »Hier ist Karen Shapiro. Wir haben uns neulich auf dem Spielplatz kennengelernt. Wie geht es dir?«

SÜSSE KLEINE BLUTSAUGER

Es war ein wenig frisch für einen Spaziergang im Park, doch Rebecca musste unbedingt mal raus aus der Wohnung. Sobald Abbie nach ihrem Mittagsschlaf aufgewacht war, zog sie ihr eine Jeansjacke an und setzte sie in den Maclaren. Sie versuchte, jeden Tag einmal um den Park zu laufen, für Körpergewicht und inneres Gleichgewicht. Ihre Gefühle fuhren in letzter Zeit Achterbahn und die frische Luft tat ihr gut.

Sie betrat den Park am Garfield Place, ging vorbei an Baseballplätzen, Rollschuhbahn, Audubon Society und Zoo, und obwohl sie anderthalb Stunden brauchte, genoss sie es. Die Natur, die herbstlich verfärbte Blätterlandschaft waren das Einzige, was gegen ihre melancholische Stimmung half.

Obwohl sie sich nicht toll fühlte, sah sie toll aus – jedenfalls sagten das alle – und hatte in zwölf Wochen nur neun Pfund zugenommen. Ein paar Mal pro Woche ging sie zum Schwangerschaftsyoga und war froh, dass ihr Arsch nicht noch dicker wurde als vorher. Ihre Frauenärztin Dr. Maucotel sagte, eine bewusste Ernährung sorge am ehesten dafür, dass das Baby nicht zu groß wurde und so die Chancen auf eine natürliche Geburt stiegen.

Sie knöpfte ihren APC-Trenchcoat zu und zog den Gürtel fest. Ihr Geburtstag war im Herbst – in ein paar

Wochen wurde sie sechsunddreißig –, ebenso wie ihr Hochzeitstag. Es war die einzige Zeit des Jahres, wo sie Park Slope uneingeschränkt liebte, die bunten Blätter an den Bäumen, den Duft von Herbstfeuern.

Als sie sich dem Ausgang näherte, joggte eine männliche Gestalt an ihr vorbei, die ihr irgendwie bekannt vorkam. Es war David. Während sie zusammen waren, hasste David Sport – er rauchte selbstgedrehte Zigaretten und ernährte sich von Tiefkühlkost –, und jetzt rannte er durch den Park. Das war die Folge von Ruhm und Reichtum: Man behandelte seinen Körper wie einen Tempel.

Sie fragte sich, woher David Stuart kannte und ob er wusste, wo Stuart war. »David!« rief sie.

»Rebecca! Wie geht's?« Er kam näher und rannte auf der Stelle, was Rebecca unglaublich albern fand. Sie ging weiter. David joggte neben ihr her.

»Gut«, sagte sie. »Was treibst du so?«

»Cassie und ich haben uns gerade verlobt.« Sie meinten es also ernst. Es war nicht nur eine flüchtige, für die Boulevardpresse inszenierte Romanze. Sie wollten allen Ernstes heiraten.

»Omeingott, herzlichen Glückwunsch.«

»Danke. Wir haben noch keinen Termin. Aber wahrscheinlich nächsten Herbst in der Brooklyn Society for Ethical Culture. Cassie liebt Herbsthochzeiten. Sie ist entzückend«, sagte er und deutete auf Abbie. »Diese langen Haare! Wie alt ist sie jetzt?«

»Fast zwei.«

»Aus dem Gröbsten raus?«

»Fast«, sagte sie. »Aber im Frühling bekommen wir noch eins.« Sie wusste nicht genau, warum sie ihm das erzählte – vielleicht weil er erzählt hatte, dass er verlobt war, und sie ihn toppen wollte.

»Ach du meine Güte, *mazel tov*! Wie weit sind die beiden dann auseinander?«

»Zweieinhalb Jahre.«

»Das ist der perfekte Abstand. Eng genug beieinander, um zusammen zu spielen, aber nicht so eng, dass sie miteinander konkurrieren.«

Er klang selbst wie eine Park-Slope-Mutter, besessen von Fortpflanzung und Altersabständen. »Was ist mit euch?« sagte sie. »Heiratet ihr, weil ihr Kinder haben wollt?«

»Umgotteswillen, nein. Dazu haben wir gar keine Zeit.« Er winkte ab. »Cassie nimmt ihr nächstes Album auf, und ich habe gerade eine Talkshow auf Comedy Central bekommen. So eine Art ›Dick Cavett trifft Jon Stewart‹.«

David feierte einen Erfolg nach dem anderen. So lief das eben, wenn man ein Mann war. Man suchte sich die richtige, karrieretaugliche Freundin, und wenn man Kinder kriegte, änderte das nichts, weil man ein Mann war und sich nicht darum kümmern musste. Sowieso waren Kinder für ihn und Cassie kein Hindernis, denn sie waren ja reich. Es würde seiner Karriere nicht schaden und seinem Sexleben definitiv auch nicht, weil er viel zu narzisstisch war, um seine Bedürfnisse einem Kind unterzuordnen.

Rebecca fiel ein Buch ein, das sie für einen ihrer Artikel gelesen hatte und in dem stand, dass das Einkommen von Frauen nach einer Schwangerschaft sank, während das der Männer stieg, nachdem sie Vater geworden waren. »Mutterzins« war das Wort dafür. Am liebsten hätte sie Abbie die Schuld gegeben, dass sie beruflich nicht vorankam, doch genau deshalb hatte sie Abbie unter anderem überhaupt bekommen.

Sie fragte sich, ob sie David beneidete, weil er ein

Mann war und nie von einem Kind ausgebremst werden würde oder weil er so erfolgreich war und sie nicht. Seit der Schwangerschaft hatte sie das Vorhaben aufgegeben, ihren Roman noch mal zu überarbeiten. Sie war zu müde dafür und schaffte es kaum, die Abgabetermine für ihre Auftragsartikel einzuhalten. Und wenn das Kind erst da war, konnte sie den Roman sowieso vergessen.

»Kinder sind so anstrengend«, fuhr David fort. »Sie sind toll, aber … es sind Blutsauger.« Er strich Abbie über den Kopf. »Süße kleine Blutsauger.«

Rebecca dachte an das Baby in ihrem Bauch und war plötzlich sicher, dass David wusste, wo Stuart war. Das Haus stand leer. Vielleicht würde David ihr erzählen, dass Stuart und Melora sich getrennt hatten.

»Ich hab ganz vergessen, mich für die Freikarte für Cassies Auftritt zu bedanken«, sagte Rebecca. »Das war echt nett von euch. Ich hab mich prima amüsiert.«

»Nichts zu danken. Das war doch selbstverständlich.«

»Ich fand's spannend, Melora Leigh kennenzulernen. Und ihren Mann. Filmstars!«

»Die sind total süß. Beide. Nicht so aufgesetzt.«

»Ich sehe sie gar nicht mehr hier. Früher bin ich ihnen ständig über den Weg gelaufen.«

»Sie sind in Bulgarien. Melora dreht den neuen Adam Epstein, und Stuart und Orion begleiten sie.«

Rebecca schluckte und versuchte, sich nichts anmerken zu lassen. Er war um die halbe Welt gereist, um bei seiner Frau zu sein. Er besuchte sie am Set. Wie hatte Rebecca nur so blöd sein können zu glauben, er würde Melora verlassen? Wie hatte sie nur glauben können, dass die Affäre – wenn man bei zweimal überhaupt von einer Affäre sprechen konnte – ihm irgendetwas bedeutete? Er hatte nicht mal versucht, Rebecca zu erreichen, um sie zu fragen, wie sie sich entschieden hatte. Sie war für ihn gestorben, und das Baby auch.

Und sein »vielleicht irgendwann einmal« war eine glatte Lüge gewesen. Er hatte gewusst, dass er Melora nie verlassen würde, und Rebecca nur etwas vorgemacht, um nicht als Arschloch dazustehen.

»Ach so«, sagte sie. »Wann kommen sie zurück?«

»Überhaupt nicht«, sagte David. »Sie ziehen nach Manhattan.«

Sie würde ihn also nie wiedersehen. Das war einerseits gut, andererseits auch nicht. Sie musste sich nicht bemühen, die Schwangerschaft vor ihm zu verbergen und würde ihm nie hochschwanger über den Weg laufen und ihm erklären müssen, dass sie sich entschieden hatte, das Kind doch zu behalten.

Aber sie würde ihn nie wiedersehen, nicht einmal aus der Ferne, nie sehen, ob er mit seiner Frau glücklich wirkte. Er würde sein Kind nie kennenlernen, keinen Anteil an seinem Leben haben. Er war weg, und sie stand mit ihrer großen, kolossal dummen Entscheidung ganz allein da. Das gehörte zu den vielen Nachteilen, wenn man etwas mit einem Promi anfing: Irgendwann suchten sie sich was Besseres.

»Ich muss hier entlang«, erklärte Rebecca und zeigte auf den Fußweg neben dem East Drive. »Über die Wiese.«

»Versprich, dass du mir Fotos von dem Baby schickst«, sagte David.

»Wir sehen uns bestimmt vorher noch mal«, sagte Rebecca.

»Du strahlst richtig. Nochmal herzlichen Glückwunsch.« Er küsste sie auf die Wange und joggte Richtung Gedenkbogen. Sie sah ihm nach – ein Mann in einem feschen Trainingsanzug, der sich für eine schöne, millionenschwere, fünfzehn Jahre jüngere Verlobte in Form hielt.

Rebecca verließ den East Drive und ging über das Gras zum Fußweg. Sie fand eine Bank, drehte die Karre so, dass Abbie den karibischen Fußballern auf der Long Meadow zusehen konnte, und setzte sich.

Sie legte die Hände auf ihren Bauch und dachte über das nach, was David gesagt hatte – dass Kinder süße kleine Blutsauger waren. Warum, o warum nur hatte sie beschlossen, einen weiteren Blutsauger in die Welt zu setzen?

Die Umstände seiner Geburt würden kompliziert sein, und sie würde für den Rest ihres Lebens lügen müssen – nicht nur Theo gegenüber, was schon schlimm genug war, sondern auch dem Baby gegenüber, das eines Tages ein Kind sein würde. Selbst wenn sie Stuart vergessen wollte, wenn sie so tat, als wäre sie ihm nie begegnet, was bei seiner Berühmtheit schwer genug fiel, war da immer dieses Kind, das sie an ihn erinnerte. Das an ihr klebte. Ein Blutsauger, der vielleicht seinem Vater ähnlich sah.

Was, wenn sie es schaffte, die Schwangerschaft zu überstehen, den Arzt und Theo zu belügen, und das Baby Stuart dann wie aus dem Gesicht geschnitten war? Beim Ultraschall war das Baby unkenntlich, ein schwarzweißes Mysterium, ein Scherenschnitt. Aber wenn es auf der Welt war, würde sein Gesicht die Geschichte seiner Zeugung erzählen.

Was, wenn das Baby durch irgendeine genetische Tücke doch rothaarig war? Rote Haare waren ein Beweis für Untreue. Daher der Ausdruck »jemanden wie ein rothaariges Stiefkind behandeln«. Was, wenn das Baby ein blasser, rothaariger Junge war und Theo bei seinem Anblick sofort Bescheid wusste?

Er würde sie verlassen. Natürlich würde er das. Sie hatte es mit ihrem Geschäftsmann in St. Louis zu weit getrieben. Es war nicht vorgesehen, dass sie das uneheliche Kind des Geschäftsmannes bekam. Wäre sie bei der Wahl ihres Liebhabers nur schlauer gewesen. Schlimmer als ungeschützter Sex war nur ungeschützter Sex mit einem Rothaarigen. Mit Rakhman dem Fassadenbauer wäre sie besser dran gewesen.

Einer der Fußballer schoss ein Tor, und seine Mannschaftskollegen jubelten und klopften ihm auf den Rücken. Abbie erschrak.

Es war albern, sich um die Haarfarbe Sorgen zu machen, wenn es wahrscheinlich gar keinen Grund gab. Rezessiv bedeutete, dass beide Eltern es haben mussten, und Rebecca hatte es bestimmt nicht. Sie war Jüdin, dunkler, russischer Abstammung. Ihre Familie war seit Generationen brünett.

Aber was, wenn es in ihrer Familie doch ein verstecktes, rothaariges Gen gab, von dem sie nichts wusste, irgendeine Ur-Ur-Ur-Großmutter mit Kosakenblut? Sie konnte nur beten, dass sich auf Theos Seite auch ein Rothaariger fand.

Und wenn nicht?

Was, wenn der Doktor nach einer triumphalen vaginalen Geburt Theo seinen Sohn reichte und er das feuerrote Haar Stuart Ashbys sah? Dann würde er das Krankenhaus schnurstracks verlassen. Und er würde ihr Abbie wegnehmen. Das wusste sie.

Rebecca durchforstete ihr Gehirn nach der genauen Definition für »rezessives Merkmal«. Konnte es zwei Generationen überspringen? Drei? Sie hatte das alles in der neunten Klasse in Biologie gelernt, aber die Einzelheiten vergessen. Irgendwelche Wissenschaftler hatten das Ende des achtzehnten Jahrhunderts herausgefunden. Mendel. Er hatte Erbsen untersucht. Sie erinnerte sich an Mendel und die Erbsen, aber an mehr nicht.

Sie nahm ihr Handy und tippte »rote Haare rezessiv« ein, aber die Seite ließ sich nicht laden. Es war unmöglich, im Park Empfang zu bekommen.

KENSINGTON
WINDSOR TERRACE
PROSPECT PARK SO
PROSPECT-LEFERTS GARDENS
Prospect Park
Prospect Lake
Parade Grounds
FORT HAMILTON PKWY
15TH ST PROSPECT
PROSPECT PK.
PARKSIDE
CHURCH AV
BEVERLEY RD
STERLING
Fort Hamilton Pkwy
McDonald Av
Caton Av
Church Av
Prospect Park SW
Prospect Av
Parkside Av
Ocean Av
Flatbush Av
Linden Blvd
Beverley Rd
Rogers Av
Nostrand Av
Bartel Pritchard Square
Prospect Park Cir
Minna St
Tehama St
Micieli Pl
Albemarle Rd
Greenwood Av
Vanderbilt St
Terrace Pl
Seeley St
10th Av
11th Av
9th Av
18th St
17th St
John P. Devaney Blvd
Howard Pl
Fuller Pl
Sherman St
Horace Ct
Windsor Pl
16th St
15th St
Webster
Jackson
Calder Pl
E 7th St
E 8th St
Kermit Pl
Friel Pl
Caton Pl
Reeve Pl
Temple Ct
W Lake Dr
S Lake Dr
E Lake Dr
E 10th St
Turner Pl
Hinckley Pl
Marlborough Rd
Buckingham Rd
E 16th St
E 17th St
St. Paul's Pl
St. Paul's Ct
Parade Pl
Woodruff Av
Crooke Av
Tennis Ct
Parkside Ct
Westbury Ct
Chester Ct
Beekman Pl
Regent Pl
Albemarle Ter
Kenmore Ter
Martense Ct
Martense St
Lenox Rd
Clarkson Av
Winthrop St
Hawthorne St
Fenimore St
Rutland Rd
Midwood St
Maple St
Lincoln Rd
Lefferts Av
Sterling St
Duryea Pl
Tilden Av
Oakland Pl
Lott St
Veronica Pl
Woods Pl
Johnson Pl
Erasmus St
Lloyd St
Snyder Av
27

LE BLEU
4th Av
OLD STONE HOUSE
Whitwell Pl
Denton Pl
Carroll St
Nevins St
Baltic St
Wyckoff St
Bergen St
5th Av
6th Av
Byrne Park
PARK SLOPE
UNION ST
R
M
Sackett St
Degraw St
Douglass St
Butler St
Baltic St
Warren St
St. Marks Pl
Bergen St
PACIFIC
N R
D B M
F
7TH AV
G
THE NEW YORK METHODIST HOSPITAL
H
8th Av
8th St
7th St
6th St
5th St
4th St
3rd St
2nd St
1st St
Garfield Pl
President St
Union St
Berkeley Pl
Lincoln Pl
St. Johns Pl
Sterling Pl
Park Pl
Prospect Pl
Gregory Pl
Polhemus Pl
Fiske Pl
Prospect Park W
Montgomery Pl
Carroll St
Flatbush Av
BERGEN
2 3
7TH AV
B
Q
Carlton Av
LAFAYETTE AV
ATLANTIC CTR.
MoCADA
S Oxford
Plaza St W
GRAND ARMY PLAZA
Vanderbilt Av
Bergen St
Dean St
East Dr
CENTRAL LIBRARY
Plaza St E
Butler Pl
Underhill Av
PROSPECT HEIGHTS
CLINTON AV
WASH. AV
C
Gates Av
Washington Av
BROOKLYN MUSEUM
Eastern Pkwy
BROOKLYN BOTANIC GARDEN
EASTERN PKWY BROOKLYN MUSEUM
Grand Av
Atlantic Av
Long Island Railroad
Lefferts Pl
Fulton St
Grand
Classon Av
BOTANIC GDN.
S
Lincoln Pl
St. Johns Pl
Sterling Pl
INTERFAITH MEDICAL CENTER
Dean St
Pacific St
Irving Pl
Classon Av
Putnam Av
Madison St
Monroe St
Gates Av
FRANKLIN AV
PARK PL
St. Marks Av
Bergen St
Park Pl
Prospect Pl
St. Francis Pl
St. Charles Pl
Bedford Av
FRANKLIN AV
Claver Pl
Jefferson Av
Hancock St
Crown St
Carroll St
President St
Union St
MEDGAR EVERS COLLEGE
Bedford Pl
Brevoort Pl
Herkimer Pl
Perry Pl
Spencer Pl
Arlington Pl
NOSTRAND AV
PRESIDENT

Die Autorin dankt folgenden Personen und Institutionen: Charles Miller, Ernesto Mestre-Reed, Will Blythe, Daniel Greenberg, Marysue Rucci, David Rosenthal, Sophie Epstein, Monika Verma, Ross Miller, Jessica Rose, Greg Siegel, Tara Rullo, Cindy Whiteside, dem Brooklyn Writers Space und der Öffentlichen Bücherei Brooklyn.